军队"2110工程"经费资助

复杂系统六元建模方法
——联邦式仿真技术

柏彦奇　著

中国原子能出版社

图书在版编目（CIP）数据

复杂系统六元建模方法：联邦式仿真技术 / 柏彦奇
著 . —北京：中国原子能出版社，2017.5（2024.4 重印）
ISBN 978-7-5022-8049-9

Ⅰ . ①复… Ⅱ . ①柏… Ⅲ . ①作战模拟 Ⅳ . ①E83

中国版本图书馆 CIP 数据核字（2017）第 103883 号

复杂系统六元建模方法——联邦式仿真技术

出版发行	中国原子能出版社（北京市海淀区阜成路 43 号　100048）
责任编辑	张　磊
印　　刷	北京时捷印刷有限公司
经　　销	全国新华书店
开　　本	787mm×1092mm　1/16
印　　张	25.5　　　　字　数　589 千字
版　　次	2023 年 11 月第 2 版　2024 年 4 月第 2 次印刷
书　　号	ISBN 978-7-5022-8049-9　　　定价：88.00 元

前　言

分布式仿真技术是为解决复杂的作战模拟问题于上世纪 80 年代产生的，依仿真实体的粒度发展了三种基本技术形态，即平台级仿真、聚合级仿真和综合型仿真。基于高层体系结构（High level architecture，HLA）的联邦式仿真是一种被广泛应用的综合型仿真，它可以通过符合 HLA 规范的运行支撑环境（Run time infrastructure，RTI）将平台级仿真器、聚合级仿真模型、指挥控制平台和分析评价系统等以联邦成员的形式集成为满足特定应用的仿真联邦。本书就是一本面向联邦式仿真应用探讨基于系统六元理论的复杂系统建模与仿真技术的专著。

系统六元理论是关于系统的环境、要素、结构、状态、运行和功能的本质及其关系的理论。从 1968 年贝塔朗菲出版第一部系统理论专著《一般系统论》以来，系统科学蓬勃发展，系统思想深入人心，系统工程技术广为应用。但是，在这种繁荣景象的背后却一直存在着一个最基本的问题没有得到明确的回答，即系统研究的剖面体系到底是什么？系统研究的目的无非是认识系统和改造系统，无论是认识系统还是改造系统，必须明确到底应从哪几个方面或剖面着手，这是系统研究的首要问题。然而，之前的系统理论并没有显式的提出并直面这一问题进行阐述，而大量散在的论述可谓是百花齐放、百家争鸣，这也反映出人们关于系统研究剖面及其相互关系的认识存在一致性和逻辑性缺陷，由此造成的理论与实践两方面的混乱现象在相关论著和系统分析、设计与评价等研究文献中是普遍存在的。针对这一根本性的问题，作者在作战系统建模与仿真工程实践和系统科学理论研究的基础上提出了一般系统六元理论，认为：（1）对于任何客观问题或研究对象，特别是复杂问题或研究对象，均可以将其视为系统，进而开展系统研究；（2）系统研究的剖面体系有且仅有系统的环境、要素、结构、状态、运行和功能这六个方面，由于它们满足系统研究剖面的充分性和必要性要求，可视之为六个基本哲学范畴，故称之为系统六元；为了研究问题的方便，可将系统与环境看成一个封闭的大系统，这样原来的系统六元可表述为大系统的六元，即论域、要素、结构、状态、运行和功能；（3）任何系统理论，如系统哲学、系统论、信息论、控制论、耗散结构理论、协同学等等，本质上都是关于系统六元及其关系的理论；（4）任何系统工程问题，均可视之为系统分析、设计或评价问题，在可操作的层面上可转化为对系统六元的分析、设计或评价；（5）系统六元作为认识和改造系统的剖面体系，可作为指导一般复杂系统分析、设计与评价的系统本体论和系统方法论思维范式。

本书内容就是围绕系统六元思维范式在复杂系统建模与仿真中的应用展开的，主要包括基于系统六元抽象的概念模型建模方法、逻辑模型建模方法和执行模型建模方法，也论述了支撑这些模型构建和运行的相关技术，旨在运用系统六元理论促进仿真技术的发展。第 1 章 联邦式作战仿真概述，在简述分布式作战仿真概念和发展历程的基础上，分析了分布式作战仿真面临的技术挑战，论述了联邦式作战仿真解决方案，包括联邦式作战仿真的概念、体系结构、开发过程和技术原理；第 2 章 联邦式仿真建模框架，论述了基于系统六元抽象的作战仿真概念模型建模方法，分析了从概念模型到对象模型再到执行模型的六元映射关系，给出了对象模型和执行模型的基本结构和描述模板等内容；第 3 章 面向对象的仿真建模方法，主要内容有基于系统六元抽象的建模框架、面向对象的概念模型和逻辑模型建模方法；第 4 章 面向智能体的仿真建模方法，主要内容有面向智能体的系统六元抽象建模思想、面向智能体的概念模型和逻辑模型建模方法；第 5 章 基于 MDA（Model Driven Architecture）的仿真建模方法，论述了基于 MDA 的作战仿真六元建模思想、技术框架和建模方法；第 6 章 战术级装备保障 CGF（Computer Generated Forces）建模，基于 HLA/RTI 运行支撑环境设计了一个战术级装备保障指挥模拟训练联邦，重点探讨了战术级装备保障力量 CGF 的建模问题；第 7 章 联邦式仿真运行支撑环境 RTI，介绍了 HLA/RTI 的基本构架、接口规范和时间管理机制等内容。

本书是在多年研究和积累的基础上撰写而成的。作者在 1996 至 2000 年攻读博士学位期间，参与了获得国家级科技进步奖的军队重点建设项目"分布式作战指挥训练模拟系统"的研发工作，主持开发了其中的"装备保障指挥训练模拟子系统"；针对我军作战仿真技术体制和建模方法存在的问题，对美国国防部建模与仿真主计划项目（1995–2000）进行了跟踪研究，申请并完成了国家自然科学基金项目"分布交互式作战仿真高层体系结构研究"（69845001）；于 1999 年 9 月完成了题为"联邦式作战仿真通用技术框架研究"的博士论文，针对美军 EATI（Entity，Action，Task，Interaction）建模方法的缺陷，提出了系统六元抽象建模思想和方法，建立了从系统仿真的实体概念模型到对象逻辑模型再到执行程序模型的映射和转换机制。此后指导 20 多名博士和硕士研究生运用系统六元思维范式开展了作战仿真建模、作战仿真想定规范化描述、装备保障系统分析、系统设计和系统评价等方面的理论及其应用研究。本书就是上述研究成果的结晶，是作者研究团队共同努力的结果。参与本书内容研究和撰写的主要人员还有刘洁博士、刘彬博士、沈宇军博士、张祥林博士和翟怀宇硕士，作者对他们做出的努力和贡献表示诚挚的感谢。

本书的出版得到了军队"2110 工程"军事装备学学科研究生教材"现代作战模拟"建设项目的资助，可供从事复杂系统建模与仿真，特别是军事学领域从事作战系统仿真教学和科研的大学教师、研究生及有关研究人员阅读参考，对从事与系统科学和系统工程相关工作的学者也有参考借鉴价值。作者衷心期待通过本书的出版，能对复杂系统建模与仿真、系统科学理论研究和系统工程实践起到促进作用。由于成书仓促，本书的缺点和错误在所难免，诚恳希望读者批评指正。

杨彦寿
2007年8月

目　录

第1章　绪　论 ……………………………………………………… 1

　1.1　分布式作战仿真概述 …………………………………………… 1

　1.2　分布式作战仿真面临的挑战 …………………………………… 3

　1.3　联邦式作战仿真的提出 ………………………………………… 8

　1.4　联邦式仿真系统体系结构 ……………………………………… 9

　1.5　联邦式仿真系统开发过程模型 ……………………………… 14

第2章　联邦式仿真建模框架 ……………………………………… 15

　2.1　概念模型设计 ………………………………………………… 15

　2.2　对象模型设计 ………………………………………………… 43

　2.3　执行模型设计 ………………………………………………… 61

第3章　面向对象的仿真建模方法 ………………………………… 69

　3.1　引言 …………………………………………………………… 69

　3.2　基于系统六元抽象的作战系统仿真建模框架 ……………… 69

　3.3　作战系统概念模型视图 ……………………………………… 78

　3.4　作战系统逻辑模型视图 ……………………………………… 90

　3.5　作战实体模型视图 …………………………………………… 102

　3.6　仿真实例分析与设计 ………………………………………… 111

第4章　面向智能体的仿真建模方法 ……………………………… 128

　4.1　引言 …………………………………………………………… 128

　4.2　面向智能体的六元抽象建模思想 …………………………… 130

　4.3　AOSVMM 的概念模型建模方法 …………………………… 136

　4.4　AOSVMM 的智能体模型建模方法 ………………………… 155

　4.5　装备保障系统仿真概念模型设计 …………………………… 164

　4.6　装备保障系统仿真智能体模型设计 ………………………… 183

第5章　基于 MDA 的仿真建模方法 ……………………………… 191

　5.1　引言 …………………………………………………………… 191

5.2 基于 MDA 的作战仿真建模思想 ………………………………………… 193

5.3 主题域平台无关模型的建立 …………………………………………… 208

5.4 主题域模型的转换过程及方法 ………………………………………… 228

5.5 主题域模型的集成过程及方法 ………………………………………… 250

5.6 基于 MDA 的联邦式战术级装备保障仿真系统开发 ……………… 266

第 6 章 战术级装备保障 CGF 建模 ……………………………………… **282**

6.1 引言 ……………………………………………………………………… 282

6.2 战术级装备保障 CGF 应用框架 ……………………………………… 282

6.3 战术级装备保障 CGF 建模需求分析 ………………………………… 284

6.4 战术级装备保障 CGF 模型设计 ……………………………………… 291

6.5 战术级装备保障 CGF 执行行为建模 ………………………………… 322

6.6 战术级装备保障 CGF 指挥控制建模 ………………………………… 342

6.7 战术级装备保障 CGF 联邦成员设计 ………………………………… 360

第 7 章 联邦式仿真运行支撑环境 RTI ………………………………… **377**

7.1 引言 ……………………………………………………………………… 377

7.2 RTI 的基本概念 ………………………………………………………… 377

7.3 RTI 的基本构架 ………………………………………………………… 378

7.4 RTI 接口设计规范 ……………………………………………………… 380

7.5 RTI 消息传输机制 ……………………………………………………… 384

7.6 RTI 时间管理机制 ……………………………………………………… 387

缩略词表 ……………………………………………………………………… **394**

参考文献 ……………………………………………………………………… **396**

第1章 绪 论

1.1 分布式作战仿真概述

1.1.1 分布式作战仿真的概念

随着计算机网络技术的发展，自 20 世纪 80 年代初开始，作战仿真技术的研究和应用逐步从单机环境转向了网络环境。由于网上作战仿真能够更加逼真地模拟大规模的和复杂的军事行动，其仿真能力是远非以往的基于经验或半经验定量模型、基于统计或纯理论定量模型的单机作战仿真所能比拟的。因此，网上作战仿真受到了世界各国的普遍关注，相关的技术和应用也得到了迅速发展，在分析和解决诸多军事问题当中发挥着重要作用。

分布式作战仿真（Distributed Warfare Simulation，DWS）是一种典型的基于计算机网络的先进而实用的仿真技术，它运用协调一致的体系结构、开发标准和数据交换协议等，通过计算机网络把分散在不同地域的平台级仿真器或聚合级仿真模型连接起来，构成一种人可以参与的虚拟战场综合仿真环境，以实现多武器平台的协同作战模拟或由多军兵种共同参与的大规模军事行动的模拟。分布式仿真不仅需要采用多机并行计算技术，而且特别强调负责仿真计算的各网络节点在地理上的分布特征。

仿真器联网 SIMNET（SIMulation NETwork）[1] 是世界上第一个较成功的 DWS 系统，基于 DIS（Distributed Interactive Simulation）[2-5] 仿真协议的平台级作战仿真和基于 ALSP（Aggregate Level Simulation Protocol）[6,7] 仿真协议的聚合级作战仿真是两种最具代表性的 DWS 系统，联邦式作战仿真（Federal Warfare Simulation，FWS）[8] 是一种兼容平台级仿真器、聚合级仿真模型、C⁴I 系统、分析评价模型和实际作战系统接口软件等各类子系统的 DWS 系统。

分布式作战仿真按其模拟对象的不同可分为三种类型[9]：

（1）真实仿真

由实际的战斗人员使用实际的武器系统和保障系统，在尽可能真实的作战环境中进行实战演习。典型的例子是各国军队在训练中心进行的野战演习和在作战地域、海域进行的作战演习，以及在装备试验基地对各类装备在实战环境下进行的装备试验。

（2）虚拟仿真

由实际战斗人员操作仿真的武器系统进行作战仿真。典型的例子是大型复杂武器装备的虚拟训练仿真器，以及由大量虚拟训练仿真器构成的战术仿真训练系统，如仿真器联网（SIMNET）就是一种由坦克和战车虚拟训练仿真器构成的红蓝对抗仿真系统。虚拟仿真也称人在环仿真。

（3）结构仿真

由仿真的人操作仿真的武器系统进行的仿真，例如作战模型。结构仿真也称人不在环仿真。

以上三种仿真的结合并达到"无缝"一体化，称作无缝隙仿真。它能给局中人和自动化部队在三种仿真范围内，提供一种相互作用的能力。

分布式交互仿真技术与以往仿真技术的不同之处在于：

（1）在体系结构上，由过去集中式、封闭式发展到分布式、开放式和交互式，构成可互操作、可移植、可伸缩及强交互的分布对等协同仿真体系结构。

（2）在功能上，由原来的单个武器平台的性能仿真发展到复杂作战环境下以多武器平台为基础的体系与体系对抗仿真。

（3）在手段上，从单一的结构仿真、真实仿真和虚拟仿真发展成集上述多种仿真为一体的综合仿真系统。

（4）在效果上，由人只能从系统外部观察仿真的结果或直接参与实际物理系统的联试，发展到人作为系统的组成部分，参与系统的交互作用，并取得身临其境的感受。

1.1.2　分布式作战仿真的应用

DWS在军事领域中的应用主要体现在三个方面：作战训练、作战研究和武器系统评估与发展论证。

1.作战训练

作战训练是最早运用仿真技术的一类军事应用，而且在该领域的应用面最广、收效最为显著。训练对象包括指挥层（指挥员）和操作层（士兵）两大类，DWS技术的发展使指挥层和操作层在同一虚拟战场环境下的同时训练成为可能。训练方式主要是多军兵种联合作战条件下的单方演练或双方对抗演练。DWS系统充分体现了人在环中的特性，即人是系统的一个重要组成部分，在系统结构上提供尽可能完备的用于人工干预的人机接口或虚拟操作平台，作战仿真模型则按照实际的作战规则模拟实兵执行各种干预命令或操纵指令所产生的效果，从而形成逼真的、不断变化的战场态势。这种给回路中红蓝双方参战人员提供的驾御战场的机制，能使受训人员在虚拟的实战环境中经受锻炼和考验。

2.作战研究

作战研究包括对未来作战方案的预演和对过去作战过程的重演。运用DWS技术，可按部队的作战任务构造战场环境，从而对实际作战方案在战前即可进行有效性的分析、验证与改进。对于过去的典型战役、战斗等可以通过仿真模型进行模拟重演，以便从中分析经验与教训，提高部队的作战能力。

3.武器系统评估与发展论证

研究对象包括现有的实际武器系统和未来的新概念武器系统。由于DWS体系结构开放性的特点，可在DWS系统中嵌入实际的作战武器系统平台，从而在近似实战的条件下对现有武器系统进行技术和战术效能的评估。在DWS系统中也可以嵌入新概念武器系统的仿真模型或虚拟样机，通过仿真实验为新武器系统的设计与开发提供论证依据。

1.2 分布式作战仿真面临的挑战

1.2.1 仿真对象的复杂性

作战系统是在特定的时间和空间内，参与军事斗争的双方（或多方）所有要素（部队、武器系统等）及其相互作用所构成的统一体。在作战系统建模与仿真过程中需要特别关注系统要素间的相互作用和相互影响。

作战系统要素间的相互作用形式表现为两种：

（1）协同——单方内部要素表现为协同关系。

（2）对抗——对立双方要素表现为对抗关系。

作用内容分为两种：

（1）信息作用——作战要素通过接收和发送信息，影响自身或其他要素的行为。如由作战命令、报告导致的协同行为，由情报战导致的对抗行为。

（2）物理作用——作战要素由于受到另一作战要素的物质作用（有能量和/或物质交换），直接导致相关要素的状态发生改变。如兵力的协同或对抗行为将导致相关作战实体实力的增减。

从时间过程考虑，作战系统的运行可划分为三个阶段：

（1）作战准备阶段：兵力协同，情报协同与对抗。

（2）作战实施阶段：兵力协同与对抗，情报协同与对抗。

（3）作战结束阶段：兵力协同，情报协同与对抗。

图 1-1 给出了作战系统的生灭过程，它随着对立双方相互作用的逐步强化而形成，随着这种作用和影响的逐步弱化，向非系统转化，直至最后不复存在。

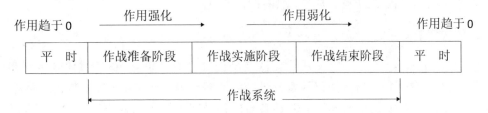

图 1-1 作战系统生灭过程

作战系统是一种复杂的动态随机系统，具有复杂大系统的典型特征[10]。目前，人们在对其相关理论和规律性的分析和研究上仍面临着一系列技术难题。

（1）规模庞大。作战系统由众多分系统、子系统构成，如陆、海、空兵力系统，多种多样的武器系统、作战资源信息系统、指挥控制系统，各种作战保障、装备保障和后勤保障系统等等。这些系统占有空间大、涉及范围广、具有分散性。

（2）结构复杂。作战系统的各子系统之间、各子系统的组成要素之间关系复杂，系统中包含各种各样的人和物，具有"人-物"、"人-人"、"物-物"之间的多种复杂关系。

（3）功能综合。作战系统的目标具有多样性，有政治的、经济的、军事的和技术的等等，作战的各方为了各自的目标进行抗争，因而作战系统的功能也必然是多方面的和综合的。

（4）因素众多。作战系统是多变量、多输入、多输出、多目标、多参数、多干扰的系统。在这些众多的因素当中，不仅有"物的因素"，还有"人的因素"；不仅有"技术因素"，还有"经济因素"和"社会因素"等等。

（5）主动性。作战系统是主动系统，包含具有主动性的系统要素——人，例如各级各类指挥员、操纵各种武器的士兵、各种保障人员等等。如何考虑人的因素，如何建立个体行为和群体行为的数学模型是作战系统分析和研究中的一项技术难题。

（6）不确定性。作战系统中有许多不确定因素，例如模糊性、随机性、对象特性漂移或摄动（结构或参数），因此难以用传统的确定性数学模型进行描述以及通常的方法进行控制。

（7）不确知性。作战系统是包含大量不完备信息、不确知数据的系统，难以建立适当的、完备的数学模型，进行精确的定量分析。

（8）维数灾。作战系统含有众多的要素（实体），要建立其数学模型必须描述各相对独立实体的众多属性及其相互影响。因此，作战系统的数学模型是一种高维的，即状态变量数目甚多。系统的分析和设计工作量将随维数的增多而迅速增长，导致所谓的"维数灾"。

（9）发展中的系统。作战系统在其运行过程中，本身也处在发展和变化之中，系统的结构和要素，系统的目标和环境条件，系统的特性和功能都处在变化当中，可称之为"发展中系统"。这种系统难以用常规的方法进行分析与研究。

（10）分散化。作战系统不仅具有空间上的分散性，而且具有时间上的分散性。前者表现在作战系统的诸子系统和诸多要素通常分布在不同的地域和空间上；后者表现在作战系统的诸子系统和诸多要素并非贯穿于系统的整个生命周期，而是在许多离散的时间点上不断加入系统或退出系统。

综上所述，作战系统的这些特点给人们分析和把握作战系统的规律性带来了重重困难，也给作战仿真模型的建立提出了严峻的技术挑战。

1.2.2 军事需求

自20世纪80年代初开始，从仿真器联网SIMNET到基于DIS仿真协议的平台级作战仿真，再到基于ALSP仿真协议的聚合级作战仿真，乃至基于HLA技术体制的混合仿真，网络化作战仿真有了长足的发展，并在各自的领域得到了重要的应用。然而，作战仿真技术的支持能力与不断增长的军事需求之间的矛盾始终没有得到根本的解决，存在的主要问题有：

（1）各类仿真系统互操作性差：由于不同军事部门使用的作战仿真系统通常是根据各自的需要，采用不同的体系结构和技术途径独立开发的，因此这些系统不仅应用单一，而且难以通过系统集成形成满足多种目的的综合作战仿真环境。

（2）仿真组件重用性差：由于缺乏统一的建模标准和规范，原有的仿真组件难以被新的仿真系统所采用，导致了时间、经费、人力和物力等资源的浪费。

（3）可信度低、可靠性差：许多仿真系统没有经过严格的检验、验证和确认。

（4）可维护性和可扩展性差：仿真系统内部要素耦合度高，不易分而治之。

（5）应变能力不足：难以适应多种多样的、不断变化的军事需求。

（6）技术滞后：尽管在仿真系统设计时采用了先进的支撑技术，但由于系统体系结构上的缺陷，未来出现的新技术将难以采用，到系统交付使用时或在系统使用过程中，所采用的技术已相对落后，如软硬件平台、通信技术等。

这些问题的存在严重地制约着作战仿真系统的开发和应用，也反映了当前仿真技术的发展水平与军事需求之间的差距，为未来作战仿真的发展指明了方向。随着武器系统和指挥系统等仿真对象的日益复杂，未来的作战仿真必将广泛地采用各种先进的仿真技术，它要求能够集成多个部门开发的不同类型的仿真应用，能够实现"真实仿真"、"虚拟仿真"和"结构仿真"的无缝连接，这种一体化的作战仿真代表了未来的发展方向。

1.2.3 技术挑战

需求牵引和技术推动是作战仿真发展的两个原动力。军事需求为作战仿真技术的发展指明了方向，作战仿真技术则以军事需求为研究和解决问题的目标和归宿。要解决仿真技术支持能力相对于军事需求不足的问题，给仿真技术的发展提出了严峻的挑战，需要解决下列诸多方面的技术难题[11]。

1. 体系结构开放性

采用开放式体系结构的目的是建立一种具有广泛适用性的系统结构框架，在这一框架下可以实现各类系统或子系统的集成，以构建大规模的和多用途的作战仿真系统。主要的集成对象包括：

（1）平台级作战仿真器；

（2）聚合级作战仿真模型；

（3）评估、预测类分析模型；

（4）C^4I系统；

（5）实际作战系统接口软件。

2. 系统可扩展性

增强系统可扩展性的目的是在系统的整个生命周期内，保证其功能随用户需求的增长及外部技术支持能力的增长而增长，保证其性能不随系统规模（如接入的节点数或对象数）的扩大而显著恶化，保证系统的关键性能指标仅随系统规模的扩大而缓慢下降。

3. 子系统互操作性

提高子系统互操作性的目的是保证参与系统集成的各类子系统能够有机地耦合在一起，这是构建大规模作战仿真系统的基本前提。互操作性的实现依赖于统一的系统结构框架、一致性的系统表达方法和统一的系统接口规范。

4. 仿真组件重用性

重用性能使仿真系统的各类组件能为多方所用，以提高仿真建模的工作效率，缩短工程周期。获取重用性的根本技术途径是实现构模要素的模块化、标准化，并保证它们具有通用性。为此，可把仿真系统的组合要素分为通用基础支撑构件、准通用构件和专用构件三类。通用基础支撑构件的作用类似于各类建筑赖以立足的地基和公用的基础设施（如道路、水电、通信等），它为各类仿真系统的构建和运行提供一种通用支撑环境。准通用构件是按照一定的标准和规范建立起来的仿真对象模型或其他构模要素。在仿建模时，根据特定仿真应用的需要可选择部分准通用构件，经过对它们进行适当的增、删、改维护后，即可用来构建所需要的仿真模型。专用构件是为满足特定应用领域的需要而独立设计的仿真组件，同准通用构件一样，专用构件也必须按照一定的技术标准和规范进行设计，具有准通用构件的特征，待其完善后应置于准通用构件库中，以备后用。这种一次开发、重复使用的构模策略将显著地提高构建作战仿真系统的效费比，并有助于改进仿真系统的质量。

5.模型表达复杂性

作战仿真系统开发者的核心任务是通过建模实现仿真。实际系统是由许多对象（实体或事物）组成的，模型则是这些对象及其内在联系和相互作用机制的一种表示，仿真的本质就是利用模型系统的运行来考察实际系统本身。因此，模型的准确性和合理性是仿真质量的关键。而作战系统所具有的特殊性、复杂性和不确定性，使其仿真模型的表达更加困难。

首先，模型需要表达的对象种类繁多，主要包括：作战部队（又分为不同的军种和兵种）、作战装备（又有大类、小类和型号之分）、作战环境（包括地形、海况和天候等）以及作战对象（多种多样，千变万化）。

其次，就模型种类而言，仿真系统中既有数学模型又有物理模型；既有定量模型又有定性模型；对含有人的节点，应有人的智能行为模型。要进行分布式仿真，这些模型的概念必须一致，信息必须相容。

再次，作战仿真系统的模型可能分布在不同地域的众多节点上，它们各自描述不同作战实体。实际作战系统结构的层次关系决定了描述它的模型体系也呈现出多层次的结构特征；而且不同层次的模型又具有不同分辨率，各节点模型既具独立性又具很强的相关性。

所有这些特点，极大地增加了仿真建模的难度。

6.时空和逻辑一致性

时空和逻辑一致性是指在仿真运行过程中，系统各节点上仿真对象的状态和行为必须同所模拟的实际对象的状态和行为保持所需要的一致性，即各类事件的触发、实体间的相互影响和状态转移都必须符合客观世界所规定的时序关系和因果关系。只有如此，才能给作战仿真回路中的人提供逼真的时空感受。通常，这种一致性要求取决于仿真的目的，不同的仿真应用会有不同的时空和逻辑一致性要求。例如，聚合级作战仿真是一种基于逻辑时间推进的仿真，它要求事件的发生和相互影响保持正确的逻辑关系，没有实时性的要求。而平台级作战仿真是一种实时仿真，它对时间、空间和逻辑的一致性提出了很高的要求。为此，在系统设计时不仅需要提供高速的处理机和通信网络，而且要求仿真程序对数据流进行精确的控制和智能化的处理，以防止发生由于任务长时间的停滞或意外中止而不能对其他任务做出及时响应的现象。

在作战仿真系统中，影响时空和逻辑一致性的因素包括：

（1）各节点的本地时钟不同步（未校准于某同一时基）；

（2）网络阻塞导致节点间消息传输延迟；

（3）消息接收顺序或发送顺序的不良处理；

（4）实体状态转移算法的不合理性。

7.浸入式人机交互仿真机制

作战系统是一种最复杂的人机系统，作战仿真系统必须恰如其分地表达和表现战场上的个人和群体行为。这不仅需要有完善的人机交互界面，而且需要仿真模型有相应的处理和响应机制，正确地反映人和机器的关系和相互作用。

8.融合多种模式的时间管理机制

未来的作战仿真系统需要包容兵力仿真模型、C^{4}I系统、分析评估模型和实际作战系统接口软件等各种各样的组成要素。就时间管理而言，它们可能呈现出下列不同的技术特征：

（1）使用不同的事件排序方法：如DIS系统常用按接收事件的顺序处理事件，ALSP系统常用按时间图章顺序处理事件。

（2）使用不同的内部时间控制机制：如按时间步长推进的仿真、按事件驱动的仿真、独立时间推进的仿真以及不需要进行时间管理与推进机制的分析评估模型等。

（3）使用不同的时间推进速率：如实时仿真（Real-time Simulation）、比例化实时仿真（Scaled Real-time Simulation）和尽快仿真（As-fast-as-possible Simulation）。

（4）使用不同信息传输协议的仿真：如采用同步传输协议的仿真和采用异步传输协议的仿真。

（5）使用不同可靠性要求的信息传输协议的仿真：例如，在作战仿真系统中，有些事件的处理必须按照一定的顺序（如时间图章）进行，要求其相关信息的传输具有很高的可靠性，如装备毁伤事件；而有些事件的处理没有严格的先后顺序要求和可靠的传输要求，如实体位置更新事件，其位置信息可根据相应的锁定推算（Dead-Reckoning，DR）算法进行预计，这些事件则可按接收的顺序予以处理。

由此可见，能否融合不同的时间管理机制也是实现各种仿真互操作的关键。

9.辅助建模工具的不充分性

对于传统的连续系统或离散事件系统仿真，目前已经研制了许多专用仿真语言、支持工具甚至专家仿真系统，这些仿真工具极大地减少了用通用编程语言编制仿真程序的工作量。然而，由于作战仿真系统的复杂性，目前仍然停留在用通用编程语言编写仿真程序的阶段。因此，研究与开发作战仿真CASE（Computer Aided Software Engineering）工具甚至专用语言也是作战仿真技术发展中的一项重要研究课题。

10.理论与方法研究相对于工程实践的滞后性

由于仿真技术极大地依赖于计算机，因而在进行仿真建模时，人们往往注重如何把实际问题直接转化为某种计算机语言表示的仿真程序，致使仿真模型的表达与实际系统之间存在着较大的概念距离。因此，有必要建立和完善一套仿真建模理论和方法，用以描述实际系统到概念模型、概念模型到实验模型的映射与转换机制，并提供一套具有良好操作性的建模方法、表达模式和工作程序。

1.3 联邦式作战仿真的提出

1.3.1 联邦

联邦是一个源自于国家政治体制的概念，指的是一类采用分权立法和执法体系实施治理的国家，即联邦制国家。美国作为第一个现代联邦制国家，被奉为联邦制的典范，许多对联邦制的概念界定和特征描述也是基于对美国联邦制的观察。美国（联邦）从行政区划上看，由 50 个行政自治州（联邦成员）构成，其联邦体制最显著的特点是具有联邦和州的两套平行的立法机构和行政机构，即在制定法律和执行法律上，联邦和州的两套体制是完全分离的。除了司法机关基于宪法的立场所能对州进行的控制之外，联邦的立法机关和行政机关对州的立法和行政不具有任何有强制的控制权。在联邦制下，宪法把国家权力分为两部分，一部分授予中央政府，另一部分授予地方政府，二者都享有实质上的权力。根据联邦制模式的基本框架，其涉及国内政府间关系的特征主要包括：

（1）存在两套政府体制，一套是联邦中央政府，一套是联邦各成员政府。

（2）中央政府同各成员政府之间存在着明确的权利划分，联邦政府是一个有限政府。

（3）联邦中央政府和地方政府都不得逾越宪法中关于他们各自应当享有的权力和地位的条款，从而干涉到另一方的权力范围。

（4）各成员政府可以在联邦宪法规定的权力范围内，制定适合本成员的宪法和法律，并自主决定和管理本成员内部事务。

单一制是一个与联邦制相对应的国家治理模式，单一制国家结构形式的主要特征是：

（1）存在一套政府体制，是一种以中央政府为核心而形成的政府间关系，国家内部按照地域划分行政区，行政区域的地方政府是中央政府在地方的分支机构。

（2）中央政府集中了所有的权力和权威，地方政府的存在及其权力都源于中央政府或受制于中央政府，由中央政府统一领导，不具备有宪法保障的自治权。

（3）全国只有一部宪法和一套从中央到地方的执法和行政体系。

单一制和联邦制是当代国家结构的主要形式，表现了一国的整体与组成部分之间、中央政权与地方政权之间相互关系，其本质在于国家管理体制中的职权的划分。

与国家治理体制相仿，分布式仿真系统也是遵循不同的技术体制而构建和运行的，也存在着类似的“单一制”和“联邦制”技术体制。

1.3.2 联邦式作战仿真 [12]

如前所述，在分布式作战仿真的发展过程中出现了三种典型的技术体制，即支持平台级仿真的分布交互式仿真协议 IEEE 1278.X、支持聚合级仿真的 ALSP 协议和支持平台级与聚合级混合仿真的高层体系结构 HLA。

IEEE 1278.X 包括 IEEE 1278.1 ～ IEEE 1278.5 共五个标准 [13]，它们分别规定了仿真应用、通信服务与框架、作战演习管理与反馈、系统的检验、验证和确认、以及逼真度描述需求。该协议对分布式仿真系统的各仿真应用建模、仿真应用数据交互、系统管理及其网络通信等进行了全面的规范。这类似于单一制国家具有一套涉及各个领域的制度体系，因此，分布交互式仿真是一种"单一制"技术体制。也就是说，分布交互式仿真系统的构建，无论是整个系统，还是各个子系统，遵循的是统一的一套技术体制。

ALSP 是为了解决过去已经开发的若干聚合级仿真系统的互联、互操作问题制定的仿真协议，主要包括聚合级仿真接口协议、分布式仿真部件（子系统）仿真时间管理服务、数据管理和属性所有权的管理、基于消息的程序接口的 ALSP 体系结构等。可见，ALSP 只是系统层面的技术体制，而在组成分布式仿真的各子系统层面可以是采用不同技术体制的仿真部件（子系统）。因此，ALSP 已经具备了"联邦制"的雏形，基于 ALSP 的仿真系统呈现出了松散联邦的特征。

高层体系结构 HLA（High Level Architecture）[14-27] 则是为了构建一种理想的联邦式作战仿真系统而进行的全新的技术体制设计。自从分布式作战仿真诞生以来，先后出现了基于不同技术方法或按照不同属性特征进行分化的多种仿真概念，如：

（1）按照仿真对象划分：有平台级作战仿真和聚合级作战仿真。

（2）按照系统配置划分：有集中交互式作战仿真和分布交互式作战仿真。

（3）按照时钟控制方式划分：有基于时间步长的作战仿真、事件驱动的作战仿真和独立时间推进的作战仿真。

（4）按照数据传输控制方式划分：有同步传输控制仿真和异步传输控制仿真。

（5）按照人员参与程度划分：有真实仿真、虚拟仿真和结构仿真。

总之，仿真类别是多种多样的，有时一个大型的作战仿真应用可能包含上述多种或全部技术特征，HLA 就是为了融合各种仿真技术、各类仿真应用的系统级技术体制，而构成分布式作战仿真系统的各子系统，在遵循 HLA 技术体制的基础上可以采用不同的技术体制。我们把基于 HLA 的仿真系统称之为联邦式作战仿真（Federal Warfare Simulation, FWS）。这里，把不同类别的仿真或其他子系统看作实行不同政体且自治的"独立国家"，这些"独立国家"为了共同的利益（数据共享）有必要进行结盟（互连），构成一个统一的"联邦共和国"（集成化系统），以便互通有无（数据交互）、互助互利（交互数据的使用和处理）、共同发展（通过数据交互和处理实现各自的仿真目的）。联邦式作战仿真（FWS）就是借用这种国家体制的概念而提出来的，把各种各样的仿真模型或子系统称之为联邦成员，把若干联邦成员组成的大系统称之为联邦式作战仿真，或作战仿真联邦，简称联邦。因此，FWS 是一种集多种技术于一体的混合式仿真，旨在成为构建大规模的综合作战仿真环境的有效解决方案，以满足各种各样的作战仿真需要。

1.4 联邦式仿真系统体系结构

1.4.1 联邦式仿真逻辑结构

FWS 是一种集成化仿真，它可以集成具有不同应用目的的仿真模型或子系统。FWS 的主要集成对象包括：平台级作战仿真器、聚合级作战仿真模型、评估预测类分析模型、C^4I 系统、实际作战系统接口软件。

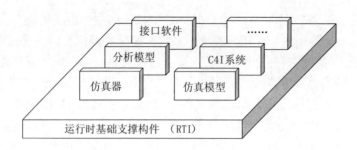

图1-2 联邦式作战仿真的软插件结构

如图1-2所示，其中每个集成对象都是一个相对独立的联邦成员，这些联邦成员通过运行时基础支撑构件（Runtime infrastructure，RTI）实现互连和互操作，从而形成协同运作的统一整体，即作战仿真联邦。RTI相当于计算机硬件中的主机板，故称之为"软主板"，它所提供的一套标准接口函数构成了FWS的"软插槽"。各联邦成员必须按照RTI规定的接口标准进行设计，形成"即插即用"的标准化"软插件"。在实际应用时，以RTI为基础，选用或设计一组标准化"软插件"进行组装即可构成一种满足特定应用的作战仿真联邦。

FWS采用了与DIS或ALSP仿真协议不同的交互数据处理模式。在基于DIS或ALSP协议的作战仿真中，参与分布式仿真的各个成员采用多点通信方式（Multicast）进行直接交互，所有交互数据的内容和格式均由DIS或ALSP以协议数据单元（Protocol Data Unit，PDU）的方式事先予以确定。这里，每个PDU都是不可分的，因此当PDU中的任何一个数据项发生变化后，都要传送整个PDU，这样会导致大量冗余数据在网上进行传输。而在FWS中，如图1-3所示，各联邦成员只需要通过标准的服务函数同本地RTI进行数据交互，异地RTI自动进行数据传输。显然，各联邦成员将通过RTI进行间接通信，所有交互数据的内容和格式完全由参与交互的联邦成员协商确定。这样可以确保：每个联邦成员只发送对其他联邦成员有用的信息，每个联邦成员只接收对自己有用的信息，避免了冗余数据在网上的传输。

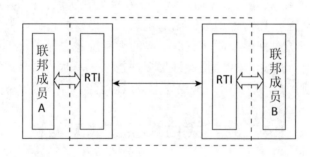

图1-3 FWS的数据传输模式

在HLA框架下，联邦式仿真的逻辑结构如图1-4所示。

各联邦成员和RTI共同构成了开放的分布式仿真系统，整个系统具有可扩充性。其中，联邦成员可以有多种类型，如真实实体仿真系统、构造或虚拟仿真系统以及一些辅助性的仿真应用。联邦的运行和仿真成员之间的交互协调都是通过RTI来实现的。

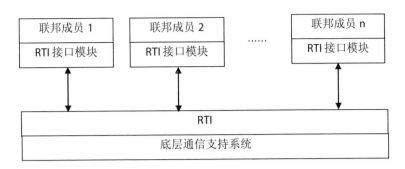

图 1-4　联邦式仿真逻辑框架

1.4.2　联邦与联邦成员规则[19]

1.4.2.1　HLA 规则概要

　　HLA 规则已经成为 IEEE M&S 的正式标准。现行的标准共有十条,其中前五条规定了联邦必须满足的要求,后五条规定了联邦成员必须满足的要求。

　　联邦规则:

　　(1)每个联邦必须有一个联邦对象模型,该联邦对象模型的格式应与 HLA OMT 兼容;

　　(2)联邦中,所有与仿真有关的对象实例应该在联邦成员中描述而不是在 RTI 中;

　　(3)在联邦运行过程中,各成员间的交互必须通过 RTI 来进行;

　　(4)在联邦运行过程中,所有联邦成员应该按照 HLA 接口规范与 RTI 交互;

　　(5)联邦运行过程中,在任一时刻,同一实例属性最多只能为一个联邦成员所拥有。

　　成员规则:

　　(6)每一个联邦成员必须有一个符合 HLA OMT 规范的成员对象模型;

　　(7)每个联邦成员必须有能力更新/反射任何 SOM 中指定的对象类的实例属性,并能发送/接收任何 SOM 中指定的交互类实例;

　　(8)在联邦运行中,每个联邦成员必须具有动态接收和转移对象属性所有权的能力;

　　(9)每个联邦成员应能改变其 SOM 中规定的更新实例属性值的条件(如改变阈值);

　　(10)联邦成员必须管理好局部时钟,以保证与其他成员进行协同数据交换。

1.4.2.2　联邦规则

　　下面介绍适用于 HLA 联邦的五条规则:

　　规则一:每个联邦必须有一个联邦对象模型,该联邦对象模型的格式应与 HLA OMT 兼容。

　　联邦对象模型(FOM)将运行时联邦成员间数据交互的协议和条件文档化,它是定义一个联邦的基本元素。HLA 不限定 FOM 的数据类型,可由联邦用户和开发者决定,但 HLA 要求将 FOM 以 OMT 标准的格式文档化,以支持新用户重用 FOM。

　　信息交换协议的规范化是 HLA 的重要内容。HLA 独立于应用领域,能用来支持具有广泛用途的各种联邦。FOM 是用来规范 HLA 应用的数据交换的方法。通过规范这些协议的开发和要求,结果将以公共格式文档化。HLA 提供了理解联邦关键元素和协助联邦整体或部分重用的方法。另外，FOM还提供了一些用于初始化RTI的数据。

规则二：联邦中，所有与仿真有关的对象实例应该在联邦成员中描述而不是在RTI中。

将具体的仿真功能与通用的支撑服务分离是HLA的基本思想之一。在HLA中，应该在联邦成员内对具体仿真对象的对象实例进行描述而不是在RTI中。RTI提供给联邦成员的服务类似于分布式操作系统提供给应用程序的服务，因此可以说RTI是一个面向仿真的分布式操作系统。RTI提供给联邦成员的服务主要用以支持联邦中对象实例间的交互。所有与仿真有关的实例属性应该由联邦成员拥有，而不是RTI。RTI可拥有与联邦管理对象模型有关的实例属性。

RTI服务应该能支持各种联邦，它是能被广泛重用的基本服务集，包括最基本的协调与管理服务，如联邦运行时间协调与数据分发等。由于它们的应用范围非常广泛，因此以标准服务的形式统一提供，比由用户自己定义效率更高。同时，这样更有利于联邦成员集中处理应用领域的问题，减少仿真应用开发者投入的时间及资源。所以，在HLA中仿真功能应与联邦支撑服务分离。RTI可以传递对象属性与交互实例数据来支持成员间的交互，但是RTI不能改变这些数据。

规则三：在联邦运行过程中，各成员间的交互必须通过RTI来进行。

HLA在RTI中指定了一组接口服务来支持各联邦成员按照联邦FOM的规定对实例属性值和交互实例进行交换，以支持联邦范围内联邦成员间的通信，在HLA体制下，联邦成员间的通信是借助RTI提供的服务来进行的。

根据FOM的规定，各联邦成员将实例属性与交互实例的数据提供给RTI，由RTI来完成成员间的协调、同步及数据交互等功能。联邦成员负责在正确的时间内提供正确的数据，而RTI保证将数据按照声明的要求传递给需要数据的联邦成员，以确保按照FOM的规定在整个联邦范围内形成一个公共的共享数据视图。为保证联邦中的所有联邦成员在整个系统的运行期间保持协调一致，所有的联邦成员都必须通过RTI的服务来交换数据，如果一个联邦在RTI外交互数据，则联邦的一致性将被破坏。公共的RTI服务保证了在联邦成员之间数据交换的一致性，减少开发新联邦的费用。

规则四：在联邦运行过程中，所有联邦成员应该按照HLA接口规范与RTI交互。

HLA提供了访问RTI服务的标准接口，联邦成员使用这些标准接口与RTI交互。接口规范定义了成员应怎样与RTI交互。由于RTI及其服务接口需要面对具有多种数据交换方式的各类仿真应用系统，因此HLA没有对需要交换的数据作任何规定。标准化的接口使得开发仿真系统时不需要考虑RTI的实现。

规则五：联邦运行过程中，在任一时刻，同一实例属性最多只能为一个联邦成员所拥有。

HLA允许同一个对象不同属性的所有权（在此，"所有权"定义为拥有更新实例属性值的权力）分属于不同的联邦成员，但为了保证联邦中数据的一致性，给出了本规定。根据该规则，对象实例的任何一个实例属性，在联邦执行的任何一个时刻只能为一个联邦成员所拥有。此外，HLA还提供了将属性的所有权动态地从一个联邦成员转移到另一个联邦成员的机制。

1.4.2.3 成员规则

下面介绍适用于 HLA 联邦成员的五条规则：

规则六：每一个联邦成员必须有一个符合规范的成员对象模型。

联邦成员可以定义为参与联邦的仿真应用或其他的应用程序（如仿真管理器、数据记录器、实体接口代理等），HLA 要求每一个联邦成员有一个对象模型（SOM），该 SOM 描述了联邦成员能在联邦中公布的对象类、对象类属性和交互类，但 HLA 并不要求 SOM 描述具体的交互数据，数据描述是联邦成员开发者的责任。HLA 要求 SOM 必须按 HLA OMT 规定的格式规范化。HLA 的主要目的是重用，这种重用是通过支持成员级的重用来实现的。尽管在 SOM 中包含联邦成员的完整信息有助于该联邦成员适应不同仿真目的的联邦，但如果因此而使得对成员中对象实例的可用信息不能进行有效访问，那么 SOM 将无法重用。因此为了满足这种要求，联邦成员的 SOM 通常只包括最小的基本信息集合，以支持其他成员对该成员信息的有效访问。该信息集合包括反映联邦成员主要特征的信息。当然，对于个别仿真开发者来说，开发和维护精确、有效、支持重用的完整信息，可能具有更高的优先级。

规则七：每个联邦成员必须有能力更新/反射任何 SOM 中指定的对象类的实例属性，并能发送/接收任何 SOM 中指定的交互类实例。

HLA 要求联邦成员在其 SOM 中描述供其在仿真运行过程中使用的对象类和交互类，同时允许为某个联邦成员开发的对象类可被其他联邦成员使用。联邦成员的 SOM 将这些对外交互的能力规范化，这些能力包括更新在联邦成员内部计算的实例属性值和向其他成员发送交互实例。在 SOM 开发过程中，如果从一开始就将联邦成员内部的对象类、对象类属性和交互类设计为可向外公布，这样就可实现仿真的重用机制。

规则八：在联邦运行中，每个联邦成员必须具有动态接收和转移对象属性所有权的能力。

HLA 允许不同的联邦成员拥有同一对象实例的不同实例属性。这样，为某个目的设计的联邦成员可以用于另一个目的的联邦。在联邦成员的 SOM 中，将联邦成员的对象类属性规范化，联邦成员就可以动态的接收和转移这些实例属性的所有权，通过赋予联邦成员转移和接收实例属性所有权的能力，使得一个联邦成员可以广泛应用于其他联邦。

规则九：每个联邦成员应能改变其 SOM 中规定的更新实例属性值的条件（如改变阈值）。

HLA 允许联邦成员拥有对象实例的实例属性，并能通过 RTI 将这些实例属性转递给其他联邦成员。不同的联邦可以规定不同的实例属性更新条件（比如高度超过 1000 米等）。联邦成员应该具有调整这些条件的能力，这样，通过设定不同的更新条件，联邦成员可以输出不同范围的实例属性值以满足不同的联邦的需要。对于一个联邦成员而言，应该在它的 SOM 中将实例属性值的更新条件规范化。

规则十：联邦成员必须管理好局部时钟，以保证与其他成员进行协同数据交换。

HLA 的实践管理方法支持使用不同内部时间管理机制的联邦成员间的互操作。为了达到这一目的，HLA 提供统一的时间管理服务来保证不同联邦成员间的互操作，因此不同类型的仿真只是 HLA 实践管理方法中的一个特例，一般只使用了 RTI 时间管理能力的一部分。联邦成员不需要明确告诉RTI其内部使用的时间推进方式（如基于时间步长的时间推进、基于事件的时间推进、外部时间同步、独立时间推进等），但它必须使用合适的RTI服务（包括时间管理服务）来与其他联邦成员进行数据交互。

联邦开发者必须把时间管理策略看作是执行设计的一部分。联邦成员的时间管理策略必须与联邦的时间管理策略一致。

1.5 联邦式仿真系统开发过程模型

联邦开发与执行过程（Federation Development and Execution Process, FEDEP）[26]模型旨在确定和描述构建HLA联邦所必需的工作程序和内容。对于不同作战仿真联邦应用而言，如用于分析的联邦和用于分布式训练的联邦，它们在低层具体的开发与执行过程上存在着明显的差异；然而，通过更一般的抽象，所有联邦式仿真系统的开发与执行过程，具有以下六个基本相同的步骤，如图1-5所示。

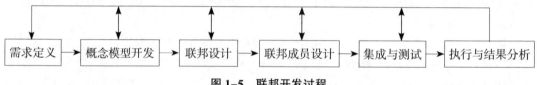

图1-5 联邦开发过程

第一步：需求定义。用户和开发者共同确定一组开发目标和为实现这些目标必须完成的工作。

第二步：概念模型开发。对所关心的真实世界（实体、任务）用一组对象和对象间的交互进行表述。

第三步：联邦设计。确定组成联邦的联邦成员，对每个联邦成员建立一个仿真对象模型（Simulation Object Model，SOM），对整个联邦建立一个联邦对象模型（Federation Object Model，FOM），通过这两类模型描述联邦成员之间的任务分工与信息交换。

第四步：联邦成员设计。针对每个联邦成员设计能够实现其SOM描述的输入与输出的具体过程。

第五步：联邦集成与测试。将所有联邦成员集成到一个统一的运行控制框架之下，运行并测试实现的所有联邦功能，确保满足互操作性需求。

第六步：执行与结果分析。联邦执行，分析结果，向用户反馈相关信息。

根据应用的不同，这六步可以采用不同的方法得以实现。由此，就使得开发联邦的时间和工作量不尽相同。而且，在联邦开发过程中，工作的规范化程度将直接影响系统的开发周期和各种资源的投入。

FEDEP模型只是提供了一个通用的、一般的联邦开发过程，联邦开发者需要根据具体的应用领域特点，进行相应的调整和修改。

第 2 章　联邦式仿真建模框架

2.1　概念模型设计

2.1.1　前言

仿真的本质是利用模型系统的运行来考察实际系统本身。因此，模型对实际系统表达的准确性和合理性是仿真质量的关键。

对于简单系统的仿真，由于领域知识和要解决的实际问题容易被仿真开发人员了解和掌握，因此不需要专门的交流工具和附加环节，仿真开发人员即可与专业领域人员直接对话，进而实施仿真系统的分析与设计工作。在这种情况下，仿真开发人员的实际做法是，首先向领域人员学习，至少在限定的问题空间内成为领域专家，而后才能开展仿真系统的构建工作。

然而，要实现复杂系统的仿真，单靠仿真技术人员或领域专家都不可能顺利地开展仿真建模工作，要求双方进行密切的合作，而当他们进行合作时又面临着难以沟通的困扰。这是因为在复杂的研究对象系统中，要解决的实际问题或许同样复杂，只有领域人员对这些复杂问题有透彻的了解和把握，让仿真技术人员成为复杂领域的专家可能需要多年的学习与实践。另一方面，复杂系统的仿真技术亦非简单易学，让领域专家进行学习、熟练掌握并灵活运用亦是一项艰难的事情。因此，对复杂系统的仿真而言，在领域人员和仿真人员之间似乎存在着一条不可逾越的鸿沟。

为了解决系统仿真建模的复杂性问题，需要在构建仿真系统的程序和方法上进行改进，引入便于双方运作的中间环节，这就是在FWS中引入概念模型的主要目的。如图2-1所示，概念模型为仿真技术人员和领域专家搭起了一座从复杂的研究对象系统跨越到它的仿真系统的桥梁。

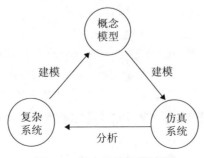

图 2-1　复杂系统仿真过程

2.1.2 概念模型基本概念

模型是对所研究的实际系统的某种抽象表达，而这种抽象可以为了不同的目的在不同的层次上进行，从而得到同一系统的不同描述模型。FWS采用三级抽象的策略建立联邦成员描述模型，其中概念模型是对实际作战系统的第一次抽象，它的引入将在军事领域人员和仿真技术人员之间架起一条相互理解与协作的桥梁，为解决作战仿真系统的复杂性提供一条有效途径。

概念模型（CM）是用通用的、独立于任何仿真实现的语义、语法和图、表等工具对作战系统的一种表达，它为仿真开发者提供与特定任务相关联的军事行动的规格化描述。CM作为把实际系统抽象为仿真系统的一个中间环节，必须易被军事领域人员和仿真技术人员掌握和运用，便于他们对所研究的问题产生共同的和一致的理解。

从静态或狭义上看，CM是对作战系统的一种表达；从动态或广义的角度出发，还应研究CM应如何建立、验证、维护和使用等问题。因此，CM技术框架的内容体系应该包括：

（1）概念模型：实际军事行动的一致性表达，包括表达的形式和内容。

（2）开发技术：建立CM的技术途径，知识采集与集成标准。

（3）通用数据库：用于录入、存储、管理与分发CM的数据库管理系统。

（4）辅助工具：建立CM的辅助开发工具（CASE工具）等。

在作战仿真建模过程中，CM的引入具有多方面的意义：

（1）CM是对真实世界的第一次抽象，它为后续的仿真设计和实现提供可靠依据，为作战仿真系统最终的检验、验证和确认奠定基础。

（2）CM是一种信息交流工具，通过它仿真领域专家可以与军事领域专家交流并获取反馈信息。

（3）CM是一种严格的工作程序，遵循它可以将待解决的现实问题清晰地、系统地告知仿真开发者。

（4）CM是一种改善仿真系统性能的方法，通过建立任务空间的通用概念模型，增强最终仿真实现的重用性。

作战系统是一种典型的复杂系统，为满足多种多样的作战仿真需要，仿真模型必须具有互操作性和重用性。这要求从作战系统的概念模型开始就需要提供可重用的、具有广泛一致性的系统表达。CM的设计应充分体现系统工程"分解－结合"的基本思想：首先，将系统分解为接口界面清晰的独立组元；然后，再通过这些组元界面间的通信实现不同组元的交互和相互影响。这种通过界面实现的分解与结合，严格地保持了组元之间的既分离又关联的关系，使得对各组元相对独立地设计与实现成为可能，同时可以支持并行开发策略，保证仿真组件的互操作性与重用性。

CM作为作战仿真建模的中间环节，必须同时兼顾其前后两个相关领域的需要：

（1）问题域——实际系统，主要考虑所要解决的实际问题。

（2）实现域——仿真系统，集中考虑解决问题的技术途径。

同时兼顾这两个领域的目的是，保证CM既能够完整、准确地表达作战仿真的军事需求，又便于后续的仿真设计与实现。

总之，CM旨在为军事人员与仿真设计人员提供一种定义完善的接口工具，它使得所表达的真实世界与实现这种表达的仿真世界，严格地保持系统工程中的分离与关联关系。程序设计人员使用这种表达时，无需先成为职业化的军事人员；军事人员使用这种表达时，无需先成为职业化的仿真技术人员。在仿真开发过程中，CM 是从军事人员的客观世界（实际存在）过渡到仿真开发人员的主观世界（人造系统）的桥梁。借助它可以让仿真开发人员了解军事，以便建立并最终维护仿真；借助它也可以让军事人员了解仿真，以便进行仿真系统的检验、验证、确认和最后的使用。CM 的这种桥梁作用，使得应用领域专家和仿真技术专家密切协作的开展仿真系统开发工作成为可能。

2.1.3 概念建模分析方法

分析就是将研究对象的整体分成较简单的、便于理解和把握的组成部分，找出这些部分的本质属性和彼此之间关系的过程，旨在清晰的界定问题，为解决问题奠定基础。在包括作战仿真应用在内的信息系统开发中，系统分析就是通过对问题空间的研究，产生一个外部可观察的、完整的和一致的需求说明。这种需求说明是对实际系统的一种表达，即概念模型（CM），它是后续系统设计与实现的基础。在 FWS 概念建模过程中，系统分析的目的就是获取作战任务空间中各个相对独立子系统（与联邦成员对应）的 CM。

在软件系统的开发过程中，系统分析是一项最富有挑战性的工作，以下三方面的问题常常使系统分析人员陷入困境：

（1）对问题空间的理解；

（2）人与人之间的交流；

（3）用户需求的变化。

为了有效地解决这些问题，在软件工程发展史上，先后出现了多种系统分析方法，如传统的功能分解法、数据流法、信息模型法和现代的面向对象分析方法，它们都在一定程度上化解了系统分析的复杂性，指导着人们的具体实践。

作战仿真系统是一种相当复杂的软件系统，其开发过程中的分析、设计和实现具有一定的特殊性，因此有必要对这些环节所采用的技术和模型表达方法进行专门的研究和探讨。下面将在 1.2 节关于战争复杂性认识的基础上，讨论构建复杂系统 CM 时控制模型复杂性的机制，然后分析和评价几种常用的系统分析方法，最后阐述基于系统六元抽象的作战仿真概念建模分析方法。

2.1.3.1 模型复杂性控制机制

作战系统本身是复杂的，而作战系统的模型必定是对实际系统的一种简化描述，以便正确地反映构模人员感兴趣的问题本质。模型复杂性的控制依赖于人们在分析客观世界时所采用的正确的认识论和方法论理念，如基本认知法则、抽象思维、继承和封装机制。

1. 认知法则

人类在认识和理解现实世界的过程中，普遍运用着三个最基本的认知法则：

（1）区分对象及其属性——简单认知过程。例如，区分一架飞机和飞机的大小、形态、性能等本身所固有的特征或特性。

（2）区分对象的整体及其组成部分——分析认知过程。例如，区分一架飞机和飞机的机身、机翼、动力系统和控制系统等。

（3）区分不同的对象类——综合认知过程。例如，将所有的飞机形成的类同所有的坦克形成的类区分开来。

上述三种认知过程不仅是人们认识客观事物的基本法则，而且应该成为对付问题空间复杂性的有效手段。

2.抽象机制

抽象是指在一个特定的问题空间内，忽略与当前目标无关或次要的方面，抽取与当前目标相关或主要方面的分析和研究过程。抽象的目的是让人们只关注与当前目标有关的部分。

在现实世界中，我们所面对的许多问题和系统都有其内在的复杂性，远比我们一下子所能处理的要复杂得多。当我们运用抽象的思维方法研究问题时，首先承认所研究问题的复杂性，然而我们并不打算理解问题的全部，只是选择其中感兴趣的一部分。这种技术是解决系统复杂性问题的一个重要方法。

作战仿真系统同任何其他软件系统一样，其本质都是数据处理系统。为了构建这类系统，我们感兴趣的方面必然是：数据和处理。这就是说，为了实现软件设计而进行的系统分析需要进行两方面的抽象：数据抽象和过程抽象。

数据抽象是从问题域抽取目标系统需要处理的数据类型的过程；而过程抽象是确定目标系统应该进行什么样的加工处理和具有什么样的功能的过程。任何软件系统分析方法都离不开这两种抽象，只是侧重点不同、表示方法不同而已。例如，功能分解法强调过程抽象，借助于功能结构框图予以表示；数据流法和信息模型侧重于数据抽象，前者借助于数据流图和数据字典进行描述，后者用实体-关系图表示；而面向对象分析法则是数据抽象和过程抽象并重，用对象模型进行表示。

3.封装机制

在软件工程中，封装的含义是将需要处理的数据和处理这些数据的过程在某一相对独立的程序模块中予以实现。封装机制是一种应变策略，它的主要功效和诱人之处在于能够帮助人们在开发新系统时尽量避免重复劳动。假如系统分析人员将需求分析结果中极不稳定的部分封装起来，那么未来不可避免的需求变化不会对整体结构产生大的影响。

由于问题空间的复杂性，困惑系统分析人员的三个问题始终是存在的，这就决定了系统分析必然是一种渐进的、逐步优化的过程。封装机制的基本思想是将可能的变化局部化，通过局部优化实现整体优化。

4.继承机制

继承是后辈从祖先那里获得性态和行为特征的过程。在软件系统的分析和设计中，继承是采用分类结构显式地表述公共的数据抽象和过程抽象的机制。在面向对象分析法中，父类概括了子类的共同属性和服务；子类则在继承父类属性和服务的基础上，针对自己的特殊需要进行特化和扩展专有的属性和服务。这种从特殊到一般，再从一般到特殊的方法不仅符合人们认识事物的规律性，而且有助于描述复杂系统的层次关系。

2.1.3.2 系统分析方法

1.功能分解法

功能分解就是用一些步骤和子步骤划分功能。每一个步骤或子步骤都是一个相对独立的处理过程，具有明确的输入与输出界面。用一个等式可表示为：

$$功能分解法 = 功能 + 子功能 + 功能界面$$

功能分解法的着眼点在于信息系统需要什么样的加工方法和处理过程，以过程抽象描述系统的需求。它是用"系统如何做"来回答"系统应该做什么"的问题。功能分解法的出现在一定程度上和一定范围内给技术人员提供了一条可行的软件系统开发思路。但是，它并没有从根本上解决在复杂的系统分析过程中，困惑人们的三个问题。

第一，功能分解法是将问题空间映射到功能和子功能，这要求系统分析人员必须深入到问题域的内部，依据以往的系统分析与开发经验确定系统应提供的功能和子功能。然而，系统分析人员对问题域的理解毕竟有限，因此这种从问题域到实现域的映射，在其完备性和合理性方面将难以定论。

第二，功能分解法是面向有经验的系统分析人员的方法，用户的参与以及系统分析人员同用户的交流将受到限制。

第三，功能分解通常是易变的和不稳定的，因此基于不稳定的功能分解之上的系统分析结果，难以适应用户需求的变化。

2.数据流法

数据流法是将现实世界映射成数据流和加工，它要求系统分析人员跟踪实际系统中的数据流程，借助于分层的数据流图和相应的数据字典等工具描述用户需求。

数据流图包括 4 种类型的图形元素：

（1）数据源和数据纳：数据源用于提供数据，数据纳用于接收数据。

（2）数据流：数据从数据流图的一个部分到达另一部分的通路。

（3）变换：对数据进行处理，把数据从一种形式变为另一种形式。

（4）数据存储：保存系统中的数据。

用数据流法进行系统分析时，首先是将整个系统看作一个处理过程，分析它的输入数据流和输出数据流，从而形成顶层数据流图；然后再将顶层数据流图细化为若干个二级数据流图，如此进一步细化，直至获得最基本的加工处理数据流图。这种方法用一个等式可以表示为：

$$数据流法 = 数据流和控制流 + 数据流和控制流的加工 + 数据流和控制流的存储 + 数据字典$$

在数据流方法的基础上，再加上结构化伪码、判定表和判定树则形成了一种所谓的结构化分析方法。

数据流法虽然得到了一定程度的应用，但也存在不少缺点。第一，有的系统并不是以数据为主要特征的，数据之间的变换不易确定。第二，数据字典文档可能过于庞大。第三，数据流图与实际系统的映射不是唯一的。因此，运用数据流法很难形成一个稳定的、能被获得一致性理解的系统需求文档。另外，这种方法很容易让系统分析陷入具体的实现细节，不利于从整体上把握系统的需求。同功能分解法一样，数据流法也不是面向用户的分析方法，其分析结果同样受系统分析人员的经验和对问题域理解程度的限制，同样不便于用户和系统分析人员的交流。它也没能有效地解决困惑系统分析人员的三个问题。

3.信息模型法

信息模型法是一种基于实体－关系（E-R）图的系统分析方法。在 E-R 模型中，实体 E 是一个对象或一组对象。这里，对象是实际系统中的事物，如人、机构、地点等等。

每个实体都有一组描述其状态和特征的属性。关系R是实体之间的联系或交互作用。实体通过关系连成一个网络，描述一个系统的信息状况。这种方法用一个等式可以表示为：

$$信息模型法 = 实体 + 属性 + 关系 + 结构$$

信息模型将问题空间直接映射成模型中的实体（对象），这种映射方式通过实体抽象描述系统需求，它同功能分解法的过程抽象、数据流法的数据抽象相比在思想方法上有了很大的改进。首先，系统模型是基于系统中最稳定的要素—对象而建立的，因此具有极高的稳定性，其应变能力得到了明显改善。其次，信息模型易于被领域人员掌握和使用，促进了系统分析人员和领域人员的交流，有助于对问题空间进行完整和准确地理解、把握与描述。

信息模型不是一种完善的系统分析方法，但是它为面向对象系统分析方法的建立奠定了基础。它同面向对象分析方法相比主要缺少下列机制：

（1）封装：将每个对象的属性和处理这些属性的服务捆绑在一起，并视为一个固定的整体。

（2）继承：通过分类结构，显式地描述对象的公共属性和公共服务。

（3）消息：对象之间的交互界面。

4.面向对象法

面向对象分析方法（OOA）是在信息模型和面向对象程序设计技术的基础上发展起来的。来自信息模型的概念有：属性、关系、结构以及代表问题空间事物的对象；来自于面向对象程序设计语言的概念有：属性和服务的封装、分类结构与继承关系、消息通信。因此，面向对象的方法可以用下式表示：

$$面向对象法 = 对象（属性和服务的封装） + 分类 + 继承 + 消息通信$$

理想的系统概念模型应具有良好的稳定性，并支持渐进式的开发策略。模型的稳定性首先决定于模型表达要素的稳定性。OOA方法是基于系统中最稳定的要素—对象来构建系统的概念模型，因此模型的整体框架具有较高的稳定性。另外，对象还将不稳定的过程抽象和数据抽象封装在一起，并通过消息通信实现对象间的相互作用和相互影响，使对象具有高内聚、低耦合的特征，增强了系统模型的应变能力，也使得并行式和渐进式的开发策略成为可能。

OOA方法的主要优点在于：

（1）它运用人们认识客观事物的三个基本法则描述系统需求，符合人们的思维习惯，有助于系统分析人员和用户之间的相互理解和交流。

（2）它侧重于对问题空间的表达，反映应用领域、用户所处环境和目标系统的本质需求。

（3）它将对象属性和作用于属性的服务封装成一个相对固定的整体，实现了数据抽象和过程抽象的完美结合与统一。而不是像其他分析方法那样，孤立地或不完整地进行数据抽象和过程抽象。

（4）它基于稳定的系统要素建立系统概念模型框架、使用高内聚、低耦合的系统分块描述系统需求，保证概念模型具有良好的稳定性和应变能力。

（5）它通过分类结构显式地描述公共的数据类型和加工处理，使模型的表达既简练又便于理解。

（6）它提供了与面向对象的设计和实现相一致的表达方法，能对后续的系统开发提供强有力的支持。

下表总结了上述几种分析方法的主要差别：

类别 \ 机制	认知法则	数据抽象	过程抽象	封装机制	继承机制
功能分解			√		
数据流法		√	√		
信息模型	√	√			
面向对象	√	√	√	√	√

2.1.3.3 基于系统六元抽象的概念建模分析方法[8,28]

根据上面的分析可以看出，面向对象的分析方法是构建问题域概念模型较理想方法。本节将借鉴面向对象的分析方法，针对作战仿真这一具有特殊性的应用领域的需要，探索联邦式作战仿真概念模型（FWS-CM）应该具体描述什么和怎样描述的问题，从而形成了基于系统六元抽象的概念建模分析方法。

1. 概念模型描述的系统剖面体系

建立作战系统的概念模型需要解决两方面的问题，一是概念模型描述内容，二是概念模型描述形式。确定概念模型描述内容，就是要明确从系统的哪些方面或剖面着手开展建模工作，此乃建立系统概念模型的首要问题，这又涉及一个更加普遍的共性问题，即系统研究的剖面体系的组成问题。

从 1968 年贝塔朗菲出版第一部系统理论专著《一般系统论》以来，系统科学蓬勃发展，系统思想深入人心，系统工程技术广为应用。但是，在这种繁荣景象的背后却一直存在着一个最基本的问题没有得到明确的回答，即系统研究的剖面体系到底是什么？系统研究的目的无非是认识系统和改造系统，无论是认识系统还是改造系统，必须明确到底应从哪几个方面或剖面着手，这是系统研究的首要问题。然而，之前的系统理论并没有显式的提出并直面这一问题进行阐述，而大量散在的论述可谓是百花齐放、百家争鸣，这也反映出人们关于系统研究剖面及其相互关系的认识存在一致性和逻辑性缺陷，由此造成的理论与实践两方面的混乱现象在相关论著和系统分析、设计与评价等研究文献中是普遍存在的。针对这一根本性的问题，作者在作战系统建模与仿真工程实践和系统科学理论研究的基础上提出了一般系统六元理论。一般系统六元理论是关于系统的环境、要素、结构、状态、运行和功能的本质及其关系的理论，其主要观点是：（1）对于任何客观问题或研究对象，特别是复杂问题或研究对象，均可以将其视为系统，进而开展系统研究;（2）系统研究的剖面体系有且仅有系统的环境、要素、结构、状态、运行和功能这六个方面，由于它们满足系统研究剖面的充分性和必要性要求，可视之为六个基本的系统哲学范畴，故称之为系统六元；为了研究问题的方便，可将系统与环境看成一个封闭的大系统，这样原来的系统六元可表述为大系统的六元，即论域、要素、结构、状态、运行和功能；（3）任何系统理论，如系统哲学、系统论、信息论、控制论、耗散结构理论、协同学等等，本质上都是关于系统六元及其关系的理论;（4）任何系统工程问题，均可视之为系统分析、设计或评价问题，在可操作的层面上可转化为对系统六元的分析、设计或评价；（5）系统六元作为认识和改造系统的剖面体系，可作为指导一般复杂系统分析、设计与评价的系统本体论和系统方法论思维范式。

根据系统六元理论和系统相似性原理，作战系统仿真模型与实际作战系统应具有某种或某些方面的相似性，理想的作战系统仿真模型与相应的作战系统应该具有六元相似性。在建立作战系统仿真模型时，通常把系统要素和环境要素看作一个封闭的大系统，为了完整、准确的描述实际作战系统的静态和动态特征，需要按照下列六种相似性关系进行分析、抽象和描述。

（1）系统论域–任务空间相似性：系统的存在是客观的，然而"系统"这一概念更多地用作一种抽象的思维形式或手段，用来描述所研究的对象。所以，系统论域，即系统研究的问题域，其所含实体要素包括系统要素和环境要素两部分。在FWS概念建模过程中，将作战任务空间内参与相互作用的所有要素，包括作战部队、作战装备和自然环境等都视为问题域的研究范围，并主观地将该研究范围看成一种封闭式系统，也就是说，只考虑系统内部要素的相互作用，而"不存在"系统与系统环境的相互作用。FWS–CM作为对实际作战系统的第一次抽象和表达工具，其研究范围可用包含若干维变量（如作战的对象、方式、时间和地点等）的作战任务空间予以描述。这些变量反映了作战任务空间的本质特征，同时也限定了所研究的对象系统的论域。

（2）系统要素–战场实体相似性：在作战仿真系统中，对作战系统所含的各类要素，如作战部队、武器装备、自然环境等，统一地抽象为实体。实体概念的引入旨在建立用于对作战仿真系统进行分析和表达的统一语法和语义，只有物质性的实体才是系统要素和环境要素的候选对象，才是最基本的系统概念建模研究对象，而下面的四组相似关系述及的只是实体要素及其关系的静态和动态特征。

（3）系统结构–实体关系相似性：作战系统的结构是指各类要素（部队、装备等作战实体）之间的相互关系，表明了作战系统各组成要素之间的静态特征。对应地，在作战仿真系统中，需要描述两种实体关系：一是实体之间的整体–部分关系（组合结构），二是实体之间的类属关系（分类结构）。

（4）系统状态–实体状态相似性：状态用于描述系统在某一个特定时刻的静态特征。对任何系统的动态研究，都需要分析系统的状态转移过程。在作战仿真系统中，对作战系统状态的描述离散化为对其内部所含的各个要素（实体）状态的描述。

（5）系统运行–实体行为相似性：系统运行是指系统状态随着时间的推移而不断变化的过程，反映了系统的动态特征。在作战仿真系统中，由于系统状态用作战系统中的实体状态描述，因此作战系统的运行则用实体的状态变化过程，即实体行为来表示。作战仿真系统作为模拟实际作战系统动态演化的信息模型，必须详细、准确地描述任务空间中所有实体的各种行为特征和行为机制，其方法就是在特定的时间区间内离散地或连续地记录或表达所有作战实体的状态变化过程。

行为是系统要素的动态特征，它表现为系统要素随着时间的推移而产生的状态转移过程。要素行为将导致要素间的相互作用和相互影响，进而又导致新的行为，如此循环往复，这是系统不断演化的内在机制和根本动因。

在FWS概念建模过程中，实体行为只表示实体状态的变化，不反映实体间的相互作用。为了逼真地模拟实体行为，根据行为粒度的大小，将实体行为分为两种：一种是具有明确作战意图的行为，称之为作业，它通常与一条指挥命令相对应；另一种是不再细分的行为，称之为动作；一项作业通常由一个或多个军事动作构成。

（6）系统功能－实体交互相似性：功能是指事物之间的相互作用和相互影响，表现为在特定的输入条件下，对外部的输出能力。在 FWS 概念建模过程中，将作战实体之间相互作用和相互影响的程度量化为包含若干参数的向量，称之为交互，把交互发送给受影响的作战实体，进而通过计算来模拟作战实体间的相互作用。因此，交互描述了实体的输出，体现了实体的功能。

就系统而言，其功能一般应从两个方面进行考察：

（1）内部功能——系统内部要素之间的相互作用和相互影响，它体现系统内部要素的输出能力；

（2）外部功能——系统（内部要素）对其环境的作用和影响，它体现系统整体的外部能力。

在 FWS 概念建模过程中，将 FWS 的外部功能，如作战训练、战术研究等对最终用户所发挥的作用作为开发 FWS 的总目标，而将 FWS 内部功能的表达和表现作为开发 FWS 的技术手段。在作战仿真系统的建模过程中，由于任务空间内的所有相互作用实体均被认为是系统的内部要素，所以模型的表达只需考虑系统的内部功能，即作战实体实施的各种军事行动所产生的相互作用和相互影响。

在 FWS 概念建模过程中，按照交互的性质，将作战实体之间的相互作用分为两种：物理作用和信息作用。在物理作用中，实体之间有物质流和/或能量流的转移和交换，与此同时还可能伴随着信息流的转移和交换，如炮击行为将导致物质和能量的转移和交换，弹药供应行为将导致物质和信息（供应清单）的转移和交换；而在信息作用中，实体之间只有信息流的转移和交换，因此是一种纯信息的作用，如下达作战命令、上报战况等。

在作战系统中，由于作战要素几乎都是智能或智能化的作战实体，因此物理作用通常在信息作用下而触发，并产生新的物理作用和信息作用。不同作战实体间的信息作用体现了情报收集与传递、作战指挥与控制的过程，主要表现形式是作战文电，包括命令、指示、请求、报告、通告等。在 FWS 概念建模过程中，需要将物理作用中的物质流和能量流量化为信息流，而信息作用本身包含的就是信息流，这两类信息流构成了仿真模型中的交互数据。

根据上述的相似性分析，作战仿真概念模型作为对实际作战系统的第一次抽象，其构成应包括六类要素的描述：任务空间、战场实体、实体关系（结构）、实体状态、实体行为和实体交互。它们与实际作战系统的相似性如表 2-1 所示。

表 2-1　概念模型与作战系统的相似性

作战系统		概念模型
系统论域		任务空间
系统要素		战场实体
系统结构	抽象	实体关系（结构）
系统状态		实体状态
系统运行		实体行为
系统功能		实体交互

2.面向实体分析方法

（1）基本概念

面向实体分析方法是以作战系统中的实体为核心，用于构建作战仿真概念模型的分析和描述方法。根据系统相似性分析，面向实体的分析方法可以表示为：

$$面向实体法 = 任务 + 实体 + 结构 + 状态 + 行为 + 交互$$

任务是作战主体（实体）担负的作战职责。所有作战实体在特定的条件下，担负作战任务的集合称之为作战任务空间。作战任务空间用于限定考虑问题的范畴。

实体是在作战任务空间内，对实际作战系统中的各类事物的抽象。在面向对象方法中，"对象"一词来源于两个相对独立发展的技术领域：信息模型中的对象表示现实世界的各类事物，它与现实世界具有严格的对应关系；面向对象程序设计语言中的对象是对各种数据类型以及施加于相应数据类型的操作的抽象，它不仅含有通过对现实世界抽象获取的对象类，而且包括实现域特有的对象类。在现实世界中，不存在与实现域特有的对象类相对应的部分。FWS-CM采用信息模型中对象的概念，用"实体"表示作战系统中的各类事物。这里，实体的概念并不等价于对象，对象是数据结构和处理数据的方法的封装，而实体只表示具有一个特定状态向量的事物类，实体的状态向量相当于对象的属性。因此，实体只对应于对象的静态部分，对象的动态部分对应于实体的行为。实体概念引入的意义在于：

1）"实体"概念更接近于领域人员，使CM的表达方式与人们惯用的认知法则相一致，便于为军事人员和系统开发人员提供一致性的、可共同理解的问题域表达方法。

2）区别于以"对象"概念为核心的FWS-OM，便于系统分析阶段的工作集中于对问题空间的表达。

3）以"实体"为核心的FWS-CM，具有稳定的结构框架，支持渐进式开发策略，通过反复征求用户需求和对问题空间的逐步理解，使CM不断的得到修改和优化。

结构表示作战实体之间的相互关系和问题空间的复杂度。分类结构描述实体类属成员的层次关系，反映实体的通用性和特殊性。组合结构表示实体聚合关系，反映实体的整体和组成部分。组合结构是客观世界中各类事物的表现形态；而分类结构则是主观世界中分析问题和解决问题的有力工具。

状态是实体所具有的、可辨识、可度量的外部形态或特征，它对应于对象的属性。任何实体均具有各种各样的状态特征，构建作战仿真概念模型时，只能在作战任务空间内选取需要观察的部分。

行为是在作战任务空间内，能够对实体状态产生直接或间接影响的军事行动。如炮击、机动、弹药运输等。

交互是对实体之间相互作用的一种描述，包括物理作用的描述（如炮击效能参数）和信息作用的描述（如作战文电）。

（2）实体模型

在面向实体的概念建模分析方法中，实体是模型描述的核心。作战任务空间的实体可分为指挥实体和执行实体两类，指挥实体是作战任务或命令的下达者，执行实体是作战任务或命令的执行者。通常，指挥实体也具有执行实体的作战职能，因此它同时也是执行实体。例如，前沿指挥所、坦克群中的指挥车。任何作战实体的作业都是在特定的指挥控制下进行的,外部消息（如作战文电、外部事件通知）是触发实体行为的外部条件,实体所处状态是实体行为的内部根据,实体在外因和内因的共同作用下决定行为的性质,如行为的种类、方式、时间、空间和效果等。图 2-2 给出了实体元基本模型。

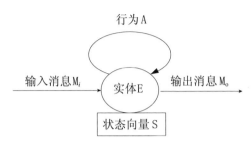

图 2-2　实体元模型

实体元模型可表示为: $Me = \{ E, S, M_i, A, M_o \}$

其中　Me —— 实体 E 模型

　　　　E —— 任一作战实体,指挥实体或执行实体

　　　　S —— 实体 E 的状态向量,它由若干分量构成,即

　　　　$S = \{S1, S2, \cdots\cdots, Sn\}$, n 为状态分量数。

　　　　M_i —— 实体 E 的输入消息集,它是在实体 E 的整个生命周期内,实体 E 接收到的所有外部事件消息的集合,即

　　　　$M_i = \{ M_i1, M_i2, \cdots\cdots, M_ip \}$, p 为输入消息数。

　　　　M_o —— 实体 E 的输出消息集,它是在实体 E 的整个生命周期内,从实体 E 发出的所有内部事件消息的集合,即

　　　　$M_o = \{ M_o1, M_o2, \cdots\cdots, M_oq \}$, q 为输出消息数。

　　　　A —— 它是在实体 E 的整个生命周期内,实体 E 所实施的所有作业的集合,即 $A = \{ T1, T2, \cdots\cdots, Tm \}$。其中每一项作业 Tk 由若干动作或工序 P 构成。即 $Tk = \{ P_i1, P_i2, P_ir\}$, m 为作业数, r 为动作数。

$\{M_i\} + \{M_o\}$ 构成了实体 E 的交互数据。

实体模型的工作过程是:当接收到外部消息并满足特定的入口条件时,实体将启动并执行作业。在执行过程中,实体可能接收一个或多个输入、产生一个或多个输出、改变一个或多个内部状态。直到出口条件满足时,执行结束。

入口条件:启动、重新启动、或继续某个行为的充分必要条件,包括当前状态集和外部消息。

出口条件:结束或中断某个行为的充分必要条件,包括当前状态集和外部消息。

（3）对后续开发的支持:面向实体分析方法通过上述六类要素的描述产生作战仿真概念模型,其主旨是便于让军事人员使用更接近于军事术语的自然语言描述作战空间的实际问题,而无需考虑作战仿真如何实现的问题。实际上,CM 方法的本身已充分考虑到由其产生的 CM 对后续设计与实现的支持能力,表 2-2 给出了从概念模型（CM）到对象模型（OM）的映射关系。

表 2-2　概念模型（CM）到对象模型（OM）的映射

概念模型	→	对象模型
任务空间		元数据
战场实体		对象
实体关系	转换＋扩展	结构
实体状态		属性
实体行为		方法
实体交互		消息

2.1.4　概念模型标识

建立概念模型需要描述任务、实体、结构、状态、行为和交互六类要素。对于每一类要素而言，应该描述什么和不应该描述什么呢？这需要根据目标系统的应用需求进行分析和判定。下面给出概念模型标识的六项活动，它们没有严格的先后顺序关系，实际上它们往往是交替进行的，如图 2-3 所示。

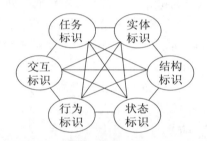

图 2-3　构建概念模型的六项活动

2.1.4.1　任务标识

任务标识的目的是确定作战任务空间，以便界定 CM 所描述的问题域。任务是作战实体应担负的职责，各级作战实体有各自的作战任务。通常，上级作战实体给下级作战实体赋予作战任务。任务空间则是具有共同的作战目标、特性和行为准则的任务集。任务空间用一种多维的向量空间来定义，图 2-4 给出了一个包括作战等级、部队类型和作战阶段的三维任务空间。实际上，任何一个限定问题域的约束因素，如作战时间、作战空间、作战目的、实体分辨率等，都是任务空间的一个分量，每一个分量都在某个方面确定了模型需要表达的问题域边界。例如，对于战术级的聚合级仿真，如果作战实体只需要描述师、团两级，那么师、团则为系统要素，军以上和营以下作战实体则为环境要素。

确定作战任务空间的主要依据是未来的作战仿真系统应满足用户的哪些需要。例如，建立作战指挥训练仿真系统时，首先考虑的是受训对象是谁（受训对象通常是一个群体）？这些受训对象指挥谁？受谁的指挥？以及指挥的时间、空间、条件和方法等，这些都是作战仿真模型需要重点描述的内容，同时也是确定作战任务空间的主要依据。

作战任务的描述方法是，根据总的作战意图按照实体级别从上到下逐级描述，主要依据是军事人员拟制的作战想定。任务描述的内容包括：任务名称、执行任务实体、相关实体、目的、时间、地点、条件和方式等。

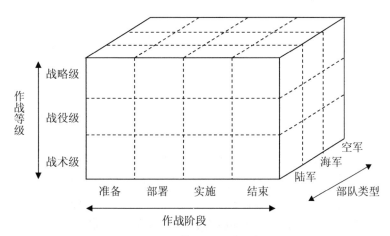

图 2-4　作战任务空间示意图

任务标识活动的结果是获取两类表格：作战任务空间表和作战实体任务表，举例如表 2-3 ～表 2-5 所示。

表 2-3　作战任务空间数据表举例

空间分量	取值范围	
作战等级	战术级	
部队类型	陆军	
参战部队	红方：2 个机步师、1 个高炮团	蓝方：2 个机步旅、1 个飞行中队
分辨率	作战部队：从师到营	保障部队：保障小组
作战地区	5 号作战地区，地域范围：以某地为中心南北 60 公里，东西 50 公里	
作战目的	红方：	蓝方：
作战方式	红方：	蓝方：
作战时间	年 - 月 - 日 时 : 分 — 年 - 月 - 日 时 : 分	
作战阶段	只考虑作战准备和作战实施阶段	
……	……	

表 2-4　红方作战任务表

序号	任务	执行实体	相关实体	目的	时间	地点	条件	方式	备注
1									
2									
3									
4									

表 2-5　蓝方作战任务表

序号	任务	执行实体	相关实体	目的	时间	地点	条件	方式	备注
1									
2									
3									
4									

2.1.4.2 实体标识

1.实体的概念

在作战系统中，实体是可辨识的人员、武器装备、作战部队、指挥机构、设施和自然环境等，是一切军事行动及其相互影响的主体或客体，因此是FWS-CM描述的核心要素。实体是对具有相同特征的一类事物的抽象，而不是一个特定的个体。

实体通常具有可分解–可组合的特性，即一个实体可能由若干个次级实体组成，次级实体还可以进一步细分。在构建CM时必须确定所描述实体的级别或层次，即实体的分辨率。例如，在聚合级作战仿真中，将能够独立执行任务的建制单位（如营、连等）作为一个实体进行描述；而在平台级作战仿真中，将单一武器系统（如飞机、坦克等）作为一个实体进行描述。实体分辨率应视研究目的和研究对象而定。

按照实体行为有无自主性，可将实体划分为智能体和非智能体为两类：

智能体——有自主行为的实体，当它受到外部条件的触发后，具有自主决策选择行为的能力。例如，弹药保障分队当接收到上级的弹药补充命令后，由于弹药储量不足而不能执行，而采取其他行为予以响应。在作战仿真系统中，描述的所有实体几乎都是人机结合体，如作战部队、作战武器系统等，即便是无人操纵的武器装备，如无人驾驶飞机，也已经具有了人工智能的成分。因此，它们都可以作为智能体进行描述。

非智能体——无自主行为，即其行为完全以外部条件的触发为动因，如道路、桥梁等。

按照实体的运动属性，可将实体划分动态实体和静态实体两类：

动态实体——在仿真建模时，需要考虑运动属性（位移、运动速度、运动方向和运动方式）的实体。如作战部队、作战装备。

静态实体——在仿真建模时，不需要考虑运动属性的实体。主要指作战自然环境，如地形、地物、天况、海况等。

2.实体的选取

实际作战系统包含着各种各样、千差万别的实体，大到一支作战部队（如集团军、舰队、飞行大队），小到一个士兵、一种装备、一种弹药、乃至一种零部件。作战仿真模型不可能像实际作战系统那样，由千千万万个活生生的士兵和装备构成。而是应该在一定的聚合级上有选择地构造若干实体信息模型，以实现特定的仿真应用。下面给出选取实体时应考虑的问题和遵循的原则：

（1）在所确定的任务空间内选择作战实体，构造兵力行动信息模型（联邦成员）；在任务空间之外选择相关作战实体，构造情况导调信息模型（联邦成员）。前一类实体需要详细描述它们的状态和行为；后一类实体可简化描述，重点表明与任务空间内作战实体的信息交互关系。任务空间是根据仿真应用的目的而确定的，任务空间之外的相关实体应作为环境因素予以描述。例如，在聚合级作战仿真中，如果兵力行动模型只描述师、团两级作战实体，则军以上和营以下相关实体为环境实体，这类实体在作战仿真系统中可以设计成导调模型，通过人工干预设置情况，模拟外部环境对系统内部的影响。

（2）实体分辨率适度原则。实体分辨率是指模型所描述的实体粒度。实体分辨率越高，仿真模型对作战单位描述越详细。然而，为了特定的仿真目的，并非分辨率越高效果越好。这是因为模型与实际的误差是必然存在的，当粗粒度的实体描述满足要求时，如果描述过细,则会产生积累误差,甚至冲淡主题,同时可能带来其他副作用,如占用大量的内存空间、计算量和通信量增加、时间延迟等。在平台级作战仿真中,实体的选择较为容易,一般都以单个武器系统平台为实体进行描述,如坦克营战术仿真模型,由许多单个坦克信息模型构成。在聚合级作战仿真中,需要在某一或某几个级别上确定作战实体。例如,在指挥训练仿真系统中,首先要确定训练哪些指挥员,那么这些受训指挥员指挥的作战实体必须在模型中予以描述。

(3)有状态向量原则。在决定模型中是否应包含某一实体时,应判定模型是否需要记录这个实体的某种信息,这些信息可能是仿真过程中所必需的中间数据,也可能是最终评价仿真应用的数据来源。如果回答是否定的,则该实体肯定不需要考虑。如果回答是肯定的,则该实体应予以保留,待后续的分析和优化后决定对它的取舍。假如某个实体只有一个或两个状态需要记忆,则该实体很可能应以状态变量的形式归为一个更大的实体。例如,在模型中如果只关心"士兵"(可能的实体)的人数,那么该信息可在"作战部队"实体中的士兵人数状态变量中描述。

(4)有交互行为原则。在决定模型中是否应包含某一实体时,应判定模型是否需要描述这个实体与其他实体的交互信息,这些信息可能导致其他实体状态或行为的变化。如果回答是否定的,则该实体肯定不需要考虑。如果回答是肯定的,则该实体应予以保留,待后续的分析和优化后决定对它的取舍。

(5)公共状态向量。实体是同一类事物的抽象,因此这一类事物应具有相同的状态向量。如果其中某个或某些事物(实例)的状态向量与其他实例的状态向量不完全相同,则该实体可能需要通过分类结构进一步分化为两个或多个实体。如作战保障分队可能需要进一步分化为工程保障分队、装备保障分队、后勤保障分队,而装备保障分队又可能分为弹药保障分队和维修保障分队。

(6)公共交互行为。实体对同一类事物的抽象,也表明它们具有相似的行为特征。如果其中某个或某些事物(实例)的行为与其他实例的行为不完全相同,则该实体可能需要通过分类结构进一步分化为两个或多个实体。

3.实体命名与标注

实体是基于名词概念对实际系统的抽象表示,实体命名应遵循三个原则:

(1)反映主题

(2)使用领域术语

(3)可读性强,如采用"名词(或形容词)+名词"的形式。

对于每一个可能的实体用一个类似"目"字形状的矩形框表示,如图 2-5 所示,第一行标注实体名称。剩余部分将标注后续讨论的状态、行为和交互。

图 2-5 实体标注

2.1.4.3 结构标识

1.结构的概念

结构是系统要素之间的固定的或稳定的关联关系。系统的大小决定于系统要素的多少，系统的复杂程度决定于要素的关联数量。结构分为两种：分类结构和组合结构，它们是人类基本认知法则中的两项重要内容，在问题空间里用于表示事物的复杂性。在作战仿真概念模型中，借助结构分析可以明确作战任务空间内各种实体间的相互关系。

分类结构用于描述问题空间内各类实体的类属层次关系，高层类概括了低层类的公共特性（状态和行为），低层类在继承高层类特性的基础上进行特化扩展。这种结构显式地表示了现实世界中的通用性和专用性。如图2-6所示，作战武器包括战斗机、军舰、火炮、坦克等，火炮又可分为加农炮、榴弹炮、迫击炮和高射炮等。

图2-6　实体分类结构举例

借助于分类结构可以对问题域的信息进行分层，把公共的状态信息放在较高的层次，把私有的状态信息在较低的层次上进行扩展。在面向对象程序设计中，分类结构是实现继承机制的基础。继承机制提供了显式地描述和实现公共属性和公共服务的方法，低级类在继承高级类的属性和方法的基础上，能够特化自身所需要的属性和方法。

组合结构用于描述一个实体及其组成部分。例如，一个机步师由3个机步团、1个高炮团和1个修理营等组成。组合结构表达了自然的整体和部分的结构关系，这是事物客观的存在形式。在聚合级作战仿真中，组合结构是实体聚合与解聚算法的基础。例如，对于上述的机步师而言，在开始时仿真模型将其作为一个完整的实体进行描述，当从中派出1个机步团独立执行某项任务时，则原来的实体需要分解为两个实体；待该团完成任务归建到原建制单位时，需要将两个实体聚合成一个实体。

2.分类结构的确定

在选取模型需要描述的实体后，应对所有的实体进行分类并纳入相应的分类结构。一般来说，一个事物有多少种属性特征，就会有多少种简单的分类方法（或称为一维分类法），再加上多属性组合的分类方式（即多维分类法），其类别数量可谓是"不计其数"。那么，什么是、如何获得作战仿真模型需要的分类结构呢？下面给出了确定分类结构的一般原则：

（1）建立分类结构的目的是显式地描述实体的通用部分和专用部分，简化问题空间的表达。在作战仿真模型中，避免数据冗余，保证数据的一致性。

（2）考虑每个实体的抽象性和概括度，抽象性和概括度高者放在上层，低者放在下层。如图2-6，"作战武器"的抽象性和概括度最高放在顶层，"战斗机、军舰、火炮、坦克"等抽象性和概括度稍低放在第二层，"加农炮、榴弹炮、迫击炮和高射炮"等抽象性和概括度最低放在最底层。

（3）按照实体的通用性和专用性分类。这种通用性和专用性必须在现实世界中是有意义的、能被人们所公认的。

（4）考虑实体状态向量的相似性。作为一个反例，我们注意到所有的武器装备都有一个"位置"状态属性，除非这一属性描述了问题空间的某种有意义的通用性，否则我们不能仅仅为了获得这样一个共同点而去增加一个杜撰（非公认的、非常识性的）的分类结构。

（5）在建立分类结构过程中可能概括出高层的抽象实体，这需要返回实体标识活动予以增补和修订。

3.组合结构的确定

在选取模型需要描述的实体后，应对所有的实体进行组合分析，并形成相应的组合结构。组合结构具有物质可以无限细分的特性。那么，什么是、如何获得作战仿真模型需要的组合结构呢？下面给出了确定组合结构的一般原则：

（1）组合结构中的实体必须是问题域中需要考虑的实体。也就是说，不管作为整体的实体还是作为组成部分的实体，必须是仿真模型需要描述的，即需要描述它每个实例的属性和行为。

（2）将问题域中的每个实体作为一个整体，分析问题域中的哪些实体是它的组成部分及相应的数量关系。

（3）将问题域中的每个实体作为一个组成部分，分析它属于问题域中的哪个更大实体及相应的数量关系。

（4）整体与部分的关系必须反映实际系统客观存在的组合关系。

4.结构图

分类结构和组合结构都可以用树图进行直观地描述。分类结构表示事物类别的隶属关系，即一个实体类属于或不属于另一个实体类。所有相关实体构成一个抽象级别渐变的层次分类结构。在结构图中，每个节点表示一个实体类，上层为父类，下层为子类。

组合结构表示事物的组成隶属关系，即一个实体类是或不是另一个实体类的组成部分。所有相关实体构成一个粒度渐变的层次组合结构，高层实体粒度大，低层实体粒度小，如机步师比机步团的粒度大。在结构图中，每个节点表示一个或多个相同粒度的实体实例，它（们）由下级实体组成，同时又是上级实体的组成元素。一般形式如图 2-7 所示。

在实体组合结构图中，"数量"表示相应实体类的实例数。顶层实体的数量可以省略，表示作战仿真概念模型所描述的该类实体的实例数不确定；在其他低层所给出的"数量"表示每个上层实体实例所包含该层实体实例的个数。

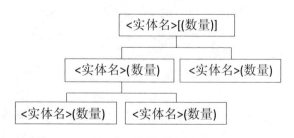

图 2-7　实体组合结构

2.1.4.4 状态标识

1.状态的概念

状态是实体所具有的内部和外部形态与特征。在作战仿真模型中，通过跟踪实体的一组状态变量或称状态向量来模拟实体的产生、变化和消亡的过程。例如，一支作战部队（原有实体）可用其所含人员、装备的类型、数量和质量等状态变量予以描述。当它从中派出一支执行特定任务的小分队时，则诞生了"小分队"这一实体（派生实体），并有相应的状态变量值表征"小分队"的存在，"派出"行为也会导致原有实体的状态向量发生变化。在战斗过程中，原有实体和派生实体都将随着人员和装备的补充而增加相应状态变量的值，随着人员和装备的损伤而减少相应状态变量的值，当某些重要状态变量的值低于相应的阈值时，则标志着实体的消亡。

事实上，系统仿真的过程可用系统中各实体状态随时间的变化来表征。因此，实体及实体状态向量的选取和表达是系统仿真的前提，也是概念模型需要描述的最重要和最基本的内容。在FWS概念建模过程中，实体状态将映射成对象模型中的对象属性，然而实体状态不是对象属性的全部，状态只是从实际作战系统获取的部分属性。

一般而言，作战仿真概念模型需要描述的动态实体状态主要包括以下几个方面：

实体标识：实体名称。

实体类型：按照级别、功能、特征等进行区分的分类属性。

实体实力：人员、装备数质量信息。

实体任务：描述实体执行的任务和程度。

空间属性：实体所处空间的位置和实体大小。

运动属性：实体运动特性的指标。

对于静态实体，主要描述其影响动态实体状态和功能发挥的因素。例如，地形、地物等自然环境要素。

2.实体状态的确定

实体是客观存在的，实体的状态也具有客观性。然而，实体及其状态的选取和表达是主观的，状态向量的选择取决于实体表达者的目的、兴趣以及对问题空间的认识和理解程度。对于同一实体，不同的人可能用不同的状态向量描述。下面给出确定实体状态的一般原则。

（1）状态是描述分类结构中的实体的数据单元，即按照实体分类结构考虑概念模型对实体状态的需求。这里暂且不考虑实体的组合结构。

（2）从仿真应用的目的出发，对分类结构中的所有实体逐一考虑仿真模型需要描述和记忆的特征量。很显然，对于同一个实体而言，仿真目的不同，则需要不同的状态向量。把选取的每个特征量附加到它最直接描述的实体上去。通常这种对应关系是相当直接的，而特征量的选取需要加以仔细揣酌。

（3）尽可能地在复合状态概念的层次上标识状态变量。复合状态是与简单状态相对应的一个概念，简单状态是指仅含一个分量的状态数据单元，例如作战部队的人数；复合状态是指含有两个或多个分量的状态数据单元，如作战部队的地理位置：经度和纬度。复合状态数据单元必须是对现实世界有意义的抽象，有人们共同认可的名称，如地理位置有人们公认的内涵：经度和纬度或X、Y坐标。如果将经度、纬度和人数构造成一个复合数据单元，则难以给出一个恰当的名称，这样做的结果将令人难以理解。在确定实体状态时，采用复合状态有助于简化概念模型的表达，增强人们对问题空间及其信息模型的可理解性。

（4）利用分类结构中的继承机制确定状态变量的位置。如果有通用的和特殊的状态变量，将通用的状态变量放在结构的高层，特殊的放在低层。如果某个状态变量适用于大多数的低层实体，可将它放在具有通用性的高层，然后在不需要的低层描述中把它舍弃，这样可以避免多继承的复杂结构。多继承是某些OOP语言（如C++）所具有的能力，它意味着一个类可以继承多个父类属性和方法，这种编程机制对提取共性和最大可能地复用代码提供了基础。但是，网状结构将使模型复杂化，使问题空间的结构更难以理解。在构建概念模型阶段，我们首先关心的是问题空间的准确描述以及概念模型的可理解、可交流性。为此，可用单一继承来捕捉实体类的共性，并允许在高层说明通用和准通用的状态变量，然后在不需要某个属性的低层实体类上将其覆盖掉，以此获得一个简练而清晰的概念模型。

（5）重新考虑实体及其分类结构的合理性，进行必要的补充与修订。随着实体状态变量的不断增加，可能需要重新修订一些实体和分类结构，主要检查以下几个方面：

①带有"非法"值的状态变量。如果某个状态变量不适合所描述实体类的所有实例，那么应考虑是否增加一个分类结构。

②单个状态变量。如果某个实体只有一个状态变量，那么应考虑将该实体合并到它所在组合结构中的上一级实体。为了控制模型的复杂度，不宜将单个属性作为一个实体；否则，模型将因实体退化为属性抽象而膨胀和令人难以把握。例如，对于"人员"实体，经分析如果只需要描述它的"人数"这一状态变量，而在组合结构中"人员"实体是"作战部队"实体的组成部分，故应考虑取消"人员"实体，并将描述它的"人数"状态变量作为"作战部队"实体的状态变量。

③状态变量的冗余。如果一个实体的某个状态变量是多值变量（可取不同的值），即与特定条件下的实体没有严格的对应关系，则应考虑转移这一状态变量的描述，也可能意味着需要增加新的实体。

3.状态的标注

在实体标识和结构标识中确定的实体及其分类结构是状态标注的基础，用标注实体的"目"字框代替分类结构中的各个节点就构成了状态标注的基本框架，图 2-8 给出了状态标注的一般形式。

图中父类状态向量:(<状态 01>，<状态 02>，……，<状态 0n>）是子类的共有部分；状态向量（<状态 11>，<状态 12>，……，<状态 1m>）是子类实体 1 在继承父类状态向量的基础上特有的部分；在子类实体 2 中，符号"×"表示不继承父类的部分，其他为自己特有的部分。

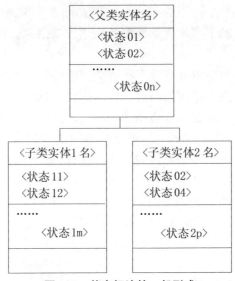

图 2-8　状态标注的一般形式

2.1.4.5 行为标识

1.行为的概念

状态是对作战系统某一特定时刻的静态表示，仿真过程则是在特定的时间区间内获取离散的或连续的时间点所对应的状态序列的过程，而实体行为正是这些状态转移的真正动因和根据，是作战仿真模型必须量化描述的最重要的内容之一。

行为定义为实体状态的变化过程，因此对行为的描述实质上是对实体状态变化过程的描述。这里状态的变化可能是渐变的，也可能是突变的;可能是连续的,也可能是离散的。在实际作战系统中，实体行为具有多样性，如有物理行为、心理行为、社会行为、纯信息行为等等，那么在构建作战仿真模型时，需要描述哪些行为呢？为了回答第一个问题，这里首先定义有效行为和无效行为两个概念：

（1）有效行为——在问题空间内,能够对状态标识中确定的状态向量产生影响的行为。

（2）无效行为——这种行为在实际系统中是客观存在的，然而它对状态标识中确定的状态向量不产生任何影响，所以在构模时无需考虑。

实体状态和实体行为是实体描述的两个重要侧面，前者描述了实体的静态特征，后者描述了实体的动态机理；前者是后者的前提，同时又是后者的结果。在概念模型的构建过程中，应根据实体状态的需要运用抽象的手段提取问题空间内应该描述的有效行为。显然，有效行为和无效行为的界限将随着实体状态向量的修改而变化。

在完成行为的有效性分析和选择后，还需要确定行为描述的粗细程度，在作战仿真概念模型中，主要考虑两种粒度的行为：作业和动作。

（1）作业：一项作业定义为执行一个具体的作战命令的过程，是具有明确作战意图的军事行动，它由实体的一个或多个动作构成。

（2）动作:动作定义为作业实施过程中的步骤或工序，是最小的、不再细分的行为概念。

2.作业确定方法

站在信息论和控制论的角度来看，作战系统的运行过程是一种在信息机制作用下的实体行为过程，即作战实体的任何一项作业都离不开信息的作用。一般地说，一切作战实体的军事行动都是受命而为。尽管自主的军事行动也是存在的，然而这也是受命而为之中的自主行为，它的产生只能限定在一定的范围之内，并处于特殊情况之下，如失去与上级的联系。因此，作战命令与实体作业有着直接的联系，图 2-9 给出了信息作用下的作战指挥与控制过程。

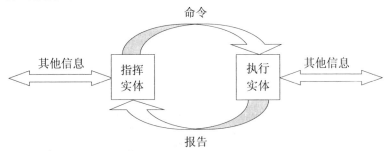

图 2-9 实体指挥与控制过程

其中：

命令——是指挥实体给执行实体下达的作战命令或指示，它影响执行实体的行为，是一个指挥控制过程。

报告——是执行实体给指挥实体上报的战场情况或命令执行情况和结果，它影响指挥实体的行为，是一个信息反馈过程。

根据上述分析，给出实体作业的确定方法：

（1）确定指挥实体和执行实体。按照实体的组合结构，将正在考虑的实体 E 及其所有下级实体作为执行实体；将实体 E 之上的所有实体作为指挥实体。

（2）分析指挥实体对执行实体下达的所有可能的作战命令，让每一条作战命令对应一项实体作业（任务）。

3.作业标注方法

按照实体的分类结构标注每个实体类所有可能的作业。其一般形式如图 2-10 所示。

4.动作确定准则

一项作业由若干个实体动作构成，动作是作战实体按照作战命令而进行的自主行为。在实际作战过程中，所有作战实体几乎都在不停地进行着各种各样的动作。那么，在仿真模型中，应该如何划分实体动作呢？任何一项仿真应用都有其特定的目的，是否能实现预定的仿真目的则需要一组评价指标来衡量。在作战仿真系统中，无论是训练仿真还是各种分析评价仿真，其最终效果（如指挥效能、武器效能、战术效果等）都是用仿真过程中或结束时的各种实体状态作为分析仿真结果的依据。所以，实体状态既是仿真过程所必需的，又直接或间接地用于衡量仿真的结果和目的。由此可见，实体状态的演化是仿真的本质，而实体动作作为实体状态演化的动因，必须正确反映状态变化的因果关系。据此可以给出构建作战仿真概念模型时，确定实体动作的准则：

（1）作业是一个相对完整和独立的实体行为过程，它具有时间上的连续性。因此，实体动作与动作的衔接也是连续的，在对实体行为的描述时，理论上不应留有时间间隙。在某一段时间内，如果实体状态不发生任何变化，则称之为静止，这是一种特殊的动作，在作战仿真模型中通常需要描述这种时间空耗的过程。图 2-10 给出了实体作业标注的一般形式。

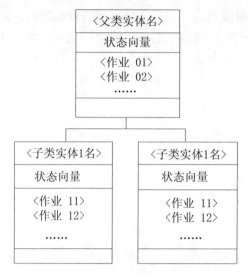

图 2-10　实体作业标注一般形式

（2）根据所观测实体状态的时间分辨率要求，把具有相同作用机理和具有特定的状态变化规律的实体行为过程作为一个实体动作。

（3）实体动作应该是具有实际意义的、人们公认的行为片断。例如，在聚合级作战仿真模型中，可将"弹药供应"作业划分为下列动作:组建一支供应分队、机动到弹药库、装载弹药、向目的地机动、卸载、机动返回。

（4）描述直接或间接影响实体自身状态的动作。例如，作战实体的"机动"只改变自身的空间状态信息。

（5）描述直接或间接影响其他实体状态的动作。例如，作战实体的"射击"将影响双方实体的实力状态信息。

（6）描述直接或间接地影响或触发另一个有效行为的动作。例如，指挥实体"发出某个作战命令"，有可能使接收命令的实体中止一项作业而实施一项新的作业。

（7）如果实体动作与前面确定的实体状态或有效行为无关,则该动作称之为无效动作,在概念模型中无需描述。

5.动作标注方法

动作的标注以前面确定的实体作业为基础，针对每一作业用流程图进行描述。一般描述形式如图 2-11 所示。图元符号包括:

　　　　（起始或终止）　　　　　　　　□ 必须动作

　　　　◇ 条件分支　　　　　　　　　　▭ 可选动作

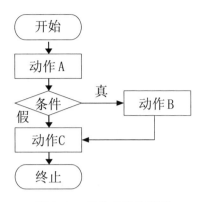

图 2-11 动作标注流程图

2.1.4.6 交互标识

1.交互的概念

在作战仿真系统中,行为的本质作用在于对实体状态的影响,这种影响通常是多方面的,即存在多种影响因素。这里把一组具有特定含义且相互关联的影响因素称之为一个交互。在作战仿真模型中,需要将每一个影响因素量化成一个交互参数,以便根据这组交互参数计算实体之间的相互作用和影响。

行为是实体自身状态的变化过程,交互则是触发实体状态变化的外部因素。行为和交互密不可分,它们之间的关系表现在以下两个方面:首先,交互是一个实体施加于另一个实体的影响因素,因此它是且仅仅是实体行为的外部触发条件,实体的行为过程将决定于实体所处的状态和内部作用机理。另一方面,在实体行为过程中,该实体也将不断地对其他相关实体施加影响,即向其他实体发出交互,因此交互又是行为的结果。

交互是由一个实体产生的作用于另一个实体的一组影响因素,这里把主动产生并对其他实体施加影响的实体称之为触发实体,接收交互并受交互影响的实体称之为接收实体。任何实体行为都是在特定的时间、空间和周围环境中发生的,触发实体必然与周围的其他实体存在着各种各样的联系,如物理的、化学的、生物的、心理的和社会的等等。伴随着行为的进行,触发实体与接收实体之间将有物质流、能量流和信息流的产生与转移,并导致实体状态的变化、激发新的行为和交互。根据交互对实体影响的性质,将交互分为两种:

(1)物理交互——对物理作用的量化描述,如"炮击"交互由若干毁伤效果参数构成;

(2)信息交互——对指挥控制信息和反馈信息的量化描述,如上级给作战实体下达的作战命令、作战实体给上级的战况报告。

作战仿真模型对这两种交互的处理模式具有一致性,即:

(1)触发实体发出一个交互。

(2)接收实体接收这一交互。

(3)接收实体根据该交互参数计算触发实体对接收实体的影响。

2.交互的确定

由于任何一个交互都是伴随着实体行为过程而产生的,因此进行交互的辩识时,可遵循下列原则:

（1）以每一项作业及其包含的动作为线索进行分析。

（2）考虑每一个动作的开始和结束，看有没有影响其他实体的因素，或有没有其他实体需要感知的因素。如果有，则需要将这些因素予以量化，构成一组交互参数。

（3）考虑每一个动作的全过程，看有没有持续影响其他实体的因素，或有没有其他实体需要持续感知的因素。如果有，则需要将这些因素予以量化，构成一组交互参数。在仿真模型中，这种交互需要按照一定的时间间隔定时传输。

（4）上述的影响因素和感知因素既可能是物理的，也可能是信息的，或二者兼而有之。

信息在作战系统中具有不可替代的作用，作战实体的任何一项作业都离不开信息的作用，即便是一个孤立的作战实体也要根据战场信息，决定自己的行动。假如切断所有作战实体的信息联系，那么作战过程将无法延续。因此，在作战仿真模型中，需要描述大量的信息交互。信息交互的主要表现形式是作战文电，包括命令、指示、报告、通告等。

为了正确地分析信息交互作用，可将实际作战系统抽象为下面的简单兵力结构和信息交互模式，如图2-12所示。

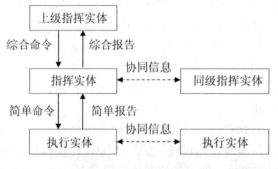

图 2-12 作战文电信息流

在所有战场信息中，作战文电起着至关重要的作用。可以说，一切作战实体的军事行动都是受命而为，而在命令执行过程中遇到的重要情况和命令执行结果也必须向上级汇报。因此，在概念模型分析阶段，首先考虑以下两种最具有实质性的作战文电：命令和报告。

从最高层指挥实体到执行实体的命令下达是一个将作战任务逐步细化的过程，从执行实体到最高层指挥实体的情况上报是一个将作战情况逐步综合的过程。在概念模型中，对作战命令和情况报告进行下列区分：

（1）综合命令——上级指挥实体对下级指挥实体下达的作战命令。

（2）简单命令——指挥实体对执行实体下达的作战命令。

（3）综合报告——下级指挥实体向上级指挥实体上报的情况报告。

（4）简单报告——执行实体向指挥实体上报的情况报告。

综合命令和综合报告是指挥实体与指挥实体之间来往的作战文电，如"弹药保障方案报告"，其形式较复杂（如含有文字、数字、表格等）且内容较多。在FWS中，对每个指挥实体将构造一个指挥控制平台（联邦成员），在指挥人员的参与下理解、拟制和收发这些综合文书；对于每个作战武器平台或一支作战部队将独立构造一个兵力行动仿真模型(联邦成员)。简单命令和简单报告便于这些仿真模型进行自动识别、处理和生成。如"命令你部于18日9时30分前，给2号高炮阵地运送100毫米高射炮弹1.2基数"。

3.交互的标注

在实际作战系统中，对于任何一个交互而言，必然存在一个该交互的发出者，存在一个或多个该交互的接收者。因此，在作战仿真模型中，对交互发出者的描述也是唯一确定的；然而，交互的接收者有时是明确的（由交互参数指定），有时则是隐含的（交互参数中不描述该交互的接收者）。所以，任何一个交互与它的发出者具有严格的对应关系，交互的标注可根据实体的分类结构并依附于发出该交互的实体来实施。图 2-13 给出了交互标注的一般形式。

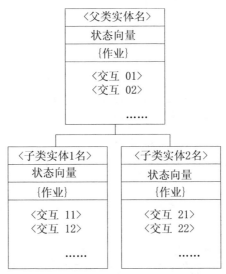

图 2-13　交互标注一般形式

2.1.5　概念模型模板

概念模型模板（Conceptual Model Template，CMT）对 FWS 系统分析阶段所产生的各种结果提供了集中的和规范化的描述方法。为了便于实现从概念模型（CM）到对象模型（OM）的转换，CMT 用近似于关系数据模型的二维表描述 CM 标识中的任务、实体、结构、状态、行为和交互。

CMT 由下列表格构成：任务空间数据表、实体分类结构表、实体组合结构表、实体状态数据表、实体作业数据表、实体动作数据表、物理交互数据表、信息交互数据表。

2.1.5.1　任务空间数据表

1.表样

任务空间数据表举例：

空间分量	分量定义	取值范围
作战等级		
部队类型		
参战部队		
分辨率		

续表

空间分量	分量定义	取值范围
作战地区		
作战目的		
作战方式		
作战时间		
作战阶段		
……		

2.说明

（1）作战任务空间数据表旨在定义问题域，增强人们对概念模型的理解。

（2）不同的作战仿真应用和仿真模型所需要的空间维数和内容也不尽相同。

（3）"空间分量"列描述每一维坐标的名称。

（4）"分量定义"列描述每一维坐标的内涵。

（5）"取值范围"列描述每一维坐标的取值范围，用文字和/或数值进行说明。

2.1.5.2 实体分类结构表

1.表样

作战实体分类结构表举例：

根节点	二级节点	三级节点		
陆军	机步部队			
	摩步部队			
	装甲部队			
	高炮部队			
	地炮部队			
	保障部队			
海军				
空军				

2.说明

（1）该表用于描述抽象的实体类之间的类属关系。

（2）该表应不重不漏地包括在问题空间内确定的所有实体类型。

（3）表的左边为高层实体类，右边为低层实体类。

2.1.5.3 实体组合结构表

1.表样

作战实体组合结构表举例：

根节点	二级节点	三级节点		
	机步团（3）			
机步师				
	高炮团（1）			
	修理营（1）			
摩步师				

2．说明

（1）该表用于描述具体的实体之间的部分与整体组合关系。

（2）该表应包括在问题空间内所有可能出现的聚变和裂变实体。

（3）对任何一个实体而言，它既是由其右边的实体组成的一个整体；又是其左边实体的一个组成部分。

2.1.5.4　实体状态数据表

1．表样

作战实体状态数据表举例：

实体类	状态	量化说明
	红蓝方	1- 红方 2- 蓝方
	部队类型	1- 机步 2- 摩步
		3- 装甲 4- 高炮
		5- 地炮 6- 保障
陆军	级别	1- 军 2- 师 3- 旅
		4- 团 5- 营
	人数	
	地理坐标 X	直角坐标，单位：米
	地理坐标 Y	直角坐标，单位：米
	……	
	37 毫米高炮数	
陆军 . 高炮部队	57 毫米高炮数	
	100 毫米高炮数	
	……	

2．说明

（1）该表的内容描述按实体分类结构进行。

（2）"实体类"列填注欲描述的实体类。如果实体类为根节点，则直接填注；否则，用"."符号说明其所属高层实体类，如上表中的"陆军 . 高炮部队"。

（3）"状态"列填注左边实体的状态。对于实体分类结构中的非叶子节点上的实体描述其所有下属实体类的通用状态变量，对于叶子节点上的实体只描述其特有的状态。

（4）"量化说明"列描述对应"状态"列的含义、取值范围和计量单位等。

2.1.5.5 实体作业数据表

1.表样

执行实体	作业名称	启动条件	结束条件
抢修分队	前出抢修	接收命令后	1.抢修完毕
			2.到达预定时间
			3.接收新的命令
……			

2.说明

作业名称对应于一条简单命令。

2.1.5.6 实体动作数据表

1.表样

作业名称	动作名称	执行实体	相关实体	物理交互	信息交互
前出抢修	机动	抢修分队			1.机动开始报告
					2.机动受阻报告
					3.机动到达报告
	故障诊断	抢修分队	炮兵或装甲分队		1.装备损伤报告
					2.请求支援报告
	修理	抢修分队	炮兵或装甲分队	修理	1.修理结果报告
	返回	抢修分队			1.开始返回报告
					2.机动受阻报告
					3.分队归建报告
……					

2.说明

表中"物理交互"和"信息交互"列描述的均为执行实体直接产生的交互。在作战实体执行各种动作过程中，随时可能接收外部交互（如上级命令、敌人袭击等），由此影响实体行为，并产生新的物理交互和信息交互。如在遭到对方火力袭击时，可能需要产生"机动受阻报告"和"损伤报告"。

2.1.5.7 物理交互数据表

物理交互名称	触发实体	接收实体	交互参数
修理结果	修理分队	炮兵分队	火炮代码、数量
弹药供应	供应分队	炮兵分队	弹药代码、数量
……			

2.1.5.8 信息交互数据表

1.表样

作战命令数据表举例：

命令名称	命令正文
部署	命令你部于 × 时前，在 × 地集结
机动	命令你部于 × 时前，沿 × 路线，到达 × 地
补充弹药	命令你部于 × 时前，沿 × 路线，给 × 单位，补充 × 种弹药 × 发，补充 × 种弹药 × 发，……
……	

情况报告数据表举例：

报告名称	报告正文
开始机动	我部已于 × 时，实施 × 种［徒步 / 摩托化 / 铁路］机动
损伤报告	我部于 × 时，遭敌 × 种火力袭击，伤亡 × 人，火炮损坏 × 门
补充弹药完毕	我部已于 × 时，完成弹药补充任务
……	

2.说明

这里只列出与执行实体仿真模型紧密相关的简单命令和报告。

表中的"×"符号是对命令和报告量化处理的部分。

2.2　对象模型设计

2.2.1　前言

　　概念模型从作战任务空间出发提出了问题域信息模型，其中描述的六类要素都是直接对实际作战系统的六个不同的侧面所进行的抽象。对象模型则是在概念模型的基础上，按照FWS执行模型的需要构建的实现域信息模型，它不仅需要从概念模型进行二次抽象，而且需要扩充实现域特有的内容。因此，对象模型是通过对概念模型的转换与扩展而获得的，它为FWS执行模型的程序设计提供基础。

2.2.2 对象模型的概念

"对象"一词来自于面向对象的程序设计（Object-Oriented Programming，OOP）技术，其标准的内涵包括属性和方法两部分。然而，FWS中的对象模型扩展了对象的含义，即允许对象只包含属性而没有相应的方法。这里把基于扩展对象概念的作战仿真模型设计方法称之为"准面向对象设计方法"，把基于扩展对象概念描述的作战仿真信息模型仍然称之为"对象模型"（Object Model, OM）。在FWS中，按照OM的作用将其分为三类：

（1）成员对象模型（Member Object Model, MOM）：每个联邦成员对应建立一个MOM，描述联邦成员的数据输入、处理和输出。

（2）联邦对象模型（Federation Object Model, FOM）：每个联邦对应建立一个FOM，描述所有联邦成员之间的交互数据。

（3）管理对象模型（Administration Object Model, AOM）：对联邦运行进行管理。

在联邦开发过程中，必须根据不同的仿真需要对MOM和FOM进行专门设计，而AOM是一次设计重复使用的通用构件。因此，这里讨论的对象模型技术主要用于MOM和FOM的表达，同时也适于构建AOM。

2.2.2.1 准面向对象设计方法

基于"准面向对象设计方法"建立的对象模型（OM）并不完全等同于用标准的面向对象技术建立的对象模型（Object-Oriented Object Models，OOM），但是这种差别并不排除OOM的使用。OM同OOM的主要差别是：

（1）尽管OM同时包含了标准的OOM中的静态和动态要素，但OM中的对象类只包含OOM中的静态要素——属性部分；OOM中的动态部分——对象操作（或方法），用OM中的交互类予以描述。即在OM中，标准对象中的属性和方法是分别进行描述的。

（2）OM中的属性共享描述主要是由公布和预订仿真模型中的对象类来实现的，而不只是靠OOM中的基于分类结构的继承机制实现。

（3）更新OM对象属性的操作可以由分布于联邦中的不同联邦成员来完成，而更新OOM对象属性的操作只能由对象类内部提供的方法来实现。

（4）当联邦成员对某个对象类进行实例化操作时，它首先拥有该对象实例的所有属性。然而，一个联邦成员所拥有的对象属性所有权在联邦执行中可以转移给其他联邦成员。当多个联邦成员拥有同一个对象的不同属性时，维护该对象状态的职责分布于整个联邦。而在标准的OOM对象中，对象属性被局部的封装起来，只能由该对象内部的方法进行操作。

（5）OM设计并非单纯地为了后续的软件开发，其主要目的在于从整体上考虑联邦和联邦成员的状态与交互——联邦设计；而OOM主要用于实现阶段的程序设计。因此，OM通常不像OOM那样包含大量的实现细节。

2.2.2.2 成员对象模型（MOM）

MOM是为每个联邦成员的设计而构建的一种信息模型，它主要描述联邦成员的外部行为特征及其内部的处理能力，提供同外部相互作用的对象和交互的描述。MOM描述的主要内容包括：

（1）对象类：表达联邦成员中参与交互的实体。

（2）交互类：表达交互实体之间的相互作用和影响。

（3）对象类属性：表达实体状态。

（4）交互类参数：表达实体相互影响的相关参数。

其中，每个对象类都有一组与其相关联的属性，每一个属性都是对象状态中的一个相对独立的、可辨识的部分。某一特定对象的一组属性值完整地确定了该对象的状态。联邦成员使用对象属性作为通信的基本方式之一。在某一特定的时刻，只有一个联邦成员负责模拟对象的某个属性，并在联邦执行中借助于RTI服务向其他联邦成员提供该属性的值。在联邦执行过程中，只有唯一的一个联邦成员拥有更新某个属性值的权利，这种权力借助于RTI服务可以在联邦成员之间进行转移。

交互是一个对象施加于另一个对象的外部影响。交互类的描述需要详细说明：①不同对象类之间交互的类型；②受影响的对象属性；③交互参数。交互是联邦成员之间进行通信的另一种基本方式，联邦成员借助于交互参数计算仿真实体之间的相互作用和影响。

2.2.2.3 联邦对象模型（FOM）

在联邦开发过程中，必须让所有联邦成员对它们之间所交换的数据有一个共同的理解，FOM则是描述这些交换数据的工具。每个联邦对应建立一个FOM，用于定义联邦成员之间通过RTI进行的公共数据交换。构建FOM的基本目的是以通用的、标准化的格式提供一套所有公共数据交换的描述规范。

公共数据的内容包括：

（1）所有公共对象类及其属性；

（2）所有公共对象类之间的交互类及其相关参数；

（3）附加描述信息，包括对象组合结构、相互关系和FOM的一般性描述信息，如名称、类别、应用领域、目的、修改日期、开发者、运行所需软硬件环境和VV&A信息等。

这些内容构成了一个完整的交换数据协议，这是保证联邦成员互操作性的必要条件（不是充分条件）。

2.2.2.4 管理对象模型（AOM）

AOM 的类、属性和参数是事先定义的、它是适合任何一个联邦的通用对象模型，用于实现对整个联邦的运行控制和状态查询。

AOM 由对象类和交互类构成：

（1）对象类包括:联邦管理对象类、联邦成员管理对象类和运行时基础支撑构件（RTI）管理对象类。

（2）交互类包括：联邦管理交互类和联邦成员管理交互类。

AOM 使用RTI提供的数据交换机制对联邦进行管理，主要功能包括：

①邦成员对象属性的更新管理；

②联邦运行异常处理；

③仿真时间同步控制；

④联邦和联邦成员状态查询。

2.2.3 对象模型描述规则[19, 23]

FWS的总体目标是支持各类仿真器、仿真系统的互操作和重用。为此，不同的联邦成员必须按照特定的相容性规则进行设计，从系统结构上保障它们之间的互操作性。

OM包括MOM、FOM和AOM，其中AOM是预先设计好的通用构件，因此，本节的讨论只限于MOM和FOM。

2.2.3.1 MOM构建规则

规则1： 每个联邦成员对应建立一个成员对象模型（MOM），MOM必须按照对象模型模板（OMT）进行描述。

联邦成员是参与联邦的仿真（一种在时间上实现模型运行的方法）或其他子系统（包括仿真管理器、真实系统接口以及联邦监控平台等）。开发和维护具有可重用性的信息描述模型是仿真开发者的首要任务，FWS要求按照OMT的描述格式对每个联邦成员建立一个MOM，描述它的内部处理和外部交互能力，以便支持联邦成员级的互操作性和重用性。

MOM应重点描述联邦成员最具本质性的外部特征（公用的对象、属性和交互），以便于确定联邦成员可用于其他联邦应用的能力。虽然潜在用户所需要的完整信息可能超过MOM提供的内容，但是按照重用性要求建立的MOM能使用户更容易判断它是否适用于特定的应用。

规则2： 联邦成员能够更新和/或反映MOM所描述对象的任何属性，能够发送和/或接收MOM所描述对象的任何外部交互。

FWS允许联邦成员将内部使用的对象和交互作为FOM的一部分，提供给其他联邦成员表达的对象，以实现不同联邦成员之间的相互作用和影响。这些外部交互能力将描述在联邦成员的MOM中，包括对外发送联邦成员内部更新的属性值和接收其他联邦成员更新的属性值；触发联邦成员对外部产生影响的交互，感知或反应来自其他联邦成员的交互。通过对联邦成员内部的对象/属性/交互进行外部的设计，将使联邦成员具有较强的重用性。

规则3： 在联邦执行中，联邦成员应能够动态地转移和/或接受属性的所有权，这些特性应在MOM中予以描述。

FWS允许不同的联邦成员拥有同一对象的不同属性，这种能力使得为某种目的设计的仿真和为另一种目的设计的仿真进行耦合，从而满足新的应用需求。联邦成员具有的对象属性所有权的转换和接受能力，为实现上述的耦合提供了条件。为此，所有能被联邦成员拥有或反映，转移或接受的对象/属性都需要在MOM中予以描述。

规则4： 联邦成员应能够改变它们所提供的对象属性更新条件（如阈值），这种能力应在MOM中说明。

FWS允许一个联邦成员拥有另一个联邦成员描述的对象属性，即可以产生这些对象属性的更新，并能够通过RTI提供给其他联邦成员。在不同的联邦中，可以规定不同的更新条件。用途广泛的联邦成员对其输出的公共属性，应能够调节相应的输出条件，以满足不同联邦的需要。在联邦成员的 MOM 中，必须描述其中所有对象的属性更新条件。

规则 5：联邦成员应以恰当地方式管理本地时间，以保证能够与联邦中的其他成员协调地进行数据交换。

FWS 旨在支持使用不同内部时间管理方法的联邦成员之间的互操作。为此，必须在 RTI 中开发一个统一的时间管理机制，不同类型的联邦成员被看作是该统一时间管理机制的一个特例，只使用 RTI 全部时间管理功能的一个子集。联邦成员不需要显式地向 RTI 说明所采用的时间流控制方法（时间步长驱动、离散事件驱动、独立时间推进等），只是使用包括时间管理在内的各种 RTI 服务，来协调联邦成员之间的数据交换。

2.2.3.2　FOM 构建规则

规则 1：每一个联邦均对应建立一个联邦对象模型 FOM，并按对象模型模板（OMT）进行描述。

FOM 描述所有联邦成员之间运行时所交换的数据协议，包括公共对象类、公共交互类以及数据交换条件（例如，当属性值的变化超过某个阈值时产生属性更新事件）。因此，FOM 是联邦设计的核心内容，RTI 按照 FOM 进行数据的传输。为支持联邦级的重用性，FOM 必须按照 OMT 规定的格式进行规范化描述。

规则 2：在一个联邦当中，所有公共的对象类和交互类均在 FOM 中描述，而非在运行时基础支撑构件 RTI 中描述。

FWS 的一个基本指导思想是将联邦成员的专用功能同底层起支撑作用的通用功能区分开。FOM 描述联邦成员之间的所有交换数据，RTI 提供类似于分布式操作系统的功能，支持联邦执行中的数据通信。所有对象的属性都属于联邦成员，而不属于 RTI，RTI 服务可以引用对象属性和交互参数，但不能对它们进行更改。

将联邦成员的各种专用功能同支持联邦运行的通用服务分离的好处是：首先，RTI 提供一组基本的、可重用的服务，可以支持各种不同的联邦应用。这些服务具有协调和管理功能，如联邦运行管理、时间协调、数据分发等。其次，由于 RTI 具有广泛的适用性，不需要联邦设计者开发这些通用功能，因此可以提高构建 FWS 系统的效费比。第三，有助于各联邦成员集中表达用户的需求。

规则 3：在联邦运行中，联邦成员之间的所有数据交换都通过 RTI 进行。

在 FWS 中，参与联邦的每个联邦成员都必须声明自己欲获取哪些外部信息的需求和可以提供给其他联邦成员哪些内部信息的能力。各联邦成员借助于 RTI 这一中间环节进行数据交换，其基本过程是：一个联邦成员将发生变化的对象属性或交互数据提交给 RTI，RTI 则通过一组接口函数将这些数据发送到指定的联邦成员，以进行相应的处理。RTI 是支持联邦数据交换和保证联邦不间断协调运行的基础。

在联邦执行时，联邦成员负责提供正确的、具有实际意义的数据；RTI 则根据联邦成员声明的具体要求（什么数据、传输可靠性、事件排序等），向声明使用这些数据的联邦成员进行发送。RTI 为 FOM 描述的联邦提供了一个共享数据的通用界面。在整个联邦执行的全过程都必须使用 RTI 服务，以保证在分布式应用（联邦执行）中进行协调的数据交换。如果联邦成员不借用 RTI 提供的通用服务功能实现数据共享，这将破坏分布式应用的一致性。

规则4：在联邦执行中，联邦成员按照对象接口规范与RTI进行交互。

FWS应提供访问RTI服务的标准和规范，以支持联邦成员与RTI之间的接口。联邦成员使用这些标准接口与RTI交互。该接口规范描述联邦成员应如何与底层支撑构件进行交互。然而，由于该接口规范和RTI将用于具有不同数据交换特性的各种应用，它并不描述需要通过该接口进行交换的特定的对象数据。联邦成员之间的交换数据需求在FOM中定义。

联邦成员与RTI通过标准化的通用接口及相应的API进行通信，这种分离结构支持它们独立的开发和实现。也就是说，在联邦成员中，可以独立地开发或改进RTI的接口函数，而不需要考虑RTI的实现；RTI的改进也可独立进行，而不需要考虑各联邦成员的开发。因此，在不同的联邦应用中，只要按照FOM模式规范化地描述各种交换数据，即可保证接口部分的重用性。

规则5：在联邦执行中，对于任何一个给定时刻，对象实例的任何一个属性仅被一个联邦成员所拥有。

在实际系统中，一个实体（对象）的某些属性可能由其他的实体（对象）来决定。为了逼真地描述和模拟这种关系，FWS允许不同的联邦成员拥有同一个对象的不同属性。这里，"拥有"的含义是负责计算和更新某个属性值。例如，联邦成员中作战实体的"任务"属性可能由指挥控制平台（另一联邦成员）决定。在具有聚合关系的仿真模型中，高层模型可能决定着低层模型所描述的仿真实体的某些属性，而对于它们共同拥有的属性，可能由低层模型描述的实体所拥有更合适，因为低层模型的仿真精度可能更高。为保证数据在整个联邦中的一致性，在任何时刻任何一个对象属性只允许被一个联邦成员所拥有（有权更新）。在联邦执行中，RTI负责提供联邦成员之间转移属性所有权的方法。

2.2.4 对象模型模板[20, 25]

改善联邦成员之间的互操作性，促进仿真组件的重用性是FWS解决的核心问题。为支持FWS这一目标，本节给出了对象模型模板（OMT）技术规范，用于描述联邦和联邦成员的所处理的所有对象类和交互类，相应地产生联邦对象模型（FOM）和成员对象模型（MOM）。

OMT由一组相互关联的表格构成，其中一部分直接用于执行模型的设计，称之为基本模板；另一部分是对基本模板的补充性说明，主要目的是便于联邦开发人员对OM的理解、管理和使用，称之为扩展模板。

OMT基本模板包括：

（1）对象类结构表：描述对象分类结构中的子类与超类关系。

（2）对象交互表：记录不同对象类之间可能发生的交互类型，包括受影响的对象属性和交互参数；同时也描述了这些交互类的分类结构。

（3）属性/参数表：描述对象类结构表中出现的所有对象类的属性，描述对象交互表中出现的所有交互类的参数。

（4）MOM/FOM词典：定义上述表格中出现的所有术语。

2.2.4.1　对象类结构表

1.目的及原理

MOM 和 FOM 都包含若干对象类，OMT 中的对象类结构表则用于描述这些对象类的类属关系。对象类是具有某些特性、行为、关系和通用语义的对象集。类中每个单独的对象称之为该类的成员或实例。OM 的类名必须由 ASCII 字符集定义，而且必须是全局唯一的：在类结构表中没有相同的类名。然而，一个类名可以是另一个类名的子串，以表明类与类之间的所属关系。

类结构用对象类之间的层次关系来描述。直接超类与子类的关系由对象类结构表相邻列中的相关类名来表示。非直接超类与子类的关系由直接关系的传递性导出：如果 A 是 B 的（直接）超类，且 B 是 C 的（直接）超类，则 A 是 C 的一个（导出或间接）超类。超类和子类在这些关系中扮演者相反的角色：如果 A 是 B 的超类，则 B 是 A 的子类。

子类可以认为是它的直接超类的特化或细化。子类总是继承其直接超类的特性（属性和交互），并且可以具有额外的特性以提供必要的特化。这种对象类关系（在 OO 文献中称之为 is-a 关系）可以用实例的所属关系予以定义：若类 B 的每一个实例也都是类 A 的实例，则类 A 是类 B 的超类。在这一概念下，将实例区分为两种：导出实例和显式声明的实例。一旦对象显式地声明为某个对象类的实例，它便成为该类所有超类的一个隐式的（或导出的）实例。例如，若类 59-TANK 是 TANK 的子类；那么，59-TANK 的实例将是 TANK 的一个导出实例。

如果一个类在结构中不存在超类，则该类是一个根。如果一个类在结构中不存在子类，则该类是一个叶子。如果每一个类至多有一个直接超类，那么该类结构被称为具有单继承性，将形成一棵树或一个森林（多棵树），这取决于有一个根还是有多个根。如果某些类有多于一个的直接超类，那么该类结构被称为具有多继承性。FWS 要求对象类层次由单继承（没有多继承）来表达。象的个对象名有多个根，以避免多继承导致的二义性。FWS 也允许使用扁平结构（无子类）来描述对象类，此时的对象类都各自独立，不存在继承关系。

对象分类结构为联邦成员提供了一种预订具有共同特性的所有对象实例信息的方法。一般来说，参与联邦执行的联邦成员可以在类层次结构的任何一级上预订对象类。通过预订指定对象类的所需属性，联邦成员可以确保接收到这些属性的所有更新值。例如一个联邦成员可以分别预订所有 A 型坦克、B 型战斗机或 C 种作战部队的某些属性。

上述的讨论同样适用于交互类。类本质上描述了仿真对象的属性与交互特性的种类，因为它们的定义是与对象类相关的，不是唯一地与单个的实例相关。RTI 的基本服务支持联邦成员预订对象类及其属性的操作，为此需要向 RTI 提供这些对象类、属性和交互的信息，以便通过类向联邦执行中的联邦成员分发对象信息。

当联邦成员需要预订超类信息时，如所有坦克、甚至所有地面车辆，与采用扁平分类结构相比，采用类层次结构能简化类信息的预订。对象模型接口规范支持预订对象类层次结构中的任何对象属性，使联邦成员能够容易预订所有或感兴趣的那些类。由于在对象分类结构中，多个子类共同的属性将置于其共同的超类下描述，故采用对象类层次结构有助于简化属性的描述。所以，在一个联邦执行中，借助于类层次结构能对联邦成员感兴趣的对象和属性进行简化处理。

对象类层次结构的这种简化处理功能也可以扩展到交互类。对象类层次结构支持在多级交互对象类上对交互建模，即类中的对象可以继承其超类的交互。例如，武器射击交互可以说明为平台类中的任何两个对象的单一关系，而不是对每一特定的平台子类对描述为一个独立的交互类型。所以，对象类层次结构能够详细描述交互层次结构，并允许联邦成员在感兴趣的级别上预订交互。

2.表的格式

对象类结构表

< 对象类 ><PS>	[< 对象类 ><PS>]	[< 对象类 ><PS>]	……<ref>
		[< 对象类 ><PS>]	……<ref>
		……	……<ref>
	[< 对象类 ><PS>]	< 对象类 ><PS>	……<ref>
		< 对象类 ><PS>	……<ref>
		……	……<ref>
	……	……	……<ref>
		……	……<ref>
< 对象类 ><PS>	[< 对象类 ><PS>]	[< 对象类 ><PS>]	……<ref>
	……	……	……<ref>
……	……	……	……<ref>

上述的对象类结构模板提供了表达子类-超类层次结构的格式。在最左边的一列描述最一般的对象类，紧跟着在下一列是它们的所有子类，然后是再下一级的子类，最特殊化的对象类列举在最右边的一列。这里使用的中间列的个数取决于联邦的需要。当类层次结构太深时，如果一页放不下应在最后一列提供一个对续表的参考符号（<ref >）。每一个对象类的子类必须放在它右边相邻的列中。

在对象类结构表中，每个对象类后面的<ps>用于标注联邦成员公布和预订该对象类的能力。联邦成员对于一个给定的对象类可区分为三种基本能力：

（1）可公布的（publishable，P）：表示指定的对象类可以被联邦成员使用RTI的Publish Object Class 服务对外公布。这需要联邦成员能够使用该类名有意义地调用RTI的Register Object 服务进行对象的注册操作。

（2）可预订的（subscribable，S）：表示联邦成员可能使用指定的对象类信息或对该对象类的属性变化作出反应。成为这种预订类仅需要一种最小的能力，即能够适当的响应RTI发现该对象类的消息（Discover Object）。

（3）不可公布的和不可预订的（neither publishable or subscribable，N）：表示联邦成员对对象类既不公布也不预订。

尽管对象类应该由联邦中的联邦成员声明为可公布的或可预订的。然而，对于整个联邦而言，也需要把所有的对象类划分为可公布的或可预订的。因此，上述定义适用于MOM 和 FOM 两类对象模型。可公布和可预订特性表明了联邦或联邦成员处理相关对象的能力。

一个联邦成员可以公布一个对象类的内涵是，只有当该联邦成员能够在某种程度上模拟该类对象的存在时，才能创建这些对象的实例。如果一个联邦成员仅能够通过 RTI 服务调用访问某些对象类的实例，不能表明联邦成员具有公布这些对象类的能力，因为任何一个联邦成员都能对任意一个对象类通过 RTI 服务调用进行访问。P 符号旨在描述联邦成员构建对象模型的内部能力，这与联邦成员所具有的共享对象信息的外部能力是有区别的。

一个联邦成员可以预订一个对象类的内涵是，只有当该联邦成员确实使用该类的实例时，RTI 才将这些对象实例通知该联邦成员。如果一个联邦成员总是忽略一个对象的实例化消息和属性更新，则该联邦成员不需要预订该对象类。S 符号旨在描述联邦成员共享对象信息的外部能力。

一个对象类可以同时具有或没有 P 和 S 特性。抽象类不对应于现实世界中的作战实体，实例化操作时不允许使用抽象类的名称显式地声明它的实例，因此抽象类不具有 P 特性。然而，抽象类通常有具体的子类，子类是可以被实例化的。抽象类可用于预订处理，这样可以简化其子类对象信息的预订。抽象类可以简化属性的描述，即在一个通用的抽象超类中说明多个对象类中的通用属性。

每个联邦成员必须在 MOM 的对象类结构表中用公布和预订的四种组合 {P, S, PS, N} 之一描述它的公布和预订能力：

（1）P 表示一个对象是可公布的而不可预订的；

（2）S 表示一个对象是可预订的而不可公布的；

（3）PS 表示一个对象既可公布又可预订；

（4）N 表示一个对象既不可公布又不可预订。

有时联邦成员在其 MOM 中可能定义某些抽象的对象类，它既不可公布又不可预订，其目的是用于简化某些交互的描述。有时抽象类的子类可能发出与其他对象类的交互，抽象类在定义这些交互时，为具体子类的分组提供了方便。例如，一个地面武器类 Ground_Weapon 是一个抽象类，它既不可公布又不可预订，但它为定义地-空交战交互（既可公布又可预订）提供了一个简便途径。没有这样一个抽象类，就不能简洁地定义地面武器类 Ground_Weapon 和飞机类 Air_Vehicle 之间的交互。

联邦的公布和预订能力与联邦成员相比略有差异，每当联邦支持对象类的公布时，它同时也支持对象类的预订。因为一个对象类只被公布，而不能被一个联邦成员预订，那么它就没有任何用途。所以，在 FOM 中，一个对象类的公布和预订组合有三种形式：{S, PS, N}，抽象类具有（S）或（N）特性，具体类具有（PS）特性。

3.设计准则

在对象模型的设计中，联邦和联邦成员的对象类层次结构具有本质的差异。FOM 的对象类结构表描述的是各联邦成员为联邦执行而确定的公共对象协议；而 MOM 的对象类结构表给出了联邦成员对它所支持（公布或预订）的对象类的声明或公告。

就 FOM 的设计而言，对象类层次结构的建立应遵循相应的设计准则。很自然地，必须对每一种参与联邦执行的公共对象建立一个类。在联邦执行中的任何时刻，被公布属性或交互的对象都被认为是参与联邦执行的公共对象。所以，应根据联邦感兴趣的构模对象及其属性和交互信息，确定联邦对象类结构表中的对象类。下面三条通用准则用于确定可放在FOM对象类层次结构中的对象类：

（1）公布对象属性的类；

（2）公布对象交互的类；

（3）在高层预订属性或交互的抽象类。

一个联邦成员公布的属性，在联邦执行中可以被其他联邦成员访问和使用。具有公共属性的对象类必须列在对象类结构表中，因为在联邦执行中，只要该对象类与另一个对象类相关联，RTI就会产生该对象类的实例（对象）。发出和接收交互的对象类也必须在对象类结构表中描述。实际上，在联邦对象模型中，任何一个被外部引用的对象类，都必须包括在对象类层次结构表中。

在某些联邦应用中，有时由具体实体（如，A型坦克）的构成的单层对象类（如，A型坦克类，它既是根节点，又是叶子节点）完全能够满足某些联邦成员的预订需要。但是，如果某个或某些联邦成员想预订高层抽象对象（如，所有型号的坦克）的信息，则需要建立高层的对象类（如，坦克类）。为使联邦成员能够在所希望的抽象层上预订对象信息，那么在对象类结构表中就必须描述该抽象层的对象类。例如，如果一个特定的联邦成员不需要知道某些类型的坦克（B型坦克），但需要知道另外一些类型的坦克，例如C型坦克和D型坦克，为满足这种需要，必须建立一个C型坦克和D型坦克的的抽象类，如C-D型坦克类。

很显然，所有公共对象都需要建立一个相应的对象类，然而包含这些对象类的类层次结构有多种替代方案。在联邦开发过程中，应根据联邦成员预订的对象类信息，对这些类进行分层和分组。由于对象的分类必须满足联邦公布和预订的需要，而在参与联邦的联邦成员的MOM设计时，并不能清楚地知道整个联邦的这种需要，因此FOM中的对象类及其子类之间的关系一般都不是各联邦成员的MOM之间关系的子集。

2.2.4.2 对象交互类表

1.目的及原理

交互用于描述一个对象对另一个对象的作用和影响，OMT中的对象交互表集中地描述了联邦成员或整个联邦的所有外部交互。对象交互表包括下列描述项：交互类结构、触发交互的对象类、接收交互的对象类、交互影响的对象属性和交互参数。另外，在MOM中需要描述单个联邦成员对交互的触发、感知和反应能力。

OM的交互类结构也是一种层次结构，它包含不同交互类之间的一般化和特殊化关系。例如，一个"交战"交互类可以特化为"空-地交战"和"海-空交战"等子交互类。所以，"交战"交互类是对具体的交战类型的概括。如果一个联邦或联邦成员不进行交互类的分层抽象，那么交互类结构将是扁平的，即包含一组不存在隶属关系的交互类。

OM的交互类结构支持预订的继承性。当一个联邦成员使用RTI的Subscribe Interaction Class服务预订一个交互类以后，在联邦执行中该联邦成员将接收到下列交互的数据：（1）预订交互类的所有实例；（2）预订交互类子类的所有实例。例如，在上面列举的"交战"交互类中，如果一个联邦成员预订了"交战"交互类，它将接收到"空-地交战"交互类和"海-空交战"交互类的交互数据。FWS-CTF仅支持抽象交互类的预订和预订的继承性，不支持抽象交互类的公布。

与具体交互类相关的对象类可以被指定为触发或接收交互的对象类。触发交互对象类是可以启动和发出交互的对象类，接收交互对象类是被动地受交互影响的对象类。如"交战"交互，主动开火的作战实体是触发交互对象，而受火力打击的作战实体为接收交互对象。然而，有的交互可能没有具体的接收对象类。例如，一个武器平台向一个地域而不是一个特定目标开火，武器平台所在的联邦成员向当前的联邦执行发出开火事件消息（含相关参数的交互）。此时，所有可能受该事件影响的对象（目标区域内的作战实体）所在的联邦成员都需要预订这一特定的交互类，并根据交互参数自行决定它们是否受到该交互的影响。因此，OMT交互表中的接收对象栏目通常需要填注具体的对象类，而对于没有明确接收方的交互类，该栏目则为空白。无论在何种情况下，触发交互的对象类总是不可少的。在MOM中，对联邦成员可能接收的交互，虽然触发交互的对象类尚不明确，但却是可以想象的。

另外，存在一种具有对称性的交互，这种交互作用的主动方和被动方难以进行严格的区分，此时可随意指定一方为触发对象，另一方为接收对象。例如，两个运动中的车辆A和车辆B撞击在一起，则难以区分哪个是触发交互的对象，哪个是接收交互的对象。对这种交互，允许任何一个对象（如车辆A）被指定为交互的触发者，而另一个对象（车辆B）为交互的接收者。

通常，交互会对相关对象的属性产生影响。然而，并非所有交互都影响对象类的属性。因此，对于每个交互类，应视情描述触发和接收对象类受影响的属性以及影响效果。一般来说，交互主要影响接收对象类的属性，直接或间接地引起属性值的变化。所有这些受影响的属性，不管是被直接改变或是间接地受到影响，均应在对象交互类表中予以描述。另外，在OM的描述中，可用［属性、属性、……］符号表示可能受到影响的属性，不用[]符号括起来的属性表示总是受到影响的属性，用注释说明可能的影响结果，并尽量提供这些影响的详细算法。

在OMT交互类表中还必须提供交互所需的参数，这些参数完全对应于调用RTI Send Interaction服务所需的参数，可能的参数包括交互类名、参与交互的对象标识符、对象属性、常数和用户自定义数据类型等。交互参数必须说明交互作用的主要特性或特征量，以便于接收对象计算其所受到的影响。交互参数的具体细节，如类型、分辨率、精度等将在对象模型的属性/参数表中进行描述。交互参数必须针对层次结构中的每一交互类分别予以描述，不能继承交互超类的参数。

交互是影响联邦成员互操作性的决定性要素。就对象之间的相互影响而言，互操作性的实现要求能够一致性地处理不同联邦成员产生的交互，对同一类型的公共交互，不管哪一个联邦成员拥有触发或接收对象，相关联邦成员都必须产生一致的响应。例如，在分布式作战仿真中，要求对不同的作战实体发出的"交战"交互进行一致性的处理，以保证不同的联邦成员所模拟的作战实体进行公平的对抗。因此，完整和准确地描述FOM中的公共交互和联邦成员对这些交互的一致性处理是实现仿真互操作性的基本条件。

综上所述，交互类与对象类一起描述了联邦执行中的全部交换数据。所以，对象模型必须描述联邦执行中被传输的所有交互类，保证RTI能够识别这些交互类，以便支持对它们的公布和预订。对象模型中的触发和接收对象类的说明有助于确定直接提供交互的联邦成员，因为不同的联邦成员通常拥有不同的对象类的所有权。对象模型中的交互参数用于确定触发该交互的联邦成员提供的具体参数和接收该交互的联邦成员回应的具体参数。

2.表的格式

对象交互类表给出了描述联邦或联邦成员对象交互类的模板。该模板由五部分构成：交互类结构、触发交互对象类、接收交互对象类、交互参数和联邦成员对该交互的触发、感知和反应能力。对表中的任何一个交互类，必须描述交互类的名称和触发对象类，而其他部分的填写则是可选的。交互类的名称必须用ASCII字符集定义，并且是全局唯一的：对象交互类表中不能重名。对不能确定接收者的交互，接收对象类栏目不需要描述。对不需要提供任何作用信息的交互，交互参数表栏目可以为空白。在MOM中，联邦成员对每一个交互类的触发/感知/反应能力都必须进行描述。FOM也必须包括与MOM一致的交互类信息。

对象交互类表						
交互类结构		触发交互对象类		接收交互对象类		交互参数	触发 I/ 感知 S/ 反映 R
		对象类	影响属性	对象类	影响属性		
<交互> [.<交互>]*	[<交互>]	<类> [,<类>]*	<属性> [,<属性>]*	<类> [,<类>]*	<属性> [,<属性>]*	<参数> [,<参数>]*	<ISR>
	[<交互>]	<类> [,<类>]*	<属性> [,<属性>]*	<类> [,<类>]*	<属性> [,<属性>]*	<参数> [,<参数>]*	<ISR>
	……	……	……	……	……	……	……
<交互> [.<交互>]*	[<交互>]	<类> [,<类>]*	<属性> [,<属性>]*	<类> [,<类>]*	<属性> [,<属性>]*	<参数> [,<参数>]*	<ISR>
	[<交互>]	<类> [,<类>]*	<属性> [,<属性>]*	<类> [,<类>]*	<属性> [,<属性>]*	<参数> [,<参数>]*	<ISR>
	……	……	……	……	……	……	……
……	……	……	……	……	……	……	……

例如，一个具有三层的交互类结构（interaction1, interaction1-1, interaction1-1-3），其中interaction1-1是interaction1的子类，interaction1-1-3是interaction1-1的子类。因此，在对象交互类表中，第一列填写复合项：interaction1. interaction1-1，第二列填写独立项：interaction1-1-3。

下面其他栏目列出了交互类涉及的对象类和受交互影响的对象类属性。一般情况下，很容易区分触发和接收交互的对象，如果没有任何根据对它们进行区分，参与交互的两个对象类的任何一个均可以作为触发或接收对象类，并将其填入相应的栏目内。如果多个对象类以同样的方式参与一个交互，而这些对象类又没有一个共同的超类可以代替它们参与这一交互，此时触发或接收对象类可能有多个。在参与交互的对象类后面，列出交互影响的对象类的属性。交互对属性影响的方式和结果可用注释予以说明。

交互类描述中所提供的参数应是调用RTI的Send Interaction服务所需的参数。如果某个交互类不需要参数，可用符号N/A（Not Applicable）来表示不适用或不存在。

触发/感知/反应栏目（列）的目的是区分联邦成员对相应对象交互类的处理能力：

（1）触发（initiates，I）：表示联邦成员能够生成和发出相应的交互。

（2）感知（senses，S）：表示联邦成员当前能够预订该交互类并能使用该交互类的事件消息（交互数据）进行某些内部处理（与其他联邦成员无关的处理），感知能力不要求能够更新受影响对象的属性并对外发布所更新的属性值，具有一种单向信息流特征。

（3）反应（reacts，R）：表示联邦成员当前能够预订该交互，并能对该交互做出适当的反应，即适当更新自己所拥有的受影响的对象属性。联邦成员能够反应一个交互，表示联邦成员接收、处理交互消息，并对外发布事件消息，它是一种双向信息流。

联邦成员触发交互的能力不仅要求它能够调用 RTI 的 Publish Interaction Class 服务对外公布该交互，而且要求它能够模拟该交互的触发过程并在触发后调用 RTI 的 Send Interaction 服务对外发布该交互。

联邦成员感知交互的能力是指能够使用 RTI 的 Subscribe Interaction Class 服务预订该交互，并能够通过 Receive Interaction 服务接收并使用该交互的信息。这里需要注意的是，仅仅能够接收这种交互消息是不够的，因为任何一个联邦成员都能够做到这一点，联邦成员在某种程度上必须使用所接收的交互信息，这样才能称之为具有交互的感知能力。例如，一个作为联邦成员的图形显示子系统，它可以预订这些交互，以便据此改变它的显示（如作战双方的态势图）。这种显示子系统能够感知这些交互，却不能对这些交互做出反应，即生成并对外发布由该交互产生的事件消息（一个新的交互或属性更新消息）。

联邦成员反应交互的能力是指能够接收交互类信息，并且据此更新和公布受影响的公共对象的属性。并非所有交互都要求联邦成员更新受影响的对象属性值，但可能导致内部状态的变化进而影响属性值的更新。联邦成员对交互的最低反应能力要求它能够适当地响应 Receive Interaction 服务调用，适当的响应能力包括能够改变受影响的属性和影响相关对象的行为。这里需要注意区分"对属性的回映"和"对交互的反应"两个概念的差别，仅仅能够回映（reflect）受交互影响的对象属性值的变化不能表示对交互具有反应（react）能力。如果一个联邦成员只是由于接收了受影响对象属性值的变化，而不是在接收交互消息后通过自身来计算受影响对象属性值的变化，那么只能说该联邦成员对这些属性具有回映能力，而不能说对交互具有反应能力。

在一个联邦中，对于 FOM 中的任何一个交互，至少有一个联邦成员具有触发能力，至少有一个联邦成员具有感知或反应能力。因此，对于每个交互至少存在一个 IS 或 IR 组合。通常，一个联邦成员支持对交互的触发、感知和反应的多种组合：{I, S, R, IS, 或 IR}。在联邦成员的 MOM 中，任何一个交互必定有上述五种能力之一。如果一个联邦成员既不能触发、感知一个交互，也不对该交互做出反应；那么，这种交互就没有任何意义，也就不应将其置于 MOM 中。

3. 设计准则

在 FWS 的概念模型中，将一个交互定义为作战实体相互作用的若干影响因素的描述；在 FWS 的对象模型中，交互仍然具有这种相同的含义，只是在描述形式上更接近于仿真系统的程序设计。在 MOM 和 FOM 的描述中，将交互划分为两种：外部交互与内部交互。

（1）外部交互：不同联邦成员中的对象（作战实体）之间的交互称之为外部交互。如在作战仿真中，有各种交战交互，交战双方的实体（对象）通常属于不同的联邦成员。因此，交战交互则属于外部交互。外部交互必须包括在 FOM 中，不管它在联邦执行中何时发生。

（2）内部交互：同一联邦成员内部对象之间的交互称之为内部交互。内部交互只在联邦成员的MOM中描述，不需要包括在FOM中。例如，用一个联邦成员模拟自行火炮系统，该系统由雷达、指挥仪和火炮三部分构成，如果其他联邦成员只对整个系统的外部交互（如开火）感兴趣，则雷达、指挥仪和火炮三者之间的交互作用为内部交互，这些交互应根据该联邦成员的建模需要在MOM中进行适当的描述，但不应放在FOM中。

通常，MOM是独立于特定的联邦应用而开发的。因此，MOM中所设计的交互类能否适用于未来的联邦应用则是未知的。所以，如果考虑到MOM可能用于未来联邦应用的需要，那么联邦成员具有触发、感知或反应能力的所有交互均应尽可能详细地在MOM中予以描述。

2.2.4.3 属性/参数表

1. 目的及原理

在OM中所描述的每一个对象类均由一组特定的属性来刻画。这些属性描述了联邦成员感兴趣的对象状态或特征，其中每一个属性都是可被独立辨识的，其值随时间而变化（如作战部队和武器平台的地理位置、运动速度等）。由于对象属性和交互参数具有相似性，因此所有的交互类参数同对象类属性一起在同一表中进行描述。对于对象类结构表中的所有对象类的属性和对象交互类表中的所有交互类的参数都必须完整地在属性/参数表中描述。FOM应在其属性/参数表中说明所有的公共属性。这些公共属性可由RTI进行公布，提供给联邦中的其他联邦成员。

对象模型在属性/参数表中支持对下列属性特征的表达：

- 对象类（Object class）
- 单位（Units）
- 更新类型（Update type）
- 属性名（Attribute name）
- 分辨率（Resolution）
- 更新频率/条件（Update rate/Condition）
- 数据类型（Datatype）
- 精度（Accuracy）
- 可转移/可接受（Transferable/Acceptable）
- 基数（Cardinality）
- 精度条件（Accuracy condition）
- 可更新/可回映（Updateable/Reflectable）

"对象类"栏目描述属性所属的对象类。

"属性名"栏目给出属性的标识符。

"数据类型"栏目描述每一属性的数据类型，包括程序设计语言规定的基本数据类型和用户自定义数据类型。

"单位"栏目说明属性值所采用的计量单位，如m，km，kg。

"分辨率"栏目描述公布属性值的粗细程度。如果该属性的数据类型为数值型，则这里给出该属性值变化的最小量 ΔV，当属性值的变化量大于或等于 ΔV 时，应对预订该属性的联邦成员发送属性更新消息；如果属性值为离散类型的数值时，则应在"分辨率"栏目中列出相应的离散值。

"属性精度"栏目记录属性值的计算精度，即距离理想值或准确值的最大偏差，它通常是一个小数，如0.1、0.01等；但也可以在此栏目下标注"perfect"，表示没有误差。

"精度条件"栏目描述联邦执行在何种条件下，对相应属性的计算精度达到"属性精度"

指定的值。该描述项可能包括一个引用，该引用指向一个特定的能够确定相应属性精度的算法；该栏目也可以为空白，表示没有条件，即在任何情况下均应达到指定的精度。

公布和预订处理。对象类支持属性级上的公布和预订；而在公布交互类时，交互参数是不能分开。在属性/参数表中，属性名/交互名和相关的对象类/交互类是RTI所必需的基本数据；另外，RTI虽然不直接使用分辨率、精度和更新策略等特性数据，但它们有助于保证联邦成员的兼容性。有些联邦成员的属性分辨率、精度和更新频率较低，而有些则较高，这两类联邦成员进行交互可能会产生一些问题。因此，对属性的分辨率、精度和更新频率的描述应是FOM的重要组成部分，旨在保证联邦成员之间在特定的级别、层次和水平上进行互操作。这有助于联邦中的联邦成员对整个问题空间有共同的理解，避免联邦成员之间的矛盾。

2.表的格式

FOM的属性/参数表提供联邦中所有公共属性和所有外部交互参数的描述性信息，属性/交互表给出了它的模板格式。

属性 / 交互表

对象类/交互类	属性/参数	数据类型	基数	单位	分辨率	精度	精度条件	更新类型	更新条件	可转移/可接受	可更新/可回映
<对象类>/<交互类>	<属性>/<参数>	<数据类型>	<数值>	<单位>	<分辨率>	<精度>	<精度条件>	<更新类型>	<更新条件>	<TA>	<UR>
	<属性>/<参数>	<数据类型>	<数值>	<单位>	<分辨率>	<精度>	<精度条件>	<更新类型>	<更新条件>	<TA>	<UR>
	……	……	……	……	……	……	……	……	……	……	……
……											

注：T——表示属性所有权可转移　　　　A——表示属性所有权可接受

　　U——表示属性值可更新　　　　　　R——表示属性值可回映

"对象类/交互类"栏列出属性所属的对象类名称或交互参数所属的交互类名称。这些类来自于对象类/交互类的层次结构，按照由高到低逐层描述，子类的公共属性/参数置于高层类，描述高层类的属性/参数有助于减少信息冗余。例如，飞机类Air_Vehicle有两个子类，它们分别是固定翼飞机类Fixed_Wing和旋转翼飞机类Rotary_Wing，它们都有最大速度时的最小转弯半径这一属性，在对超类Air_Vehicle描述该属性后，子类也就继承了该属性，这样就避免了重复描述。当子类需要修改继承的属性时，子类必须定义一个新属性。

"属性/参数"栏列出对象类的属性或交互类的参数。属性名/参数名必须用ASCII字符集定义，并且不能与超类的属性名/参数名相同。一个对象对应描述多个属性，一个交互对应描述多个交互参数。

"数据类型"栏用于描述属性和参数的数据类型。数据类型可以是允许的基本数据类型，也可以是用户自定义数据类型。自定义数据类型名不能与基本数据类型名相同。数据类型列的具体内容可以是数据类型名（适于基本和自定义数据类型），也可以是一个说明枚举或复杂数据类型的标识符。当复杂属性或参数包括一个同类数组或一个具有相同数据类型的数据项序列时，其具体描述置于数据类型列。当复杂数据类型的各数据项具有不同的数据类型时，则需要一个附加的复杂数据类型表。

"基数"栏说明一个数组或数据项序列的大小。用符号"1+"表示无界序列，用一个固定的整数值<整数>表示具有固定长度的序列。多维数组的基数应按次序列出每一维的大小，如用"2,10"描述一个2行10列的二维属组。对于简单的属性和参数，只需将"1"置于此列即可。

"单位"、"分辨率"、"精度"和"精度条件"栏分别说明对象类属性和交互类参数的计量单位、模型对它的分辨率、模型对它的计算精度和条件。如果属性或参数的数据类型是枚举或复杂数据类型，则不需要填充单位、分辨率、精度和精度条件列，因为枚举数据类型不需要描述这些特性，复杂数据类型各数据项的这些特性将在复杂数据类型表中描述。对上述和其他不适于描述单位、分辨率和精度信息的数据类型（如，字符串），则应填注"N"符号，表示不适用（Not Applicable）。

"单位"列用于记录属性或参数的计量单位（如，m、km、kg），该列的单位信息也是描述分辨率和精度的计量单位。

"分辨率"列可能填入不同的内容，这决定于属性/参数的类型。对整型数类的属性或参数，该列在表的每一行都包括一个数值型数据，该值给出了区分属性值的最小辨识值。然而，当属性或参数为浮点数据类型时，其分辨率用属性值的数量级定义。所以，分辨率的含义可能包含在数据类型中。

"精度"列用于描述属性或参数值距离其标准值（期望值）的最大偏差，它通常是一个可度量的值，但许多离散或枚举类型的属性不存在偏差，此时填注符号"P"（Perfect）表示所具有的计算精度是完全准确的。

"精度条件"列说明在联邦执行中在什么条件下到达给定的计算精度。它可以包含一个指向确定计算精度的特定更新算法的引用，或填注符号"A"（Aalways），表示需要无条件地满足。

"更新类型"和"更新条件"列描述属性的更新策略。更新类型分为静态（static）更新、周期性（periodic）更新和条件（conditional）更新三种。当属性的更新类型具有周期性时，需要在更新条件列说明单位时间的更新次数。当属性按条件更新时，需要在更新条件列描述更新条件。对于交互参数，应标注"N"符号，表示不能更新。

"可转移/可接受"（Transferable/Acceptable，T/A）列用于填写联邦成员对对象属性所有权的转移与接受能力。在一个联邦中，如果一个属性的所有权可以从一个联邦成员转移出去，那么联邦中的其他联邦成员必定可接受该属性的所有权。但是，单一联邦成员或许只能够转移属性所有权，而不需要接受另一个联邦成员交出的属性所有权。能填入该列的可选项有：

（1）可转移（Transferable，T）：联邦成员能够公布和更新对象的这一属性，能够使用RTI的所有权管理服务将该属性的所有权转移给另一个联邦成员。

（2）可接受（Acceptable，A）：联邦成员能够从另一个联邦成员接受该属性的所有权，包括对属性更新的能力。

（3）不可转移或不可接受（Not transferable or acceptable，N）：联邦成员不能将该属性的所有权转移给另一个联邦成员，也不能接受另一个联邦成员对该属性的所有权。

对于 MOM 中的属性，该列可标注 {T, A, TA, N} 之一。在 FOM 中，只能标注 TA 或 N。对于对象的交互参数，该列标注 N/A，表示不适于标注这些信息标志。

"可更新/可回映"（Updateable/Reflectable，U/R）栏用于描述联邦成员当前具有的属性更新与回映能力。

（4）可更新（Updateable，U）：表示联邦成员当前能够使用 RTI 的 Publish Object Class 和 Update Attribute Values 服务，公布和更新指定的对象属性。

（5）可回映（Reflectable，R）：表示联邦成员通过 RTI 的 Reflect Attribute Values 服务调用，能够接收和处理指定对象属性值的变化。

对于 MOM 中的属性，该栏可标注三种不同的能力组合 {U, R, UR} 之一，其中任何一个属性必须是可更新的或可回映的或二者均可。在 FOM 中，所有属性均应标注 UR，因为其中的所有属性既可更新又可回映。对应于交互参数，该栏全部标注 N/A，表示不适于标注这些信息。

3. 设计准则

所有公共属性，其值均可由联邦中的其他联邦成员访问，故均应在 FOM 的属性/参数表中描述。所有能被单个联邦成员更新或者回映的属性，均应在该联邦成员 MOM 中的属性/参数表中描述。所有在对象交互类表中出现的交互参数均应在属性/参数表中描述。如果交互参数同时也是对象类的属性，那么它应作为一个属性和作为一个参数分别在属性/参数表中予以描述。

在某些对象模型中，可能需要描述联邦成员转移/删除对象类实例的所有权信息。在这种情况下，属性 privilegeToDeleteObject 应包括在属性/参数表中，以说明联邦成员的这种转移与删除能力。如果不对该属性进行描述，则认为这种权力既不可转移，也不可接受。属性 privilegeToDeleteObject 是在对象实例化时由 RTI 自动创建的。

2.2.4.4　属性/参数附表

1. 目的及原理

尽管属性参数表提供了描述数据类型的栏目，但对枚举数据类型和复杂数据类型没有做出详细的说明。本节给出了枚举数据类型和复杂数据类型的描述模板，这些模板是构成 OMT 所不可缺少的重要部分，它们既适用于 MOM 的设计也适用于 FOM 的设计。

2. 枚举数据类型表

枚举数据类型表描述了枚举数据类型的格式。第一栏定义枚举数据类型的标识符（名称）；第二栏描述所有的枚举项目；第三栏提供枚举项目的取值，通常对应于一个整数序列。例如，在作战仿真中，作战部队的从属关系属性就是一个枚举数据类型，其可取的值有：1-红方、2-蓝方和 3-中立方，表示部队属于红军、蓝军和中立部队。每一个枚举值均可以用一个确定的数值（如，连续的整数）来表达，但这需要在整个联邦中达成协议。

枚举数据类型表

标识符	枚举项目	表达值
<数据类型>	<枚举项目>	<整数>
	...	...
<数据类型>	<枚举项目>	<整数>
	...	...
...	...	...

3.复杂数据类型表

下面是复杂数据类型表的格式。第一栏描述用户自定义数据类型的标识符（名称），该标识符应与属性/参数表中标识符一致。下一栏是数据项，提供复杂数据类型中各独立数据项的名称。例如，一个表示地理位置的复杂数据类型：*Location*（标识符），在直角坐标系中有三个数据项：*X*、*Y*和*Z*。数据项名完全由联邦或联邦成员的设计者自行确定。

复杂数据类型表

复杂数据类型	数据项	数据类型	基数	单位	分辨率	精度	精度条件
<复杂数据类型>	<数据项>	<数据类型>	<数值>	<单位>	<分辨率>	<精度>	<精度条件>
	<数据项>	<数据类型>	<数值>	<单位>	<分辨率>	<精度>	<精度条件>
	......	......	......	......	......	......	......
....	......	......	......	......	......	......	......

复杂数据类型表的其他栏目分别为:数据类型、基数、单位、分辨率、精度、精度条件，这些栏目与属性/参数表中的相应栏目具有完全相同的含义，它们对复杂数据类型的各数据项的进行详细描述。通常，一个复杂数据类型表达一种相对独立的概念。因此，复杂数据类型的所有数据项通常也具有相同的特性要求（如更新类型/条件、可转移/可接受、可更新/可回映），这些特性可在复合级上描述，即在属性/参数表中描述；如果其中的数据项有特殊的特性要求，则应在数据项级上描述。

在复杂数据类型的描述中也可以包括其他复杂数据类型标识符，允许设计者根据联邦或联邦成员的需要建立相应的数据结构。

2.2.4.5 FOM/MOM 字典

1.目的及原理

要实现联邦成员之间的互操作，不仅需要上述模型模板中所描述的数据，而且需要各联邦成员对这些数据有共同的理解。FOM/MOM 字典旨在对FOM/MOM使用的所有术语进行定义。基于这些定义，在联邦开发中可以扩展数据的内涵，构建自动化的辅助工具，并支持未来的各种仿真应用。

2.表的格式

（1）对象类定义

FOM 和 MOM 描述的所有对象类均需要给予明确的定义，对象类定义表提供了一个描述这些信息的简单模板。表的第一栏描述对象类的名称,第二栏说明相应对象类的语义。对于抽象的高层超类,应描述它在对象类层次结构中的目的和意义;对于能够产生直接实例的具体对象类,应说明它所表示的真实实体,以及明确对象类语义的有关信息（如逼真度）,也可以描述对象类属性以及相关的交互信息。

对象类定义	
术语	定义
<术语名称>	<术语定义>
<术语名称>	<术语定义>
……	……
<术语名称>	<术语定义>

（2）对象交互定义

交互类定义表提供了对象交互定义的描述模板,用于说明FOM中公共对象类之间的交互,以及MOM中可由单一联邦成员公布和/或接收的交互。表的第一栏描述交互类的名称,第二栏用于明确交互类的语义。对于抽象交互类,应说明其存在于交互类层次结构中的意义,以及它包括的子类;对于具体的（可实例化的）交互类,应说明它表示的实际事件。也可以描述交互的触发和接收对象类和交互参数信息。

对象交互类定义	
术语	定义
<术语名称>	<术语定义>
<术语名称>	<术语定义>
……	……
<术语名称>	<术语定义>

（3）属性/参数定义

属性/参数定义表可以用于说明公共对象类的属性和所有的交互参数。表的第一栏描述对象类或交互类的名称,第二栏描述属性或参数,第三栏描述属性或参数的定义。有的属性/参数具有相同的名称,但却属于不同的对象/交互类,第一和第二栏确定了属性/参数与对象/交互类的对应关系。

属性 / 参数定义		
对象 / 交互类	术语	定义
<对象 / 交互类名>	<术语名>	<术语定义>
<对象 / 交互类名>	<术语名>	<术语定义>
……	……	……
<对象 / 交互类名>	<术语名>	<术语定义>

2.3　执行模型设计

执行模型（Executable Model,EM）是用特定的编程语言,在运行时基础支撑构件RTI的支持下所实现的可执行的联邦子系统。由于FWS是在面向或基于对象的概念和方法的基础上提出来的，因此在实现EM和RTI时，最好采用面向对象的程序设计语言，如C++。

EM的设计涉及到众多具体的技术细节问题，同时依赖于用户的具体设计需求，例如人机界面设计、数据库设计、FederateAmbassador虚函数的定义等，这些方面的设计均与联邦成员所要实现的具体功能相关，仅就与EM设计相关的几个共性问题进行探讨，它们分别是：

（1）FWS体系结构：包括客户/服务器模式、对等模式、分层结构。

（2）EM逻辑结构：引入实效模型AM和影子模型SM的概念，分析EM的模型构成及其相互关系。

（3）EM的布局方案：包括异站传输式布局和本站计算式布局。

（4）EM控制机制：包括时间步长驱动法、离散事件驱动法和独立时间推进法。

2.3.1 FWS体系结构

分布式作战仿真系统的信息处理可采用以下三种处理模式之一：客户/服务器模式、对等模式和分层结构。

2.3.1.1 客户/服务器模式

采用客户/服务器（Client/Server，C/S）模式的作战仿真系统是由若干台计算机组成的局域网或广域网，其中用于提供数据和服务的计算机称为服务器，如专门提供通信服务的通信服务器，对共享资源进行管理的资源服务器，对支持作战仿真运行的通用数据库进行管理和服务的数据库服务器；向这些服务器提出数据和服务请求的计算机称为客户，如作战仿真系统中的模型机、指挥机、态势显示机等。

C/S模式在逻辑上属于星型结构，即它以服务器为中心，服务器与客户之间采用"点对点"的通信方式，在客户之间不能通信。然而，C/S模式的物理结构并不局限于星型结构，也可以采用公共总线结构，其每个客户机只能与网络服务器进行通信，而各客户机之间不能直接通信。

C/S模式的特点是信息的处理是分布的，而系统的控制是集中的。目前它已经成为信息处理系统和网络操作系统的主流模式。然而，C/S模式存在着某些致命的缺陷。由于存在服务器这种中心节点，一旦服务器发生故障，将使整个网络系统瘫痪。当服务器在重负荷下工作时，可能因过于繁忙而显著地延长客户请求的响应时间。因此，基于C/S模式的作战仿真系统难以满足未来大规模的FWS系统的高可靠性要求，更难以克服FWS系统运行中由于巨大的通信量而导致的瓶颈问题。要想从根本上解决这些问题，必须采用对等模式。

2.3.1.2 对等模式

在对等模式的作战仿真系统中，不存在一个或多个中心节点，每一台计算机都是一个相对独立的工作站。通常，一个工作站上驻留一个联邦成员。尽管每个工作站担负的任务不同，但它们都以平等的身份进行相互间的通信。在这种对等模式的网络上，每个工作站既可以作为客户向其他工作站发出服务请求，也可以作为服务器给其他工作站提供服务。此时可以认为，每个工作站既是一个客户也是一个服务器，因而称之为组合站。

基于对等模式的作战仿真系统的主要特点是各站点的平等性，即网络中所有工作站均处于平等地位,无主次之分。由此使得作战仿真系统的某些关键特性获得了很大的改善：

（1）可靠性好，由于网络中无中心节点，因而任一工作站的失效都不会造成严重后果。

（2）可扩展性好，在网络中增加工作站不会明显地给其他工作站增加负担，也不易出现通信"瓶颈"现象。

对等模式的缺点是：

（1）实现复杂，由于网络中的每个工作站相当于一个服务器，它可能同时接收到从若干个其他工作站发来的服务请求，因而使所有的工作站都处于多用户环境，在系统设计时需要有效地解决多用户系统所面临的一系列问题，如系统管理、通信控制、资源共享、访问冲突等。

（2）目前尚缺乏相应的通用软件来有效地支持基于对等模式的作战仿真系统的开发工作。

（3）对工作站要求较高，由于每个工作站既作为客户，又作为服务器，要求配置较多的软件，具有较高的运行效率，因此要求工作站具有较好的硬件配置。然而，从目前来看随着微机性能/价格比的大幅度提高，这一问题已经得到了明显的缓解。

2.3.1.3　分层结构

联邦成员执行模型(EM)是相应的对象模型(OM)在特定的软硬件环境下的具体实现，所有联邦成员的EM通过运行时基础支撑构件RTI实现互连和互操作，构成满足特定军事需求的FWS系统，而RTI的实现又以通用的软硬件环境为基础，因此可将FWS系统分为以下四层，如图 2-14 所示。

图 2-14　FWS的分层结构

（1）硬件网络层：可以是用于集中式作战仿真的局域网，也可以是用于分布式作战仿真的广域网。

（2）通用软件层：主要包括网络操作系统（如 Windows NT ）、标准化的网络通信协议（如 TCP/IP ）、网络编程接口工具（如 Windows Sockets ）、面向对象的编程语言（如 Visual C++ ）和数据库管理系统（如 MS SQL ）等。

（3）运行时基础支撑构件（RTI）层：RTI建立在通用软件层之上，支持不同联邦成员的互连与互操作。

（4）联邦成员应用层：它是在选定的软硬件环境下实现的各个联邦成员EM，如兵力行动模型、分析评价模型、指挥控制平台，实际作战系统接口软件等，这些联邦成员通过RTI实现互连和互操作，从而构成一个满足特定军事需求的作战仿真联邦。

2.3.2 执行模型逻辑结构

2.3.2.1 实效模型与影子模型

一个联邦代表着一项仿真应用，例如陆军多兵种协同作战仿真联邦、陆海空三军联合作战仿真联邦等。一个联邦由若干个联邦成员和一个运行时基础支撑构件（RTI）组成。即，

联邦={联邦成员1，联邦成员2，……，联邦成员n，RTI}。

图2-15给出了一个联邦式作战仿真系统的逻辑结构，其中包括F1、F2和F3三个联邦成员。每个联邦成员一般位于不同的网络节点上，各网络节点可分布在不同的地域，如多个城市。

通常，一个联邦成员用来模拟一个或一组相互关联的作战实体，不同的联邦成员模拟不同的作战实体，而整个联邦中的作战实体都可能发生相互作用和相互影响。因此，不同联邦成员的执行模型（EM）之间必须在某种程度和范围内具有相互的感知能力。为便于描述这种相互作用机制，这里引入了实效模型和影子模型的概念，并用AM表示实效模型，用SM表示影子模型。

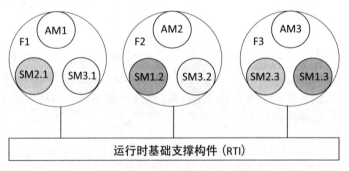

图2-15 联邦成员执行模型逻辑结构

联邦成员的实效模型AM是用于计算该联邦成员所模拟的实体状态和行为的动态计算过程模型；联邦成员的影子模型SM（一般有多个）则是该联邦成员需要感知的其他联邦成员所模拟的实体状态和行为的静态信息模型。如果一个联邦有n个联邦成员，那么任何一个联邦成员有唯一的一个实效模型和最少0个、最多n−1个影子模型。

实效模型用于：1）接收影响所模拟的各类实体的状态和行为的交互信息；2）计算和记录状态的变化和行为结果；3）发送影响其他联邦成员所模拟的实体的状态和行为的交互信息。影子模型只为实体模型的运行提供环境数据（外部状态和外部行为信息）。

图2-15给出了一个由三个联邦成员F1、F2和F3构成的联邦，它们分别模拟不同作战实体的行为和状态转移过程。AMi表示联邦成员Fi的实效模型，SMjk表示联邦成员Fk在Fj的影子模型。例如，SM2.1和SM3.1分别是联邦成员F1需要对联邦成员F2和F3感知的部分。因此，一个联邦成员的所有影子模型提供了该联邦成员的全部输入信息，实效模型接收这些信息后计算对内部实体的影响，产生影响外部实体的信息。

2.3.2.2 执行模型的构成

在联邦执行过程中，联邦成员执行模型（EM）是一个可自由加入或退出联邦的部分。最典型的联邦成员通常用于模拟一支位于不同地域的参战部队（聚合级仿真模型）或一个武器平台（平台级仿真器），其他基于 RTI 的软件系统（如 C^4I 系统、分析评价模型等）也可以作为联邦成员进行相对独立的设计与实现，并加入联邦构成一种多用途、集成化作战仿真联邦。

如图 2-16 所示，每个联邦成员的执行模型（EM）均由一个模型控制框架、一个实效模型和多个影子模型组成。即

执行模型（EM）=｛模型控制框架，实效模型，影子模型 1，影子模型 2，……，影子模型 m｝

其中，实效模型是在构建联邦成员时根据用户需求进行设计的，影子模型则是在联邦执行时根据 FOM 描述的数据交换协议动态生成的。

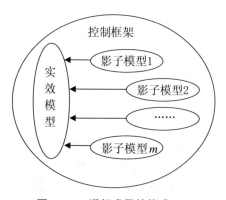

图 2-16　联邦成员的构成

联邦成员的控制框架由三部分构成：人机交互界面、成员通信界面和运行控制程序。

人机交互界面为用户提供了监视和控制联邦成员乃至整个联邦执行的手段。不同的联邦成员具有不同的功能，因此与之相应的人机交互界面也具有较大的差异。例如，在一个聚合级作战指挥训练仿真联邦中，兵力行动仿真模型的人机交互界面只需要提供模型的初始化、启动、状态监视等功能，指挥控制平台则应根据兵种作战指挥的需要提供逼真的或实用的 C^3I 系统的功能，作为总控机的管理联邦成员则应提供联邦的启动与结束、暂停与恢复、保存与重载、联邦成员的加入与退出、联邦运行的状态监控与异常处理等功能。

成员通信界面是联邦成员与联邦成员之间进行消息传输的接口界面，该接口功能由 RTI 提供。

运行控制程序用于接收来自人机交互界面的控制指令和来自成员通信界面的事件消息，据此协调内部对象模型进行相应的处理和响应。

2.3.3　执行模型布局方案

每个联邦成员都包含一个实效模型和若干影子模型。影子模型有两种生成方法：异

地传输和本地计算。这两种不同的影子模型生成方法，导致了联邦成员执行模型的两种布局方案：异站传输式布局和本站计算式布局。

异站传输式布局就是将每个联邦成员的实效模型置于一台工作站上，构成一个网络节点，各节点只负责计算本节点所模拟实体的状态和行为，计算所依据的影子模型的生成方法是联邦成员之间的数据公布和数据预订机制，即每个联邦成员声明它能够对外部提供的数据和自己需要的外部数据，从而产生一种供需平衡的交互信息模型，避免冗余信息的网上传输。

在本站计算式布局中，每个工作站不仅要负责本站联邦成员实效模型的计算，而且要加载所有对该站有影响的联邦成员实效模型的副本——影子模型，因此本站上的所有影子模型信息完全由本站负责计算，并提供给本站上的实效模型。同一个联邦成员的影子模型和产生该影子模型的实效模型的差异在于，前者是屏蔽掉人机交互界面、只在后台运行的仿真模型，相应的人机交互信息由产生它的实效模型负责提供。

2.3.4 执行模型时控机制

在FWS中，每个联邦成员的执行模型（EM）都是在特定的仿真时钟的推动下，不断地计算和记录作战实体的状态转移、模拟实体行为机制的过程。按照不同的仿真时钟推进方式，可将所有的联邦成员归纳为三种类型：时间步长驱动的联邦成员、离散事件驱动的联邦成员、独立时间推进的联邦成员。下面详细分析了基于不同时间推进机制的联邦成员 EM 的时间控制方法[18]。

1.时间步长驱动法

按时间步长推进（Time-Stepped Advance）的联邦成员是一种同步仿真，这类仿真在完成当前时间步的工作后将仿真时钟推进到下一时间步。任何一个时间步的计算所产生的事件不能在本时间步内进行处理，只能为下一时间步或后续的几个时间步调度事件。下面给出了一个典型的基于时间步长法推进仿真时钟的联邦成员 EM 的程序控制框架，当 EM 接收到 Time Advance Grant 调用后，根据 LRC 提交的事件消息更新该联邦成员 EM 的内部数据结构，计算该联邦成员当前的状态，调度新的事件。

时间步长驱动法的算法如下：

/* now 是表示联邦成员当前逻辑时间的局部变量 */

/* timeStepSize 表示联邦成员逻辑时间推进的时间步长 */

如果仿真继续执行，则进行下列循环处理：

（1）根据接收到的事件消息，计算 now 时刻联邦成员的状态；

（2）EM 调用 Update Attribute Values 和/或 Send Interaction 服务，向 RTI 提供联邦成员状态变化信息（属性更新值或交互），调用的时间参数为 TS（TS〉= now+timeStepSize）；

（3）/* 接收下一时间步长内（now, now+timeStepSize] 的所有外部事件消息 */ EM 调用 Time Advance Request（now + timeStepSize）服务，请求推进仿真时钟；

（4）RTI 回调 Reflect Attribute Value 和 Receive Interaction 服务，接收和处理外部的属性更新和交互；

（5）/* 推进仿真逻辑时间 */RTI 回调 Time Advance Grant 服务，推进仿真时钟：

now = now+timeStepSize

　　循环处理结束。

2. 离散事件驱动法

　　基于事件驱动（Event-Driven）的联邦成员按照时间图章的顺序逐个处理事件消息。当联邦成员处理 TSO 消息或内部事件消息时，其逻辑时间将首先推进到所处理的事件消息的时间图章处。联邦成员很可能交叉处理内部事件消息和 RTI 发送的外部事件消息，以便所有的消息处理按照时间图章顺序进行。

　　下面给出了一个典型的基于事件驱动的联邦成员 EM 的程序控制框架，其中所有处理的消息均按照 RTI 传输的顺序（RO）进行。Reflect Attribute Values 和 Receive Interaction 服务程序作为事件处理器，用于接收外部的属性更新和交互事件消息，并完成联邦成员的状态计算与更新和调度新事件。

　　离散事件驱动法的算法如下：

　　　　/* now 是记录联邦成员逻辑时间的局部变量 */

　　　　如果仿真继续执行，则进行下列循环处理：

　　　　　　（1）确定下一个内部事件消息的时间图章 TSlocal；

　　　　　　（2）/* 请求传输下次外部事件消息 */

　　　　　　　　联邦成员 EM 调用 Next Event Request（TSlocal）服务请求；

　　　　　　（3）/* 如果有新的外部事件，则接收并处理 */

　　　　　　　　RTI 回调 Reflect Attribute Values 和 Receive Interaction 服务接收和处理外部事件消息；

　　　　　　（4）联邦成员 EM 调用 Update Attribute Values 和 / 或 Send Interaction 服务向 RTI 提供变化信息（新属性值和交互）；

　　　　　　（5）RTI 回调 Time Advance Grant 准许时间推进；

　　　　　　（6）IF（上面的 Next Event Request（TSlocal）服务请求没有接收到 TSO 消息）：

　　　　　　　　　now = Tslocal；

　　　　　　　　　处理（1）确定的下一个内部事件消息；

　　　　　　　　　调用 Update Attribute Values 和 / 或 Send Interaction 服务向 RTI 提供变化信息（新属性值和交互）；

　　　　　　　　THEN

　　　　　　　　now = 发送给联邦成员的最后一个 TSO 消息的时间图章；

　　　　　　　　IF END

　　　　循环处理结束

　　同时间步长法编程一样，事件驱动法也可用于比例化实时联邦仿真，其方法是设计一个协调逻辑时间和比例化日历时钟时间的算法或使用一个专用的步调控制联邦成员。

3. 独立时间推进法

　　独立时间推进（Independent Time Advance）联邦成员不需要同其他联邦成员协调时间的推进问题。这类联邦成员或者按照消息到达的顺序 RO，或者按照时间图章顺序

TSO，或者按照比例化日历时钟时间的关系处理消息。DIS仿真通常采用这种模式。

下面给出了一个独立时间推进的联邦成员EM的程序控制框架，其中所有处理的消息均按照RTI传输的顺序（RO）进行。Reflect Attribute Values 和 Receive Interaction 服务程序作为事件处理器，用于接收外部的属性更新和交互事件消息，并完成联邦成员的状态计算与更新和调度新事件。联邦成员 EM 调用 Update Attribute Values 和/或 Send Interaction 服务，对外部发送事件消息。

独立时间推进法的程序控制算法如下：

建立不受其他联邦成员逻辑时间约束的联邦成员

如果仿真继续执行，则进行下列循环处理：

（1）确定联邦逻辑时间now；

（2）/*发送事件消息，TS= now*/

联邦成员 EM 调用 Update Attribute Values 和/或 Send Interaction 服务，对外部发送事件消息；

（3）/*接收和处理事件消息*/

RTI 回调 Reflect Attribute Values 和 Receive Interaction 服务 ，接收并处理外部事件消息；

循环处理结束

第3章　面向对象的仿真建模方法

3.1　引言

随着软件工程技术的发展，在作战系统仿真技术领域出现了多种多样的建模方法，尽管这些方法有效的推动了作战仿真系统的开发和应用，但问题也是显而易见的。现有的系统仿真建模方法一般只是注重仿真模型如何描述、表达和实现的问题，而对仿真模型应该描述什么的问题缺乏深入的研究，如美军HLA技术体系中的EATI（Entity,Action,Task,Interaction）[15]四元抽象建模方法，既缺乏系统抽象和描述的完备性，也没提供从系统仿真的概念模型到逻辑模型（对象模型或智能体模型）再到物理模型（执行模型）的映射和转换机制与方法。为解决这些问题，本章运用系统六元抽象分析方法，从系统论域、系统组元、系统结构、系统状态、系统运行和系统功能六个剖面对系统进行抽象描述，阐述作战系统和作战实体的概念模型和逻辑模型的多视图形式化描述方法，主要包括以下内容[29]：

（1）基于系统六元抽象的作战系统仿真建模框架。将作战仿真系统开发过程划分为概念建模、逻辑建模和物理建模三个阶段，将仿真系统模型划分为作战系统仿真模型和作战实体仿真模型，用主视图和关联视图两类视图产品对作战系统的六个剖面进行描述，形成了基于系统六元抽象的作战系统仿真建模框架。

（2）作战系统仿真概念模型视图构建方法。根据作战系统与仿真概念模型视图的六元映射关系，阐述作战系统仿真概念模型的主视图和关联视图的表述和构建方法，提供了一种作战系统仿真概念模型开发策略。

（3）作战系统仿真逻辑模型视图构建方法。描述了作战系统仿真逻辑模型的主视图和关联视图的产品构成，分析了由概念模型视图到逻辑模型视图的映射转换和扩展方法，提供了一种作战系统仿真逻辑模型的开发策略。

（4）作战实体模型视图构建方法。在对作战实体静态属性和动态机制分析的基础上，阐述了一种以知识处理为中心的作战实体仿真建模框架，进而探讨了作战实体概念模型视图和逻辑模型视图的表述和建模方法。

3.2　基于系统六元抽象的作战系统仿真建模框架

作战系统是一种典型的复杂系统，对它的仿真建模是构建一个良好的作战仿真系统的关键因素。目前，作战系统的仿真建模仍面临着诸多技术难题，如：作战系统的分析和抽象、仿真模型的构建过程、仿真模型的重用性等。系统六元抽象方法是对实体和仿真系统的特征进行分解、分析的方法，它明确了作战系统仿真模型在不同的建模阶段上的构成，并给出了各层次构成要素之间的映射关系，为仿真系统建模和描述提供了指导。

3.2.1 作战仿真系统开发过程

作战仿真系统的开发过程，同软件工程中的一般软件开发类似，也遵循分析、设计和实现的三阶段开发策略。

1.分析阶段

分析阶段的任务是对所要研究的实际作战系统进行第一次抽象，从而形成问题空间概念模型。这一阶段采用面向实体的建模思想，从系统论域、系统组元、系统结构、系统状态、系统运行和系统功能六方面的抽象和描述展开，目的是对现实世界中的事物及其相互关系的分析、梳理，并采用形式化（语言、表达式、图形）的建模方法对分析的结果进行表达，从而得到较为标准和规范的概念模型。

2.设计阶段

设计阶段的任务是将分析阶段产生的概念模型映射为逻辑模型，实现对实际作战系统的第二次抽象。设计阶段采用面向对象的建模思想，对概念模型按照仿真系统实现的要求，从任务空间、作战实体、实体结构、实体状态、实体行为和实体交互六方面进行扩展和转换，形成面向物理实现的逻辑模型。

3.实现阶段

实现阶段的任务是根据设计阶段产生的逻辑模型，在选定的编程环境下编写相应的计算机程序，形成可执行的作战仿真物理模型。

通过分析可知，在分析阶段对概念模型的构建决定了仿真系统对作战系统的模拟内容，在设计阶段对逻辑模型的构建决定了仿真系统对作战系统的模拟方式。因此在作战系统的仿真建模中，决定仿真模型逼真度的关键集中在概念模型和逻辑模型构建阶段，如图 3-1 所示，它们决定了仿真系统的框架结构和构建模式。

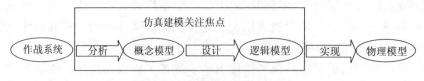

图 3-1 三阶段开发和使用过程

3.2.2 作战系统六元抽象方法

3.2.2.1 系统六元的概念

系统六元指是系统论域、系统组元、系统结构、系统状态、系统运行和系统功能六个最基本的系统范畴，它们共同构成了满足充分性和必要性要求的系统描述剖面。

1.系统的论域

系统的论域是指系统本身及其外部系统环境的总和，而系统本身可以看成系统的内部环境。系统论域 Cs 可形式化地表示为：

$Cs=\{E_i \vee E_o\}$，其中，E_i是系统内部环境，而E_o是系统外部环境。系统的内部环境和外部环境均可按照系统的组元、结构、状态、运行和功能进行抽象。

2.系统的组元

在作战仿真系统中，对作战系统所含的各类要素，如作战部队、武器装备、自然环境等，统一地抽象为实体。实体概念的引入旨在运用面向实体的作战系统概念模型分析方法建立用于对作战仿真系统进行分析和表达的语法和语义。

3.系统的结构

系统是相互作用的多元素（组元或要素）组成的统一整体。不论是最简单的二元素系统还是复杂系统，系统中不存在孤立的元素，任何元素都是存在特定联系的，即系统必须具有内在相关性，这种相关性就是系统的结构。作战系统的结构是指各类要素（部队、装备等作战实体）之间的相互关系，表明了作战系统各组成要素之间的静态特征。在作战系统仿真建模中，主要关注实体之间的两类关系：整体—部分关系（组合结构）和类属关系（分类结构），前者可用于解决仿真模型的聚合与解聚问题，后者主要用于描述仿真对象的继承问题。

4.系统的状态

系统的状态指系统的那些可以观察和识别的状况、态势、特征等。对任何系统的动态研究，都需要分析系统的状态转移过程。在作战仿真系统中，对作战系统状态的描述离散化为对其内部所含的各个要素（实体）状态的描述。

5.系统的运行

系统运行是指系统状态随着时间的推移而不断变化的过程，反映了系统的动态特征。在作战仿真系统中，由于系统状态用作战系统中的实体状态描述，因此作战系统的运行则用实体的状态变化过程，即实体行为来表示。在作战仿真中，根据行为粒度大小，将实体行为分为两种：一种是具有明确作战意图的行为，称之为作业；另一种是不再细分的行为，称之为动作；一项作业通常由一个或多个军事动作构成。

6.系统的功能

系统功能泛指系统内部要素之间和系统内部要素对外部环境要素所产生的作用和影响。系统内部要素之间的相互作用和影响，称之为内部功能；系统内部要素对系统环境要素的作用和影响，称之为外部功能。对作战仿真系统而言，其内部功能就是模拟战场实体的交互作用，计算、记录战场实体的状态转移过程；其外部功能就是将仿真过程和结果呈现（输出）给仿真系统使用者，并对使用者的提供业务支持的能力。

3.2.2.2　面向实体的系统六元抽象概念建模方法

依据上述六个最基本的系统范畴，对应的进行抽象分析和描述，即可形成面向实体的六元抽象概念建模方法，可表示为：

面向实体的系统六元抽象概念建模方法 = 任务 + 实体 + 结构 + 状态 + 行为 + 交互

任务，是指系统论域内的每一个作战实体所有可能实施的作业活动及其活动的时间、空间和所有作业条件的概括性描述。因此，所有实体任务的描述构成了作战任务空间，定义了仿真建模研究的问题域。

实体，是指在与系统论域相对应的作战任务空间内对实际作战系统中的各类物质性研究对象的抽象，包括作战实体和自然环境实体。

结构，是指实体要素之间的相互关系，包括实体间的组合关系和类属关系。系统结构是相对稳定的，但作战系统结构常常是离散变化的，因此要求作战仿真模型具有模拟这种变化的能力。

状态，是指描述系统或实体的若干属性特征或测度。作战任务空间内所有实体的状态集合构成了系统最基本的状态参数，进而可聚合出系统综合性的状态参数。

行为，是指实体状态参数随时间变化的过程，所有实行行为的集合构成了系统的运行。

交互，是指实体间的物质、能量和信息的传递。在作战任务空间内系统内部要素之间的交互体现了系统的内部功能，系统内部要素与环境要素的交互体现为系统的外部功能。实体交互是激发实体行为和系统运行的根本动因，一个实体只有在接收到一个交互时才触发该实体的一系列行为，即状态的变化，并对别的实体发出特定的交互。所有实体的交互、行为机制构成了系统的运行机制。

面向实体的系统六元抽象概念建模方法，按照系统六元的描述框架建立了从实际作战系统到作战系统仿真概念模型的严格映射关系，运用实体这一核心概念对实际作战系统中的各类事物进行抽象，这种类似自然语言的模型描述，既便于作战领域人员的理解和运用，又为后续将概念模型转换、扩展为作战仿真的逻辑模型提供了基础。

3.2.2.3 作战系统模型与作战实体模型的关系

面向实体的系统六元抽象概念建模方法，以实体为核心，通过实体的关系、状态、行为和交互对作战系统进行描述，原因是作战实体是作战系统中的主动因素，实体的运行影响着系统的运行，实体的特征表现着系统的特征。作战实体是作战系统仿真的最主要的对象。因此，在进行仿真建模时，不仅要研究系统的各类特征，还需深入到作战实体内部，对其内部细节进行建模。

一个完整的作战仿真系统，是由不同类型的作战实体仿真模型在一定运行机制下按照一定的组织结构构成的，是由作战实体模型构成的有机整体，如图 3-2 所示。

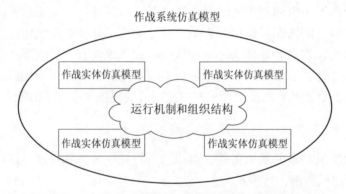

图 3-2　作战系统仿真模型与作战实体仿真模型的关系

由此，可以这样认为：作战实体的仿真模型是作战系统仿真模型的基础构成，在进行作战仿真系统开发时，作战实体模型的构建是开发工作的重要组成部分。

3.2.3　作战系统仿真模型

3.2.3.1　概念模型

概念模型采用标准化的语法、语义和图表工具对问题域进行表述，它独立于任何仿真实现技术，易于被军事人员掌握和使用，以便完整、准确地描述所要解决的实际问题。概念模型的建立有利于克服系统分析过程的盲目性和分析结果的不确定性，提高系统分析的效率和质量，同时，它也给军事人员和仿真人员提供了一种相互交流的工具，这对于仿真设计人员正确地把握军事需求具有重要意义。

分析阶段，系统六元抽象方法由作战系统向概念模型的映射如图 3-3 所示。

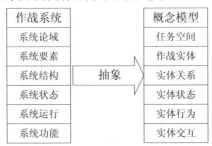

图 3-3　作战系统与概念模型的映射关系

1.任务空间

作战任务空间是对作战系统论域的抽象，它涵盖了一切同作战系统相关的事物。作战任务空间的描述包括四方面内容：系统概述、系统任务集、系统外部环境和系统内部环境。

（1）系统概述。系统概述主要阐述系统的应用背景、基本依据、基本执行标准和其他相关信息。系统应用背景主要是指作战仿真系统所模拟的作战领域的相关信息，如作战样式、作战范围等；基本依据主要是说明作战仿真系统所依据的相关文件、规定，如相关的作战条例和上级的指示文件等；基本执行标准主要是同作战仿真系统相关的业务标准；其他相关信息主要是作战仿真系统的开发时间、人员构成、基本技术路线和时间节点等信息。系统概述是作战系统仿真建模的总纲。

（2）系统任务集。系统任务集实质上是对问题域内的业务功能说明，主要描述作战系统应当能够模拟的业务功能，如对抗训练、导调控制等。系统任务集规定了作战仿真系统所模拟的业务功能范围，是作战系统概念模型后续开发的参考。

（3）系统外部环境。系统外部环境，主要包含两个方面：一是自然信息，主要包含作战地域及相关的气候、地形、季节等地理信息；二是社会信息，主要是对敌情和我情的说明。

（4）系统内部环境。系统内部环境是对系统的组成元素即作战实体进行的概述，主要说明作战系统中作战实体的选取范围、作战实体的粒度水平、相关作战规则和作战实体的基本信息等，这种概述为后续作战实体模型的开发提供了依据。

2.作战实体

作战实体是对作战系统中不同类别事物的抽象。在进行仿真建模时，将作战系统中的事物按照一定的相似性抽象成作战实体类。这些作战实体类应当具备描述的完备性，这种完备性一方面是指所抽象出来的类应当能够完整地涵盖作战系统中所需要进行仿真建模的所有事物，另一方面是指作战实体类所封装的内容能够对现实事物按照需求进行描述。

3.实体状态

状态用于描述系统在某一个特定时刻的静态特征，在对作战系统进行仿真建模时，通常将系统状态的描述离散化为其内部包含的作战实体的状态来进行描述。

作为现实世界的第一次抽象，作战系统概念模型中的实体类通常按照现实事物所具备的特征的相似性进行抽象，这些相似的特征被抽象为实体属性并封装于实体类中，这些属性的值用于描述实体类在某一时刻的静态特征。

对任何系统的动态研究，都需要分析系统的状态转移过程，系统状态的变化是系统活动的本质体现。同样，对系统状态变化的描述也离散化为对作战实体状态变化的描述。

4.实体关系

按照六元抽象方法的映射关系，系统结构被抽象为实体关系。作战系统，是一种较为特殊的复杂系统，其结构事实上就是构成系统的实体的组织关系。作战系统中实体关系主要有两类：像作战部队这类实体，其隶属性较强，层级较低的实体往往是层级较高实体的组成部分，我们将这种整体—部分的关系称为组合结构；像武器装备这类实体，在现实使用中常以其类别加以区分和管理，我们将这类类属层次关系称为分类结构，借助于分类结构可以对问题域的信息进行分层，把公共的状态信息放在较高的层次，把私有的状态信息在较低的层次上进行扩展。

5.实体行为

在作战仿真系统中，由于系统状态用作战系统中的实体状态描述，因此作战系统的运行则用实体的状态变化过程，即实体行为来表示。在作战仿真中，根据行为粒度大小，将实体行为分为两种：一种是具有明确作战意图的行为，称之为作业；另一种是不再细分的行为，称之为动作；一项作业通常由一个或多个军事动作构成。

6.实体交互

系统的功能是实体相互作用的体现，而实体间的相互作用是通过交互来实现的。主动产生并对其他实体施加影响的实体称为触发实体，接受交互并受交互影响的实体称为成为接受实体。

在作战仿真系统中，实体之间的交互分为两类，即实体状态交互和实体作用交互。实体状态交互，用于模拟一个实体对另一个实体的感知；实体作用交互，用于模拟一个实体对另一个实体的作用和影响。

实体交互的物理形态可能是物质的、能量的或信息的，在作战仿真模型中，它们都需要用一组描述交互的信息参数来表示。

3.2.3.2 逻辑模型

概念模型是从作战任务空间出发抽象形成的问题域信息模型，而逻辑模型则是在概念模型的基础上，按照作战仿真系统的实现要求进行转换与扩展而获得的，它为作战仿真系统最终的物理模型的程序设计提供基础。

在作战仿真系统的概念模型向逻辑模型的映射中，按照系统六元分析方法将作战仿真系统逻辑模型分为元信息、对象、结构、属性、方法和消息，如图 3-4 所示。

1．元信息

元信息是关于信息的信息，用于描述信息的结构、语义、用途和用法等。逻辑模型中的元信息是从概念模型中的作战任务空间转换和扩展而来，它记录了作战仿真逻辑模型的整体性的概括信息，主要包括两类：一类是仿真对象系统（应用领域）概括性信息，如作战概念、想定和环境等，这些信息来自于前期建立的作战仿真概念模型中的任务空间描述信息；另一类是有关仿真建模技术的概括性信息，如建模人员、时间、技术规范、模型用途、用法、版本等，这些是建模技术人员注记的扩展信息。

元信息的描述采用的是自然语言的自由文本形式，必要时可由图表形式辅之，其主要目的是用于建模技术人员正确理解、构建和运用逻辑模型和后续的物理模型。

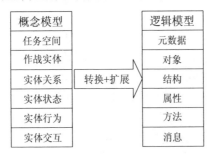

图 3-4　概念模型与逻辑模型的映射关系

2．对象

对象是指按照面向对象分析与设计（OOAD）方法，在概念模型对现实事物进行抽象的基础上，按照具体系统架构的要求得到的系统基本构成：对象类。对象类是对作战系统进行分析和抽象的结果。

3．属性

对象的属性是对概念模型中实体状态的进一步抽象，它是按照系统功能需求对对象在某一时刻所应体现出的静态表征进行分析得到的，如作战实体的类型、数量、空间位置等。

4．结构

根据作战仿真概念模型描述的实体关系描述逻辑模型中的结构，将实体的类属关系按照 OOAD 方法表达父类-子类的继承关系，将实体的组合关系按照软件工程中描述树图的数据结构表达对象的聚合-解聚关系。

5．方法

逻辑模型中的方法是对概念模型中实体行为进行转换扩展获得的，用来描述对象执行行为的具体过程，它将为对象类中封装的操作函数的设计提供基本的依据。

方法的描述，是寻求从给定的初始状态到达所希望目标状态的行为序列过程，其内涵主要有两层涵义：既要遵循客观规律，确定到达目标的计划规划，又要按照一定的技术战术和数学模型方法，实施动作步骤，力求建立与实际作战系统相符的操作序列。

6．消息

概念模型中所描述的实体交互，在仿真系统运行时则体现为各种对象实例间所进行的通信，即消息的发送与接收。按照准面向对象的设计方法，对概念模型中的实体状态交互和实体作用交互，对应的设计为实体类和交互类。

3.2.4 作战实体仿真模型

作战系统仿真模型，本质上说，主要是由作战实体模型构成的（当然还需要环境模型和辅助模型的支撑），上面论述的作战实体模型是建立在作战实体为机械体的假设基础上的，即一个特定的交互（消息）触发一个特定的行为（方法）；而实际上，作战实体多数为具有心智状态和行为的智能体，一个特定的交互（消息）可能触发不同的行为（方法），这取决于智能体内部决策—行为选择的结果。因此，需要在机械体假设描述的基础上，拓展作战实体内部要素、结构、状态、行为和交互的描述，才能更加逼真的建立作战系统仿真模型。

3.2.4.1 概念模型

基于系统六元抽象方法，作战实体的六元组概念模型可表示为：$Mec=\{Ms, E, S, St, A, I\}$。其中 Mec——作战实体 E 概念模型。

Ms——实体的任务空间。任务空间给出了作战实体所在的领域信息。在构建概念模型时，作战实体任务空间决定了实体的结构、状态、行为和交互的范围。

E——任一作战实体。它由模拟智能体的若干要素（模块）组成。

S——作战实体状态，是一个二元组，即 $S=\{S_o, S_i\}$。S_o 指实体外部状态，是作战实体对其他实体以及外部环境通过整体表现出来的各类特征，如类别、实力、位置、运动特性、防护特性等，通常用一组状态向量来描述，$S_o=\{S_{o_1}, S_{o_2}, ..., S_{o_n}\}$。$S_i$ 指实体的内部状态，是作战实体在进行内部活动时各部分所体现的特征。作战实体的内部活动是对外界感知和信息的响应过程，是一种心智活动过程，因此，其所体现出来的特征是作战实体的心智状态。

St——作战实体的结构

作战实体的结构为一个二元组：$S=\{St_o, St_i\}$。St_o 是作战实体在作战系统中的结构标识，用于表示其在作战系统宏观结构中的位置，主要标注实体在分类结构中的父类和在组合结构中的上一级实体。St_i 是作战实体的内部结构，主要描述作战实体内部微观结构。

A——作战实体的行为

作战实体的行为是实体状态改变的真正动因和依据。作战实体的行为为一个二元组：$A=\{A_o, A_i\}$。A_o 是改变作战实体外部状态的行为即外部行为，是作战实体外观的活动、动作、运动、反应或行动，它是实体行动部分的具体动作表现，如机动、射击等。A_i 是改变内部状态的行为即内部行为，用于改变实体的心智状态，因此又称为心智行为。心智行为主要是对外部感知的规划和决策，其最终结果是为作战实体外部行为提供行动方案。

I——作战实体的交互

作战实体的交互为一个二元组：$I=\{I_o, I_i\}$。I_o 为作战实体的外部交互，即作战实体与作战实体或作战实体与环境实体的交互；I_i 为作战实体的内部交互，即模拟作战实体的内部要素（模块）之间的交互。

作战实体仿真模型的运行过程是：（1）接收一个外部交互；（2）内部循环处理：触发内部行为、产生内部交互就作战实体概念模型整体而言，任务空间是构建作战实体概念模型的基础，它确定了模型的问题域。就作战实体概念模型的状态、行为而言，作战实体的内部行为和内部状态的演变决定了其外部行为和属性特征。因此，对于作战实体的微观模型的构建，应当是在确定任务空间后，重点研究其内部的行为、状态，并以此确定作战实体内部结构。

3.2.4.2　逻辑模型

作战实体逻辑模型为六元组：$Mel=\{Mi,N,Ar,Stl,O,M\}$。逻辑模型是面向仿真实现的。

其中 Mel——作战实体 E 逻辑模型。

Mi——元信息。元信息记录作战实体逻辑模型的一般性描述信息，如名称、类别、应用领域、目的、最后修改日期、开发者、运行所需软硬件环境等。任务空间给出了作战实体所在的领域信息。在构建概念模型时，作战实体任务空间决定了实体的结构、状态、行为和交互的范围。

N——对象标识。在仿真系统中，这个名称应当是唯一的。

Ar——对象属性，是对实体概念模型中外部状态和内部状态的描述。

Stl——结构，对实体内部微观结构的描述

O——操作。操作是作战实体的内部行为的实现，以 C++ 中的各类操作函数为主。

M——消息。通过消息队列和函数调用实现作战仿真实体外部和内部的交互作用。

3.2.5　仿真模型的多视图描述

3.2.5.1　视图的定义

视图是工程领域的概念，其本意为：在工程制图中，将物体按正投影法向投影面投射时所得到的投影称为"视图"。

从对仿真建模的描述出发，我们给出了一种视图的定义：视图，是从不同层次不同角度，对现实事物进行观察、分析后，再经过一定的整理归纳所得到的对现实事物的抽象描述。其中，对于现实事物观察抽象的不同角度，称为视角。可以这样认为，按照一定的目标要求、约束内容和样式标准，经过严密的逻辑分析得到的能够在现实世界同仿真系统间建立较严格的联系的视图，就是系统的模型。

3.2.5.2　仿真模型视图的分类

这里按照四种不同标准对仿真模型视图进行分类。

1.按照描述层次划分

按照描述的层次，可将构建概念模型、逻辑模型和物理模型所产生的视图分别称为概念模型视图、逻辑模型视图和物理模型视图。

2.按照描述对象划分

视图的描述对象为作战系统和作战实体，按此可将视图划分为作战系统视图和作战实体视图。

3.按照视角划分

在每一层次之内，按照系统六元对应的不同视角，可将各层次的视图划分为不同的分视图。

4.按照描述功能划分

在每一层次之内，将描述各视角抽象内容的，称为主视图；将描述视图之间关联关系的，称为关联视图。

视图的划分如图3-5所示。

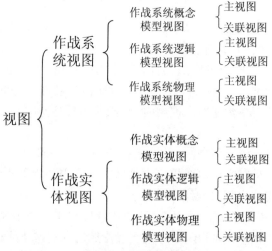

图 3-5　视图的划分

我们将以视图为标准描述形式来讨论作战系统仿真建模的方法，重点从作战系统、作战实体的概念模型视图和逻辑模型视图的各类分视图的定义及目的、内容、构建方法和表示方法这几方面进行说明。

3.3　作战系统概念模型视图

作战系统概念模型视图必须包含作战系统概念模型需要表达的所有信息，能够按照仿真系统构建的需求完整地表达现实世界，因此它是由领域专家和仿真系统开发人员共同完成的。它的主视图包含任务空间视图、作战实体视图、实体状态视图、实体结构视图、实体行为视图和实体交互视图；关联视图包含全局视图和信息交互矩阵。

3.3.1　主视图

3.3.1.1　任务空间视图

1.定义及目的

任务空间视图展现了任务空间包含的所有信息，它是概念模型视图开发的基础。主要通过图表形式对相关信息进行描述。

同任务空间在概念模型中的地位相同，任务空间视图的目的是要描述系统所处的环境、明确系统边界，并对现实的作战系统按照仿真系统开发需求进行大尺度的高层描述，以指导后续视图的开发。

2.内容

主要包括系统概述、系统任务集、系统外部环境描述和系统内部环境描述。

（1）系统任务集。系统任务集实质上是对问题域内的业务功能说明，主要描述作战仿真系统应当能够模拟的业务功能，如对抗训练、导调控制等。系统任务集规定了作战仿真系统所模拟的业务功能范围，是作战系统概念模型后续开发的参考。

（2）系统外部环境描述。系统外部环境，主要指包含两个方面：一是自然信息，主要包含作战地域的地形、地物、气象、电磁等信息；二是社会信息，主要包括影响战争的社情民意、可动员的后勤保障资源等。

（3）系统内部环境描述。系统内部环境是对同系统的组成元素即作战实体进行的概述，主要说明作战系统中作战实体的选取范围、作战实体的粒度水平、相关作战规则和作战实体的基本信息等，这种概述为后续作战实体模型的开发提供了依据。

3.构建方法

任务空间视图中，系统任务集是最主要的内容，但在开发过程中，通常先明确系统所处环境，进而明确系统边界，而后才能准确进行系统业务功能方面的分析。

系统环境描述主要来自于现实中的各种作战想定。通常，作战想定的内容比较丰富、细致，不同类型的想定内容也并不完全相同，在抽象过程中，要按照仿真系统的设计需求对各类信息加以分类和筛选，最终得出对系统外部环境描述需要的内容。如同为进攻战斗，不同级别的部队，作战地域不同，敌情也不同，如果仿真系统专为营以下分队训练设计，那么则只需考虑营、连进攻战斗的情况，如果仿真系统是为师以下部队设计，那么则要将师、团部队进攻战斗和营以下分队进攻战斗的情况全部考虑。此外，由于环境描述是对全系统的，因此描述尺度应为全系统级，如地域信息应为系统涉及的最大地域范围，而实体粒度则为系统中的最小粒度。

系统任务集的构建过程类似于软件设计中的需求分析，但与需求分析最大的不同是需求分析主要描述系统功能实现方面的需求，而系统任务集则更注重对现实事物本身所具备的能力的分析。这里的能力是广义的，它既表示系统功能，同时也表示作战系统运行中可以进行的事件。简言之，软件工程中的需求分析是面向最终实现的，而系统任务集是面向现实世界的。系统任务集的信息来源主要来自于领域专家对现实系统的描述文档，仿真系统设计人员需要从文档中提取所需信息构成系统任务集。

4.表示方法

系统环境需要简单明了、便于查询的描述，并且内容相对简单，因此通常采用表格形式，包括外部环境数据表和内部环境数据表，它们构成了系统环境描述，见表 3-1、表 3-2 所示。

表 3-1　外部环境数据表

分量	取值范围
作战等级	战术级
部队类型	陆军
作战地域	××地域：以××为中心××范围
训练方式	红蓝指挥所对抗训练、红方指挥所训练……
……	……

表 3-2　内部环境数据表

分量	取值范围
参训部队	×× 机步师
实体分辨率	作战部队：从师到营；保障部队：任意编组
主要训练依据	×× 地域：以 ×× 为中心 ×× 范围
……	……

系统任务集，由于需要描述的业务功能以及相互关联较为复杂，通常以图的形式描述，UML用例图可以比较完整的描述系统任务集。采用UML用例图描述的系统任务集称为系统任务用例图。

UML用例图是表现一组用例、参与者以及它们之间关系的图，它的初衷是进行需求分析。而由于系统任务集是面向现实系统的，因此使用用例图时，需要对其组成元素的内涵进行扩展。如图中用例表示对现实系统进行抽象得到各类业务功能，用例之间的关系主要为include（包含）关系；参与者主要表示现实作战系统中的各类人员，他们分别"具备"各类业务功能同时也"使用"相应功能，图中用association（关联）关系表示"具备"，用dependency（依赖）关系表示"使用"。如果有其他关系需要表示，可使用UML中的构造型（stereotype）机制实现。此外，如果需要，可以用在用例图中用闭合曲线框勾出作战仿真系统的边界，如图 3-6 所示。

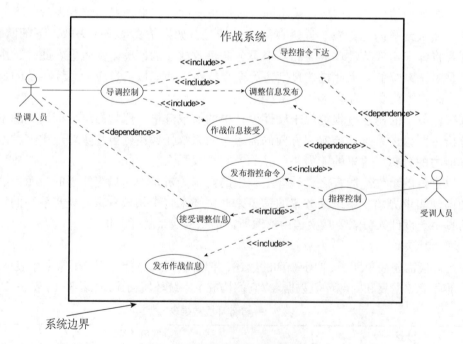

图 3-6　系统任务集和系统边界

如果系统功能较为复杂，在一个视图中无法详细表达，可构建多组用例图，分层次对系统功能进行描述，并可另附一张系统用例图的总揽视图对用例图的组织结构进行说明，如图 3-7 所示。

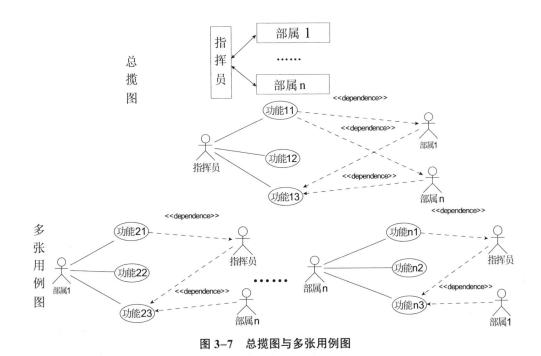

图 3-7　总揽图与多张用例图

3.3.1.2 作战实体视图

1.定义及目的

作战实体视图描述的是在仿真系统设计需求下，由现实系统抽象出的实体以及实体的相关信息。构建作战实体视图的目的是提供清晰的作战实体信息，方便系统开发工作中对实体信息的查询、使用和维护。

2.内容

作战实体视图需要表达的内容主要有两点：作战实体及其相互关联。对于实体本身，需要给出实体的名称、属性和操作，实体间的关联则主要给出各种实体间的分类关系。

3.构建方法

作战实体的选取主要依据系统开发需求，从领域专家对现实系统的描述文档中选取，实体粒度的确定依据任务空间视图中的约定。

实体的名称、属性和操作，要求能够表现现实系统作战实体的所有特征。实体的名称要尽可能的按照现实事物的名称命名，这样有利于开发人员的理解。属性主要来自于各类作战实体的技战术性能参数。操作的确定相对复杂，一是要严格按照系统任务集中给出的功能用例；二是分类结构中层级较低的实体的操作应尽量选取"原子操作"，即动作，便于后续视图的开发。

实体间的分类关系，主要依照现实中武器装备的分类和人员类别的分类，这也主要来自于领域专家的描述。

需要注意的是，由于开发中对实体信息管理的需求，对各类作战实体进行了分类，而事实上分类结构中只有最底层的实体才是现实系统中真正具有的，而它们之上的实体事实上只是一种"类别名称"。为加以区分,将这种只起名称作用的实体类称为类别实体类，而将在现实中存在的实体类称为现实实体类，简称实体类。相应的，类别实体类的属性和操作同样是"类别名称"。

4.表示方法

在开发过程中，需要对作战实体进行两个层次的描述：一是基本信息，主要是提供一个作战实体构成情况的全貌，并且对实体的属性和操作的基本内容加以明确；二是详细分类，需要描述所有的实体及其属性和操作，并明确各类实体的分类关系。

基本信息描述要求简明，表格形式比较适用，见表3-3所示。表中只给出了最基本的实体类别和属性、操作类别，称为作战系统实体基本信息集。

表3-3 作战系统实体基本信息集

实体类	属性	操作
车辆	重量、速度、……	起步、停车、……
火炮	重量、口径、发射弹种、……	发射、装定诸元、撤收、……
人员	年龄、性别、身高、体重、……	报告、行进、……
……	……	……

详细分类描述可借助图形，UML类图可以较为完整的描述各类详细信息。此类类图称为作战系统实体类图。这里借用面向对象中的Generalization（泛化）对分类关系进行描述，图中的类为抽象的各类作战实体，类中的属性和操作用于描述作战实体的属性和操作，如图3-8所示。从类图中容易看出，只有叶结点才是现实实体类，而叶结点之上的则是前文所指的类别实体类。

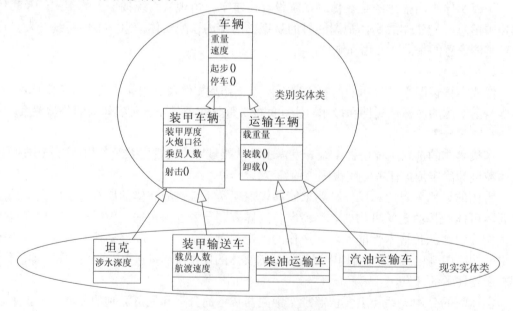

图3-8 作战系统实体类图

3.3.1.3 实体结构视图

1.定义及目的

实体结构视图描述的是现实中各类实体的组织关系，它反映了作战系统的组织结构。

构建实体结构视图是为了描述作战实体的组织结构框架，明确各实体之间的关系，去具体表现为组织结构图。

2.内容

组织结构图由实体类和类关系构成。通常，在描述作战系统的组织结构时，以各类人员的实体类为主。类之间的关系比较丰富，如组合关系、指挥关系、指导关系等。

3.构建方法

组织结构图中的实体类来自于作战实体视图中类图的叶子结点，即应当是现实实体类。视图中应尽量避免使用类别实体类或产生新的类别实体类，这样才能真实地反映作战实体的组织结构。

实体类之间的关系来自于作战系统中部队的编成和各实体间的指挥关系等，主要表现为组合、指挥、指导、依赖等关系。在进行抽象时还应当按照仿真建模需求，对现有的关系进行筛选和整合，尽量减少实体关系的种类，以简化视图。视图中，不同的关系可在实体之间用不同的连线表示。

4.表示方法

组织结构图依然使用UML类图来表示，但同作战实体视图中的类图不同，组织结构视图主要体现作战系统的结构而不是实体类的结构，因此这里需要对类图进行多种扩展。

（1）类。如前文所讲，本视图中的类必须是作战实体视图中的叶子结点，即实体类。此外，由于本视图主要描述作战系统的组织结构而不是实体类的细节，因此，在图中可不明确标示类的属性和操作。

（2）关系。UML类图已经给出了几种类之间的关系，但由于本视图是面向作战系统而不是面向软件的，因此UML类图中的类关系并不能完全适用，须用构造型对类关系进行扩展。除基本的组合、依赖等关系外，通常需要扩展指挥、指导等作战系统中常用的关系。在使用UML类关系时还应注意两点：一是须注意组合和聚合的区别。通常，组合比聚合的意义更强，组合更强调部分在整体中的不可分性。如在描述部队建制时，应当只用组合，因为部队的建制是相对严格的，每个排都是连队不可分割的一部分；而在描述战斗编成时，则可使用聚合，因为战斗编成多包含配属，而这些配属的单位是随时可撤换的。二是须灵活使用关系构造型。UML对于关系的描述，不仅可创建不同的类型，而且可以添加许多细节的约束，如多重性等，如图3-9所示。

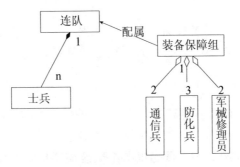

图 3-9　组织结构图

图中，连队与士兵之间，由于士兵是连队的编制之内，是不可任意改动的，因此使用组合关系（实心菱形箭头）；连队与装备保障组之间，在特定任务下，装备保障组由上级配属连队，用带导航箭头的关联关系表示，该关联关系使用构造型定义为配属关系；装备保障组与其所含士兵之间，由于保障组为临时组织，其成员构成随时可能发生变化，因此使用聚合关系（空心菱形箭头），并使用多重性标明了人数。

（3）图的布局。在进行视图构建时，由于作战系统的复杂性，组织结构视图可能会比较大，因此在构建时需关心图的布局，否则会出现图形组织凌乱，导致无法有效描述作战系统结构。

3.3.1.4　实体状态视图

1.定义及目的

实体状态视图是用图形化的方式描述作战实体对不同事件的响应（状态变化），进而描述作战系统的动态特征。每一个实体状态视图都包含了实体类的属性集，并且需要对应状态变化所描述的具体行为。实体状态视图的目的是描述事件的内部细节，明确作战实体对不同事件的相应方式。

2.内容

具有状态视图的实体类应当是在组织结构图中的实体，视图本身反映实体对一个事件(由多个动作构成)响应的过程。实体状态视图由实体状态和触发状态变化的操作构成。

3.构建方法

实体状态视图同事件的流程密切相关，需要设计人员依据领域专家所提供的事件流程,并对实体属性进行分析后得出。虽然在类图中,实体属性的排列是无序的,但在现实中,每一种属性的存在都有其相应的条件，因此只要将这些条件同事件流程相对应便可得到状态的变化视图。

4.表示方法

实体状态视图事实上是一个状态机，可用UML状态图描述。此类状态图称为作战系统实体行为状态图。在 UML用例图中，状态图是在具体用例之下描述一个类的运行实例的状态变化过程，而实体状态图只是对现实事物的抽象，因此不存在类与类的实例的区别，是对一个固有的动态过程的描述。

3.3.1.5　实体行为视图

1.定义及目的

实体行为视图用于描述作战系统中事件的流程，它是系统动态特征的重要表现，主要通过图形表示。构建本视图的目的是为了描述作战系统动态特征，描述系统功能之间的联系。

2.内容

实体行为视图主要面向作战系统中的各类"事件"，用于描述事件运行过程的细节。由于需要描述的事件粒度不同，因此本视图也是多层次的，即一个行为视图中的一个流程可能包含另一个行为视图。实体行为视图不仅能描述单一实体中的行为流程，还能够描述多实体的并发过程，事实上，本视图可以满足对实体行为描述的任何形式的需求。

3.构建方法

实体行为视图依据任务空间视图和作战实体视图进行构建。

实体行为视图是对各类事件的描述，事件主要来自于系统任务集的描述。

事件的流程同样依赖于领域专家的描述，流程的抽象需要忠实于作战系统实际。流程中，每一步可能不必都是原子性的动作，可根据描述需求来决定描述的粒度，因此本视图是分层的。事件的分层，在系统任务集中已有体现，用例间的include关系就是层次关系的一种体现。

4.表示方法

UML活动图可用来表示实体行为视图，所构建的视图称为作战系统实体行为活动图。活动图从本质上是流程图。UML活动图与传统流程图不同的是可以展示并发和控制分支，这使得我们可以用活动图来描述作战实体的不同粒度的作业，以及不同实体之间进行的并发的作业执行，并能清楚地展示在不同实体之间相互联系的控制流。活动图通常表现的是一个事件所包含的一个或多个实体的事件或动作的组织流程，如图 3-10 所示。

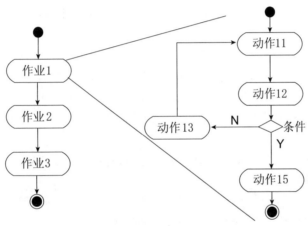

图 3-10　作战系统实体行为活动图

3.3.1.6　实体交互视图

1.定义及目的

实体交互视图描述作战系统中实体间的交互情况，通常用图形表示。该视图可用来描述作战系统中实体间相互之间的联系以及各类交互发生的顺序。

2.内容

本视图主要描述三方面内容。

（1）交互的信息。在现实中，交互主要指消息的传送，而在仿真系统中，交互的概念更为广泛，任何能够引起状态变化的相互作用都称为交互。因此在抽象过程中，不仅要分析传递的各类消息，而且要分析实体间的相互作用。

（2）交互的组织。各类交互如何在实体之间进行传递是我们关心的问题。实体交互视图需要将实体间的这种交互关系进行详细描述。图中的节点是各种实体，而实体间的连线则对交互的内容进行描述。

（3）交互的顺序。交互的顺序关系到各实体之间的信息同步，因此也是建模过程中需要关心的问题。实体交互视图描述了不同实体间在某一事件中的交互的同步模式。

3.构建方法

本视图依据系统任务集、组织结构视图和实体行为视图进行构建。

（1）交互信息的构建。交互信息包含实体间传递的消息和实体间的相互作用，交互信息内容的确定需参照领域专家对作战系统的描述。在仿真系统中可将这两类交互视为不同类型的交互数据，因此可将这两类交互抽象为不同的交互类型：消息类和交互类。从实体作用角度看，消息类不引起实体属性的变化，只负责传递信息，因此消息类只封装需要传递的信息数据；而交互类需要改变实体状态属性，因此交互类需要封装要改变的属性及参数值。

（2）交互组织的描述。交互的组织实际上是实体间的通信连接，因此可将描述交互组织的视图称为实体通信连接图。实体通信连接图以组织结构视图为基本框架，以实体为节点，实体间的连线为通信连接描述交互组织的详细情况。在通信连接线上可标示交互信息的内容、传递方向和相对顺序。

根据描述的需求，可以描述全系统的交互组织情况，也可描述某一用例的交互组织情况。

（3）交互顺序的描述。交互顺序的确定以实体行为视图为依据，由此可知，交互顺序图和视图行为视图所描述的事件对象应当是相对应的。在明确交互顺序时，参照事件的流程，每一个事件的发生都会有相应的消息产生，以此为依据确定交互的先后顺序。交互顺序图描述的事件对象应当同实体行为视图描述的事件对象相对应。

4.表示方法

这里依然采用UML的表示法来构建实体交互视图，但由于面向的描述对象不同，要对相应的图进行扩充。

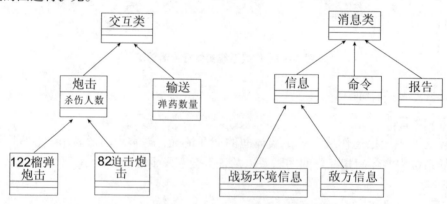

图3-11 作战系统交互信息元素类图

（1）对于交互信息，按照消息类和交互类的分类，构建作战系统交互信息元素类图。使用UML类图描述消息类时，用属性栏标识消息类中包含的数据类型；描述交互类时，用属性栏标识交互类所携带的属性参数。消息类和交互类均不含操作。为了清楚地描述各种交互信息的分类，可在类图中创建部分类似于"类别实体类"的非实际存在的信息类，即"类别信息类"，并用generalization（泛化）关系表明类之间的层次关系。此时，泛化所继承的是类的数据类型或者属性参数，如图3-12所示。

（2）对于交互的描述，UML的通信图和顺序图可分别对交互的组织情况和交互的先后顺序进行描述。

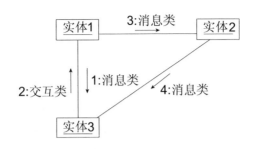

图 3-12　作战系统实体通信连接图

使用UML通信图构建的描述交互组织的图称为作战系统实体通信连接图。UML通信图中的节点是程序运行中类的对象实例，而通信连接图中的节点应当是实体类，因为通信连接图是面向作战系统而不是面向软件运行的。通信连接图中实体类间的连接线上标示的是实体间交互的信息，这些信息应当是交互信息类图中的叶子节点当中的，如图3-13 所示。

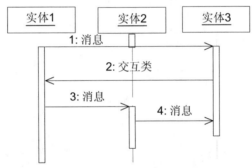

图 3-13　作战系统实体交互顺序图

使用UML通信图构建的描述交互顺序的图称为作战系统实体交互顺序图。同通信连接图相同，交互顺序图中使用的是实体类而不是类的对象实例，在通信连接线上的交互信息也是交互信息类图中的叶子节点，如图3-8 所示。

3.3.2　关联视图

概念模型视图中的关联视图有两类：系统概述图和信息交互矩阵。从层次上看，这两类图同主视图中的各分视图是同一层的。将系统概述图放到概念模型视图中的关联视图，是因为它是建模的第一步，并且紧跟着就要进行概念模型任务空间的建模。

3.3.2.1 系统概述图

1.内容

系统概述主要阐述系统的应用背景、基本依据、基本执行标准和其他相关信息。系统应用背景主要是指作战仿真系统所模拟的作战领域的相关信息，如作战样式、作战范围等；基本依据主要是说明作战仿真系统所依据的相关文件、规定，如相关的作战条例和上级的指示文件等；基本执行标准主要是同作战仿真系统相关的业务标准；其他相关信息主要是作战仿真系统的开发时间、人员构成、基本技术路线和时间节点等信息。

2.表示方法

系统概述通常以文本和示意图的形式进行描述。

系统概述文本是进行系统开发时形成的第一份文件，它阐述了系统开发的基本路线，通常包含以下几个方面的内容：

（1）标识。主要描述系统的名称、目的与依据、系统开发人员等。

（2）范围。主要明确系统开发的产品范围、人员组织范围和技术路线等。

（3）技术路线。主要说明系统开发的技术框架、开发顺序等。

（4）工具和文件。主要说明开发所用的工具和产生的文档和其他所必需的附件。

系统概述示意图主要对作战系统的背景、应用环境和基本功能进行了总体描述，如图 3-14 所示，它能够比较直观的展现出作战仿真系统最终实现的全貌。

图 3-14　系统概述示意图

3.3.2.2　信息交互矩阵

1.定义及目的

信息交互矩阵是一个实体信息交互的统计表，它形成于实体交互视图之前，同其他五类主视图相关联，为实体交互视图的开发提供支持。

2.内容

信息交互矩阵主要目的是记录哪些实体间发生了交互，交互的源与目的是什么，因此信息交互矩阵并不用关心交互信息的具体内容，而只需做好标记。

3.构建方法

矩阵的首行和首列分别是交互信息的发出实体和接收实体，这些实体从作战实体类图的叶子节点中选取。

事实上，在作战实体类图完成时信息交互矩阵也已经建立了，不过此时的矩阵除了首行和首列之外没有任何内容，随着对作战系统分析的不断深入，可将相关的交互信息不断添加到矩阵中。当然，信息交互矩阵中的内容要与交互图中的内容完全吻合。

4.表示方法

可用表格对交互信息矩阵进行描述，需要时，可对消息类和交互类加以区分，如表3-4所示。

3.3.2.3　开发过程

通过对作战系统概念模型视图的分析可知，概念模型视图包含主视图和关联视图。主视图共分为六类，并含有分视图，其层次关系如图 3-15 所示。

表 3-4　信息交互矩阵

	实体 1	实体 2	实体 3	……
实体 1		消息	消息	……
实体 2			消息	……
实体 3	交互类			……
……	……	……	……	……

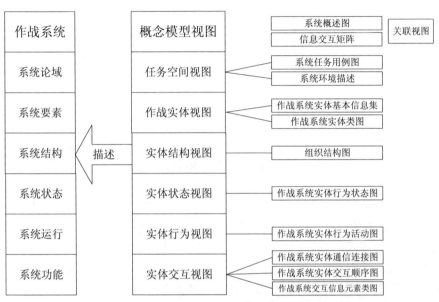

图 3-15　作战系统概念模型视图层次图

任务空间是作战系统概念模型的基础,作战实体、实体状态和实体结构主要体现系统的静态特征,实体行为和实体交互主要体现系统的动态特征。在构建作战系统仿真概念模型时,首先须明确其任务空间,在此基础上形成系统的基本组成元素:实体类,之后按照先静态后动态的顺序分别对系统的状态和结构、系统的行为和交互进行分析和描述,基本开发过程如图 3-16 所示。

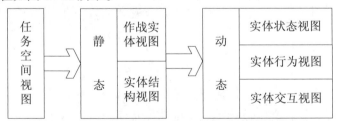

图 3-16　作战系统概念模型视图基本开发过程

遵照基本开发过程,这里提出一种作战系统概念模型视图开发过程图,如图 3-17 所示。

由开发过程图可知,在进行概念模型开发时,首先构建系统概述文档,这是对概念模型视图的概述;在文档约束的基础上,构建系统任务用例图、系统环境描述和组织结构图;在系统任务用例图和组织结构图的基础上,生成作战实体视图,包括作战系统实体基本信息集和作战系统实体类图;依据系统任务用例图和作战实体视图,产生作战系统实体行为活动图；依据系统任务用例图和作战系统实体行为活动图，产生作战系统实体行为状态图和作战系统实体通信连接图；依据系统任务用例图、作战系统实体通信连接图和作战系统交互信息元素类图，产生作战系统实体交互顺序图。信息交互矩阵是另一类关联视图，它在组织结构图产生后不断进行迭代更新。

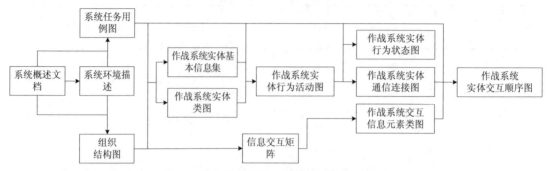

图 3-17　作战系统概念模型视图开发过程图

3.4　作战系统逻辑模型视图

作战系统逻辑模型是面向系统实现的，是对概念模型的转换和扩展。作战系统逻辑模型视图主要由仿真系统设计人员以概念模型对作战系统的描述为基础进行构建，其目的是对仿真系统的构成进行设计和描述。它的主视图包含：系统视图、对象类视图、对象状态视图、系统结构视图、系统运行视图和系统通信视图，关联视图包括：任务-功能相关矩阵、系统数据交互矩阵、系统-功能相关矩阵。

3.4.1　主视图

3.4.1.1　仿真系统视图

1.定义及目的

仿真系统视图是对仿真系统的概述性描述，包括对仿真系统功能需求的描述和基本信息的描述。该视图是逻辑视图开发的基础，主要为了详细描述仿真系统开发的功能需求和实现条件。

2.内容

包括仿真系统功能描述和仿真系统基本信息描述。

（1）仿真系统功能集。主要描述作战系统以及各分系统应当具备的系统功能，如导调控制系统的系统维护、文电监控等。系统功能集给出了作战系统以及各分系统的功能范围，是建立作战系统逻辑模型的基础。

（2）仿真系统基本信息描述。仿真系统基本信息描述实质上是对仿真系统基本信息的标记说明。便于各类人员了解仿真系统的基本情况。分为两方面：外部环境和内部环境。外部环境主要规定仿真系统开发和运行平台、系统所作遵循的体系结构框架和相关标准等。系统内部环境主要明确仿真系统开发中使用的数据类型、交互方式等与系统设计、运行相关的基本信息。

3.构建方法

仿真系统功能集以对系统任务集的分析为基础。它同系统任务集的不同是：系统任务集是对作战系统的功能进行建模，更倾向于现实世界，而仿真系统功能集则更倾向于仿真系统。但它们的相同之处是均需明确系统边界和抽象出系统功能。在某些时候，仿真系统功能的使用者可维系多种功能的联系，因此在该视图中，可能需要对系统的使用者进行描述，而功能使用者同功能之间的间隙则正是系统的边界。事实上，同系统任务集的构建过程相比，仿真系统功能集的构建更类似于软件工程中的需求分析过程。

仿真系统外部环境信息的来源比较直接，它只是对系统开发和运行的各类集成环境的标记和说明。仿真系统内部环境信息则是对仿真系统设计中需要遵循的框架、规范、约束的说明，内部环境信息描述是一个迭代的过程，这些信息最初可能只来自于对系统设计过程的构想，而后需在仿真系统开发过程中不断对各类信息进行完善和更新，以求详细、完整的描述。

4.表示方法

同系统任务集类似，仿真系统功能主要通过 UML 用例图描述，形成系统功能用例图。UML 中的参与者和用例分别对应于功能的使用者和仿真系统功能。在除了参与者和用例之间的基本关系外，也可使用构造型构造所需的关系，在形式上与系统任务集类似。

仿真系统基本环境描述也是一种说明性的文档，主要以表格形式描述，形成视图产品为仿真系统外部环境基本数据表和仿真系统内部环境基本数据表，如表 3-5、表 3-6 所示。

表 3-5　仿真系统外部环境基本数据表

系统外部环境基本数据表	
开发平台	
建模工具	
运行环境	
……	

表 3-6　仿真系统内部环境基本数据表

系统外部内部环境基本数据表	
数据类型	
数据交换方式	
……	

3.4.1.2 对象类视图

1.定义及目的

对象视图是对仿真系统中的各种对象类进行描述的视图，主要为类图结合表格形式。构建对象视图的目的是提供清晰的对象类信息，方便系统开发工作中对对象类信息的查询、使用和维护。

2.内容

对象视图需要表达的内容主要有两点：对象类及其相互关联。对于对象类本身，需要给出名称、属性和操作，实体间的关联则主要给出各种对象类间的分类关系。

3.构建方法

对象类一部分是对概念模型中的实体类的抽象，是各类作战实体在仿真系统中的体现（代理）；另一部分是构成系统所必需的其他各种对象类，如有些作战仿真系统中需要将作战行动抽象成类。

在仿真系统开发的过程中，需要不断对对象视图进行补充更新，因此对象视图的开发是一个迭代的过程，这种过程可能一直持续到系统开发结束。

对象视图是面向仿真系统实现的，因此该视图更类似于传统面向对象设计中的类图。其中，类的名称、属性和操作的名称通常使用英文名称；对象类的属性是在系统中对象类所应具备的各种参数，同时在类图中应当标示出属性参数的类型、名称和可见性。对象类操作是各类操作函数，包括对象类参与系统运行时所执行的操作和更新类属性需要执行的操作，在类图中也应标示出可见性。

同实体类图相似，对象类视图中也主要描述类之间的分类关系，分类关系一方面来自于概念视图，另一方面是系统设计人员对其他对象类的分类。同样，分类结构中的叶子结点才是在系统中存在的对象类，而其他各层则也是"类别名称"，称为类别对象类。

4.表示方法

在开发过程中，需要对对象类进行两个层次的描述：一是基本信息，主要是提供一个实体类构成情况的全貌，并且对实体属性和操作的基本内容加以明确，表中的类通常是在对象类分类结构中的根结点或是上层结点；二是详细分类，主要明确各类对象类中的分类关系。

基本信息描述要求简明，表格形式比较适用，如表3-7所示。表中只给出了最基本的对象类及其属性、操作。

表3-7　对象类基本信息集

实体类	属性	操作
vehicle	float weight, float speed、……	move（），stop（），……
cannon	float weight, float caliber, int ammotype、……	shot（），aim（），……
personnel	int age, bool sex, int job,……	report（），move（），……
……	……	……

UML类图是专门用于描述面向对象软件设计中类—类之间的关系的，可用于对象类之中，形成对象类图。

3.4.1.3　仿真系统结构视图

1.定义及目的

仿真系统结构视图以图的形式描述仿真系统的组成结构。该视图主要明确仿真系统的组成部分以及各部分之间的逻辑关系。

2.内容

仿真系统结构视图由结点和关系构成。

（1）视图的结点。视图的结点主要为：分系统、服务器、终端和席位。在仿真系统中，通常这些结点都是软件和硬件的结合体，而系统结构视图主要反映的是仿真系统的逻辑结构，因此，在视图中的结点则是它们在系统中的逻辑位置。

　　分系统是实现相似功能的系统组成的集合，通常仿真系统需要有显示、声响等功能，而实现这些功能的系统组成的集合则称为显示分系统和声响分系统。按照仿真系统设计需求，可按照功能的实现将其分为若干不同的分系统，这些分系统是仿真系统的基本构成，因此在系统结构视图中，分系统是一类聚合级的实体。

　　服务器是完成某项功能的结点，它是分系统的基本组成，为系统终端提供服务，如导调控制系统可分为训练课目服务器、数据记录服务器等。同样，服务器可能是一台计算机或者仅是某台计算机运行程序中的一个或多个进程。视图中的服务器结点是其在系统中的逻辑位置。

　　终端和席位是仿真系统的人机交互平台，通常由操作人员使用的称为席位，如指挥席位等；而执行系统输出的称为终端，如显示终端、声响终端等。视图中的终端和席位结点是他们在系统中的逻辑位置。

　　如果设计需求中涉及其他类型的结点，也可在本视图中描述。

　　（2）关系。结点间有多种关系，如组合、关联等，是各结点的逻辑关系。分系统与服务器间的关系主要为组合关系，服务器与终端和席位则是一种特殊的关联关系，这种关联关系描述的是服务的提供与使用。

　　3.构建方法

　　仿真系统结构视图的内容来源于仿真系统设计人员对系统的设计方案。

　　（1）结点。对于结点的选取主要按照系统功能集对系统功能的描述，决定实现这些功能的系统构件，按照不同的粒度分为分系统、服务器、终端和席位。在终端和席位的选取中，还需考虑使用者的因素，需要为设计需求中的每一类使用者都提供终端和席位。

　　（2）关系。在结点选取的同时就需明确各结点间的关系。事实上，各类节点间的关系类型是相对固定的，通常只需根据结点类型对关系进行匹配即可。

　　4.表示方法

　　可使用UML类图表示系统结构视图，形成仿真系统结构图。图中的类代表仿真系统结构视图的结点，类关系表示结点间关系，在构建视图时需对UML的类和关系进行扩展。使用构造型构造出分系统、服务器、终端和席位所对应的类以及类之间的关系，并使用多重性等各类修饰来丰富对关系的描述，如图3-18所示。

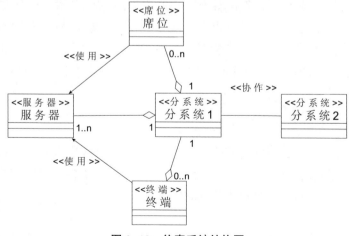

图3-18　仿真系统结构图

3.4.1.4 对象状态视图

1.定义及目的

对象状态视图描述在某一功能的仿真系统运行中对象类实例属性值的变化,这些属性值的变化反映了对象状态的变化,进而反映了仿真系统的动态特征。构建对象状态视图,可在操作与对象类之间建立联系,并明确对象类属性的更新方法和时机。

2.内容

对象状态视图由对象实例的状态属性和属性的转移构成。

(1)对象的实例。在系统运行中,一个对象在不同的程序或进程中可能产生多个实例,而只有在这些实例中,各状态属性才能有具体的取值,并且同一对象的不同实例在不同的运行环境中是不相同的,因此,研究属性的取值必须在对象实例中。

(2)状态属性。主要是在某一功能实现中涉及到的对象实例的属性值。

(3)属性的转移。属性的转移通常由属性之间的有向连线表示,线的方向表示属性转移的方向,连线则表示触发属性变化的条件和方法。条件是不同的操作,而方法是不同的函数调用。

3.构建方法

对象状态视图是在仿真系统的某一项功能下产生的。

(1)对象实例。对象实例是在特定的语境中产生的,所以对于不同的功能具有唯一性,因此需要对同一对象的不同实例加以区分。

(2)状态属性。在视图中,并不需要将对象实例所有的属性值进行一一列举,而只需列出在功能实现中涉及到的属性值。属性的选取取决于在功能实现中需要对象实例处于哪几种状态,这些状态的确定来自于概念模型视图中实体状态视图对不同事件下实体状态的描述。

(3)触发条件和方法。在逻辑模型中,设计者更专注于各类函数的实现过程,因此,在视图中,属性变化的触发条件和方法是各类函数。这要求设计者在构建视图时要了解相关函数的流程以及对对象类属性的操作。

4.表示方法

可使用UML状态图表示对象状态视图,形成作战系统实体对象状态图。UML状态图描述的就是一个状态机,图中的结点和连线分别表示对象实体的属性和状态的转移。

UML状态图中,结点内标明的是状态的名称,在视图中,可在名称下标记属性及取值,以详细描述状态变化的细节。在状态转移中,可直接标记触发条件和方法所涉及的函数名。

3.4.1.5 仿真系统运行视图

1.定义及目的

仿真系统运行视图描述仿真系统的运行流程。视图可分层次对流程进行描述,主要以图形方式表现。该视图主要表达系统设计人员对仿真系统各类功能和操作运行的逻辑过程的分析结果,用以指导仿真程序开发。

2.内容

仿真系统运行视图为一种流程图。根据需求,流程图通常分为四个层次:系统层、功能层、程序层和函数层。系统层着眼整个仿真系统或某一分系统，描述系统运行的基本功能流程；功能层针对某一功能描述其实现过程；程序层描述某一程序或进程在运行时的流程；函数层描述某一函数的执行流程。

图由结点和控制流构成。结点表示功能、进程、程序或者函数，根据视图的不同层次而定。控制流表示流程的流向、并发和分支。

3. 构建方法

仿真系统运行视图来自于仿真系统设计人员对系统功能的分析，按照仿真系统设计需求决定视图的描述对象及层次。

（1）系统层。通常，系统层在系统运行视图中是不可缺少的，因为它描述了系统运行的基本框架。系统层的结点表示的是系统的功能，来自于描述系统功能的用例图。系统层的运行视图不可能描述系统运行的所有细节，它主要着眼系统或分系统的总体功能实现过程，构建时只需考虑各系统的主要功能。

（2）功能层。由于系统功能是多层次的，因此功能层视图也是多层次的。功能与功能间，用于描述多个功能实现上层功能的流程，这类视图同系统层视图相似，也来自于对系统功能用例图的分析；功能与程序、进程或函数间，用于描述某一功能的实现细节，这些功能应当是用例图中的叶子结点，它们是一系列函数或程序的集合，构建时依据着眼点的不同，可选取不同的对象。

（3）程序层。程序或进程的描述，主要是程序或进程本身所包含的各种操作函数的运行流程，构建时，可将程序或进程涉及到的操作函数一一列举，通过编写伪代码明确执行流程，而后以视图进行实现。

（4）函数层。对于函数的描述不是必需的，主要针对一些对于系统运行比较关键的、复杂的函数，这些函数执行过程中，可能会产生进程、可能会调用其他函数进行各种参数操作，因此，函数层视图的结点表示内容较为复杂，构建过程中可依据设计需求灵活选取。

4. 表示方法

可用 UML 活动图表示仿真系统运行视图。UML 活动图的实质是一个可附加多种条件和可描述多对象实例并发的流程图，对仿真系统运行的描述比较详细。但 UML 活动图中的结点主要表示各类操作函数，因此，在使用活动图时，仍需要使用构造型对图中的活动结点进行扩展，以表示不同层次的仿真系统运行视图，如图 3-19 所示。

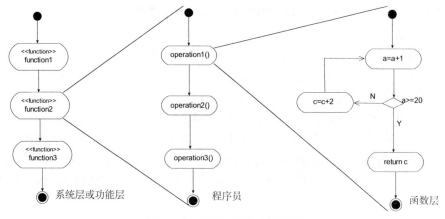

图 3-19　仿真系统运行活动图

图中，给出了不同层次的活动图示例。在系统层或功能层的活动图中，对动作结点使用构造型进行了扩展，表示该结点描述的是某一类功能；在程序层活动图中，图中的动作结点是操作函数，但根据需要，亦可以用表达式；在函数层，动作结点通常为表达式，事实上，函数内部对其他函数的调用也可用表达式表示。

3.4.1.6 仿真系统通信视图

1.定义及目的

仿真系统通信视图描述仿真系统的通信连接方式和通信内容，主要以图的形式进行描述。仿真系统通信视图表明了系统各结点间的通信方式，明确了结点和函数间通信的消息内容。它体现了仿真系统通信连接的全部细节。

2.内容

仿真系统通信视图描述三方面内容：

（1）通信内容。系统各结点间通信的详细内容，按照概念模型中划分为消息数据类和交互数据类。在形式上，消息数据类和交互数据类是相似的，都是对函数间通信数据的封装，它们的不同在于封装数据的意义。消息数据类中封装的数据描述的是通信信息，它可以是数值或字符串，通常数值用于对状态的通报或对查询的回复，而字符串通常由于传递指令。交互数据类中封装的数据描述的是目的对象类实例中需要改变的属性的值，在无二义性的情况下，交互类中只需封装一个数值或数组即可。

（2）通信连接方式。通信连接方式描述关于系统通信连接的通信链路或通信网络，说明了通信媒介的种类。

以图形描述系统的通信连接方式。图中的结点为系统的结点。这里系统的结点指仿真系统的主要逻辑构成，如服务器、终端、席位等。但同系统结构视图中的结点不同，这里的结点应当与仿真系统的物理构成相对应，换言之，通信连接方式图是仿真系统物理通信连接的逻辑示意图。

图中的连线表示系统结点的通信连接方式和媒介，如采用何种通信协议、采用何种通信电缆连接等。

（3）通信组织方式。通信组织方式描述了系统运行时，对象类实例在功能运行中的通信组织和通信顺序。通信组织描述一组对象类实例在实现一项系统功能过程中，信息的流向和通信链接的组织结构；通信顺序描述这组对象类实例的通信时序。

3.构建方法

本视图依据系统用例图、系统结构视图和系统运行视图进行构建。

（1）通信内容。通信内容来自于系统运行中函数间的数据交换和调用。仿真系统设计人员在对操作函数进行分析后，对各类数据进行分类和封装，同概念模型视图中一样，以图的形式描述各种数据类的详细内容和分类关系。

（2）通信连接方式。通信连接方式的描述内容来自于对仿真系统物理构成的设计。在构建过程中，需要尽可能详细的描述通信连接的各种描述信息，可在通信连接线上进行详细标注。如果描述工具允许（如UML2.0等），可对结点的通信接口加以描述，以区分不同类型数据的通信途径。

（3）通信组织方式。通常，通信组织方式的构建是依赖于系统运行视图的。因此，对通信组织方式的描述，也分为系统层、功能层、程序层和函数层。较高层次的通信组织描述，如系统层、功能层，只是描述了逻辑上的信息流向，图中的结点和数据可以是一种"类别类"；而低层的通信组织描述，如程序层和函数层，则描述了实际的通信情况，视图中的结点是对象类视图中叶子结点的实例，信息数据对应于各函数中需要传递和调用的数据。

4.表示方法

以UML类图描述通信内容和通信连接方式，构成的视图称为系统交互类图和系统通信连接图；通信图和顺序图描述通信组织方式，构成的视图称为系统通信图和系统通信顺序图。

（1）仿真系统交互类图。UML类图中，类用于表示消息数据类和交互数据类，图中需对UML类用构造型进行扩展。图中，使用泛化（generalization）关系表明类之间的层次关系。

（2）仿真系统通信连接图。在表示通信连接的UML类图中，同样需要对类图的构成元素进行扩展。

类用于表示系统结点。在类图中，使用构造型对类表示的结点类型进行说明。类的属性和操作表示需要描述的结点属性和操作，但并不要求所有结点均进行说明。

关系扩展后用于表示结点间的通信连接。使用构造型将关系扩展为connection，关系的名称为通信连接的具体方式，在关系的约束（constrains）中可对通信连接的接口进行标示，如图 3-20 所示。

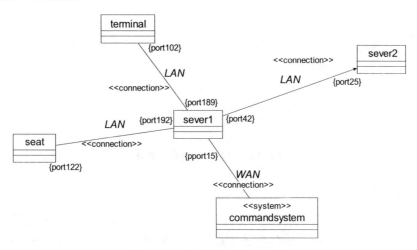

图 3-20　仿真系统通信连接图

（3）仿真系统通信图。UML通信图描述的是不同对象实例间的通信组织。在描述系统层和功能层的通信组织时，需对通信图使用构造型进行扩展，使用图中的结点表示分系统、服务器等逻辑结点，图中的通信连接表示各结点之间逻辑上的信息流向，这些信息通常是一组消息序列。

在描述程序层和函数层的通信组织时，可直接使用通信图中的组成元素进行描述，如图 3-21 所示。

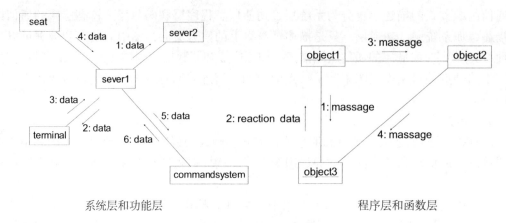

图 3-21　仿真系统通信图

（4）仿真系统通信顺序图。仿真系统通信顺序图强调信息传递的时序。由于UML通信图和顺序图在语义上是等价的，因此系统通信顺序图的分类、系统节点的表示和选取以及通信信息的表示同系统通信图中是相对应的，如图 3-22 所示。

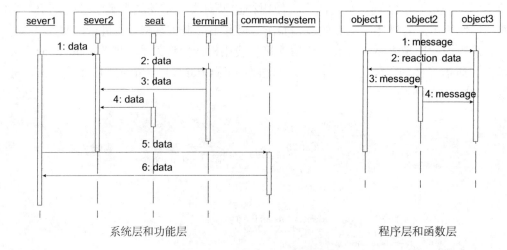

图 3-22　仿真系统通信顺序图

3.4.2　关联视图

逻辑模型视图中的关联视图有两类：任务—功能相关矩阵、仿真系统数据交互矩阵。这两类图中，任务—功能相关矩阵描述了概念模型同逻辑模型之间的关联，仿真系统数据交互矩阵描述了逻辑模型各视图间的关联。

3.4.2.1　任务—功能相关矩阵

1.定义及目的

任务—功能相关矩阵是一种关系说明，即系统任务集与系统功能集间的关系。它使仿真系统设计人员可以清楚的查询系统功能的设计依据，明确概念模型同逻辑模型间的联系。

2.内容及表示方法

任务—功能相关矩阵可使用表进行表示。表中首行为作战系统任务集，首列为仿真系统功能集。若仿真系统的功能与作战系统任务相联系，则在表中进行标记，如有其他需说明的内容也可在表中注明，如表 3-8 所示。

表 3-8　任务—功能相关矩阵

	任务 1	任务 2	任务 3	……
function1	●	●		……
function 2			●	……
function 3	●			……
……	……	……	……	……

3.4.2.2 仿真系统数据交互矩阵

1.定义及目的

仿真系统数据交互矩阵是一个仿真系统结点交互的统计表，它形成于系统通信视图之前，同其他五类主视图相关联，为仿真系统通信视图的开发提供支持。

2.内容

仿真系统数据交互矩阵主要目的是记录哪些实体间发生了交互，交互的源与目的是什么，因此同信息交互矩阵类似，仿真系统数据交互矩阵并不用关心交互数据的具体内容，而只需做好标记。

3.构建方法

矩阵的首行和首列分别是交互数据的发出对象和接收对象，这些对象从对象类视图的叶子节点中选取。

事实上，在对象类视图完成时系统数据交互矩阵也已经建立了，不过此时的矩阵除了首行和首列之外没有任何内容，随着对仿真系统设计的不断深入，可将相关的数据信息不断添加到矩阵中。当然，矩阵中的内容要与系统通信视图中的内容完全吻合。

4.表示方法

可用表格对系统数据交互矩阵进行描述，需要时，可对消息类和交互类加以区分，如表 3-9 所示。

表 3-9　仿真信息交互矩阵

	object1	object2	object3	……
object1		data	data	……
object2		data		……
object3	interactive data			……
……	……	……	……	……

3.4.3 开发过程

3.4.3.1 作战系统概念模型视图的构成

通过对作战系统逻辑模型视图的分析可知,逻辑模型视图包含主视图和关联视图。主视图共分为六类,并含有分视图,其层次关系如图 3-23 所示。

3.4.3.2 概念模型向逻辑模型的转换过程

给出一种概念模型向逻辑模型的转换过程,如图 3-24 所示。

结合作战系统仿真模型视图,具体步骤解释如下。

第一步:从概念模型中获取逻辑层功能。根据概念模型视图中作战系统任务集的描述,结合仿真系统设计人员的需求分析,得到逻辑层功能,用系统功能用例图描述。分析中得到的任务与功能间的联系用任务—功能相关矩阵描述。

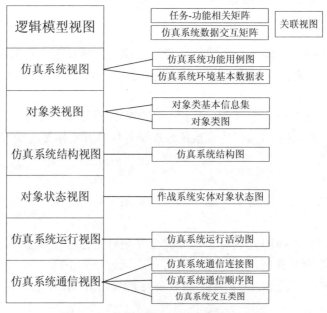

图 3-23 作战系统逻辑模型视图层次图

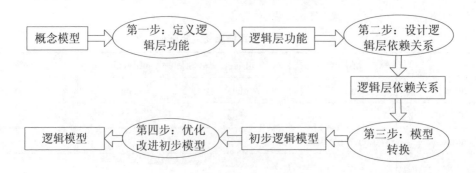

图 3-24 概念模型向逻辑模型转换过程

第二步：根据概念模型中明确的各类关系，设计逻辑层中类之间、节点之间的各类关系。

第三步：根据得到的逻辑层功能、对象类、结点及各类关系构建逻辑模型，由各类主视图描述。

第四步：改进并优化。根据仿真系统开发过程中，对各类问题研究的不断深入，对之前得到的逻辑模型进行不断的优化改进，这是一个贯穿于系统的开发和使用的迭代过程。

按照此步骤，可得到由概念模型视图向逻辑模型视图的映射关系，如图 3-25 所示。

3.4.3.3　作战系统逻辑模型开发过程

对应于作战系统概念模型视图的基本开发过程，在构建作战系统仿真逻辑模型时，依据概念模型向逻辑模型的转换过程，首先任务—功能相关矩阵和构建系统视图，在此基础上形成系统的基本组成元素：对象类，之后按照先静态后动态的顺序分别对系统的状态和结构、系统的行为和交互进行分析和描述，基本开发过程如图 3-26 所示。

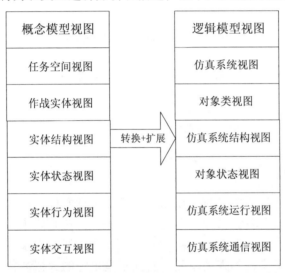

图 3-25　概念模型视图与逻辑模型视图的映射关系

图 3-26　作战系统逻辑模型视图基本开发过程

遵照基本开发过程，这里提出一种作战系统逻辑模型视图开发过程，如图 3-27 所示。

由开发过程图可知，在进行逻辑模型开发时，首先对概念模型视图进行分析，形成任务—功能相关矩阵，建立逻辑模型视图同概念模型视图的联系；以此为基本依据，构建系统功能用例图、系统环境基本数据表和系统结构图；在系统功能用例图和系统结构图的基础上，生成对象类视图，包括对象类基本信息集和对象类图；依据系统功能用例图和对象类视图，产生系统运行活动图；依据系统功能用例图和系统运行活动图，产生作战系统实体对象状态图和系统通信连接图；依据系统功能用例图、系统通信连接图和系统交互类图产生系统通信顺序图。系统数据交互矩阵是另一类关联视图，它在系统结构图产生后不断进行迭代更新。

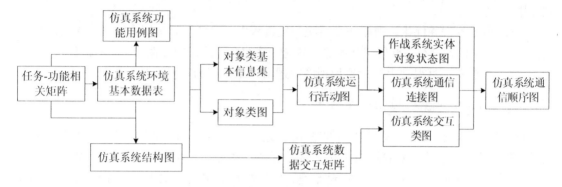

图 3-27　作战系统逻辑模型视图开发过程图

3.5　作战实体模型视图

作为仿真系统的基本组成部分，作战实体的仿真模型应当具备良好的重用性，解决这一问题一种方法是确立仿真模型的模板。

3.5.1　作战实体仿真模型结构框架

3.5.1.1　作战实体概念分析

在对作战系统进行建模仿真时，按照是否考虑运动属性，作战实体一般分为静态实体和动态实体。在实体模型构建方面，作战系统的复杂性主要体现在动态实体的复杂性上，因此下面主要讨论动态实体概念模型构建的问题。在作战仿真系统中，最终的执行实体往往是虚拟兵力或者半实物的人装单元，而并不是单纯的武器装备，因此并没有智能水平为 0 的实体，可以将作战仿真系统内的任何实体都看作智能体。

从作战过程角度看，作战指挥的实体要素主要是指挥者与指挥对象。在作战仿真系统中，指挥者一般被抽象为指挥型实体，其结构侧重于指挥、决策部分的构建；指挥对象一般是行动型实体，其结构侧重于响应和执行部分的构建；此外，由于作战实体的层级特征，部分作战实体既是指挥者又是指挥对象，一般抽象为中间型实体，其结构需要指挥决策和执行兼备。

在对作战实体的仿真建模中，不同类型的作战实体具备不同的实体结构，结构的多样会降低模型的重用性。我们将作战实体视为智能体，对作战实体概念模型各要素构成及相互关系加以分析，明确了不同类型实体在状态、行为和结构上的一致性，提出了一种以知识系统为中心的通用的作战实体概念模型结构。

3.5.1.2　作战实体仿真模型结构分析

在作战仿真系统中，作战实体的运行过程就是对外界输入进行响应并做出输出。对单个的作战实体而言，其对输入的响应过程是以其领域知识为基础的，是一个知识处理的过程，如图 3-28 所示。

图 3-28　作战实体运行过程元模型

1. 知识处理

（1）知识。知识一般可分为说明性知识、过程性知识和控制性知识。说明性知识提供概念和事实；过程性知识主要用来描述作战实体对输入的响应过程，即响应规则；用控制策略标识问题的知识称为控制性知识。作战实体概念模型是在确定的问题域下构建的，实体的知识处理过程相对固定，因此作战实体的知识构成主要包括说明性知识和过程性知识。

说明性知识主要分为两类：一类是实体的任务空间信息，包含部队编成信息、武器信息、人员信息、作战样式、任务模式、环境信息和敌情信息等；另一类是实体的各种外部状态信息。

过程性知识主要分为三类：一是指挥决策规则，用于约束作战实体的指挥决策过程；二是执行规则，用于约束作战实体在输入条件下的动作；三是实体属性规则，用于约束作战实体的属性变化。

（2）知识处理过程。通常，智能体按照其内部知识处理过程的区分，分为反应型智能体、慎思型智能体和混合型智能体。反应型智能体是依据一定的规则体系，由输入直接生成输出。慎思型智能体则是依赖一定的知识系统，对输入信息进行推理、规划，最终形成行动意图并进行输出。而作战实体是一种混合型智能实体，不仅不同实体的知识处理过程不同，而且同一实体对不同输入的响应也不相同。就同一实体而言，其对输入信息的响应方式是由规则决定的，我们将这类决定作战实体知识处理方式的规则称为前端规则，在经过前端规则的筛选后，再按照相应的处理方式对输入信息进行处理。

作战实体对输入的响应方式分为两类：反应响应和推理响应。反应响应是作战实体根据一定的反应规则，对输入进行的直接响应；推理响应则是作战实体对输入经过规划、决策的知识处理过程后做出的响应，如图 3-29 所示。

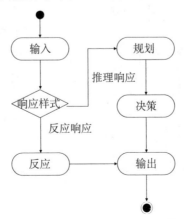

图 3-29　作战实体知识处理过程模型

我们将作战实体的结构分为HEAD和BODY两部分，BODY是作战实体同外界环境进行相互作用的部分，主要包括输入模块和输出模块。HEAD是作战实体进行知识处理的部分，其主要由知识系统、愿望集和意图集构成，如图3-30所示。

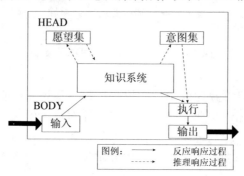

图3-30 作战实体内部结构基本构成

作战实体的知识表示，一般采取产生式表示法，各类问题的求解规则采用产生式规则，这种以产生式表示法为基础的知识系统称为产生式系统。知识系统的主要构成为：前端规则库、反应规则库、推理规则库、全局信息库和推理机。其中，推理规则库、全局信息库和推理机构成了一个产生式系统。由于我们将反应响应也列为知识处理的结果，因此前端规则库和反应规则库也是知识系统的组成部分。为加以区别，我们将知识系统分为三大部分：前端规则库，反应系统（反应规则库）和产生式系统，如图3-31所示。

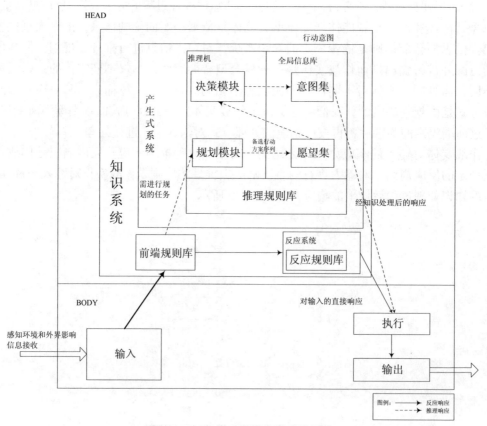

图3-31 作战实体概念模型结构图

2.结构分析

（1）前端规则库。前端规则库位于产生式系统的前端，它用来决定对作战实体对输入的响应方式。前端规则库的输入为作战实体所接收到的所有输入，输出为反应响应、推理响应或者二者兼备。

前端规则库的作用是将输入同任务空间中的任务模式相匹配，从而决定作战实体对输入的响应方式。

（2）反应规则库。反应规则库用于储存作战实体的产生反应响应的规则。此类规则以执行规则和实体属性规则为主，它决定了由输入引起的作战实体的行动、通信和属性改变情况。

（3）产生式系统。

①推理规则库。推理规则库用于存储作战实体进行规划、决策所需的规则，根据实体任务空间要求，不同类型的作战实体对规则的类型和内容的选取是不同的，这也决定了作战实体心智行为特征。如指挥型实体以指挥规则为主，具有较少的执行规则和实体属性规则；执行实体多以执行规则为主，有的可能不包含指挥规则；而中间型实体则是各类规则兼备。

②全局信息库。全局信息库包含三个模块：常识库、愿望集和意图集。常识库用于存储作战实体所应具备的各类说明性知识，如前所述，一方面是任务空间信息，另一方面是自身的属性信息。愿望集用于存储下一步可能的行动集合，即愿望；愿望分为两种：一类是固定愿望，它长存于愿望集，既不被添加也不被删除，另一类是临时愿望，即由推理机根据输入所得的下一步可能的行动集合。意图集是下一步立即执行的行动集合，是一个最优愿望。

③推理机。推理机主要由规划模块和决策模块构成。规划模块负责对输入运用规则进行处理，得到输入响应的愿望集合；决策模块主要输入的愿望集合进行优化选择，得到最终的行动意图。

这种模型结构使得作战实体仿真模型具备以下两点统一性：一是统一的结构。这种以知识处理为中心的作战实体结构，将反应响应和推理响应视为一个有机整体，使得该结构适用于任何类型的智能体描述。二是统一的内部信息交互。由于结构的统一和知识处理流程的统一，使得作战实体具有相同的信息交互的内容、组织方式和顺序。

3.5.2　作战实体概念模型视图

由于作战实体仿真模型的统一性，不必再为每一个作战实体概念模型构建单独的结构视图和交互视图；此外，作战实体的名称应当与作战系统视图中，作战实体类图中的叶子结点名称相一致，因此，对于作战实体概念模型视图中，主视图只包含三类分视图：任务空间视图、作战实体状态视图和作战实体行为视图，关联视图包含：输入输出关联矩阵。

3.5.2.1　主视图

1.作战实体任务空间视图

（1）定义及目的。任务空间视图对作战实体所在领域的信息进行描述。该视图以表格和图表的形式进行表示。作战实体任务空间视图确定了作战实体的活动领域，明确了作战实体的外部特征，是建立其他视图的依据。

（2）内容。作战实体任务空间视图包括：作战实体领域信息和作战实体功能集。领域信息包含作战实体在作战系统中所处的位置、任务模式、作战环境等信息以及作战实体类中的状态属性和操作；作战实体功能集描述作战实体所应具备的各类功能。

（3）构建方法。

①作战实体领域信息。作战实体领域信息来自于作战系统概念模型中的系统环境描述、作战实体类图和领域专家的作战想定，在作战系统的范围内确定作战实体的活动空间和活动方式，以及实体在系统中所处的位置；而作战实体外部特征只是对作战实体在作战系统中所表现出的状态属性和操作的一种标记说明，只需按照作战实体类图中标明的内容表示即可。

②作战实体功能集。作战实体功能的确定依据作战系统概念模型视图中的系统任务集，选取时需结合领域专家的作战想定。

（4）表示方法。

①作战实体领域信息。主要以表格形式表示，称为作战实体领域信息表，如表 3-10 所示。

表 3-10　作战实体领域信息表

分量	取值范围
部队编成	×× 连
作战地域	×× 地区，……
作战环境	地形、气候、植被、……
作战样式	进攻战斗
任务模式	火力打击、机动、……
敌情信息	敌 ×× 部队
外部特征	状态属性：……；操作：……

②作战实体功能集。用 UML 用例图表示。图中，用"参与者"表示作战实体，以用例表示作战实体的功能，通常，作战实体的功能较少，因此用例图的构成较为简单，但如需要仍可使用相应的关系构造型表示功能之间的关系。

2. 作战实体状态视图

（1）定义及目的。作战实体状态视图只描述作战实体的心智状态属性，而不描述其外部属性。对其主要以表进行表示。构建该视图是为了描述作战实体内部心智状态的细节，这是作战实体心智行为的基础。

一点说明：由于作战实体对其心智状态变化的触发条件动作只有"更新"一种，而对于更新的时机是由规则控制的，所以反映作战实体心智状态变化的状态机并不能反映心智活动的实质，基于此原因，在构建概念模型时，不对心智状态的变化过程进行描述。

（2）内容。以作战实体状态属性表表示作战实体状态视图。作战实体状态属性表包括对知识的表示和对行动方案的表示。

（3）构建方法。属性表中，对知识的表示实际上是构建作战实体的规则库，按照作战实体结构，分为前端规则、反应规则和推理规则。通常，这些规则的内容是根据领域专家的想定确定的，即领域专家给出规则的基本描述（如作战原则、操作规程等），再由设计人员按照产生式规则的形式对这些规则进行抽象。

作战实体的行动方案选自作战实体领域信息表中标示的作战实体操作，它构成了作战实体的愿望集和意图集。由于意图集是愿望集的子集，因此可在愿望集中加以特殊标记即可表示意图集。对于愿望集，初始时通常为空，在经过作战实体用规则对任务进行分解后产生；但对于需要具有"经验集"的实体，可将某些意图写入愿望集作为经验予以存储。对于意图集，是实体对愿望集通过规则进行筛选的结果，特别地，在反应系统中，不产生愿望集而是直接产生意图集，因此在表中，经反应规则得到的行动方案直接加上标记表明其为意图集。

（4）表示方法。

作战实体状态属性表。采取表格形式表示，如果需要，可对每条内容进行编号，以方便表示和查找，如表 3-11、表 3-12 所示。

表 3-11　作战实体规则表

类别	内容
1 前端规则	1.1 ……
	1.2 ……
	……
2 反应规则	2.1 ……
	2.2 ……
	……
3 推理规则	3.1 ……
	3.2 ……
	……

表 3-12　作战实体行动方案表

意图标记	行动方案
●	1 经由……地域机动
	2 经由……地域机动
●	3 射击
	……

3.作战实体行为视图

（1）定义及目的。作战实体行为视图描述作战实体在心智行为影响下产生各种操作的过程，以图形方式表示。构建该视图以作战实体外部操作的产生流程来描述作战实体内部心智活动的细节。

（2）内容。作战实体行为视图描述作战实体在接受某一输入直至产生执行和输出的全过程。

（3）构建方法。作战实体行为视图的基本流程按照作战实体结构中的知识处理基本流程，在此基础上，再对其外部操作的产生流程细节加以描述。

（4）表示方法。使用 UML 活动图表示，称为作战实体活动图。图中，第一个活动节点通常为输入，各类判断分支是规则产生作用的步骤，分支上可标明具体的规则内容或编号，各活动节点为作战实体的各类操作，如图 3-32 所示。

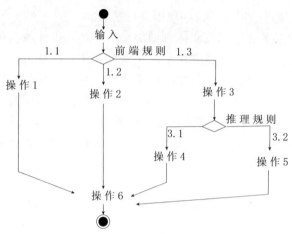

图 3-32　作战实体活动图

3.5.2.2 关联视图

输入和输出、执行相关矩阵

（1）定义及目的。输入和输出、执行相关矩阵描述的是作战实体的输入同输出和执行的对应关系，以表的形式表示。该视图描述的输入同输出和执行的关联，可对规则库的更新提供依据。

（2）内容。矩阵的首行为作战实体接收过的输入，首列为输出和执行，行列的交叉为输入和输出的关联标识，可标识出产生输出所使用的规则编号。

（3）构建方法。矩阵初始时只有执行和输出，执行即作战实体领域信息表中的操作，输出即选自作战系统交互视图中的各类信息类和交互类，而输入为空。随着作战实体的运行，逐步添加输入的内容及相应的关联。

（4）表示方法。使用表格进行表示，如表 3-13 所示。

表 3-13　输入和输出、执行相关矩阵

输入 1	输入 2	输入 3	……	
执行 1		△ 1.1；3.2		……
执行 2	△ 1.1；3.1		△ 1.1；3.3	……
输出 3	△ 1.2；2.1			……
输出 4			△ 1.2；2.4	
……	……	……	……	……

表中，对产生的关联使用△进行标记，在表中还可对关联涉及的规则编号进行标记，以便查询和管理。

3.5.3　作战实体逻辑模型视图

以知识处理为中心的作战实体结构，是在智能体的BDI模型的基础上提出的，因此作战实体的逻辑模型同样具有结构上和交互信息上的统一性。此外，对于作战实体的仿真实现的本质使用程序来模拟显示作战实体的各种特征，同作战系统仿真模型相比，不需考虑诸多繁杂的系统实现问题。基于此，作战实体逻辑模型视图是对作战实体概念模型视图在逻辑模型层的直接抽象。

综合以上因素，在逻辑模型视图中，各种视图的分类、名称和表示形式均不改变。主视图包含三类分视图：任务空间视图、作战实体状态视图和作战实体行为视图，关联视图包含：输入输出关联矩阵。改变的是图中各类信息的抽象表示形式。

3.5.3.1　主视图

1.作战实体任务空间视图

由于抽象的实体功能并未改变，逻辑模型视图不需要对实体功能再做阐述，因此逻辑模型视图中的作战任务空间视图只需描述作战实体领域信息。需要注意的是概念模型视图中对实体的外部特征进行了标识，其目的是为了设计时方便查阅，而逻辑视图中，类的封装严格，要求描述准确，因此此表不再标识外部特征，如表 3-14 所示。

表 3-14　作战实体领域信息表

分量	取值范围
parents	E company
area	area=（××，××）
environment	weather=autumn；climate=3
battlestyle	attack
mission mode	fire、move……
enemyinfo	F platoon

2.作战实体状态视图

在逻辑模型视图中，需将概念模型视图中规则的问题描述转换成相应的伪代码段，如表 3-15 所示。

表 3-15　作战实体规则表

类别	内容
1 frontrule	1.1……
	1.2……
	……
2 reactionrule	2.1……
	2.2……
	……
3 inferencerule	3.1……
	3.2……
	……

作战实体行动方案表如表 3-16 所示。

表中，对于行动方案的描述，可以是函数也可以是表达式，这类似于 UML 活动图中活动节点对动作的表达。

表 3–16　作战实体行动方案表

意图标记	行动方案
●	1 move（path=1）
	2 move（path=2）
●	3 fire
	4 protection
	……

3.作战实体行为视图

图中，第一个活动节点通常为input，各类判断分支是规则产生作用的步骤，分支上可标明具体的规则内容或编号，各活动节点为作战实体的各类操作函数，如图 3–33 所示。

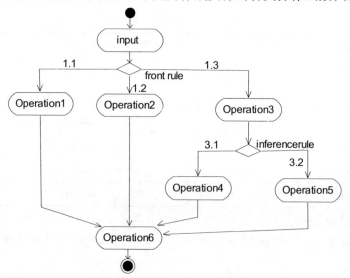

图 3–33　作战实体活动图

3.5.3.2　关联视图

输入和输出、执行相关矩阵

使用表格进行表示，表中的input、message和operation分别为对概念模型中的输入和输出、执行的抽象；表中标记的序号依然是规则编号，当然，这些编号是指向逻辑模型中的作战实体规则表，如表 3–17 所示。

表 3–17　输入和输出、执行相关矩阵

	input1	input 2	input 3	……
message1		△ 1.1；3.2		……
message2	△ 1.1；3.1		△ 1.1；3.3	……
operation3	△ 1.2；2.1			……
operation4			△ 1.2；2.4	……
……	……	……	……	……

3.6　仿真实例分析与设计

3.6.1　应用背景

某机步师的装备保障指挥模拟训练系统，要求能够组织各种类型的装备保障指挥训练，包括部（分）队指挥训练、指挥所训练、对抗中装备保障指挥训练。

3.6.2　装备保障指挥训练系统概念模型视图

为简化起见，概念模型视图中除任务空间视图和关联视图外，其余主视图均以部分实例说明：作战实体视图中以虚拟兵力中的车辆、火炮和枪械为例；组织结构视图以师装备保障为例；其余视图以装备机动抢修为例。

3.6.2.1　主视图

1.任务空间视图

（1）系统概述示意图（见图 3-34）。将装备保障指挥训练系统分为四部分：导调控制系统、装备保障指挥机关训练系统、装备保障分队训练系统和训练支撑环境。

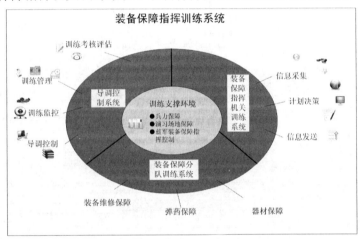

图 3-34　装备保障指挥训练系统概述示意图

（2）系统环境描述。系统环境描述分为外部环境数据表和内部环境数据表（见表 3-18、表 3-19）。

表 3-18　装备保障指挥训练系统外部环境数据表

分量	取值范围
作战等级	战术级
部队类型	陆军数字化机步师
作战地域	×× 地域：以 ×× 为中心 ×× 范围
训练方式	装备保障分队训练、装备保障指挥机关训练、……
……	……

表 3-19　装备保障指挥训练系统内部环境数据表

分量	取值范围
参训部队	×× 机步师
实体类型	指挥者、指挥对象、人装单元
实体分辨率	作战部队：从师到营；保障部队：任意编组。
……	……

（3）系统任务集。在描述系统任务集时，可按照系统的划分，分别构建用例图进行描述。在下图总揽图中，将装备保障指挥机关训练系统、装备保障分队训练系统进行了整合，共分为了三部分。用例图是以师、团装备指挥员和师各保障群为例。其中，指挥员的任务用例为信息采集、计划决策和文电发送三种，各用例分别与其他参与者相关联；师前进保障群的任务为前进抢救抢修、前进弹药供应、前进器材补给和前进勤务保障；师机动保障群的任务为机动抢救抢修、机动器材补给和机动勤务保障；师基本保障群的任务为抢救抢修、装备接取、器材补给、弹药供应和勤务保障，如图 3-35 所示。

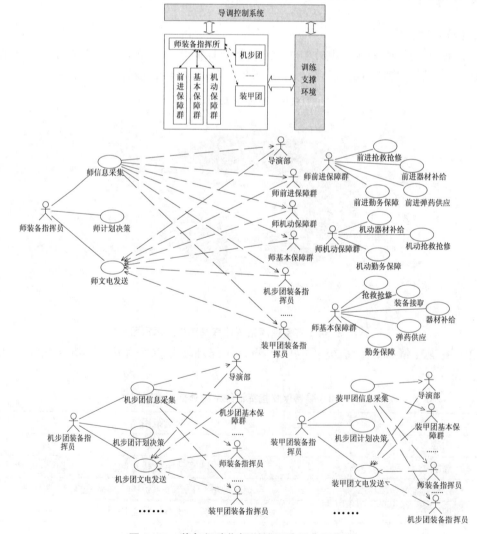

图 3-35　装备保障指挥训练系统任务用例图

2.作战实体视图

以各类作战装备为例，构建装备实体视图。装备实体基本信息集。这里给出三类装备车辆、火炮和枪械的基本信息（见表 3-20）。

表 3-20　装备实体基本信息集

实体类	属性	操作
车辆	重量、速度	起步、停车
火炮	重量、口径、发射弹种、射程	发射、装定诸元、撤收、机动
枪械	重量、口径、发射弹种、射程	射击
……	……	……

3.装备实体类图

图 3-36 中，装备实体类共分为四层，并给出了火炮和轻武器的实体类（叶子结点）。

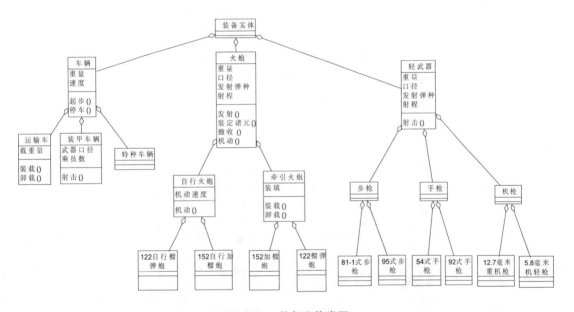

图 3-36　装备实体类图

4.组织结构视图

组织结构视图以师装备保障为例，构建师装备保障系统结构图，图中师装备基本指挥所与师前进保障群、师基本保障群和师机动保障群之间为指挥关系，师装备基本指挥所与团装备指挥所之间为指导关系。图 3-37 中还描述了各保障群的组成。

5.实体状态视图

装备保障训练系统实体行为状态图描述的实体为师机动保障群，如图 3-38 所示，师机动保障群以待命状态开始，通过不同触发，在不同的状态之间转换。

6.实体行为视图

装备保障系统实体行为活动图分层次描述了装备机动抢修的活动流程，右侧的流程为左侧机动抢救抢修功能的细节描述，如图 3-39 所示。

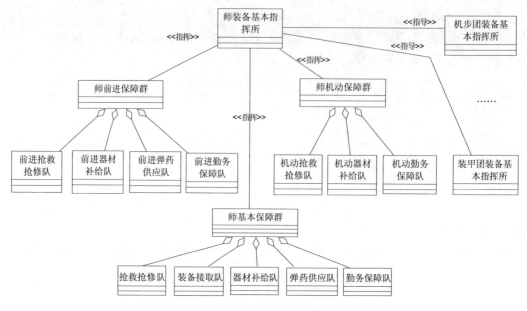

图 3-37 师装备保障系统结构图

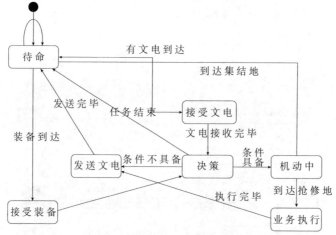

图 3-38 师机动保障群行为状态图

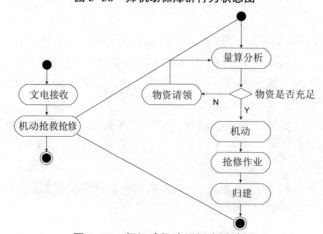

图 3-39 师机动保障群行为活动图

7.实体交互视图

实体交互视图分为：装备保障指挥训练系统信息交互元素类图、装备保障指挥训练系统实体通信连接图和装备保障指挥训练系统实体交互顺序图。

（1）装备保障指挥训练系统信息交互元素类图。图 3-40 描述了装备机动抢救抢修中的信息交互类型。

（2）装备保障指挥训练系统实体通信连接图，如图 3-41 所示。

（3）装备保障指挥训练系统实体交互顺序图，如图 3-42 所示。图中，以文档标记决策的执行过程，以表示时间的延迟。

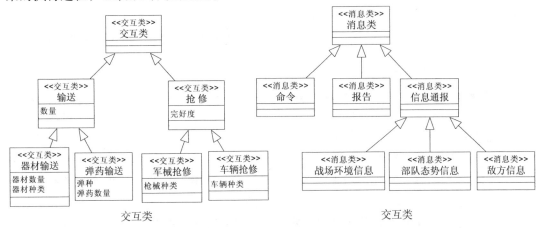

图 3-40　装备保障指挥训练系统信息交互元素类图

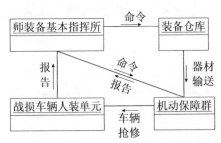

图 3-41　装备保障指挥训练系统实体通信连接图

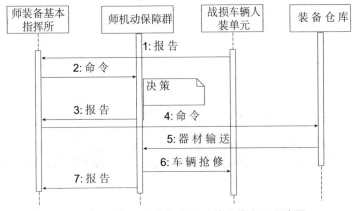

图 3-42　装备保障指挥训练系统实体交互顺序图

3.6.2.2 关联视图

1.系统概述文档

装备保障指挥模拟训练系统概述文档

（1）标识

1.1 名称

某机步师装备保障指挥模拟训练系统

1.2 目的与依据

本系统的设计目的是为某机步师装备保障指挥提供模拟训练环境，遂行各类装备保障指挥训练任务。

本系统规划与设计依据为装字第××号文件、《中国人民解放军装备工作条例》、……

1.3 系统开发人员

以××单位为依托，成立某机步师装备保障模拟训练系统开发课题组，主要成员为：……

2 范围

2.1 所要开发的视图和产品

（1）设计方法：依据作战系统六元抽象方法，构建模拟系统的概念模型视图、逻辑模型视图，并依托C++开发平台进行实现。

（2）基本想定：红方某机步师在对抗演习中的装备保障工作。

（3）装备保障指挥实体：某机步师编成内的各级装备指挥人员。

（4）执行实体分辨率：师直分队、团直分队和战斗营。

2.2 相关组织

立项部门：

总体部门：

研发部门：

3 工具和文件

3.1 工具

所用工具：Rational Rose Enterprise Edition、Microsoft Virtual Studio、……

3.2 文件

技术报告

视图产品

……

2.信息交互矩阵

表 3-21 给出部分实体间的信息交互，下画线标记交互类。

表 3-21 装备保障指挥训练系统信息交互矩阵

接收实体 发送实体	师装备基本指挥所	机动保障群	战损车辆人装单元	装备仓库	装甲团装备基本指挥所	机步团装备基本指挥所	……
师装备基本指挥所		命令			通报	通报	

（续表）

接收实体 发送实体	师装备基本指挥所	机动保障群	战损车辆人装单元	装备仓库	装甲团装备基本指挥所	机步团装备基本指挥所	……
机动保障群	报告		车辆抢修	器材输送			
战损车辆人装单元	报告						
装甲团装备基本指挥所	通报					通报	
机步团装备基本指挥所	通报				通报		
……							

3.6.3　装备保障指挥模拟训练系统逻辑视图

依据概念模型视图，构建装备保障指挥训练系统逻辑模型视图。由于逻辑模型是面向仿真系统实现的，因此逻辑模型称为装备保障指挥模拟训练系统逻辑视图。对应概念模型视图，逻辑模型视图中除系统视图和关联视图外，其余主视图均以部分实现为例：对象类视图中以车辆、火炮和枪械为例；组织结构视图以师装备保障为例；其余视图以装备机动抢修为例。

3.6.3.1　主视图

1.仿真系统视图

（1）装备保障指挥模拟训练系统环境基本数据表。分为仿真系统内部环境基本数据表和仿真系统外部环境基本数据表，如表 3-22，表 3-23 所示。

表 3-22　仿真系统外部环境基本数据表

分量	内容
开发平台	VC++
建模工具	Rational rose
运行环境	Win9x、Winxp
……	

表 3-23　仿真系统内部环境基本数据表

分量	内容
基本数据类型	float, int, string, ……
通信连接方式	LAN，WAN，……
……	

（2）装备保障指挥模拟训练系统功能用例图。如图 3-43 所示，按照装备指挥机关、装备分队和导控人员将系统功能分为三大类，并标明功能间关系。

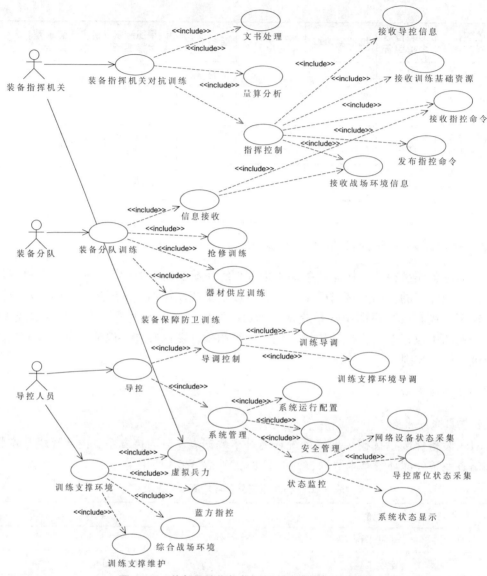

图3-43 装备保障指挥模拟训练系统功能用例图

2.对象类视图

以各类作战装备对象类为例，构建对象类视图。

（1）装备保障指挥模拟训练系统对象类基本信息集。这里给出三种装备对象类vehicle、artillery和lightarms的基本信息，如表3-24所示。

表3-24 装备实体基本信息集

实体类	属性	操作
vehicle	int speed	start（），stop（），move（），……
artillery	float connonshot, float bore, ……	aim（），fire（），move（），……
lightarms	float gunshot, float bore, ……	aim（），fire（），reload（），……
……	……	……

（2）装备保障指挥模拟训练系统对象类图，如图3-44所示。图中，对象类共分为四

层，并给出了 artillery 类和 lightarms 类的实体对象类（叶子结点）。

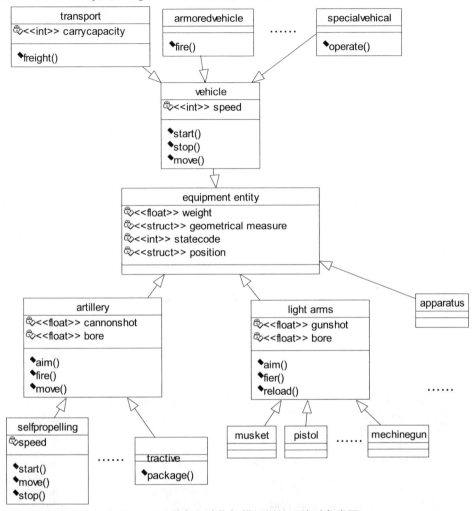

图 3–44　装备保障指挥模拟训练系统对象类图

3.仿真系统结构视图

与概念模型视图不同，仿真系统结构视图描述的是装备保障指挥模拟训练系统的构成，即各类逻辑结点和结点间的关系，如图 3–45 所示。图中，节点间的关系共四种，两种为类图中固有的，即泛化和聚合；两类为构造型，即使用和协作。

4.对象状态视图

这里对图 3–46 中的参数进行说明。对象类：headquarter 为师装备基本指挥所，devisionmobile 为师机动保障群；函数：send 消息发送，read 为消息接收，transport 为输送，receive 为装备接收；数据：area 为地点坐标，aggregating 为集结地域坐标，target 为目的地域坐标，amount 为器材数量，intact 为完好度。图中，有的触发条件为函数，而有的触发条件为表达式，这样做的目的是为了更明确的表述，事实上，这些表达式是触发函数中规则判断的主要部分。

5.仿真系统运行视图

图 3-47 给出了功能级和程序级两个层次的活动图。

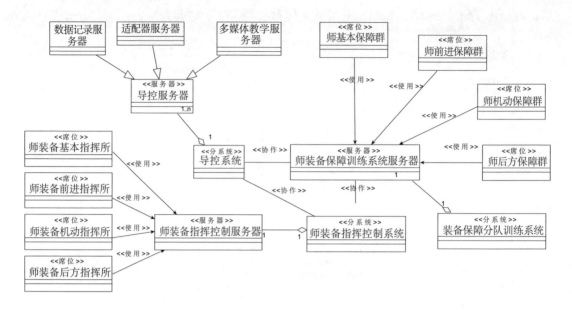

图 3-45 装备保障指挥模拟训练系统结构图

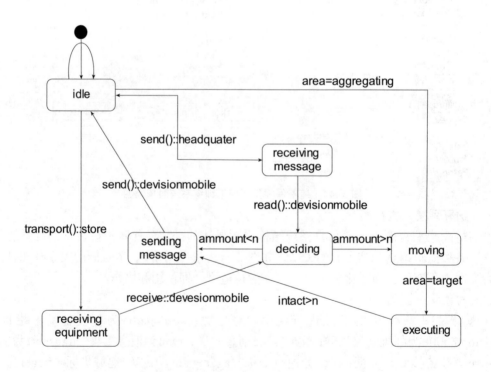

图 3-46 装备保障指挥模拟训练系统实体对象状态图

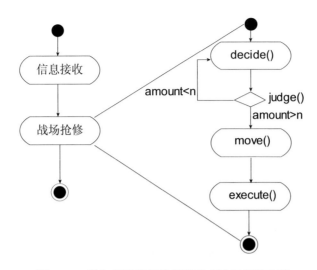

图 3-47　装备保障指挥模拟训练系统运行活动图

6.仿真系统通信视图

仿真系统通信视图分为：装备保障指挥模拟训练系统交互类图、装备保障指挥模拟训练系统通信连接图和装备保障指挥模拟训练系统通信顺序图。

（1）装备保障指挥模拟训练系统交互类图。图 3-48 描述了装备机动抢救抢修中的信息交互类型。

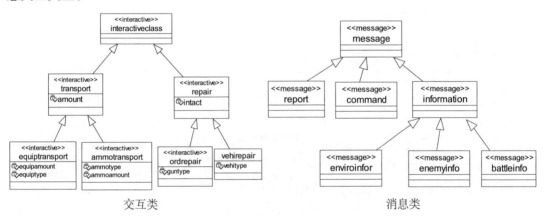

图 3-48　装备保障指挥模拟训练系统交互类图

（2）装备保障指挥模拟训练系统通信连接图。图 3-49 给出了装备保障指挥模拟训练系统的通信连接情况。图中，类关系被构造为 connection，以表示连接，连接的方式有 LAN（局域网）和 WAN（广域网）。

（3）装备保障指挥模拟训练系统通信顺序图。如图 3-50 所示，图中信息的顺序是依据运行视图中所描述的流程。

3.6.3.2　关联视图

1.任务—功能相关矩阵

表 3-25 给出了概念模型同逻辑模型之间的联系。

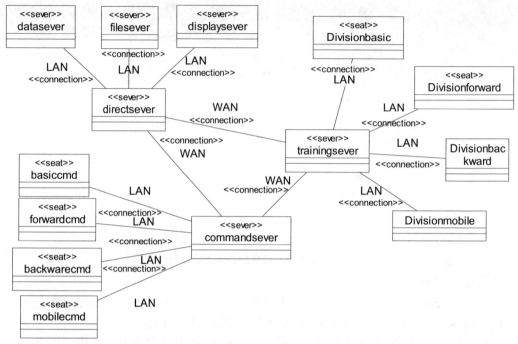

图 3-49 装备保障指挥模拟训练系统通信连接图

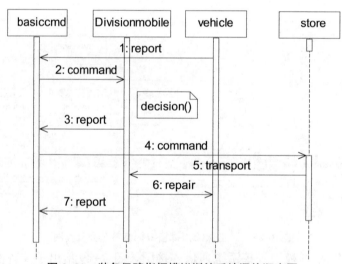

图 3-50 装备保障指挥模拟训练系统通信顺序图

表 3-25 任务 - 功能相关矩阵

信息接收	导控	机动抢修	……	
信息采集	●			……
导调控制		●		……
机动抢修训练			●	……
……	……	……	……	……

2.装备保障指挥模拟训练系统数据交互矩阵

表 3-26 给出部分对象类间的信息交互，下划线标记交互类。

表 3–26　装备保障指挥训练系统数据交互矩阵

发送对象 \ 接收对象	basiccmd	Division-mobile	vehicle	store	armoredba-siccmd	mechba-siccmd	……
basiccmd		command				information	infor-mation
Division-mobile	report			vehiclerepair	equiptransport		
vehicle	report						
armored-basiccmd	information						infor-mation
mechba-siccmd	information					information	
……							

3.6.4　装备保障实体概念模型视图

按照上一节所述，由于各实体模型的结构和交互具有统一性，因此只需构建相应的主视图和关联视图。以虚拟兵力中师机动抢修群为例构建装备保障实体概念模型视图。

3.6.4.1　主视图

1.装备保障实体任务空间视图

包括师机动抢修群领域信息表和实体功能集。

（1）师机动抢修群领域信息表。如表 3–27 所示，给出了师机动抢修群的基本信息。

（2）师机动抢修群功能集。如图 3–51 所示，给出了师机动抢修群的功能，事实上，其为装备保障训练系统任务用例图的一部分。

表 3–27　师机动抢修群领域信息表

分量	取值范围
部队编成	师修理所
作战地域	×× 地区，……
作战环境	丘陵、温带、草原、……
作战样式	进攻战斗
任务模式	机动抢救抢修、……
敌情信息	敌 ×× 旅
外部特征	状态属性：人数；操作：抢修，机动，……

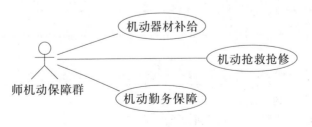

图 3–51　师机动抢修群功能集

2.装备保障实体状态视图

表 3-28 和表 3-29 分别描述机动抢修中涉及的规则和行动方案。

表 3-28　师机动抢修群规则表

类别	内容
1. 前端规则	1.1 WHEN〈待命〉IF〈指挥命令为机动〉&〈条件成熟〉THEN〈至反应式系统〉
	1.2 WHEN〈待命〉IF〈指挥命令为至 × 地抢修 × 装备〉&〈条件成熟〉THEN〈至反应式系统〉
	1.3 WHEN〈待命〉IF〈指挥命令为至 × 地抢修 × 装备〉&〈条件不成熟〉THEN〈至产生式系统〉
	……
2. 反应规则	2.1 WHEN〈待命〉IF〈指挥命令为机动至某地〉THEN〈机动至某地〉
	2.2 WHEN〈待命〉IF〈指挥命令为至 × 地抢修 × 装备〉&〈经前端规则判断〉THEN〈机动至 × 地〉
	2.3 IF〈抢修完毕〉THEN〈报告（完毕）〉
	……
3. 推理规则	3.1 WHEN〈待命〉IF〈指挥命令为至 × 地抢修 × 装备〉&〈经前端规则判断〉THEN〈决策〉
	3.1.2 IF〈路上有敌情〉THEN〈经由 1 地域机动〉
	3.1.3 IF〈路上无敌情〉THEN〈经由 2 地域机动〉
	3.1.4 IF〈器材充足〉THEN〈机动至地域后抢修〉
	3.1.4 IF〈器材不充足〉THEN〈报告 & 请领〉
	……

表 3-29 中，推理规则的标号采用了嵌套标号，是为表明规则 3.1.2 ～规则 3.1.4 均为规则 3.1 中"决策"所使用的规则。如果师机动抢修群执行其他任务，则可设立规则 3.2 及规则 3.2.1 ～ 3.2.n。

表 3-29　师机动抢修群行动方案表

意图标记	行动方案
●	1 经由 1 地域机动
	2 经由 2 地域机动
●	3 抢修
	4 防护
	……

3.装备保障实体行为视图

图 3-52 描述师机动保障群执行机动抢修任务时的心智行为。

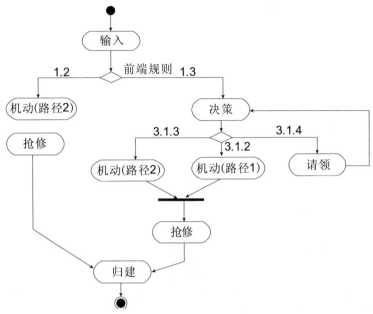

图 3-52　师机动抢修群行为图

3.6.4.2 关联视图

输入和输出、执行相关矩阵如表 3-30 所示。表中标号为规则编号。

表 3-30　输入和输出、执行相关矩阵

	命令抢修（有敌情）1	命令抢修（物资不足）	命令抢修（条件具备）	……
机动（路径 1）	△ 1.3；3.1.2	△ 1.3；3.1.2		……
机动（路径 2）	△ 1.3；3.1.3	△ 1.3；3.1.3	△ 1.2	……
抢修	△ 1.3；3.1.2；3.1.3	△ 1.3；3.1.2；3.1.3		……
报告		△ 1.3；3.1.4	△ 1.2	
报告（完毕）	△ 3.1.2；3.1.3	△ 3.1.2；3.1.3		
……				

3.6.5　装备保障实体逻辑模型视图

依据装备保障实体概念模型视图，以师机动抢修群为例，对构建装备保障实体逻辑模型视图进行说明。

3.6.5.1　主视图

1.装备保障实体任务空间视图

包括师机动抢修群领域信息表和实体功能集。

师机动抢修群领域信息表。如表 3-31 所示，给出了师机动抢修群的基本信息。

2.装备保障实体状态视图

表 3-32 和表 3-33 分别描述机动抢修中涉及的规则和行动方案。

表3-31 师机动抢修群领域信息表

分量	取值范围
parents	Divisionspport
area	area=（××，××）
environment	weather=autumn；climate=3
battlestyle	attack
mission mode	mobilerepair、move……
enemyinfo	F Union

表3-32 师机动抢修群规则表

类别	内容
1 前端规则	1.1 WHEN〈idle〉IF〈cmd=move〉&〈rule=1〉THEN〈reaction〉
	1.2 WHEN〈idle〉IF〈cmd={move（×）repair（×）}〉&〈rule=1〉THEN〈reaction〉
	1.3 WHEN〈idle〉IF〈cmd={move（×）repair（×）}〉&〈rule=0〉THEN〈inference〉
	……
2 反应规则	2.1 WHEN〈idle〉IF〈cmd= move（×）〉THEN〈move〉
	2.2 WHEN〈idle〉IF〈cmd={move（×）repair（×）}〉&〈frontrule=1〉THEN〈move〉
	2.3 IF〈repair=over〉THEN〈report（over）〉
	……
3 推理规则	2.2 WHEN〈idle〉IF〈cmd={move（×）repair（×）}〉&〈frontrule=1〉THEN〈decide〉
	3.1.2 IF〈enemy=1〉THEN〈move（path=1）〉
	3.1.3 IF〈enemy=0〉THEN〈move（path=2）〉
	3.1.4 IF〈amount>n〉THEN〈move && repair〉
	3.1.4 IF〈amount<n〉THEN〈report && ask〉
	……

表3-33 师机动抢修群行动方案表

意图标记	行动方案
●	1 move（path=1）
	2 move（path=2）
●	3 repair
	4 protection
	……

3.装备保障实体行为视图

图3-53描述师机动保障群执行机动抢修任务时的心智行为。

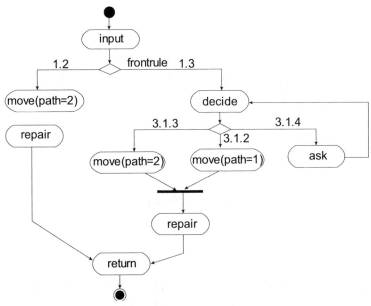

图 3-53　师机动抢修群行为图

3.6.5.2 关联视图

输入和输出、执行相关矩阵如表 3-34 所示。表中标号为规则编号。

表 3-34　输入和输出、执行相关矩阵

	cmd=repair（enemy=1）	cmd=repair（amount<n）	cmd=repair（rule=1）	……
move（path=1）	△ 1.3；3.1.2	△ 1.3；3.1.2		……
move（path=2）	△ 1.3；3.1.3	△ 1.3；3.1.3	△ 1.2	……
repair	△ 1.3；3.1.2；3.1.3	△ 1.3；3.1.2；3.1.3		……
report		△ 1.3；3.1.4	△ 1.2	
report（over）	△ 3.1.2；3.1.3	△ 3.1.2；3.1.3		

以上运用前述各节讨论的理论和方法，以某机步师装备保障指挥模拟训练系统为实例，构建了装备保障指挥模拟训练系统概念模型视图、装备保障指挥模拟训练系统逻辑模型视图、装备保障实体概念模型视图和装备保障实体逻辑模型视图。

第4章 面向智能体的仿真建模方法

4.1 引言

4.1.1 背景

随着科学技术日新月异的发展，许多高精尖的技术首先应用于军事，技术的更新促进了作战指导思想和战术战法的推陈出新。当今的作战模式已经从冷兵器时代转变为建立在信息化基础上的超视距、精确打击、陆海空天电磁联合的作战模式。以往指挥员进行的沙盘训练和士兵的单武器平台训练已经不能满足现代战争的训练需求了。世界各国都借助建模和仿真技术作为军事训练的辅助手段来提高训练质量，仿真技术对于军事训练、战法分析和武器系统评估等方面的推动作用也越来越显著。同时，仿真还具有节省经费、可多次重复、不影响环境和安全的优点。在军事需求牵引下，在计算机技术、信息技术、网络技术等推动下，军事仿真技术得到了长足的发展，也极大的丰富了军事仿真实践。

现代战争条件下的各种作战方式日益复杂，对作战系统的分析和描述提出了更高的要求，如何能够完整、准确地描述作战系统，形成标准化、规范化的抽象，进行层次化、模块化的描述，并建立具有可操作性和良好重用性的仿真模型，为仿真系统的研制提供一致的基础，是作战系统仿真亟待解决的问题。

随着作战仿真应用领域的不断扩大，对作战的仿真规模、逼真度和智能化程度提出了更高的要求。这种要求体现在，作战仿真系统不仅要能够智能化地仿真实体的真实战场行为，其模型还要能够真实表现作战系统复杂的组织结构。作战系统内部，各部（分）队通过相互协调，共同完成作战任务，共同构成一个多智能体系统，它们之间复杂的协调关系也是作战仿真系统研究的重点和难点问题之一。

4.1.2 作战仿真技术领域存在的问题

为满足军用大规模复杂系统仿真的迫切需要，20世纪80年代，美国国防部提出了先进分布仿真（Advanced Distributed Simulation, ADS）技术的概念，其国防高级研究计划局（DARPA）和陆军共同制定了SIMNET计划，SIMNET的成功充分表明了分布式仿真的可行性。在此基础之上，逐步发展至基于异构网络的DIS技术，并于1993年制定出一整套相关标准。1995年10月，美国军方制定了建模与仿真主计划（Modeling and Simulation Master Plan, MSMP），[14]此计划明确了建模与仿真工作的目标，介绍和定义了建模和仿真的标准化过程，推动了建模与仿真的通用性、可重用性、共享性和互操作性，它代表了美国军方建模与仿真的发展方向，也为其他国家如何发展建模与仿真提供了参考。

MSMP 提出了建模与仿真的六大目标，其中第一项就是：提供通用的建模与仿真公共技术框架。此框架包括三个子目标：高层体系结构（High Level Architecture, HLA）、使命空间任务描述（Functional Description of Mission Space, FDMS）、数据标准（Data Standard, DS）。最初，FMDS 被命名为使命空间概念模型或任务空间概念模型（Conceptual Model of Mission Space, CMMS），但是由于概念模型一词含义比较丰富，使用频率比较高、适用范围比较广泛，为了区分 FDMS 与面向设计的概念模型的不同，强调其面向领域的功能描述的特点，故在 2001 年，此项研究由 CMMS 更名为 FDMS。

计算机仿真是复杂系统分析与设计的重要手段，在该技术领域具有不可替代的作用。通过近十年的研究与开发，取得了一系列的研究成果。然而，随着仿真技术在作战仿真领域内的应用不断深入，我们认为包括目前美军广泛使用的 EATI 建模方法和 HLA 技术体系在内仿真建模方法，存在着以下不足之处：

（1）在 FDMS 规范中，EATI 四元抽象方法用实体（Entity）、行为（Action）、任务（Task）和交互（Interaction）来描述问题域，EATI 的四元抽象描述对问题域的定义和描述并不完整。FDMS 规范未对系统环境（Environment）、实体状态（State）和实体间的结构（Structure）给出清晰明确的描述。

（2）在 FDMS 规范中，EATI 四元抽象方法对实体（Entity）、行为（Action）、任务（Task）和交互（Interaction）四个要素的分化有不妥之处，如 FDMS 规范将任务（Task）定义为一组行为（Action）。我们认为，任务（Task）需要分解为一组行为（Action）来完成，但任务（Task）本身在仿真模型中应作为一种信息交互（Interaction）来描述。

（3）在国内外现有建模方法中，对描述问题域的概念模型到描述实现域的对象模型承接关系不够紧密，没有建立起严格的映射关系，不便于两种模型的转换。比如，HLA 中的对象模型（OM）只对联邦成员间的交互信息进行了定义，未考虑联邦成员所模拟的实体对象的描述问题；HLA 中的 FDMS 和 OM 之间，不存在继承关系，更不具备严格的映射关系，HLA 也未对依据 EATI 四元抽象建模产生的概念模型的引用进行具有可操作性的说明。

（4）在传统的仿真实体建模方法中，通常采用的是面向对象的方法，即将仿真实体作为"刚性"实体，只描述实体的属性和行为，显然难以逼真的刻画具有心智状态和行为的作战实体。

为了解决上述问题，本章探讨了面向智能体的六元抽象建模的方法及其应用研究两部分内容。在建模方法部分，以提高仿真模型的完备性、逼真度和建模方法的规范化、可操作性为目标，按照系统论和系统相似论的基本思想，从复杂系统的环境、要素、结构、状态、运行和功能六个方面出发，借鉴 Agent 技术、人工智能、UML 建模方法等技术，阐述面向智能体的六元抽象建模方法，包括：面向智能体的六元抽象建模技术框架、概念模型建模方法、智能体模型建模方法。在应用研究部分，以 pRTI 为联邦式仿真运行时支撑平台，运用面向智能体的六元抽象建模方法建立了装备保障仿真系统的概念模型和智能体模型，构建了装备保障指挥训练仿真系统[30]。

4.2 面向智能体的六元抽象建模思想

4.2.1 作战系统的描述

正确的作战系统的描述是进行作战系统建模与仿真的基本条件。古往今来，不少的军事学家已经在作战系统描述方面进行了积极而富有成果的探索研究。中国古代著名军事家孙子在《孙子兵法》中写道："兵者，国之大事，死生之地，存亡之道，不可不察也。故经之以五事，校之以计，而索其情：一曰道，二曰天，三曰地，四曰将，五曰法。道者，令民于上同意，可与之死，可与之生，而不危也；天者，阴阳、寒暑、时制也；地者，远近、险易、广狭、死生也；将者，智、信、仁、勇、严也；法者，曲制、官道、主用也。凡此五者，将莫不闻，知之者胜，不知之者不胜。……吾以此观之，胜负见矣。"这讲的就是对作战系统诸要素的理解。孙子认为，作战系统是由五种要素组成的，也就是道、天、地、将、法。把握好了作战系统的五个要素，就能把握住战争。在这里，孙子实际上就是用五种要素来描述作战系统的构成。

在科学高度发达的今天，尽管现代战争与古代冷兵器时代的战争已经发生了翻天覆地的变化，特别是现代的信息化战争，但是孙子对战争的描述仍然具有指导性意义。因此，对于作战系统首先要从总体上科学地认识和描述，从而通过作战仿真的方法去研究人及其组织行为、武器装备运用规律，进而深入理解作战系统。

要对系统进行仿真，首先就要建立起系统模型。所谓系统模型，就是一个系统在某一方面本质属性的描述，它以某种确定的形式（例如文字、符号、图表、实物、数学公式等）提供有关该系统的知识。系统模型不是系统本身，而是对现实系统的描述、仿真或者抽象。换句话说，模型是对相应的真实对象和真实关系中那些有用的和令人感兴趣的特性的提取的过程。所谓建模，就是利用模型来代替系统原型的抽象化过程。建立一个准确的系统模型是进行系统仿真的前提和必要条件。

模型是思考的工具，仿真的本质就是利用模型的运行来考察系统本身。包括军事科学在内的任何一门科学，都是建立在符合实际的抽象基础之上的。从这个意义上说，任何一门科学都离不开建立模型。正如贝塔菲所说的那样："每一门科学在广泛的含义下都可以看作是建立模型，即理解事物内在结构。而模型的目的就在于反映现实的一定方面。"

作战系统的模型与其他系统的模型一样，取决于研究的问题和所要做的事情。如果需要，既可以建立具体实物的沙盘比例模型，也可以建立抽象的导弹飞行空气动力学数学方程；既可以建立底层的坦克与坦克交战的虚拟实体模型，也可以建立高层的国家战时经济运行模型；既可以将整个战争系统看成一个大系统进行建模，也可以将它分解为不同的子系统甚至子系统的子系统进行建模。这完全取决于研究目的。

4.2.1.1 系统哲学范畴

范畴是反映事物本质属性和普遍联系的基本概念。在哲学中，范畴概念被用于对所有存在的最广义的分类，比如说时间、空间、数量、质量、关系等都是范畴。各门具体科学都有各自特有的范畴体系，是人们在实践基础上概括出来的最一般的概念，这些概念反映着客观现实现象的基本性质和基本规律，反过来又成为进一步认识世界和指导实践的方法，规定着各门具体科学理论思维的特点。

系统哲学范畴，即一般系统论的基本概念，是分析与刻画系统基本性质和基本规律的抽象思维模式，指导着人们认识系统和改造系统的实践活动。系统六元理论认为，对任何系统的认识和改造活动，都必须从系统环境、系统要素、系统结构、系统状态、系统运行和系统功能六个方面或剖面着手，它们是分析与刻画系统本体对象的六个基本范畴，称之为系统六元，认为系统六元是满足充分性和必要性要求的可用于指导系统分析、设计和评价的六元剖面体系。

4.2.1.2 系统描述的六元剖面体系

系统的存在是客观的，然而"系统"这一概念更多地用作一种抽象的思维形式或手段，用来描述所研究的对象。人们在研究或者描述一个系统时，首先将所研究的对象看作一个系统，并把该系统从环境中划分出来，确定其边界。所以，系统的描述首先要对系统的论域进行定义，将系统看作是相对独立的研究对象或问题域。

一个系统，人们之所以认识到它的存在，就是由于其具有功能。人们认识一个系统往往也是首先认识到其功能，也就是系统将一定输入转换为输出的能力，如谈到一个学校，首先想到它是培养人才的地方；提到奶牛，首先想到它吃进去的是草，挤出来的是牛奶。所以描述一个系统，系统功能是必不可少的一个剖面。

系统功能是系统的外部表现。从系统内部看，系统功能发挥的主体是系统要素或组元，系统功能发挥的质量和数量决定于系统的结构和运行。它们之间相互联系、相互作用的规律，就是著名的"系统功能原理"，是系统理论研究的基本内容之一。

要素，是指组成系统的成分，每个系统都有两个以上的要素。要素是构成系统的实体，离开要素，系统就不存在。要素对系统功能的影响，首先通过结构，然后通过运行表现出来。因此，在描述一个系统时，要素是必须描述的。每一个系统要素在系统运行过程中必然表现出各种动态或者静态的状态，所有系统要素的状态构成整个系统的状态，于是，我们引入系统状态来描述系统在运行过程表现出来的静态或者动态特征。

系统的要素之间总是以某种方式相互联系和作用着，我们将系统要素在数量上的比例和空间或者时间上的联系方式称为系统结构。系统结构在一定程度上由系统要素来决定。结构赋予要素以特定的形式相结合，并决定了每个要素在特定环境条件下工作。结构是完成系统功能的基础，而组成相同结构不同，系统常常会表现出来特殊的功能。因此，结构也是系统分析与描述的一个重要剖面。

对于一个系统，结构并不能将系统的功能完全确定下来，还与系统运行有关，主要是与系统主体的决策行为有关。结构给予主体的决策以强制性约束，如规定决策范围和内容。但在这种约束下，主体的决策仍然有许多方案可供选择。不同方案的选择导致不同的行动、不同的实践效果，从而使系统表现出不同的实际功能。运行同结构一样，是系统主体实现特定的功能、达到特定目的的手段。因此，系统运行也是描述系统的一个重要方面。

系统作为研究对象总是有系统边界的。从组成要素来看，边界内部的实体要素形成了系统的内部环境，边界外部的实体要素形成了系统的外部环境，系统的内部环境和外部环境构成了系统研究的问题域或系统论域。系统论域，只是对系统研究问题域中的实体要素及其动静态特征的概略性描述，更具体的描述则体现在系统功能、系统要素、系统结构、系统状态和系统运行中。

以上六个方面构成了系统描述的剖面体系，也就是说，系统建模需要从这六个视角观察、分析、抽取系统的静态属性特征和动态运行规律，从而形成一个完备的系统信息模型，如图4-1所示。

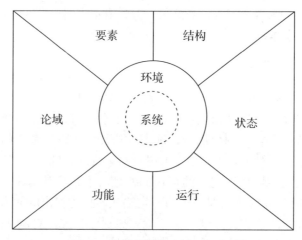

图4-1 系统描述的六元剖面体系

系统论域：事物的联系是普遍的，但是人们研究的事物必须限定在一定的范围内。系统的论域可以看作是相对独立的研究对象或问题域。在作战系统模型中，将战争空间内参与相互作用的所有要素，例如政治机构、作战部队、作战装备和自然环境等都视为问题域的研究范围，并将研究范围看成一个封闭式系统。这样，将这个封闭式系统作为研究对象，那么原来的系统要素和环境要素都将视为该封闭式系统的内部要素了。作为对实际作战系统的整体性、概括性描述视图，系统论域可用包含若干维变量（如战争的参与者、对象、方式、时间、地点等）的作战空间予以描述。这些变量反映了战争的基本特征，同时也限定了系统研究的范围。

系统要素：系统要素是系统描述的核心，系统结构、系统状态、系统运行、系统功能的描述都是以系统要素为主体展开的。不同的作战系统中包含有不同的要素，如政治机构、经济单位、作战部队、武器装备、自然环境等。在作战系统的建模中，可以将这些系统要素统一抽象为实体。在作战系统中，由于系统要素大部分都是智能或者智能化的作战实体，因此这些实体可以抽象为智能体。

系统结构：一般指系统的组成结构或称组合结构，系统组合结构表示构成系统各种要素之间的相互关联和相互作用的方式，包括系统要素的数量比例、排列次序、结合方式。组合结构是系统的存在形式，这就是说，一切系统都有其特有的组合结构。对于静态的或简单的系统，如果系统要素相同而组合结构不同，我们通常会把它们作为不同的系统；而对于动态复杂系统，系统要素的种类和数量、系统的组合结构都处于动态的变化之中，这类系统称之为发展中系统，作战系统就是较典型的一种。所谓组合结构分析，就是先确定系统由哪些基本要素组成，然后分析要素之间的某种稳定联系和组织方式，从而从整体上把握系统行为。在分析系统组合结构时，必须注意两个条件。第一，这种关系是普遍存在并相对稳定的，它有一定的保持自身存在的调节能力；第二，这种关系把要素组成一个整体。这两个限制很重要，系统的组合结构并不是由研究者随心所欲地加以约定的，比如要素间的类属关系、要素状态的比较关系、要素的动态交互关系，都不属于系统组合结构。在系统结构分析时，除了系统组合结构外，我们通常采用系统分类结构描述系统要素，建立系统模型。系统分类结构反映了系统要素的类属关系。如果说系统组合结构是系统存在方式的客观反映和描述，那么系统分类结构则是按照人们的认识规律或易于理解的习惯对系统结构的一种表达，借此可采用面向对象的分析与设计方法建立系统仿真模型。

系统状态：系统状态用于描述系统在某一个特定时刻的静态特征。对任何系统的动态研究，都需要分析系统的状态转移过程。在作战仿真系统中，对作战系统状态的描述离散化为对其内部所含的各个要素状态的描述。

系统运行：系统运行是指系统生存过程中各组成要素之间相互作用与联系而表现出来随着时间的推移而不断变化的动态过程，这个动态协调过程主要包括决策、执行、反馈和控制等环节。系统运行的外部表现是系统状态的变化。从系统内部剖析，系统状态的变化是系统要素状态变化的总和，系统要素状态的变化又是在系统要素的物质、能量和信息交互的触发下而导致的系统要素行为（运行）的结果。以要素状态、要素交互和要素运行的关系为基础，就可以运用面向对象的分析与设计方法建立系统要素仿真模型，即用类表示系统要素，用类属性表示要素状态，用类方法表示要素运行，用类方法的调用参数表示要素之间的交互。因此，系统运行分析，即系统全部要素的运行分析，是描述系统动态特征和规律的不可或缺的研究剖面。

系统功能：系统功能是系统与环境相互关系中表现出来的系统总体的行为、特性、能力和作用的总和。就系统而言，其功能一般应从两个方面进行考察。一是系统内部功能，是系统内部要素之间的相互作用和相互影响，体现系统内部要素的输出能力；二是系统外部功能，是系统（内部要素）对其环境的作用和影响，体现系统整体的外部能力。在作战仿真系统的建模过程中，由于战争空间内的所有相互作用实体均被认为是系统的内部要素，所以模型的表达只需考虑系统的内部功能，即作战实体实施的各种行为所产生的相互作用和相互影响。

4.2.2 面向智能体系统分析方法

4.2.2.1 面向智能体建模的基本思想

面向智能体建模中最基本的内容就是：智能体、智能和交互。具体说来就是在用智能体思想进行建模时，要将智能体作为系统的基本抽象单元，在必要时赋予智能体一定的智能，然后在多智能体之间设置具体的交互方式，最终得到相应的系统模型。

智能体。智能体是一个自治的计算实体，可以通过感应器来感知环境，并通过效应器作用于环境，具体来说就是它以程序的形式物理地存在并运行在某种设备之上，同时又具有一定程度的自治，可以控制自己的行为，既可以在没有外来干预的情况下采取某种行动，也可以在外来干预的情况下，不采取行动或采取不同的行动。智能体通过一定的子目标并执行相应的任务来完成系统设计目标，而这些任务和子目标既可以相互补充也可以相互冲突。

智能。这里说的智能，是指智能体在变化的环境中灵活而有理性的运行，具有感知和效应的能力，与纯粹的人工智能有一定的区别。

交互。多个智能体通过交互，以团队的方式一起完成系统的目标，如果出现冲突，智能体之间通过交流来解决冲突，从而实现系统目标。

面向智能体的建模是一种由底而上的建模方法，智能体是整个系统的基本抽象单位，采用相关的Agent技术，首先建立组成系统的每一个智能体模型，然后通过合适的MAS（Multi-Agent System）体系结构组装这些智能体个体，最终建立起整个系统的系统模型。

4.2.2.2 面向智能体的系统分析

一般情况下，面向智能体的系统模型是一群智能体组成的MAS，它包含三个层次，如图4-2所示。

图4-2 面向智能体的系统模型的层次

Agent层。描述系统论域中的所有实体要素对应的智能体。

从系统的物理结构出发，围绕系统的开发目标对系统进行抽象是对系统进行智能体抽象的基本原则。我们可以以物理结构作为抽象的基点，然后根据物理的实际构成来划分智能体。进行这项工作的一般原则是将组成系统的每一个实体都抽象为一个智能体。

特征模型层。描述了智能体的结构与特征，例如数据、变量、函数和方法等。

这一层次是对每一个智能体进行个体建模。其方法就是结合系统抽象的智能体，逐个分析每个智能体的内部状态、感知器和效应器，根据需求来采用相应的手段，最终建立每个实体的智能体特征模型。

MAS层。描述了系统的智能体群体采用的体系结构，解决智能体之间的通信和协调问题。

这一层是根据系统的目标要求，确定系统智能体的个数；智能体之间的通信管道；智能体之间的通信协议；如何建立智能体与其相关的其他智能体之间的结构；如何协调智能体之间的行动等。

以上是从智能体的角度描述系统模型的层次结构，其智能体层、特征模型层和MAS层的三层分析方法与下面介绍的六元抽象建模方法的概念模型、智能体模型和执行模型的建模过程是吻合的。

4.2.3 面向智能体的六元抽象建模方法技术框架

系统建模的本质就是一个系统在某一方面本质属性的描述，它以某种确定的形式（例如文字、符号、图表、实物、数学公式等）提供有关该系统的知识。对于作战仿真而言，其本质就是通过对现实作战系统知识的获取而对作战系统进行分析与描述，建模过程是从一个不同角度和从不同人员处获取问题域的知识，将这些知识进行组织，形成作战系统仿真模型的过程。

　　面向智能体的六元抽象建模方法作为作战仿真的一种解决方案，必须有一系列保障它能够正确实施的技术措施。为此，需要建立一种具有广泛适用性的面向智能体的六元抽象建模方法的技术框架，以便为整个仿真系统的分析、设计和运行提供理论、方法、程序、标准、规范、工具和运行环境等多方面的技术支持。

4.2.3.1　面向智能体的六元抽象建模方法的过程框架

　　面向智能体的六元抽象建模方法，将复杂系统建模与仿真过程分为四个阶段，即通过三级抽象完成各联邦成员的设计，再通过联邦运行支撑平台RTI进行系统集成，从而实现整个联邦的设计。因此，联邦设计过程包括分析、设计、实现和集成四个阶段，如图 4-3 所示。

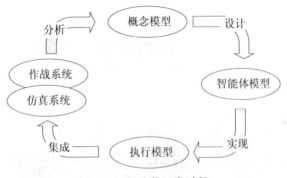

图 4-3　四阶段开发过程

　　分析阶段的任务是完成仿真建模的第一次抽象，建立实际系统的概念模型（Conception Model，CM），并保证概念模型对问题域描述的充分性和必要性。概念模型采用标准化的语法、语义和图表工具对问题域的战场实体、实体关系、实体状态、实体行为和实体交互进行表述，它独立于任何仿真实现技术，易于被军事人员掌握和使用，以便完整、准确地描述所要解决的实际问题。

　　设计阶段的任务是将分析阶段产生的概念模型向智能体模型映射转换与扩展，建立实现域中的智能体模型（Agent Model，AM），实现仿真建模的第二次抽象。

　　实现阶段的任务是以联邦成员运行框架为基础，根据设计阶段产生的智能体模型，在特定的软硬件编程环境下编写相应的计算机程序，从而生成系统仿真执行模型（Executable Model，EM），它是对实际系统的第三次抽象。

　　集成阶段的任务是遵循HLA的联邦式仿真集成规范，将实现阶段产生的EM组装在一起，同时加载系统仿真数据，从而构成具有特定应用目的的仿真系统。

4.2.3.2　面向智能体的六元抽象建模方法的模型体系结构

　　面向智能体的六元抽象建模方法就是从系统的论域、系统的要素、系统的结构、系统的状态、系统的运行、系统的功能六个视图来描述作战系统，在分析阶段，按照系统相似性原理，将描述概念模型的六视图映射成描述概念模型的六项标识，并在仿真系统设计阶段，对这六种关系进行进一步的映射，形成描述智能体模型的六种要素。六元抽象建模方法建立了各级模型间严格的映射关系，使得模型之间的转换更符合逻辑，更符合客观实际。

面向智能体的六元抽象建模方法的模型体系结构是由系统视图维、模型通用性维、模型映射维组成的一个三维立体结构，如图4-4所示。

面向智能体的六元抽象建模方法的模型体系结构在系统描述维、模型通用性维、模型映射维上具有以下特点：

模型映射维，即从概念模型到智能体模型，再到执行模型的转换，这是该建模方法体系的主线。该维也体现了作战仿真系统全生命周期从分析、设计、实现和集成的四阶段开发策略。

系统描述维，由系统论域、系统要素、系统结构、系统状态、系统运行和系统功能组成，关于概念模型和智能体模型的六视图表达方法和它们之间的映射与转换关系是系统建模研究的重点。

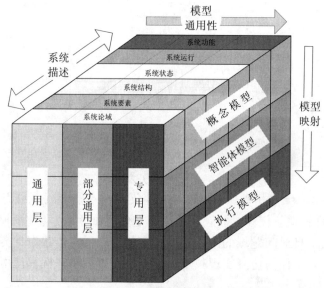

图4-4　六元抽象建模方法体系结构

模型通用性维，对于概念模型、智能体模型和执行模型，从通用性上都划分为通用层、部分通用层、专用层三个层次，通用层是构建这三类模型的基本框架，部分通用层和专用层是建模人员根据仿真领域的需要有待开发的模型组件。

下面阐述面向智能体的六元抽象建模方法（Agent-oriented Six-view Modeling Method, AOSVMM）。

4.3　AOSVMM的概念模型建模方法

美国国防部在1995年10月公布的建模与仿真主计划中，明确提出要建立任务空间概念模型（CMMS），旨在为建立相容而有权威性的建模与仿真表述方式提供一个共同的基础，以便于建立规范的、可重用的仿真组件。

作战系统的概念模型（CM）是用通用的，独立于任何仿真实现的语义、语法和图、表等工具对作战系统的一种表达，它为仿真开发者提供与特定任务相关联的军事行动的规格化描述。概念模型作为把实际系统抽象为仿真系统的一个中间环节，必须容易被军事领域人员和仿真技术人员掌握和运用，便于他们对所研究的问题达成共识。

4.3.1　AOSVMM 的概念模型分析方法

系统仿真本质上就是根据系统相似性原理[31]，人为地建立某种形式的相似模型去模拟实际系统。因此，在仿真过程中应自觉地运用系统相似性原理进行建模与仿真。

系统相似学第一定律认为：当系统序结构存在共性时，系统之间存在相似性，其相似程度的大小与系统结构的共性程度的大小相关联。基于系统相似性，系统仿真模型应以某种形式、在某种程度上反映实际系统的序结构。如果某个系统仿真模型与实际系统具备序结构上的相似性，便可借助该系统仿真模型开展仿真研究。系统相似学第二定律认为：系统的序结构的形成和演化与系统的信息作用相关，不同系统间的信息作用存在共性时系统间形成相似性。基于系统相似性，仿真模型应反映系统的信息作用规律，包括信息作用的内容、形式、过程和信息强度和分布规律。

系统相似学第三定律认为：受相同规律支配的系统间存在一定的相似性，系统相似性程度的大小取决于支配系统的自然规律的接近程度。基于系统相似性的仿真模型，应能够反映支配本质系统的本质规律联系，并以某种形式体现在仿真模型中。

在前面论述的面向实体的系统六元抽象建模方法中，根据系统相似性原理，在实际系统与概念模型之间建立了六种相似关系。其主要思想是将作战系统中的各类事物抽象为实体，用"实体"表示一个具有特定状态向量的事物类，是一种准面向对象分析方法。

随着仿真技术和智能体技术不断向前发展，面向对象技术已经逐渐表现出其在建模仿真中的局限性。面向对象思想强调客观自然性，即对象意识，而认识是对象意识与自我意识的统一，认识既具有客观性又具有主体性。对对象属性和行为的认识是建立在自我意识之上的，这是导致面向对象思想局限性的根源。

智能体将对象外延为一种具有智能的载体，它在面向对象方法的框架基础上，使被描述的对象具有自治性、开放性以及对环境的敏感反应能力。面向对象方法和面向智能体方法有一定的相似之处，如都坚持信息隐藏的原理和承认交互的重要性等。但有一些重要的不同之处，如：

（1）对象是被动的，需要给它发送消息才活动，而智能体是主动的，它有自己的目标和行为，可由外部激励或内部状态而启动。

（2）智能体是一个自治的实体，具有自己的知识和分析问题方法，能理解信息并控制自己的行为，而对象只能机械地执行所规定的动作。

（3）对象封装了状态和行为的实现，没有封装行为选择，不能自主，而智能体是自主的。

（4）对于复杂系统，对象、类、模块提供了基本的但不是充分的抽象方法。单一对象表示行为的粒度太细，而智能体的粗粒度与高级交互能力更有意义。

（5）智能体能根据推理规则进行信息的抽象，而对象却不具备推理功能。

作战系统建模与仿真的难点就在于各兵力实体之间的关系非常复杂，难以表达，每个兵力实体的行动都有可能对其他兵力的下一步行动产生影响，单纯靠对个体进行建模很难描述整个战场上各因素之间错综复杂的关系，而智能体技术的发展为解决这一问题提供了有效的途径。

因此，为了能建立高质量的概念模型，使之能够客观的反映作战活动的客观规律，根据系统相似学三大定律，运用面向智能体的系统分析方法，论述AOSVMM的概念模型分析方法，即在作战系统与概念模型之间建立了六种相似性关系，如图4-5所示。

（1）系统论域与任务空间相似性

开展任何应用领域的建模与仿真研究，首先要明确所研究的实际对象系统的边界或范围，即问题域。系统论域就是对问题域的界定与描述。在AOSVMM中，将作战系统任务空间内参与相互作用的所有要素，包括作战主体、客体、手段、信息和环境等都视为系统论域。概念模型作为对实际作战系统的第一次抽象和表达工具，系统论域可用包含若干维变量（如作战的主体、对象、方式、时间和地点等）的任务空间予以描述。这些变量反映了作战任务空间的基本特征，同时也限定了系统对象研究的范围，并将该研究范围看成一种封闭式系统，此时只需考虑该封闭式系统的内部要素及其相互作用。

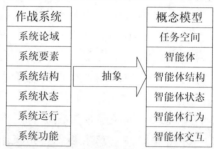

图4-5 作战系统与概念模型的相似性

（2）系统要素与智能体相似性

在作战仿真系统中，对作战系统所含的各类要素，如作战部队、武器装备、自然环境等，统一地抽象为智能体（对于没有智能的实体，我们可以假定其智能为零）。智能体概念的引入旨在建立用于作战仿真系统进行分析和表达的统一语法和语义，从而形成具有一致性的面向智能体的作战仿真概念模型描述方法。

（3）系统结构与智能体结构相似性

作战系统的结构是指作战系统论域内的各类实体要素之间稳定的、持续的关联关系。在基于智能体的仿真模型中，主要用两种关系描述作战系统的结构，即智能体间的类属关系和智能体间的组合关系。此外，为了描述每个智能体的心智状态和行为，还需要运用类属关系和组合关系建立智能体内部的结构模型。

（4）系统状态与智能体状态相似性

状态用于描述系统在某一个特定时刻的属性特征。对任何系统的动态研究，都需要分析系统的状态转移过程。在作战仿真系统中，对作战系统状态的描述离散化为对其内部所含的各个要素状态的描述。智能体的状态分为内部状态和外部状态，内部状态主要指心智状态，包括信念、愿望、意图等；外部状态主要指智能体在系统运行中表现出来的外部特征的参数。

（5）系统运行与智能体行为相似性

系统运行是指系统状态随着时间的推移而不断发生变化的过程，反映了系统的动态特征。在作战仿真系统中，由于系统状态用作战系统中的智能体状态描述，因此作战系统的运行则用智能体的状态变化过程，即智能体行为来表示。作战仿真系统作为仿真实际系统动态演化的信息模型，必须详细、准确地描述任务空间中所有实体的各种行为特征和行为机制，其方法就是在特定的时间区间内离散地或连续地记录和表达所有战场实体的状态变化过程。

行为是系统要素的动态特征，它表现为系统要素随着时间的推移而产生的状态转移过程。行为将导致要素间的相互作用和相互影响，进而又导致新的行为，如此循环往复，这是系统运行的内在机制和根本动因。

（6）系统功能与智能体交互相似性

功能是指事物之间的相互作用和相互影响，表现为在特定的输入条件下，对外部的输出能力。在作战仿真系统中，将作战实体之间相互作用和相互影响的程度量化为包含若干参数的向量，称之为交互，把交互发送给受影响的作战实体，进而通过计算来模拟实体间的相互作用。因此，交互描述了实体的输出，体现了实体的功能。

就系统而言，其功能一般应从两个方面进行考察：

● 内部功能——系统内部要素之间的相互作用和相互影响，它体现系统内部要素的输出能力；

● 外部功能——系统（内部要素）对其环境的作用和影响，它体现系统整体的外部能力。

在作战仿真系统的建模过程中，由于任务空间内的所有相互作用的实体均被认为是系统的内部要素，所以模型的表达只需考虑系统的内部功能，即作战实体实施的各种军事行动所产生的相互作用和相互影响，即在概念模型中只考虑系统的内部交互。

根据上述的相似性分析，作战仿真的概念模型作为对实际作战系统的第一次抽象，其构成应包括六类要素：任务、智能体、结构、状态、行为和交互，也就是形成了下文要着重分析的描述概念模型的六项标识：任务标识、智能体标识、结构标识、状态标识、行为标识和交互标识。因此，AOSVMM 的概念模型分析方法可以表示为：

$$概念模型 = 任务 + 智能体 + 结构 + 状态 + 行为 + 交互$$

任务是作战主体（实体）担负的作战职责。所有作战实体在特定的条件下，担负作战任务的集合称之为作战任务空间。作战任务空间用于限定考虑问题的范围。

智能体是在作战任务空间内，对实际作战系统中的各类事物的抽象。智能体标识只对应于作战实体的静态部分，作战实体的动态部分对应于智能体的行为。

结构表示智能体之间的相互关系和问题空间的复杂度。

状态是智能体所具有的、可辨识、可度量的形态或特征。

行为是在作战任务空间内，能够对实体状态产生直接或间接影响的军事行动，如炮击、机动、弹药运输等。

交互是对智能体之间相互作用的一种描述，包括物理作用的描述（如炮击效能参数）和信息作用的描述（如作战文电）。

因此，要完成概念模型建模，应该对概念模型的这六项标识进行逐一的描述。

4.3.2 概念模型描述的一般方法

概念模型的描述方法主要有两种：形式化描述和格式化描述。

4.3.2.1 概念模型的形式化描述

形式化方法至今并无精确而统一的定义，一般是指建立在严格数学基础上的软件开发方法，其中，逻辑、代数、自动机、图论等构成了它的数学基础。可以说，凡是采用严格的数学工具、具有精确数学语义的方法，都可称为形式化方法，其目的是希望能使软件系统具有较高的可信度与正确性，并使系统具有良好的结构，易于维护，能较好地满足用户的要求。

形式化方法最早可追溯到 20 世纪 80 年代对程序设计语言编译技术的研究，即 J·Backus 提出的 BNF 描述 Algol 60 语言的语法。经过 30 多年的研究与应用，人们在形式化方法领域取得了大量的、重要的成果，从早期最简单的形式化方法，一阶谓词演算方法到现在的应用于不同领域、不同阶段的基于逻辑、状态机、网络、进程代数等众多的形式化方法。形式化规范语言有多种，其中以 BNF、Z 语言[32] 和 VDM[33,34] 为代表。

形式化方法的一个重要研究内容是形式化规范。形式化规范借助数理逻辑或其他形式化概念来描述软件的需求分析和系统设计文档。与自然语言描述的含糊不清与歧义性相比，形式化规范可提供描述对象的更精确语法和语义，其优点是：减少由误解引起的软件设计错误，有利于采用自动化的软件开发工具，有利于软件系统正确性检验与验证。

4.3.2.2 概念模型的格式化描述

概念模型格式化描述主要解决军事知识的规范表示。军事概念模型格式化描述是指军事人员以图、文、表等一套标准化、规范化的表现形式，将作战系统描述成建模技术人员易懂、易用、详尽、够用的完整信息。建模人员在此基础上，可以比较全面系统地了解军事领域的相关知识，从而可以比较顺利、准确地建立军事模型，大大提高建模工作的效率和模型的可重用性。格式化描述作为一种原始的军事描述文档，是一种书面语言，可以综合采用图、文、表等军事人员熟悉的表述形式[35-37]。

科学报告方法使用科学报告的标准结构，并通过运用标准数学和技术惯例使得描述更清晰、假设更完备、规范约束更严格。这种描述形式推动了概念验证和仿真用户使用指南的开发，还使随后所作的修改更加容易。它包含以下九个部分：

（1）模型鉴别部分。此项将是唯一的、容易理解并且方便检索的。其中应包括模型的名称、标识符和创建日期。

（2）主要的仿真开发联系人。此项应确定与系统表示有关的某个人，使得概念模型可以很容易的知道找谁来澄清、修改和讨论模型描述。

（3）需求/目的。此项应该简洁地，但却是明确地、细节地描述了概念模型的用途，还包括了仿真需求与模型描述的对应关系。

（4）模型描述的总体说明。此项描述了如何进行仿真应用并解释模型表示如何与更复杂的仿真上下文相关联。

（5）前提和假设。此项确定了概念模型适用的假设条件。不完备的假设会给今后的仿真应用带来隐患。

（6）确定建立概念模型需要描述的要素。

（7）算法的确定。算法定义了实体或过程的运作方式及其如何与其他事件相互作用。此项确定所有算法及与之相关的实体和过程，并说明算法的来源及与其他相似算法之间的关系和算法的假设、数据元素。

（8）模型开发、改进计划。此项说明模型的开发和改进计划。

（9）摘要和大纲。此项说明模型的约束条件和总结预期的能力，还明白地注释模型不完备的部分并指明这些部分改进和完善的时间表。

在科学报告方法的九项内容中，第 1、2、3、4、9 项属于模型的元信息，它们可以帮助用户快速、准确地理解模型及其用途，是模型的有机组成部分；第 8 项制定了模型的开发和改进计划；第 5、6、7 项是模型的核心。对于作战仿真领域的概念模型建模，第 6 项关于任务、智能体、结构、状态、行为和交互的描述是概念模型描述的重要部分。

4.3.3　AOSVMM 的概念模型描述方法

面向智能体的六元抽象建模方法（AOSVMM），就是通过任务标识、智能体标识、结构标识、状态标识、行为标识和交互标识六个方面的分析、识别和标记建立作战系统仿真模型。对于每一项标识而言，应该描述什么和不应该描述什么，这需要根据目标系统的应用需求进行分析和判定。下面给出 AOSVMM 的概念模型六项标识描述方法，它们没有严格的先后顺序关系，实际上它们往往是交替进行的。

4.3.3.1　概念模型任务标识

任务标识的目的是确定作战任务空间，以便确定概念模型描述的问题域。任务是作战实体应担负的职责，各级作战实体有各自的作战任务，通常是上级作战实体给下级作战实体赋予作战任务。任务空间则是所有作战实体所担负的任务及其约束的条件与环境的综合性描述，可用一个多维向量空间来定义，如作战时间、作战空间、作战目的、实体分辨率等。

确定作战任务空间的主要依据是作战仿真系统应该满足用户的那些需要。例如，建立装备保障仿真训练系统时，首先要考虑到受训对象是谁，这些受训对象指挥谁，受谁指挥，以及指挥时间、空间、条件和方法等。这些都是仿真模型需要重点描述的内容，同时也是确定作战空间的主要依据。

作战任务的描述方法是，根据总的作战意图，按照作战实体级别从上到下级逐级描述，主要依据军事人员拟制的作战想定。任务描述包含：任务名称、执行任务的智能体、相关智能体、目的、时间地点、条件和方式等。

任务标识活动的结果是获取两类表格：作战任务空间表和作战实体任务表，表 4-1 和表 4-2 以某陆军战术级作战仿真为例分别给出这两类表格的示例。

表 4-1 任务空间数据表举例

空间分量	取值范围
作战等级	战术级
部队类型	陆军
参战部队	红方：2个机步师、1个高炮团
	蓝方：2个机步旅、1个飞行中队
分辨率	作战部队：从师到营
	保障部队：任意编组
作战地区	5 号作战地区，地域范围：以某地为中心南北 60 公里，东西 50 公里
作战目的	红方：
	蓝方：
作战方式	红方：
	蓝方：
作战时间	某年某月——某年某月
作战阶段	只考虑作战准备和作战实施阶段
……	……

表 4-2 任务表举例

序号	任务	执行智能体	作战对象	时间	地点	方式	备注
1							
2							
3							

4.3.3.2 概念模型智能体标识

实际的作战系统是由可辨识的人员、武器装备、作战部队、指挥机构、设施和自然环境等战场实体构成，这些战场实体是各种作战行动的主体和客体，是作战系统仿真模型描述的核心要素。由于大量的战场实体具有心智状态和行为，因此宜将它们作为智能体来描述，从而使仿真模型更加逼真、合理。

实际作战系统包含着各种各样、千差万别的智能体，大到一支作战部队（如集团军、舰队、飞行大队），小到一个士兵。作战仿真模型不可能像实际作战系统那样，由千千万万个活生生的士兵和装备构成。而是应该在一定的聚合级上有选择地构造若干智能体信息模型，以实现特定的仿真应用。智能体是对具有相同特征的一类事物的抽象，而不是一个特定的个体。下面给出选取智能体时应考虑的问题和遵循的原则：

（1）模型相关原则。在所确定的任务空间内选择作战智能体，构造兵力行动信息模型（联邦成员）；在任务空间之外选择相关作战智能体，构造情况导调信息模型（联邦成员）。前一类智能体需要详细描述它们的状态和行为；后一类智能体可简化描述，重点表明与任务空间内作战智能体的信息交互关系。任务空间是根据仿真应用的目的而确定的，任务空间之外的相关智能体应作为环境因素予以描述。例如，在聚合级作战仿真中，如果兵力行动模型只描述师、团两级作战智能体，则军以上和营以下相关智能体为环境智能体，这类智能体在作战仿真系统中可以设计成导调模型，通过人工干预设置情况，模拟外部环境对系统内部的影响。

（2）智能体分辨率适度原则。智能体分辨率是指模型所描述的智能体粒度。智能体分辨率越高，仿真模型对作战单位描述越详细。然而，为了特定的仿真目的，并非分辨率越高效果越好。这是因为模型与实际的误差是必然存在的，当粗粒度的智能体描述满足要求时，如果描述过细，则会产生积累误差，甚至冲淡主题，同时可能带来其他副作用，如占用大量的内存空间、计算量和通信量增加、时间延迟等。在平台级作战仿真中，智能体的选择较为容易，一般都以单个武器系统平台为智能体进行描述，如坦克营战术仿真模型，由许多单个坦克信息模型构成。在聚合级作战仿真中，需要在某一或某几个级别上确定作战智能体。例如，在指挥训练仿真系统中，首先要确定训练哪些指挥员，那么这些受训指挥员指挥的作战智能体必须在模型中予以描述。

（3）有状态向量原则。在决定模型中是否应包含某一智能体时，应判定模型是否需要记录这个智能体的某种信息，这些信息可能是仿真过程中所必需的中间数据，也可能是最终评价仿真应用的数据来源。如果回答是否定的，则该智能体肯定不需要考虑。如果回答是肯定的，则该智能体应予以保留，待后续的分析和优化后决定对它的取舍。假如某个智能体只有一个或两个状态需要记忆，则该智能体很可能应以状态变量的形式归为一个更大的智能体。例如，在模型中如果只关心"士兵"（可能的智能体）的人数，那么该信息可在"作战部队"智能体中的士兵人数状态变量中描述。

（4）有交互行为原则。在决定模型中是否应包含某一智能体时，应判定模型是否需要描述这个智能体与其他智能体的交互信息，这些信息可能导致其他智能体状态或行为的变化。如果回答是否定的，则该智能体肯定不需要考虑。如果回答是肯定的，则该智能体应予以保留，待后续的分析和优化后决定对它的取舍。

（5）公共状态向量。智能体是同一类事物的抽象，因此这一类事物应具有相同的状态向量。如果其中某个或某些事物（实例）的状态向量与其他实例的状态向量不完全相同，则该智能体可能需要通过分类结构进一步分化为两个或多个智能体。如作战保障分队可能需要进一步分化为工程保障分队、装备保障分队、后勤保障分队，而装备保障分队又可能分为弹药保障分队和维修保障分队。

（6）公共交互行为。智能体是同一类事物的抽象，也表明它们具有相似的行为特征。如果其中某个或某些事物（实例）的行为与其他实例的行为不完全相同，则该智能体可能需要通过分类结构进一步分化为两个或多个智能体。

在我们的系统模型中，每个智能体可用一个<标识，名称，类型>三元组来描述，其形式化描述为：

标识：标识是智能体的编号，是模型中智能体的"身份证"，不同智能体的标识是不同的，即每个智能体有个唯一的标识。在程序中表现为一个唯一的编码串。

名称：是基于名词概念对智能体的抽象表示，智能体命名应该遵循以下原则：反映主题；应用领域术语；可读性强，如采取"名词（或形容词）+名词"的形式。

类型：它是指智能体所属的种类。由于系统中存在不同种类的智能体，智能体之间的关系可以是友邻关系，上下级关系或者敌对关系。智能体之间的关系可以非常复杂，这些都要通过类型和标识结合起来对它们进行处理。

智能体可用标注表来描述（表4-3）。

表4-3 智能体标注表

智能体名称	标识	类型
……	……	……

4.3.3.3 概念模型结构标识

系统结构是系统要素之间相互关系、相互作用的总和。系统的大小决定于系统要素的多少，系统的复杂程度决定于要素的关联数量。

概念模型的结构标识也就是描述智能体之间的相互关系反映出来的组织结构。这种结构具有相对静止和稳定的特点。比较典型的结构分为两类：分类结构和组合结构。在概念模型中，借助结构的分析可以明确作战任务空间内各种智能体之间的相互关系。

分类结构用于描述问题空间内各类智能体的类属层次关系，高层类概括了底层类的公共属性（状态和行为），底层类在继承高层类特性的基础上进行特化扩展。这种结构显示地表示了现实世界中的通用性和专用性。如图4-6所示，保障队包括抢救抢修队、器材补给队、弹药供应队、勤务保障队等，器材补给队又可分为坦克、装甲、火炮、综合器材队等。借助分类结构可以对问题域的信息进行分层，把公共的状态信息放在较高的层次，把私有的状态信息在较低的层次上进行扩展。

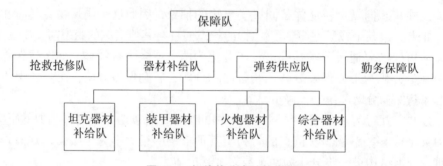

图4-6 智能体分类结构举例

组合结构用于描述一个智能体及其组成部分，如图4-7所示，一个师由三个机步团，一个高炮团和一个修理营组成。组合结构表达了自然的整体和部分的结构关系，这是事物客观的存在形式。在聚合级作战仿真中，组合结构是智能体聚合与解聚算法的基础。

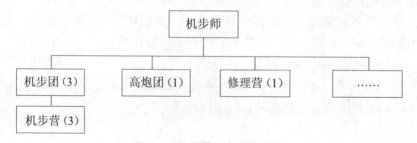

图4-7 智能体组合结构举例

智能体结构的描述除了采用上述结构图的方法描述外还可以采用结构表的方式描述，

如表 4-4 所示。

表 4-4　智能体结构表

根节点	二级节点	三级节点	
机步师	机步团（3）		
	高炮团（1）		
	修理营（1）		
摩步师	……		

4.3.3.4　概念模型状态标识

状态是智能体所具有的内部和外部形态与特征，是对智能体某一时刻的静态表示。在面向智能体的六元抽象建模方法的概念模型中，智能体的状态分为外部状态和内部状态。

1.外部状态

外部状态描述的是智能体在系统运行中表现出来的外部特征的参数，这些参数主要是指智能体中可以变化、调控的量。在仿真模型中，通过跟踪智能体的一组状态变量或者称为状态向量来模拟实体的产生、变化和消亡过程。例如，一支作战小分队（被设计成智能体）可以用其所含有人员、装备类型数量和质量、所处位置、运动特性等等来描述其外部状态。

实体是客观存在的，智能体的外部状态也具有客观性。然而，智能体及其外部状态的选取和表达是主观的，状态向量的选择取决于智能体表达者的目的、兴趣以及对问题空间的认识和理解程度。对于同一智能体，不同的人可能用不同的状态向量描述。下面给出确定智能体外部状态的一般原则：

外部状态是描述结构中的智能体的数据单元，即按照智能体结构考虑模型对智能体状态的需求。这里暂且不考虑实体的组合结构。

从仿真应用的目的出发，对分类结构中的所有实体逐一考虑仿真模型需要描述和记忆的特征量。

尽可能地在复合状态概念的层次上标识状态变量。这样有助于简化概念模型的表达，增强人们对问题空间及其信息模型的可理解性。

利用结构中的继承机制确定状态变量的位置。

重新考虑智能体及其结构的合理性，进行必要的补充和修改

2.内部状态

内部状态主要是指的智能体的心智状态。传统人工智能的研究往往只注意到人类知识的表达与推理能力的模拟，但是随着研究的深入，人们发现人的信念、能力、意向、承诺等心智状态是决定人类社会行为的关键因素，这些心智状态在研制智能体的过程中是不可忽略的。智能体的活动是由智能体的心智状态模型驱动的，智能体的心智状态为

智能体如何行动提供了一种解释。下面以 Rao 和 Georgeff 的研究为基础，针对作战系统仿真的特点探讨表达智能体内部心智状态的 BDIK 模型。

（1）智能体

智能体的 BDIK 模型由信念（belief）、愿望（Desire）、意图（intention）和知识（Knowlege）4 个部分构成，可形式化描述为：

智能体心智状态 = <信念，愿望，意图，知识>

BDIK 模型的哲学基础是 Bratman 对理性和意图的分析，刻画了意图的客观性以及理性平衡中的中心位置。他从哲学上对行为意图的研究，认为只有保持信念、愿望和意图的理性平衡才能够有效解决问题，该研究对人工智能产生了广泛的影响。

（2）信念

信念表示智能体具有的关于环境、其他智能体和自身的信念集合。信念描述智能体对达到某种效果可能采取的行为路线的预测，是智能体计算的内在动力，表示智能体估计能够做到的行为，或曾经做过的行为，或智能体可能的行为。信念用信念算子 BEL 来描述，其形式化描述为：

$$BEL = (x_1, x_2, B, \varphi)$$

表示智能体 x_1 相信信念 B 对 x_2 成立的相信程度为 φ。其中 x_1 表示信念的主体智能体，x_2 表示客体，x_2 可以是智能体也可以是环境、敌情等客体。如果 $x_1 = x_2$ 表示智能体 x_1 对自身的信念。φ 表示信念 B 的可信度，用概率来表示。

（3）愿望

愿望表示智能体希望达到的目标或者希望保持的状态。愿望是智能体行为的原始动机来源，激发智能体的计划过程。

愿望的描述引入愿望算子 DES 来描述，其形式化描述为：

$$DES = (x_1, x_2, D, ex)$$

表示智能体 x_1 对 x_2 有愿望 D。其中 x_1 表示愿望的主体智能体，x_2 表示客体，x_2 可以是智能体也可以是环境、敌情等客体。如果 $x_1 = x_2$ 表示智能体 x_1 对自身的愿望。ex 表示愿望 D 可以实现的可能性，用概率来表示。

（4）意图

由于智能体有限性假设，它不能一次去追求所有的愿望，需要选择某个愿望来做出追求的承诺，这个过程形成意图，它是智能体计算的向导。意图的作用是引导并监督智能体的动作。意图表示智能体实际能够做到的行为，或智能体现在的行为。规划在意图的实现中会起到重要作用。当智能体对某个目标做出追求的承诺后，意图就可被视为行为的部分规划，所以常把意图看作按特定结构组合为规划。

愿望和意图都是关于一个智能体希望发生的事件的状态，它们的区别在于：愿望是达成目标的可能路径，而意图是可能路径中的最优路径，意图将引导和控制主体未来的活动。对同一目标而言，愿望与意图的关系类似于决策分析中备选方案与最优方案的关系。

意图可看作为部分行为计划，这些计划是主体为了达成其目标而承诺执行的计划。意图最明显的性质是它将导致行为，可以认为意图是主体行为的控制器。概括起来，意图的主要作用包括：

意图持续地控制着主体的行为。

意图约束未来的慎思过程（或目标选择）。

意图驱动着未来的情景—愿望的匹配推理。

意图影响未来实际推理所基于的信念。

意图的描述引入意图算子 INT 来描述，其形式化描述为：

$$INT=（x_1, x_2, I, n）$$

表示智能体 x_1 对 x_2 有意图 I。其中 x_1 表示意图的主体智能体，x_2 表示客体，x_2 可以是智能体也可以是环境、敌情等客体。如果 $x_1=x_2$ 表示智能体 x_1 对自身的意图。n 表示意图 I 实现程度，实现程度分为：（1）确信该意图已经实现；（2）确信该意图已经不可能被实现，不需要完成该意图；（3）该意图还未实现，正在实现中。

（5）知识

知识是指智能体所拥有知识的集合。在模型中，知识是以特定的方式组织起来的。不同种类的智能体所拥有的知识是不相同的，同一类智能体的知识也可以不相同。智能体拥有知识的不同是造成智能体性能、反应不同的一个重要原因。

知识是智能体中必不可少的组成部分，是智能体内部推理决策的基础和核心。智能体拥有知识并能基于知识自主决策是多智能体系统智能性的体现，也是其区别于其他计算机软件系统的重要标志，而知识的质量和数量又是决定多智能体系统性能的关键因素。知识的表示和知识库系统的设计是智能体标识的重点。

① 知识的表示

知识表示是知识库系统中最基本的问题，它的形式决定了推理机制，在人工智能领域，知识的表达方式有多种，例如一阶谓词逻辑表示法、产生式表示法、框架表示法、语义网络表示法、脚本表示法、过程表示法、Petri 网表示法、面向对象表示法等等。针对一般作战系统所涉及到的知识，选择产生式表示法较为合适。这种方法具有模块化、便于组织、维护与管理、便于理解和实现等特点，便于控制说明性和过程性命题之间的相互利用等特点。

产生式表示法又称为规则表示法，是目前人工智能领域里应用最多的一种知识表示模式，常用于表示具有因果关系的知识，其基本形式是：

If <condition> Then <do>

其中，condition 是产生式的前提，用于指出该产生式是否可用的条件；do 是一组结论或者操作，用于指出当前提 condition 被满足时，应该得出的结论或应该执行的操作。整个产生式的含义是：如果前提 condition 被满足，则可推出结论 do 或执行 do 所规定的操作。

作战仿真系统中，智能体一般具有如下类型的知识：

态势评估知识：用于对智能体感知的信息进行解释、分类，形成智能体的信念。主要包括环境以及各种装备的属性、数量等知识。

问题求解知识：用于支持智能体完成推理、生成愿望、形成意图以及维护意图方面的知识。这些知识主要来自于作战系统的战术规则。例如：情景－愿望匹配规则用于对感知的结果（信念）进行推理，形成智能体的愿望；决策空间包括从愿望中形成意图的各种知识。

相识者知识：用于确定感知的范围。主要包括当面之敌、本方的上级、下级和友邻。

每个相识者的信息包括：相识者名称、关心地域、主要技能、信息资源。当相识者是敌方，可能没有足够的情报支持智能体获取上述各项，因此允许某些项为空。相识者模型需要根据仿真想定脚本确定。

成功案例：成功案例可以加快智能体的推理过程，即如果当前的态势是智能体曾经成功经历过的，则直接从成功案例中提取案例，而不必重复推理。成功案例来自两个方面：根据智能体的经验、能力等属性在系统初始化时加入；通过学习行为获取。

行为空间知识。包括将高层目标如何分解为一系列动作等知识，以及各种动作的实现算法、调用条件等。

②知识库系统的设计

知识库是指储存在计算机中的格式化和结构化的知识的集合。由于相同类型的智能体的知识库内容有很大一部分是相同的，为了解决占用空间过大问题，同时方便知识库的一致性维护，将智能体的知识分为公共知识和私有知识。

一般来说，一个产生式的知识库系统由三个基本部分组成：控制系统、规则库和综合数据库，如图4-8所示。

图4-8　知识库系统结构

规则库用于描述作战系统内知识的产生式集合。规则库是产生式知识库系统赖以进行问题求解的基础，其知识是否完整、一致，表达是否准确、灵活，对知识的组织是否合理，将不仅直接影响知识库的性能，而且还会影响智能体的智能性。规则库中主要存放过程性知识，用于实现对问题的求解。

综合数据库是一个用于存放问题求解过程中各种当前信息的数据结构，例如问题的初始状态、原始证据、推理得到的中间结论及最终结论。当规则库中某条产生式的前提可与综合数据库中的某些一致事实匹配时，该产生式就被激活，并把用它推出的结论放入综合数据库中，作为后面推理的已知事实。显然，综合数据库的内容是不断变化的，是动态的。综合数据库中的已知事实通常采用字符串、向量、集合、矩阵、表等数据结构表示，在知识库系统中，事实通常用如下一个四元组表示：（特性，对象，值，可信度因子），例如，表示"当前温度大约是25摄氏度"可用四元组表示为（temperature，weather，25，0.8）。

控制系统又称为推理机构，由一组程序组成，负责整个知识库的运行，实现对问题的求解。粗略地说，它要做的主要工作包括：

（1）按一定的策略从规则库中选择规则与综合数据库中的已知事实进行匹配。所谓匹配是指把规则的前提条件与综合数据库中已知事实进行比较，如果两者一致，或者近似一致且满足预先规定的条件，则称匹配成功，相应的规则可被使用，否则称为不成功，相应规则不可使用。

（2）将匹配成功的一个或者多个规则存放到智能体愿望库中，愿望库的设计将在下文具体分析。

（3）对规则库中的规则管理，包括对规则的增加、删除、修改等。

智能体的信念、愿望、意图和知识组成的智能体心智状态将决定着智能体的行为，并且其信念、愿望、意图和知识是不断相互作用和变化的，具体过程将在智能体认知行为中详细讨论。

4.3.3.5 概念模型行为标识

状态是对作战系统中某一特定时刻的静态表示，仿真过程则是在特定的时间区间内获取离散的或者连续的时间点所对应的状态序列的过程，而行为正是这些状态发生改变的真正动因和依据，是作战仿真中必须量化描述的最重要的内容之一。行为定义为智能体状态发生变化的过程，因此对行为的描述实际上是对智能体状态变化过程的描述。与状态对应的，智能体的行为分为物理行为和认知行为。

1.物理行为

物理行为是智能体直接作用于所处环境和其他智能体，并且改变环境状态或者其他智能体外部状态的行为，是实现战场智能体之间以及智能体和环境之间交互的执行器，也是智能体为实现特定目标而作用于环境和其他智能体的手段。物理行为模型组件必须能够接受智能体认知行为模型发布的行为控制指令，根据指令的要求执行相应的行为。这样，整个仿真过程中，所有智能体认知行为过程所产生的行为控制指令都会转变为相应的物理行为来执行。

物理行为根据行为描述的粗细程度，在仿真概念模型中，主要考虑两种粒度的行为：作业和动作。

作业：一项作业定义为执行一个具体的作战命令的过程，是具有明确作战意图的军事行动，它由实体的一个或多个动作构成。

动作：动作定义为作业实施过程中的步骤或工序，是最小的、不再细分的行为概念。

要完整的描述作业和动作，需要包括作业或动作的入口条件、结束条件、性能度量和上下文约束等重要信息，表 4-5 给出了描述作业和动作的模板。

表 4-5　动作和作业的描述模板

数据元素	描　　述
基本描述	任务的定义和假设
上下文描述	智能体在动作或作业时的输出和输入关系
入口条件	初始化条件
过程步骤	子过程和它们之间先后顺序关系
结束条件	终止行为或动作时产生的状态
中断条件	中断执行的因素
执行实体	动作或作业的执行智能体
性能度量	关于动作或作业执行状况的度量
影响执行的因素	影响因素及其性能度量因素

动作和作业的描述模板对动作和作业的基本信息进行了定义，但是对于仿真系统的运行和概念模型的描述而言，作业和动作的过程描述是行为标识的重点内容。行为的过程描述一般采用UML的活动图描述。

2. 认知行为

智能体的认知行为是智能体内在规律和能力在外在干扰下产生的内部思维活动，以及基于内部思维活动的外在表现。智能体的认知行为包括感知行为、推理行为、决策行为、学习行为等。

图 4-9 给出了一个智能体心智活动模型，其内在的心智行为包括感知行为、推理行为、决策行为和学习行为。

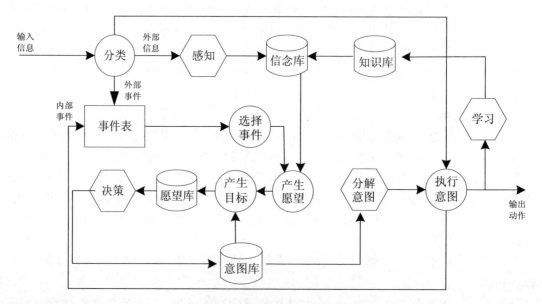

图 4-9　智能体认知行为生成机理

（1）感知行为

通过感知器探测智能体感兴趣的外部环境的相关信息，外部信息包括命令信息，环境信息和智能体状态信息。由于感知是无时不刻在进行着，从而形成一个感知序列，当前感知到的信息可能与以前的感知信息不同，这时就要更新信念库，上述思维活动即为感知行为，其详细行为过程如图 4-10 所示。

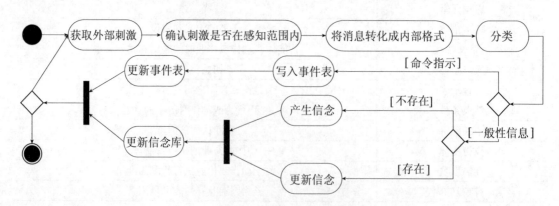

图 4-10　感知行为活动图

信念求精函数（Brf）：该函数用于智能体的感知是输入和智能体的当前信念更改智能主体的信念，确定新的信念集，其函数原型定义如下：

Brf：$\wp(bel) \times p \rightarrow \wp(bel)$

P 代表感知输入，信念修改函数根据智能主体的感知输入和智能主体的当前信念集，产生新的信念集合。

（2）推理行为

在知识库中存储着情景–愿望匹配规则，不停地对感知输入和知识库中的知识进行检索、匹配和推理，当有匹配的情景，触发匹配规则，产生愿望集。愿望描述智能体的感情偏好，愿望可以是与当前（或初始）意图不相容的，也容许存在不可达的愿望。这时需要不断地考虑和承诺当前的意图，得到与当前任务（应付外部威胁或响应相应请求）相容且可达的愿望子集（即目标集），并存入愿望库中，上述思维活动即为推理行为，其详细行为过程如图 4-11 所示。

愿望产生函数（Options）：该函数依据智能体关于知识库知识和目前愿望用于产生新的愿望，其函数原型如下：

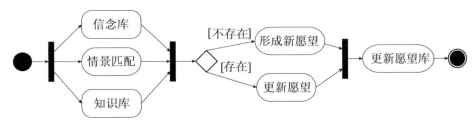

图 4-11　推理行为活动图

Options：$\wp(bel) \times k \rightarrow \wp(des)$

K 代表知识集，智能体的愿望产生函数根据它的当前信念集和知识库中的匹配规则产生新的愿望。

（3）决策行为

愿望集中的各愿望尽管都能与当前任务相关，但由于资源的有限性，智能体不可能一次追求所有的目标。这时需要根据目标实现的代价或难易程度不同、智能体自身的能力和偏好等原则进行筛选，得出能完成任务的最优愿望作为该时刻的意图，并存入意图库中。上述思维过程称为决策行为，其详细行为过程如图 4-12 所示。

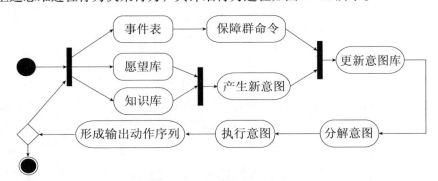

图 4-12　决策行为活动图

其中，如果外部信息经过分类为命令指示类信息，就直接进入事件表，经过事件选择，进行信念–意图匹配，直接生成立即要执行的意图，这就是智能体反应式快速决策行为，其详细形成过程如图 4-13 所示。

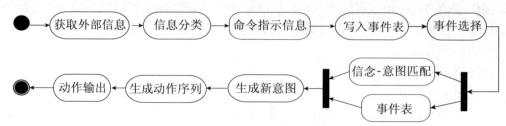

图 4-13　快速决策行为活动图

筛选函数（Fliter）：代表智能体的慎思过程，该函数基于Agent的当前信念、愿望和意图产生智能主体新的意图，其函数原型定义如下：

Fliter：$\wp(bel) \times \wp(des) \times \wp(int) \to \wp(int)$

智能体的意图产生函数根据智能主体的当前信念集、期望集和意图集，产生智能主体新的意图集。

动作选择函数（Choose）：智能体的动作选择函数用于实现智能主体意图所需的规划，其原型定义如下：

Choose：$\wp(bel) \times \wp(int) \times \wp(A) \to A^{*}$

智能体的动作选择函数根据智能主体的当前意图选择待执行的动作序列，这些动作的执行有助于智能主体愿望的实现。动作选择函数的输出是一个动作序列，它代表实现智能主体意图的规划。

（4）学习行为

智能体的学习行为是指通过练习而使行为发生改变的活动。也就是说，行为改变是学习的结果。同时这种行为的改变完全是由于在客观环境中所获得的知识或技能而引起的，而不是个体内部的自然成熟而引起的。学习的基本机制是设法把在一种情况下成功的表现转移到另一种类似的新情况中。学习是获取知识、积累经验、改进性能、发现规律、适应环境的过程，该过程示意图如图 4-14 所示，模型中包含学习系统的四个基本环节。

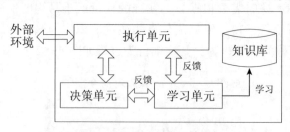

图 4-14　学习过程示意图

环境提供外界信息，学习单元处理环境提供的信息，即学习算法，这是学习模型的核心所在，决定学习模型的能力和性能。知识库中以某种知识表示形式存储学习的结果，知识库要能够允许修改或扩充。执行单元利用知识库中的知识来指导行为，完成任务，并把执行中的情况反馈到学习单元。决策单元利用知识库中的知识来进行决策，指导执行单元，并把决策中的情况反馈到学习单元。学习单元使智能体自动获取知识，使自身的能力得到提高。

作战仿真系统中的智能体，其行为是在上级的指挥控制下，具体完成上级赋予的各种作战任务，所以其行为模型中的学习能力，更多体现为底层战场反应式动作和简单的决策行为学习，进而更好的适应环境的变化，适应其他智能体的行为，从而增强求解问题的能力。因此，智能体主要有两个方面的学习：（1）底层战场反应式动作学习，即不断积累、改进战场情景—战术动作匹配规则。（2）决策方法学习，即学习不同的态势下最优方案的选择方法，提高智能体的决策技能。

智能体学习行为活动图如图 4-15 所示。

3.智能体完整的行为产生过程

智能体的感知是无时不刻在进行着，如果当前感知到的外部信息可能与以前的感知信息不同，这时就要更新信念库。外部信息包括上级的命令信息，环境信息，其他智能体信息等。

在知识库中存储着情景——愿望匹配规则，不停地对感知输入和知识库中的知识进行检索、匹配和推理，当有匹配的情景，触发匹配规则，产生愿望集。这时需要不断地考虑和承诺当前的意图，得到与当前任务（应付外部威胁或响应相应请求）相容且可达的愿望子集（即目标集），并存入愿望库中。

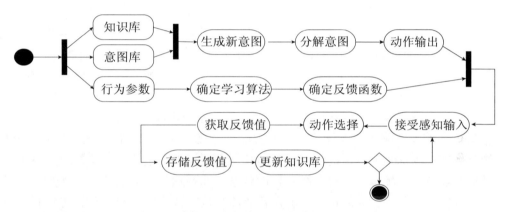

图 4-15　学习行为活动图

智能体不可能一次追求所有的目标。这时需要根据目标实现的代价或难易程度不同、任务实体自身的能力和偏好等原则进行筛选，得出能完成任务的最优愿望作为该时刻的意图，并存入意图库中。其中，如果外部信息经过分类为命令指示类信息，就直接进入事件表，经过事件选择，进行信念-意图匹配，直接生成立即要执行的意图，这就是任务实体反应式快速决策行为。

意图库是一个堆栈，待执行的意图按产生顺序或执行优先级存放。由于外部世界的变化，使得原先选择的意图可能无法执行下去，这时意图执行单元会产生内部事件，对原先的意图进行修改，使其能成功执行或放弃执行。这样，当事件为内部事件时，所产生的意图将不顺序存放，而插入到对应意图的头部。下一步就是要把待执行的意图（最优方案）分解为具体的行动计划。

计划是完成意图到动作集的映射，即将意图分解为知识库行为空间中的动作，并把这些动作按其时空和逻辑关系进行组装，形成动作序列。执行意图单元负责按顺序调度、执行动作，实现最终的外在物理行为输出。图 4-16 直观地表示从感知输入到行为输出的完整过程。

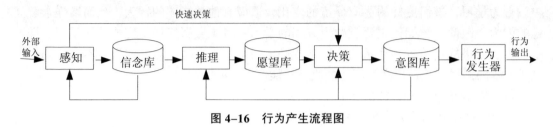

图 4-16　行为产生流程图

4.3.3.6　概念模型交互标识

在作战系统中，一个智能体的行为常常是由于受到另一个智能体的作用和影响而触发的，这种作用和影响的因素一般也不是单一的，即存在多种影响因素。这里把一组具有特定含义且相互关联的影响因素称之为交互。在仿真系统中，需要将每一个影响因素量化成一个交互参数，以便根据这组交互参数计算智能体之间的相互作用和影响。

行为是智能体自身状态的变化过程，交互则是触发智能体状态变化的外部因素。行为和交互密不可分，它们之间的关系表现在以下两个方面：首先，交互是一个智能体施加于另一个智能体的影响因素，因此它是且仅仅是智能体行为的外部触发条件，智能体的行为过程将决定于智能体所处的状态和内部作用机理。另一方面，在智能体行为过程中，该智能体也将不断地对其他相关智能体施加影响，即向其他智能体发出交互，因此交互又是行为的结果。

交互是一个智能体产生的作用于另一个智能体的一组影响因素，这里把主动产生并对其他智能体施加影响的智能体称为触发智能体，接收交互的智能体成为接收智能体。任何智能体的行为都是在特定的时间、空间和周围环境中发生的，触发智能体必然与周围的其他智能体或者环境存在着各种各样的联系，如物理的，化学的、生物的、心理的和社会的等等。伴随着行为的进行，触发智能体与接收智能体之间将会有物质的、能量的和信息的产生与转移，并导致智能体状态的变化、激发新的行为和交互。根据交互对智能体影响的性质，将交互分为两种：

物理交互——对物理作用的量化描述，如"炮击"交互由若干毁伤效果参数构成；

信息交互——对指挥控制信息和反馈信息的量化描述，如上级给下级下达的作战命令、下级给上级的报告等等。

作战仿真模型对这两种交互的处理模式是一致的，即：

（1）触发智能体发出一个交互；

（2）接收智能体接收这个交互；

（3）接收智能体根据该交互参数处理触发智能体对接收智能体的影响。

在仿真系统中，连接各类智能体之间的纽带是交互，各个智能体之间只能通过交互进行联系。通过发送和接收交互，智能体可以获得其他智能体或者环境的信息，同时，通过发送交互，来作用于其他智能体或者环境。通过交互这个纽带，复杂系统的宏观特性才能从微观现象中"涌现"出来。我们将交互标识的内容形式化描述为：

交互=<ID，交互名称，发送者，接收者，类型，内容，发送时间，有效期>

在复杂系统的仿真平台的交互协议中，交互的结构是一致的；交互内容由发送者和接收者进行解释；交互的执行由交互的接收者来独立处理，发送者不能指定接收者用何种方法来执行。通过这样定义的交互协议，可以将交互系统进行抽象，独立出来，建立整个系统的、独立于应用的交互通信子系统。

4.4　AOSVMM 的智能体模型建模方法

概念模型是从作战任务空间出发抽象形成的问题域信息模型，其中描述概念模型的六项标识都是直接对实际作战系统的六个方面所进行的抽象。智能体模型则是在概念模型的基础上，按照仿真系统执行模型的需要构建的实现域的信息模型，它不仅需要从概念模型进行二次抽象，而且需要扩充实现域特有的内容。因此，智能体模型是通过对概念模型的转换与扩展而获得的，它为仿真系统的执行模型的程序设计提供基础。

概念模型使用的是更接近于军事术语的自然语言描述实际作战系统，而智能体模型更多的是面向仿真程序设计人员，因此智能体模型将更多的从技术实现的角度考虑实现域的问题。

4.4.1　AOSVMM 的智能体模型分析方法

AOSVMM 的概念模型建模方法是通过系统的论域、系统的要素、系统的结构、系统的状态、系统的运行、系统的功能六个方面来描述实际的作战系统，根据系统相似性原理在实际作战系统和概念模型之间形成六种相似关系，得到描述概念模型的六项标识，进而完成对概念模型的开发。

面向智能体的六元抽象建模方法通过上述方法产生概念模型，其主旨是便于让军事人员使用更接近于军事术语的自然语言描述作战空间的实际问题，而无须考虑仿真系统如何实现的问题。实际上，AOSVMM 的概念模型分析方法本身已经充分考虑到由其产生的概念模型对后续设计与实现的支持能力，图 4-17 给出了从实际系统到概念模型的抽象，以及从概念模型到智能体模型的转换和扩展。

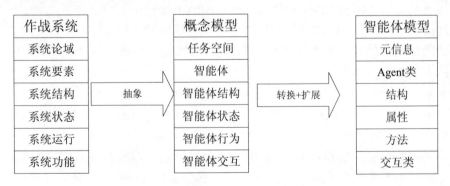

图 4-17　概念模型到智能体模型的扩展转换

智能体模型需要从元信息、Agent 类、结构、属性、方法和交互类六类要素进行描述。

1.元信息

元信息记录智能体模型的一般性描述信息，如名称、类别、应用领域、目的、最后修改日期、开发者、运行所需软硬件环境、VV&A 信息等。

2. Agent类

概念模型的智能体是对实际系统中具有相同特征的一类事物的抽象，而智能体模型是面向仿真系统开发者的，因此，必须将概念模型的智能体转换成可开发的类，Agent可被定义成具有某种目的的自主活动的对象。Agent类具有面向对象设计中一般类的继承、封装等特性。在仿真系统中我们采用的是Agent的弱定义：Agent是具有自治性、社会能力、反应能力、自发行为的一个计算机进程。

3. 结构

智能体模型中Agent结构是对概念模型中结构标识进行转换获得的，用来描述Agent类之间的层次关系，主要包括分类结构和组合结构，一般采用表格和UML图来描述。

4. 属性

属性是对概念模型中状态标识进行识转换获得的，每个Agent均有一组特定的属性来刻画。Agent属性分为外部属性和心智属性。外部属性描述的是Agent在系统运行中表现出来的外部特征的参数，心智属性用来描述Agent的心智状态，主要由Belief类、Desire类、Intention类和Knowlege完成描述。

5. 方法

方法是概念模型中行为标识转换扩展获得的，用来描述Agent执行行为的具体过程。概念模型中行为的描述分为物理行为和认知行为，那么，智能体模型中方法的描述也分为物理方法和认知方法。

6. 交互类

交互类是对概念模型中交互标识进行转换获得的，用来描述Agent之间、Agent和环境之间的信息传递。交互类的描述包括：交互类结构、触发交互类、接收交互类和交互类参数。

4.4.2 基于HLA的仿真系统联邦成员智能体模型建模

高层体系结构（High Level Architecture，HLA）是一个开放的体系结构，其主要目的是促进仿真系统间的互操作，提高仿真系统及其部件的重用能力。在HLA中将用于达到某一特定仿真目的的分布式仿真系统称为联邦（Federation），它由若干个相互作用的联邦成员（Federate）构成。

为了达到互操作和重用的目的，可采用智能体模型（Agent Model，AM）来描述联邦及联邦中的每一个联邦成员，该智能体模型描述了联邦在运行过程中需要交换的各种数据及相关信息。同时规定必须用智能体模型模板（Agent Model Template，AMT）来规范智能体模型的描述，AMT同HLA规范中的OMT一样，是实现联邦成员互操作的重要机制。仿真智能体模型按照AMT格式来描述在联邦运行过程中单一联邦成员可以对外公布和定购的信息，这些信息反映了联邦成员在参与联邦运行时所具有的外部交互能力。

4.4.2.1 智能体模型模板的组成

AMT作为智能体模型的模板规定了记录这些智能体模型内容的标准格式和语法。HLA中AM的完整描述包括两个部分：AMT和AMT扩展。AMT记录联邦或成员的一些关键信息，如Agent、交互、属性等。AMT扩展提供描述Agent间关系的补充机制，记录某些有用的、能帮助理解仿真应用但又不能记录在 AMT 中的信息，联邦运行时，RTI 需要 AMT 中的信息，但一般不需要 AMT 扩展中的信息。

1998 年 4 月 20 日公布的 HLA OMT1.3 [20] 版本由九个表格组成，参考 OMT1.3 版本的表格，我们设计了面向 Agent 的 AMT，它有以下九个表格组成：

（1）智能体模型鉴别表。用来记录鉴别 HLA 智能体模型的重要信息，包括智能体模型的名称、创建日期、版本、主办人等信息；

（2）Agent 类结构表。用来记录联邦或成员中的 Agent 类及其继承关系；

（3）Agent 交互表。用来记录联邦或成员中的交互类及其继承关系；

（4）属性表。用来说明联邦或成员中 Agent 属性的特性。Agent 类结构表中的每一个 Agent 类都有一个固定的属性集，属性表用来描述这个属性集；

（5）参数表。用来说明联邦或成员中交互参数的特性；

（6）枚举结构数据类型表。用来对出现在属性表/参数表中的枚举数据类型进行说明；

（7）复杂数据类型表。用来对出现在属性表/参数表中的复杂数据类型进行说明；

（8）路径空间表。用来说明一个联邦中 Agent 属性和交互的路径空间；

（9）FOM/SOM 词典。该表提供一种结构化形式来记录 OM 中所有术语的定义或含义。

4.4.2.2　智能体模型开发过程

参照 HLA 规范描述的 SOM 的设计过程，给出 SAM 的外部交互信息设计和开发过程，如图 4-18 所示。

4.4.3　AOSVMM 的智能体模型的描述方法

将概念模型的六项标识进行转换和扩展，得到智能体模型需要描述的六类要素：元信息、Agent 类、结构、交互类、属性和方法，下面给出这每一类要素的具体描述方法。

4.4.3.1　智能体模型元信息的描述

元信息记录智能体模型的一般性描述信息，如名称、类别、应用领域、目的、最后修改日期、开发者、运行所需软硬件环境、VV&A 信息等。我们将使用智能体模型鉴别表来描述元信息。

智能体模型鉴别表记录了关于智能体模型的描述信息，包括智能体模型开发者的相关信息。设计 HLA 智能体模型的关键目的在于可重用，这种重用包括智能体模型级的重用。为了促进智能体模型的重用，智能体模型信息应该包括最少但足够的模型信息，这样，当联邦开发者需要详细了解已经有的联邦或者联邦成员模型的构造细节时，智能体模型的鉴别表提供的模型描述就显得极为重要了。

智能体模型鉴别表由两列组成：第一列为描述智能体模型所需数据的类别，第二列为各类别对应的信息，其格式见表 4-6 所示。

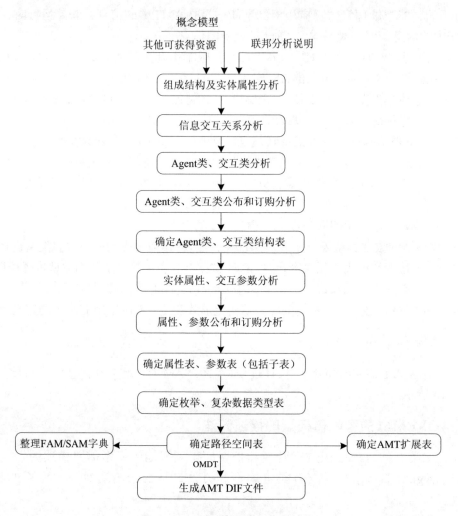

图 4-18　SAM 的设计和开发过程

表 4-6　智能体模型鉴别表

智能体模型鉴别表	
类别	
名称	
版本	
创建时间	
最后修改时间	
目的	
应用领域	
开发负责机构	
开发负责人	
开发负责人联系方式	

4.4.3.2　智能体模型 Agent 类的设计

在面向对象的软件开发中，类是一系列拥有相同特性的对象的集合，而在智能体模型中，Agent 类实际上是对具有公共特性或属性的一组 Agent 的抽象。同面向对象的软件开发方法中抽象类的设计相同，Agent 类也是封装了类名、属性和操作的信息体。

智能体模型中 Agent 类名必须由 ASCII 字符定义，而且必须是全局唯一的，在类结构表中没有相同的类名。Agent 类的每一个单独的 Agent 叫做该 Agent 的成员或实例。

BDI 结构采用信念、愿望、意图来表示 Agent 的心智状态。从实现的角度看，Agent 可看作抽象类，信念可看作是感知的外部世界状态；愿望相当于决策树上的决策点，给每个愿望赋予一个效用值，通过期望效用公式来评估与之相连的各条路径；意图是决策树中的最优路径；Agent 的输出行为是决策树中沿着最优路径需要执行的步骤。基于以上认识，引入了上述建模部件来建立 Agent 类。另外，根据前面的论述，Agent 是知识库、心智状态和认知行为的集合，心智状态对应于类的状态变量，认知行为对应于类的方法。

Agent 是知识库、心智状态和认知行为的集合。将 Agent 的 BDI 心智状态和知识库设计成 Agent 类的状态变量，另外设计了 Belief、Desire、Intention、Knowledge 四个类来实现这四个状态，这四个类隶属于 Agent 类；将认知行为的感知、推理、决策和学习行为设计成 Agent 类的操作，以虚函数的形式来实现。Agent 类的基本结构如图 4-19 所示。

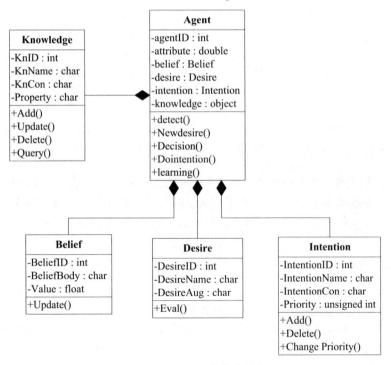

图 4-19　Agent 类基本结构

各种任务 Agent 类通过定义为抽象类 Agent 的派生类的方式来间接定义，子类对应的 Belief、Desire、Intention、Knowledge 类也从对应的父类中继承。这样，它们继承了父类的结构和行为特征，及其相互关系。因此，该框架不仅遵循了 BDI 结构规范，而且可灵活实现应用系统的具体行为，重用现有的设计和实现。

4.4.3.3 智能体模型结构的描述

Agent类结构是指联邦或联邦成员范围内各Agent之间关系的集合，这种关系主要指的是Agent类之间的继承关系和关联关系。类与子类的关系可以采用在Agent类结构表相邻列中包含相关类名的方法来表示，类与子类的非直接关系可以通过继承的传递性从直接关系中得到。例如，如果A是B的超类，并且B是C的超类，那么A是C的超类。超类和子类是可逆的关系。

在AMT的Agent类结构表中，根类记在最左一列，由此向右记录其子类。这里使用的中间列的个数取决于联邦的需要。当类结构层次太深时，如果一页放不下，应在最后一列提供一个对续表的参考符号<ref>。在Agent类结构表中，每个Agent类后面的<p/s>用于标注联邦成员公布和预订该Agent类的能力。联邦成员对于一个给定的Agent类可区分为三种基本权限：可公布的（publishable，P）、可预订的（subscribable，S）、不可公布的和不可预订的（neither publishable or subscribable，N）。Agent类结构表如表4-7所示。

表 4-7　Agent 类结构表

Agent 类层次 0	Agent 类层次 1	Agent 类层次 2	Agent 类层次 3
Agent<p/s>	Agent<p/s>	Agent<p/s>	……<ref>
		Agent<p/s>	……<ref>
		……	……
	Agent<p/s>	Agent<p/s>	……<ref>
		……	……
	……	……	……
……	……	……	……

4.4.3.4 智能体模型交互类的描述

交互是用来描述一个Agent对另一个Agent的作用和影响。在智能体模型中，联邦成员之间或者整个联邦的所有外部交互采用Agent交互表集中描述。Agent交互表包括下列描述项：交互类结构、触发交互类的Agent类、接收交互的Agent类、交互影响的Agent属性、交互参数等。

智能体模型的交互类结构也是一种层次结构，它包含交互类之间的一般化和特殊化关系。例如，在装备保障仿真系统中，一个"战技命令"可以特化为"力量部署"和"撤收转移"等子交互类。AM中的交互类结构支持预定的继承性，也就是说，当一个联邦成员预定一个交互类以后，在联邦执行中该联邦成员将接收到预定的交互类实例和该交互类所有子类的所有实例。例如，"战技命令"交互类中，如果一个交互类成员预定了"战技命令"交互类，它将接收到"力量部署"和"撤收转移"等子交互类的交互数据。

Agent类和交互类一起描述了联邦执行中的全部交换数据。所以，智能体模型必须描述联邦执行中被传输的所有交互类，以便支持他们的公布和预定。智能体模型中的交互参数用于确定触发该交互的联邦成员提供的具体参数和接收该交互的联邦成员回应的具体参数。

表4-8给出了描述联邦或联邦成员Agent交互类的模板。该模板由四个部分组成：交互类结构、触发该交互的Agent类、接收该交互的Agent类、交互参数。触发交互的Agent类是可以启动和发出交互的Agent类，接收交互的类是被动受交互影响的Agent类。

表 4-8　Agent 交互类表

交互类结构		触发交互的 Agent 类	接收交互的 Agent 类	交互参数
class\<isr\>	class\<isr\>	Agent	Agent	
	class\<isr\>	Agnet	Agent	
	……	……	……	
class\<isr\>	class\<isr\>	Agnet	Agnet	
	class\<isr\>	Agnet	Agnet	
	……	……	……	
……	……	……	……	

交互参数是用来记录交互实例特点的各种信息，接收到这些交互实例的Agent将根据这些参数来确定该交互实例对它的影响。如果某个交互类不需要参数，可用符号N/A（Not Applicable）来表示不适用或不存在。由于交互参数同Agent类属性具有相似性，因此所有交互参数记录在Agent属性/交互参数表中，见表4-8所示。

在Agent交互类表中，\<isr\>的目的是区分联邦成员对相应Agent交互类的处理能力：
• 触发（initiates，I）：表示联邦成员能够生成和发出相应的交互。
• 感知（senses，S）：表示联邦成员当前能够预订该交互类并能使用该交互类的事件消息（交互数据）进行某些内部处理（与其他联邦成员无关的处理），感知能力不要求能够更新受影响Agent的属性并对外发布所更新的属性值，具有一种单向信息流特征。
• 反应（reacts，R）：表示联邦成员当前能够预订该交互，并能对该交互做出适当的反应，即适当更新自己所拥有的受影响的Agent属性。联邦成员能够反应一个交互，表示联邦成员接收、处理交互消息，并对外发布事件消息，它是一种双向信息流。

4.4.3.5　智能体模型属性的描述

在智能体模型中所描述的每一个Agent类均由一组特定的属性来刻画。这些属性描述了联邦成员感兴趣的Agent状态或特征，其中每一个属性都是可以独立辨识的，其值随时间而变化。由于交互参数同Agent类属性具有相似性，因此所有交互参数记录在Agent属性/交互参数表中。对于Agent结构表中所有的Agent类的属性和Agent交互类表中的所有交互类参数必须都完整的在属性/参数表中描述。

智能体模型在属性/参数表中支持对下列属性特征的表达："Agent类""属性名""数据类型""单位""粒率""属性精度""精度条件""更新类型""可转移/可接受T/A""可更新/可回映U/R"。

交互参数的描述与属性的描述基本相同，差异在于用"交互类"代替"Agent类"，用"参数名"代替"属性名"。另外，交互参数的描述只用属性/参数表中的前8列，它们分别描述交互参数的交互类、参数名、数据类型、基数、单位、分辨率、精度、精度条件，这是因为参数不需要更新和所有权转移处理。

表4-9给出了Agent类属性和交互类参数的描述样式。

表 4-9　Agent 属性 / 交互类参数表

Agent 类 / 交互类	名称	属性 / 参数	数据 类型	单位	粒度	精度	精度 条件	更新 类型	T/A	U/R
Agent 类	attribute									
	attribute									
	……									
交互类	parameter									
	parameter									
	……									
……	……	……	……	……	……	……	……	……	……	……

　　"Agent 类 / 交互类"栏列出属性所属的 Agent 类名称或交互参数所属的交互类名称。这些类来自于 Agent 类 / 交互类的层次结构，按照由高到低逐层描述，子类的公共属性 / 参数置于高层类，描述高层类的属性 / 参数有助于减少信息冗余。

　　"属性 / 参数"栏列出 Agent 类的属性或交互类的参数。属性名 / 参数名必须用 ASCII 字符集定义，并且不能与超类的属性名 / 参数名相同。一个 Agent 对应描述多个属性，一个交互对应描述多个交互参数。

　　"数据类型"栏用于描述属性和参数的数据类型。数据类型可以是允许的基本数据类型，也可以是用户自定义数据类型。

　　"单位"列用于记录属性或参数的计量单位（如，m、km、kg），该列的单位信息也是描述分辨率和精度的计量单位。

　　"分辨率"列可能填入不同的内容，这决定于属性 / 参数的类型。对整型数类的属性或参数，该列在表的每一行都包括一个数值型数据，该值给出了区分属性值的最小辨识值。然而，当属性或参数为浮点数据类型时，其分辨率用属性值的数量级定义。所以，分辨率的含义可能包含在数据类型中。

　　"精度"列用于描述属性或参数值距离其标准值（期望值）的最大偏差，它通常是一个可度量的值，但许多离散或枚举类型的属性不存在偏差，此时填注符号"P"（Perfect）表示所具有的计算精度是完全准确的。

　　"精度条件"列说明在联邦执行中在什么条件下到达给定的计算精度。它可以包含一个指向确定计算精度的特定更新算法的引用，或填注符号"A"（Aalways），表示需要无条件地满足。

　　"更新类型"和"更新条件"列描述属性的更新策略。更新类型分为静态（static）更新、周期性（periodic）更新和条件（conditional）更新三种。当属性的更新类型具有周期性时，需要在更新条件列说明单位时间的更新次数。当属性按条件更新时，需要在更新条件列描述更新条件。对于交互参数，应标注"N"符号，表示不能更新。

　　"可转移 / 可接受"（Transferable/Acceptable，T/A）列用于填写联邦成员对 Agent 属性所有权的转移与接受能力。在一个联邦中，如果一个属性的所有权可以从一个联邦成员转移出去，那么联邦中的其他联邦成员必定可接受该属性的所有权。但是，单一联邦成员或许只能够转移属性所有权，而不需要接受另一个联邦成员交出的属性所有权。能填入该列的可选项有：

（1）可转移（Transferable，T）：联邦成员能够公布和更新 Agent 的这一属性，能够使用 RTI 的所有权管理服务将该属性的所有权转移给另一个联邦成员。

（2）可接受（Acceptable，A）：联邦成员能够从另一个联邦成员接受该属性的所有权，包括对属性更新的能力。

（3）不可转移或不可接受（Not transferable or acceptable，N）：联邦成员不能将该属性的所有权转移给另一个联邦成员，也不能接受另一个联邦成员对该属性的所有权。

在描述 Agent 类属性时，该列可标注 {T, A, T/A, N} 之一。对于 Agent 的交互参数，该列标注 N/A，表示不适于标注这些信息。

"可更新/可回映"（Updateable/Reflectable，U/R）栏用于描述联邦成员当前具有的属性更新与回映能力。

（4）可更新（Updateable，U）：表示联邦成员能够使公布和更新指定的 Agent 属性。

（5）可回映（Reflectable，R）：表示联邦成员能够接收和处理指定 Agent 属性值的变化。

在描述 Agent 类属性时，该栏可标注三种不同的能力组合 {U, R, U/R} 之一，其中任何一个属性必须是可更新的或可回映的或二者均可。对应于交互参数，该栏全部标注 N/A，表示不适于标注这些信息。

4.4.3.6　智能体模型方法的描述

智能体模型中的方法是对概念模型中行为标识进行转换扩展获得的，用来描述 Agent 执行行为的具体过程，它将为 Agent 类中封装的操作函数的设计提供依据。

方法的描述，是寻求从给定的初始状态到达所希望目标状态的行为序列过程，要求既要遵循客观规律，确定到达目标的计划规划，又要按照一定的技术战术和数学模型方法，实施动作步骤，力求取得最佳的操作序列。方法的描述一般采用框图、流程图、UML 时序图、UML 活动图等图形工具来完成。

在概念模型部分，我们将 Agent 的行为分为物理行为和认知行为，因此在方法的描述部分我们不仅要描述 Agent 行为的物理方法，而且要描述 Agent 的认知方法。认知行为主要包括感知行为、推理行为、决策行为等，下面将阐述这些认知行为的方法。

根据 BDI 的结构，Rao 和 Georgeff 给出了一个简单的 BDI 解释器。

```
BDI-Interpreter（ ）
{
initialize-state（ ）;
do
    options= option-generator（event-queue, B, D, I）;
    selected-options:=deliberate（options, B, D I）;
    update-intentions（selected-options, I）;
    execute（I）;
    get-new-external-events（ ）;
    drop-successful-attitudes（B, D I）;
    drop-impossible-attitudes（B, D, I）;
```

  until quit

}

由这个BDI解释器可以发现，在认知行为的具体实现过程中，核心问题是信念、愿望和意图的生成与更新。Rao和Georgeff给出了这些问题的分析，这里结合逻辑理性和效益理性来描述认知行为的具体执行过程和方法。

1.感知模型

感知行为就是Agent从接收到的信息中获取信念或更新信念的活动，感知的信息一般包括自身的状态信息（位置、速度、方向、姿态、武器状态等）、环境信息（地形、天气等）以及敌我双方的相关信息。

设$\theta(t)$表示t时刻外部环境的真实状态，$B(t)$表示t时刻Agent关于环境的信念，$\Phi(t)$表示t时刻所有观察值的集合，它是一个二元组：<感知的内容F，感知可信度m>，F用断言式表示，m为0和1之间的一个数值，δ表示影响感知的因素。

$$\Phi(t)=<F,m(\theta(t),\delta)$$

F为观察的内容，如"31号目标的所属=敌军"，$m=0.7$，表示31号目标有70%的可能性是敌军。

一般可以直接通过感知确定目标的属性值，来更新主体Agent对目标的信念值。但是，如果多个Agent对同一个目标的进行感知，并且它们之间可以相互通报感知值时，还要考虑其他Agent的感知结果。

$$\Phi_1(t)\cup\Phi_2(t)\cup\cdots\cup\Phi_n(t)\Rightarrow B(t)$$

2.推理模型

愿望一般是指当前未成立，并且相信将来会成立的命题。这样就有以下规则。

愿望生成规则 一个Agent通过感知行为感知到信念β，可信度为φ，如果φ大于某个阈值，并且通过规则匹配获得愿望x，那么x可以作为Agent的愿望。

$$(DEL,A,\beta,\varphi)\wedge(U(\varphi)\geq AU)\wedge(\beta\Rightarrow x)\Rightarrow(DES,A,x)$$

这样Agent不是将当前所有未成立的命题都作为愿望，而是要满足一个阈值。

3.决策模型

意图生成规则 如果Agent有愿望β，可实现概率φ，如果φ大于某个阈值，那么，β可以作为Agent的意图。

$$(DES,A,\beta,\varphi)\wedge(U(\varphi)\geq AU)\Rightarrow(INT,A,\beta)$$

意图冲突消解规则 如果Agent有两个相互冲突的愿望β_1和β_2，可实现程度分别是φ_1和φ_2，那么应该选择可实现概率高的作为意图，删除可实现概率低的愿望。

$$(DES,A,\beta_1,\varphi_1)\wedge(DES,A,\beta_2,\varphi_2)\wedge(\varphi_1>\varphi_2)\Rightarrow(INT,A,\beta_1)$$

4.5 装备保障系统仿真概念模型设计

装备保障系统是一种典型的复杂系统，具有一般复杂系统的基本特征。在装备保障系统仿真建模过程中，为了有效地解决装备保障领域专家和系统开发人员之间的交流问题，需要建立装备保障系统仿真概念模型。下面以战术级装备保障系统仿真建模为例，探讨装备保障系统仿真概念模型的分析与设计。

4.5.1　装备保障活动

装备保障，就是军队装备保障机构按照战争和军队建设的需要，依托一定的物质、信息等专业手段，有目的、有计划、有组织地对装备实施保障，保持和恢复装备的良好状态，使其齐全配套和技术状况良好，以保障军队各项任务顺利完成的军事活动，主要包括:组织与实施装备补充、装备修理、器材和弹药供应及装备的使用、维护和技术管理、组织装备保障防卫，保障装备机关和分队安全。

准确把握装备保障活动的本质属性，有助于正确的分析装备保障系统的内部和外部环境及其相互关系，是开展装备保障系统仿真建模的基本前提条件。

装备保障活动是军事活动的范畴。装备保障活动的属概念之所以定为"军事活动"，是因为装备保障就其使命任务、活动主体和活动过程等方面来看，仍然是为战争和军队建设服务，是属于军事活动的范畴，具有军事活动的基本特征。作为一种具有特定目的的军事活动，其目的是为军队建设提供齐全配套、状况良好的装备及其相关服务。通过明确装备保障活动属于军事活动范畴这一属性，一方面有助于我们正确认识装备保障活动的军事属性，加强装备保障活动与其他军事活动的联系，进一步促使装备保障活动与其他军事活动相结合；另一方面，有利于装备保障活动主体更加直接地了解其他军事活动的需要，明确自身的服务意识，加强对其他军事活动的服务。

装备保障活动可划分为三个层级：战略装备保障、战役装备保障和战术装备保障。战术装备保障是师以下部队从武器装备方面为保持和恢复部队作战能力而采取的技术和组织指挥措施，它是合同战斗的重要组成部分。战术装备保障按照军种又可分为：陆军战术装备保障、海军战术装备保障、空军战术装备保障等。

装备保障活动的主体是军队装备保障机构。装备保障机构可划分两个层次：装备保障指挥机构和装备保障执行机构。战术装备保障装备保障执行机构是营和营以下级装备保障分队。

装备保障活动的客体有两种：直接客体和间接客体。从装备保障活动过程看，装备保障机构通过装备保障活动首先作用于武器装备，使之齐全配套、状况良好，因此武器装备是装备保障活动的直接客体。而装备保障活动的最终目的是以给部队军事行动提供满足其需求的军事装备，以实现作战部队的军事目的，因此作战部队就成了装备保障活动的间接客体，也是最终作用客体。

4.5.2　装备保障系统六元分析剖面

开展装备保障系统仿真研究，需要在准确把握装备保障活动基本属性的基础上对装备保障活动的主体、客体、过程及其环境等开展全方位的分析，即装备保障系统分析。按照系统六元理论的基本思想，装备保障系统分析需要从以下六个方面展开：装备保障系统论域、装备保障系统要素、装备保障系统结构、装备保障系统状态、装备保障系统运行和装备保障系统功能。

1.装备保障系统论域

装备保障系统论域分析，就是根据装备保障系统仿真应用需求，确定需要研究的装备保障系统的内部实体要素及其相关的外部环境实体要素，并且将这些内部和外部的实体要素看作一个封闭的大系统，进而通过确定表征该大系统边界范围的若干参数值来界定所要研究的问题域。论域的定义或描述一般采用自然语言、图、表等形式，主要参数有：装备保障的对象（作战实体要素）的等级，作战的规模、时间和空间，装备保障的实体要素、内容和方式等。

如果我们研究的是师属建制装备保障力量的装备保障活动问题，那么基于装备保障活动本质的认识，我们的视野就不能囿于装备保障力量本身，而是要扩展到与本级装备保障力量相关的上级、同级和下级的各类实体要素，如图4-20所示。图中实体要素的任务、活动时间、活动空间，实体要素之间的主要关系等方面的概要性描述就构成了装备保障系统论域。

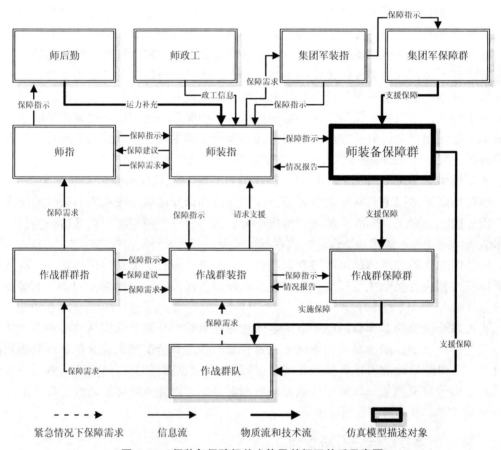

图4-20　师装备保障相关实体及其相互关系示意图

2.装备保障系统要素

装备保障系统要素，是指在装备保障系统论域限定范围内的所有战场实体，其中最主要的是装备保障力量和装备保障对象，它们是装备保障活动的主体和客体，另外还包括这些主体和客体所处的军事环境和自然环境。

装备保障力量，是指可以直接执行装备保障任务的各种人力、物力资源的总和，可进一步细分为装备保障指挥机构和装备保障分队，如图4-20中的师装指和师装备保障群。战时装备保障分队通常要编成为若干装备保障群、装备保障队和装备保障组。装备保障组是最小的装备保障单元，由若干装备保障人员和若干装备保障物资构成；它不仅是一种专业技术力量，还能提供装备物资保障。

装备保障对象，是指装备保障所服务与作用的对象，即已方的作战部（分）队，是装备保障活动的客体要素。按照军队的编制体制或战时编成，特定的作战部（分）队都会编配相应的装备保障部（分）队。因此，按照隶属关系，各级作战部（分）队及其相应的装备保障部（分）队，就构成了装备保障活动的客体和主体，由此也就形成了按建制保障的装备保障基本体制。

装备保障力量和装备保障对象是装备保障系统仿真模型表达和表现的核心要素。对于装备保障系统论域中的其他实体要素，在装备保障系统仿真中可以用指挥控制子系统或导调子系统来模拟。

3.装备保障系统结构

装备保障系统结构，是指装备保障系统要素之间稳定的作用或制约关系。由于装备保障系统是一种社会系统，作为装备保障系统核心要素的装备保障力量和装备保障对象之间以及它们的内部要素之间的关系都呈现为典型的组织结构形式。

装备保障系统的组织结构具有层次性，表明了系统实体要素之间的组合关系。装备保障系统结构分析就是要明确各个层次上的系统要素及其所含的下级组成要素，为装备保障系统状态和行为分析提供前提条件。下面以陆军师属建制装备保障力量为例，分析群队式部署模式下的编成、任务区分及其结构关系，如图 4-21 所示。

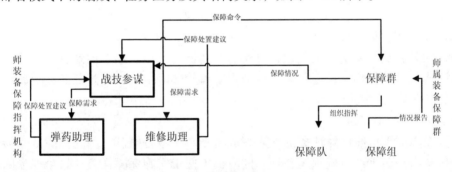

图 4-21　装备保障力量组织结构

合同战斗装备保障力量的编组，应根据部队的作战行动和保障任务的需要，将装备保障力量统一编成相应的保障机构来实施保障。当采取群队式编组样式编成装备保障机构时，通常是将现有装备保障力量编成若干个综合保障群，即前方（前进）保障群、机动保障群、基本保障群和装备保障指挥机构等，并使每个保障群都具有综合保障能力，在群下面编队，在队下面编组，其编成和任务分别是：

（1）装备保障指挥机构

装备保障指挥机构通常由装备部（处）长和装备机关部分人员组成。配备指挥车辆、通信保障人员和警戒人员等，由装备部（处）长负责。通常配置在基本保障群，也可根据指挥员的指示配置在本部队基本指挥机构附近。

装备保障指挥机构的主要任务是：组织与实施装备保障指挥；组织装备保障力量与有关单位的协同；将装备保障情况及时报部队指挥员或基本指挥机构等。

（2）前方（前进）保障群

前方（前进）保障群通常由修理分队的部分装备技术力量和弹药、器材及仓库的保管人员组成。配备维修工程车、牵引车和相应的运输车辆。由装备部（处）长指定一名干部负责。与保障对象配置在同一地区，也可配置在侧后或之后。通常可编二至三个前方（前进）保障群。

前方（前进）保障群主要任务：遂行伴随保障任务，负责对前方（前进）战斗群的弹药、器材等物资的补充；对淤陷、故障、战伤装备的抢救修理，并及时将保障情况上报装备保障指挥机构。

（3）机动保障群

机动保障群由修理分队的部分技术力量或上级加强的技术力量组成。配备维修工程车、牵引车和相应的运输车辆。由装备部（处）长指定一名干部负责。通常配置在预备战斗群或纵深攻击群之后，便于隐蔽、便于机动的地形上。

机动保障群的主要任务：支援武器装备战伤较多的部队（分队）的抢救修理；接替失去保障能力的装备保障群的保障任务；遂行装备保障指挥机构临时赋予的保障任务；及时将保障情况上报装备保障指挥机构。

（4）基本保障群

基本保障群由修理分队、上级加强和地方支前的技术力量，以及弹药、器材和仓库保管人员组成。配备维修工程车、牵引车和相应的运输车辆。由装备部指定一名干部负责，通常配置在第二梯队团（营）之后或附近，便于隐蔽，利于机动的地形上。

基本保障群的主要任务：派出技术力量实施现地抢救、抢修或接替前方（前进）保障群的保障任务；负责接取前方（前进）保障群移交的待修装备，并进行抢救抢修；对无力修复的装备负责移交上级处理；对所需弹药器材的单位给予前送补充，并接收上级送来的弹药与器材等物资；遂行装备保障指挥机构临时赋予的保障任务；及时将保障情况上报装备保障指挥机构。

（5）保障队、保障组

每个保障群里按照保障任务的性质编成若干个抢救抢修队、弹药保障队和器材保障队等。每队有一名干部负责组织指挥。同时，为便于实施保障任务，每个保障队内可按功能编成若干个不同类别的保障组，如：装甲修理组、自行火炮修理组、工程机械修理组、军械修理组、汽车修理组、弹药组、器材组等，分别实施相应的保障任务。

4.装备保障系统状态

在装备保障系统仿真建模中，装备保障系统状态是用装备保障系统所有要素的外部状态参数来构建的。在装备保障系统中，系统要素大都是具有心智状态和行为的，因此系统要素的外部状态是受其内部的心智状态和行为影响的。所以，装备保障系统状态分析的首要工作就是分析装备保障系统各个要素的外部和内部状态，进而以装备保障系统要素的外部状态为依据建立描述系统状态的参数集。有时，可以简单的将装备保障系统要素外部状态的集合作为装备保障系统状态集。

5.装备保障系统运行

装备保障系统运行，本质上是装备保障系统全部要素运行的集合。它包括两部分：一部分是在宏观层面上所表现出来的由于系统要素之间的交互作用而导致的多个系统要素外部行为序列；另一部分是在微观层面上表现出来的各个系统要素的心智行为，即内部行为。系统要素的内部行为导致了系统要素内部状态，即心智状态的改变，同时选择了系统要素的外部行为；系统要素的外部行为导致了系统要素外部状态的改变，同时可能产生并发出新的外部交互，该交互再触发其他系统要素的内部行为和外部行为。如此往复的过程就是整个系统的运行过程。

（1）系统要素的内部行为

如果我们把装备保障系统要素看作具有心智状态和行为的智能体，则每个执行装备保障任务的智能体的运行就是一个接收外部交互、启动内部行为（推理、选择外部行为）、启动外部行为的过程。

（2）系统要素的外部行为

在战时，无论是何种层次、何种类型的装备保障，其基本任务是组织实施装备技术保障和装备调配保障，以质量良好的、齐全配套的装备，及时、准确地保障作战部队的装备物资需要。装备保障分队实施的装备技术保障和装备调配保障，必须在装备保障指挥机构的指挥控制下展开，以便合理配置和正确运用装备保障力量，控制和协调装备保障行动，组织装备保障协同与防卫，提高装备保障效率。

① 装备保障指挥

装备保障指挥，是指各级装备保障指挥员及装备保障机关对本级所属装备保障分队的部署、使用和对保障行动所进行的决策、计划、组织、协调、控制等领导活动，及其对下级装备保障机构所进行的业务指导活动。装备保障指挥的任务主要有以下几项内容：

一是配置和运用装备保障力量。根据作战需要合理配置装备保障力量，使装备保障力量的编成与作战编成及保障任务相适应，使建制、加强和地方支前等保障力量形成整体保障能力。

二是组织计划装备保障。根据装备保障任务和能力、上级指示、战场环境等条件，确定装备保障体系、保障指挥体系;组织计划装备管理、装备调配及装备维修等各项保障，使装备保障与作战任务和复杂多变的情况相适应。

三是指挥装备机关和部（分）队的行动。根据上级指示及装备保障计划,对装备机关、部（分）队的集结、转移、行军、疏散隐蔽、警戒、防卫及保障等行动，实施及时、正确的指挥，以确保装备保障决策的实现。

四是协调装备保障系统的内外关系。按照装备保障计划，及时与本级作战指挥系统、后勤保障系统和地方支前机构及友邻装备保障指挥系统进行协同，并周密组织装备保障系统内部的协同，以确保装备保障行动的协调一致。

② 装备技术保障

装备技术保障是指为保持和恢复装备规定功能而采取的各项维护和修理等技术措施的总称，包括装备保障指挥机构的组织计划部分和装备保障维修分队的具体实施部分。

装备保障指挥机构需要针对不同的装备，针对不同时间、地点、作战对象等各方面因素做出综合分析，预计各类装备损坏率，计算修理任务量，灵活采取不同的修理分队组织方式，制定装备技术保障计划，指挥控制分队修理过程。战术级修理分队组织方式可分为现地修理和后送修理，详见图 4-22。

装备保障指挥机构在组织指挥过程中，需要根据装备损坏程度、修理时间进行任务的区分。

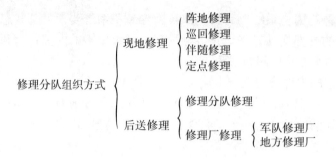

图 4-22　修理分队组织方式

装备修理分队分为：营技术保障组修理、团修理机构、师（旅）修理机构、军修理机构和总部战区修理机构。按装备修理时间的任务区分规则如图 4-23 所示。

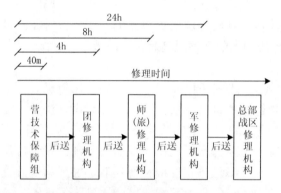

图 4-23　按装备修理时间的任务区分规则

装备损坏程度分为：轻度损坏、中度损坏、重度损坏。按照损坏程度的任务区分规则如图 4-24 所示。团以下修理机构主要负责轻损装备和少量中损装备的修理，师修理机构主要负责中损装备和少量轻损装备的修理，军修理机构主要负责重损装备和部分中轻损装备的修理。

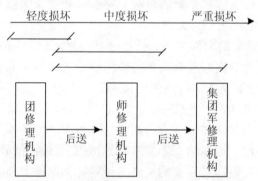

图 4-24　按装备损坏程度的任务区分规则

装备保障维修分队在具体实施装备修理过程中，应按照装备维修技术手册视情采用不同的装备维修方法，如图 4-25 所示。

③装备物资保障

装备物资保障是指为保障部队作战需要而组织与实施武器、器材、弹药的筹措、储备、补给、管理的全部活动。战术级装备物资保障主要包括弹药供应和维修器材供应，由装备保障指挥机构和供应保障分队共同组织实施。

$$
装备修理方法
\begin{cases}
换件修理 \\
拆拼修理 \\
原件修理 \\
应急修理
\begin{cases}
重构-旁路、切换等 \\
置代-采用应急代用品替换损坏的零部件 \\
临时配用-粘接、堵漏、捆绑等
\end{cases}
\end{cases}
$$

图 4-25　装备修理方法

战时弹药供应，是装备物资保障的重要组成部分，是装备保障机构最主要的保障任务，及时、准确、适量地供应部队弹药，对保障战役、战斗的胜利，具有十分重要的意义。战时弹药供应的主要任务是：

一是采用各种估算方法，预计弹药的消耗量。具体方法包括经验推算法，理论计算法。理论计算法通常分为：任务量法和作战推演法。另外，还要根据部队作战任务的不同，确定弹药保障标准、限额。

二是针对作战需要，确定弹药的储备标准。弹药的储备包括战略储备、战役储备、战术储备。战术储备即部队储备，是师以下部队为经常保持作战准备和一定时间内作战的需要，按照规定标准进行的弹药储备，又包括携运行储备和加大储备。

三是掌握弹药消耗规律和补充时机，灵活运用各种方式、方法，严密组织弹药前送，积极主动地组织弹药补给。弹药补给是弹药供应的重要环节，是战时装备物资保障的重点和难点。战役、战斗实施阶段的弹药补给，主要是根据弹药消耗标准和消耗限额的规定、部队弹药消耗、损失、现有和申请补充数量，结合本级库存、运补条件、上级补充的可能及部队将要执行的作战任务的可能消耗等情况，经过计算和分析判断，科学合理地选择补充时机，确定补充数量，组织实施补充。

维修器材供应是指武器、器材维修用的零备件的筹措、储备、补给和管理，是抢修武器装备的物质基础。维修器材供应主要根据部队任务和武器装备实力，规定一定的储备标准和消耗限额，采取上级计划供应和下级主动申请相结合的方法实施。维修器材供应要明确维修器材基数标准、维修器材消耗标准，合理组织储备，及时、准确、适量、有重点地供应。

6.装备保障系统功能

在装备保障系统仿真建模中，装备保障系统功能定义为装备保障系统所有要素功能的集合。而每个系统要素的功能是其对外部其他系统要素的物质、能量和信息输出的集合。例如，装备保障分队对作战分队实施的物质供应是物质输出，作战分队对装备保障分队实施的火力攻击是能量输出，装备保障指挥机构对装备保障分队下达的命令是信息输出，这些输出都体现了输出者的功能。装备保障系统功能分析，就是要明确所有系统要素的物质、能量和信息输出，其中所有装备保障分队对所有作战分队输出的集合，就体现了装备保障的能力。

4.5.2　装备保障系统仿真概念建模六项标识

装备保障系统仿真概念模型设计，就是在装备保障系统六元分析的基础上运用面向智能体的六元抽象建模方法,通过概念建模的任务标识、智能体标识、结构标识、状态标识、行为标识和交互标识,将装备保障系统的论域、要素、结构、状态、运行和功能对应的抽象转换成装备保障系统仿真概念模型的任务空间、智能体、智能体关系、智能体状态、智能体行为和智能体交互的过程。概念模型设计的六项标识活动,从总体上看,有一定的先后逻辑次序,但它们常常是交替进行的,在描述内容的必要性和完备性上是相互印证的。

4.5.2.1 装备保障系统仿真概念建模任务标识

装备保障仿真系统概念模型的任务标识的目的是确定装备保障系统的作战任务空间,以便界定概念模型所描述的问题域。任务是保障实体应担负的职责,各级保障实体有各自的保障任务。装备保障系统的任务空间则是具有共同的保障目标、特性和行为准则的任务集。

确定装备保障系统的任务空间的主要依据是装备保障活动仿真系统应该满足用户的哪些需要。保障任务的描述方法是,根据总的保障意图按照保障实体级别从上到下描述,主要依据是拟制的保障想定。

任务标识的结果是获取两类表格:保障任务空间表和保障实体任务表,见表 4-10 和表 4-11。

表 4-10　保障任务空间数据表举例

空间分量	取值范围
保障等级	战术级
保障部队	基本、前进和机动保障群各一个
分辨率	从保障群到保障组
保障地区	×号作战地区,地域范围:以××为中心南北 60 公里,东西 50 公里
保障目的	负责全师所有部队的装备保障的组织与实施,抢修装备,实施弹药、器材保障。
保障活动	物资供应、技术保障
保障时间	××××——××××
保障阶段	只考虑作战准备和作战实施阶段
……	……

表 4-11　保障任务表举例

序号	执行智能体	保障对象	保障任务	备注
1	××保障群	××团	综合保障	
2	××保障群	××团	综合保障	
3	××保障群	××团	综合保障	
4	××保障组	××营	维修保障	
5	××保障组	××营	弹药供应	
……	……	……	……	……

4.5.2.2 装备保障系统仿真概念建模智能体标识

装备保障系统仿真概念建模智能体标识，就是按照联邦式仿真的技术框架要求，对前面分析得到的装备保障系统要素进行抽取、分类、聚合和标注的过程。例如，在战术级装备保障系统论域中，如图 4-20 所示，有许多系统要素，我们可以把师装备保障群的模拟设计为装备保障联邦成员，把装备保障群指挥机构（师装指）的模拟设计为装备保障指挥联邦成员，把师装备保障群保障的作战群的模拟设计为作战联邦成员，把其他系统要素的模拟设计为一个导调联邦成员。在此基础上，再进一步规划、标注每个联邦成员所模拟的战场实体（智能体）。例如，师装备保障群可抽象、聚合为表 4-12 描述的智能体。需要注意的是，基于系统要素模拟粒度的考虑，这里是将装备保障群中的保障人员要素和保障物资要素作为装备保障群、装备保障队、装备保障组的实力状态参数处理的。

装备保障系统仿真模型中的智能体是对装备保障系统中具有相同特征的一类事物的抽象，而不是一个特定的个体，类似于面向对象的建模方法把具有相同特征的一类事物抽象为类。所不同的是智能体需要对知识库进行扩展描述。知识是智能体标识最复杂、最重要的部分，知识表示的好坏直接关系到智能体的智能性，复杂系统智能体的智能度都是通过智能体的知识库来体现的。

在装备保障仿真系统中，智能体的知识表示方法采用产生式表示法，其基本形式是：
If <condition> Then <do>

表 4-12　智能体标注表

智能体名称	标识	类型	知识库
基本保障群	A_Troop_basic	保障群	
前进保障群	A_Troop_advance	保障群	
机动保障群	A_Troop_mobile	保障群	
抢救抢修队	A_Team_repair	保障队	
器材补给队	A_Team_appliance	保障队	
装备接取队	A_Team_accept	保障队	
弹药供应队	A_Team_ammo	保障队	
勤务保障队	A_Team_service	保障队	
装甲抢修组	A_Group_Repair_armo	保障组	
火炮抢修组	A_Group_Repair_arti	保障组	
军械抢修组	A_Group_Repair_ord	保障组	
汽车抢修组	A_Group_Repair_auto	保障组	
装备接取组	A_Group_Accept	保障组	
坦克器材保障组	A_Group_app_Tank	保障组	
火炮器材保障组	A_Group_app_arti	保障组	
装甲器材保障组	A_Group_app_armo	保障组	
综合器材保障组	A_Group_app_syn	保障组	
弹药供应组	A_Group_ammo	保障组	
……	……	……	……

例如，弹药供应智能体在机动途中遭遇敌军，可能有四种行为:隐蔽、撤退、消灭敌军、请求支援，可以表示成：

If ＜遭遇敌军＞ then ＜隐蔽＞；

If ＜遭遇敌军＞ then ＜撤退＞;

If ＜遭遇敌军＞ then ＜消灭敌军＞;

If ＜遭遇敌军＞ then ＜请求支援＞。

当智能体遭遇敌军时，会在知识库中搜索——匹配得到上述四种行为，更新愿望库，然后根据信念库感知得到遭遇敌军的实力，经过推理行为形成意图，进而更新意图库，执行动作。

又例如，在火炮修理组到达指定地点对火炮进行修理时，首先选择修理方式:

If ＜轻损＞ then ＜原件修理方式＞;

If ＜中损＞ then ＜换件修理方式＞;

If ＜中损＞ then ＜拆并修理方式＞;

If ＜重损＞ then ＜后送修理方式＞;

If ＜重损＞ then ＜报废＞。

例如供应智能体在机动途中发现道路被毁无法通过，可能有以下几种规则:

If ＜道路被毁＞ then ＜修路＞;

If ＜道路被毁＞ then ＜绕道而行＞;

If ＜道路被毁＞ then ＜上报并等待命令＞;

If ＜道路被毁＞ then ＜请求支援＞;

当智能体感知道路被毁时，会在知识库中搜索——匹配得到上述四种行为，更新愿望库，然后根据信念库感知得到自身的实力，经过推理行为形成意图，进而更新意图库，执行动作。

由于装备保障系统仿真模型中，智能体的类型较多，每个智能体包含的知识量较多，智能体知识的发现和表达是一项复杂和繁重的工作。要建立一个完善的知识库并非一朝一夕的事情，需要在系统开发和运行过程中根据军事规则不断修改和完善。

4.5.2.3 装备保障系统仿真概念建模结构标识

结构是系统要素之间的关系。装备保障系统结构分析描述的是系统论域内全部系统要素之间稳定的关联和制约关系，装备保障系统仿真概念建模结构标识则是在此基础上根据联邦式仿真技术框架的要求和联邦成员的规划，对每个联邦成员所模拟的智能体之间的关系所进行的描述。在装备保障系统仿真联邦中，可能有装备保障联邦成员、装备保障指挥联邦成员、作战行动联邦成员、导调控制联邦成员等，下面仅以装备保障联邦成员为例，阐述概念模型结构的描述。

假如装备保障联邦成员模拟师直属装备保障分队的战场行为，并且装备保障分队采用群队式部署，装备保障力量编成若干个综合保障群，即前方（前进）保障群、机动保障群、基本保障群，每个保障群下辖若干保障队，每个保障队下辖若干个保障组，每个保障组编配若干人员和物资。详细的编组方案如图 4-26 所示。

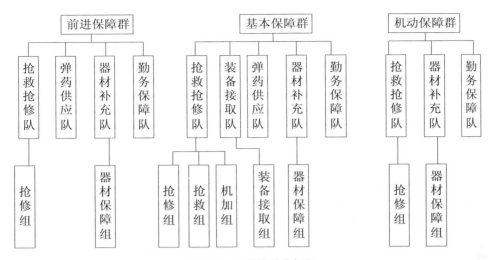

图 4-26　智能体结构框架

那么，基本保障群与其下辖的装备保障队、装备保障组之间的关系采用 UML 类图的描述如图 4-27 所示。其中各个节点的智能体标识符见表 4-12。其他装备保障群的结构也可如此描述。

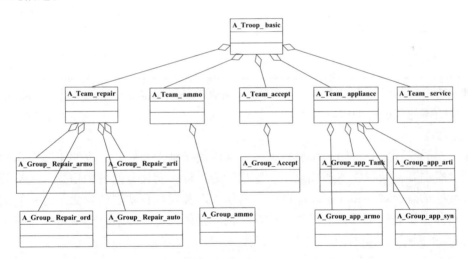

图 4-27　智能体结构 UML 图

4.5.2.4　装备保障系统仿真概念建模状态标识

通过装备保障系统仿真概念建模结构标识，已经针对每个联邦成员建立了相应的智能体结构模型，在此基础上还需要建立每个智能体的状态模型。装备保障系统仿真概念建模状态标识就是建立智能体状态模型的过程。

根据系统六元抽象建模型方法，智能体状态分为外部状态和内部状态两部分。

智能体外部状态就是智能体对外部出现的属性特征，也就是可以被其他智能体所感知的属性特征，如智能体的标识信息、实力信息、空间信息等，表 4-13 给出了一个装备保障组外部状态的描述示例。

表 4-13　智能体外部状态表

Agent	状态	数据类型	备注
××保障组	单位号		
	名称		
	代字		
	军标号		
	当前人数		
	保障装备代号		
	当前位置		
	当前保障能力		
	防护等级		
	受威胁程度		
	通信能力		
	士气		
	疲劳程度		
	接受的命令		
	当前状态		
	……	……	……

智能体内部状态是指智能体的心智状态，由智能体的信念、愿望和意图三个部分构成，反映了智能体的知识水平和思维能力。

1.信念库

信念库的设计主要采用关系型数据库，这样便于维护和修改，也便于互操作和可重用。信念库主要记录智能体形成意图、生成行为过程中所拥有的各种信念，包括关于对所处环境的信念、对友邻的信念、对敌人的信念以及对自身状态的信念。每一类信念又可逻辑地分为不同的子类，形成一个树状结构。具体到每一子项，如敌情，它与一个数据表关联，里面存储智能体获取的有关该项的最新信息。每一个表至少包括项目、项目值、项目值的可信度、获取信息的时间等项，以此表示智能体对外部信息的感知结果。主要信息及表样如表 4-14 所示。

表 4-14　信念库设计样表

项目	子项目	项目值	项目值可信度	获取时间
环境	高程、河流、道路等地理信息			
	气象信息			
	状态信息			
敌情	属性信息			
	威胁信息			
	状态信息			

项目	子项目	项目值	项目值可信度	获取时间
友邻	属性信息			
	能力信息			
	状态信息			
自我	属性信息			
	能力信息			
	状态信息			
保障对象	属性信息			
	状态信息			

任务实体关于这些属性的信念来自两个方面：（1）初始信念。初始信念按照仿真脚本根据实体在系统中所扮演的具体角色的职能、职权和个性来进行初始化；（2）过程信念。仿真运行过程中通过感知行为获取的信念。

2. 愿望库

同样的，愿望库的设计也采用关系型数据库。愿望库主要存储着智能体达到期望目标的可能路径集。这些可能路径集是智能体根据信念库中当前信念值运用知识库中的情景——愿望匹配规则产生的。例如，弹药补充智能体在运送途中通过感知行为得出关于某目标的信念是：该目标是一个对自己有现实威胁的敌方目标，这时弹药补充智能体的目标是消除这种威胁，这时通过情景——愿望匹配规则得出有四条可能的行动方案（或路径）：攻击该目标、远离该目标、请求友邻消灭该目标、就地隐蔽。因而弹药补充智能体关于该目标的愿望集即为上述四条路径。

愿望集中对同一目标的各个愿望是并列的，最终智能体只会执行其中一个。由于是基于局部信息得出的，因而，在特定的态势下，有的愿望很容易实现，有的愿望需要很大的代价才能实现；有的愿望可能有机会实现，有的可能永远不能实现。智能体最终要通过决策行为从愿望集中选择一个最优的原望作为意图，并通过执行该意图来实现目标。

愿望库的设计样表主要由智能体、客体智能体、愿望值、获取时间、完成时间和实现程度组成，以上述弹药补充智能体在运送途中感知到一个对自己有实现威胁的敌方目标为例，愿望库的设计如表 4-15。

表 4-15　愿望库设计样表

主体智能体	客体	愿望值	获取时间	完成时间	实现程度
弹药补充队	敌 × 目标	攻击该目标	× × × ×		未完成
弹药补充队	敌 × 目标	远离该目标	× × × ×		未完成
弹药补充队	敌 × 目标	请求友邻消灭该目标	× × × ×		未完成
弹药补充队	敌 × 目标	就地隐蔽	× × × ×		未完成
……	……	……	……		……

3.意图库

意图库存储智能体为实现期望目标而承诺执行的行为计划。由于感知是不间断地进行着，因而不断形成目标和实现该目标的意图。这些意图按目标形成的先后顺序或优先级存储在意图库中。意图库通过承诺，保证可实现的意图最终得到成功的执行，放弃因外界环境的变化而不能继续执行的意图。

由于智能体有限性假设，它不能一次去追求所有的愿望，需要选择某个愿望来做出追求的承诺，这个过程形成意图，它是智能体计算的向导。意图的作用是引导并监督智能体的动作。意图表示智能体实际能够做到的行为，或智能体现在的行为。

上述例子中，以上述弹药补充智能体在运送途中感知到一个对自己有现实威胁的敌方目标，通过情景——愿望匹配规则产生四条愿望并存入愿望库中，愿望库根据信念库中读取敌我双方力量对比，推算出最优方案，存入意图库中，例如最终的最佳方案为就地隐蔽，就将这个值存入意图库中。意图库的设计样表主要由主体智能体、客体智能体、愿望值、获取时间、完成时间和实现程度组成，其设计如表4-16。

表4-16　意图库设计样表

主体智能体	客体	意图值	获取时间	完成时间	实现程度
弹药补充队	敌×目标	就地隐蔽	××××		未完成
……	……	……	……	……	……

4.5.2.5 装备保障系统仿真概念建模行为标识

行为是系统要素状态发生变化的过程。作为智能体的系统要素具有两种行为：内部行为和外部行为。内部行为描述的是智能体在内部的心智状态的变化过程，即推理决策、知识学习等，属于认知行为；外部行为描述的是智能体外部状态的变化规律，属于物理行为。智能体的认知行为的描述可直接借鉴知识工程和Agent技术的通用研究成果，而智能体的物理行为则与相应的领域规则密切相关。装备保障行为实际上就是在外部信息（包括命令、环境信息、和其他智能体的交互等）的作用下产生的状态变化的过程。因此，装备保障系统仿真概念建模行为标识，就是在前面进行的装备保障系统仿真概念建模要素标识的基础上，分析、梳理、标注每一类装备保障分队的物理行为的过程，包括作业标识和动作标识。

站在信息论和控制论的角度来看，包括装备保障行为在内的作战系统的运行过程是一种在信息机制作用下的所有作战实体的行为过程，即作战实体的任何行为都离不开信息的作用。一般地说，一切作战实体的军事行动都是受命而为。作业就是指执行一个具体的作战命令的过程，是具有明确作战意图的军事行动。动作是指作业实施过程中的步骤或工序，是最小的、不再细分的行为概念。因此，一项作业通常由一个或多个动作构成。

假设陆军机步师装备保障力量按照群队式部署，担负的装备修理和弹药供应，根据装备保障想定和装备保障系统仿真应用需求等分析、梳理装备保障分队作业，如表4-17所示。

表 4-17　装备保障分队作业表

序号	任务类型	命令简称	作业描述
1	装备维修	编组	装备保障分队编成保障群、保障队、保障组
2		部署	保障群、保障队、保障组配置在指定地域
3		归建	保障组从当前地域撤回到所属保障队所在地域
4		展开	保障群、保障队、保障组在配置地域展开
5		撤收	保障群、保障队、保障组在配置地域撤收
6		转移	保障群、保障队、保障组机动到指定地域
7		伴随修理	装备修理组伴随作战分队实施保障
8		机动修理	装备修理组机动到指定地域实施保障
9		后送修理	装备后送组将战损装备后送到指定地域
10		疏散隐蔽	保障群、保障队、保障组现地疏散隐蔽
11	弹药供应	编组	装备保障分队编成保障群、保障队、保障组
12		部署	保障群、保障队、保障组配置在指定地域
13		归建	保障组从当前地域撤回到所属保障队所在地域
14		展开	保障群、保障队、保障组在配置地域展开
15		撤收	保障群、保障队、保障组在配置地域撤收
16		转移	保障群、保障队、保障组机动到指定地域
17		阵地补充	弹药供应组对作战分队实施保障
18		调剂补充	弹药供应组对其他弹药供应分队实施保障
19		途中机动	弹药供应组按照新的机动路线实施保障
20		疏散隐蔽	保障群、保障队、保障组疏散隐蔽

　　在装备保障分队作业分析的基础上还要进一步分析完成每一项作业所需的基本动作，表 4-18 给出了部分作业的分解动作。

表 4-18　装备保障分队作业与动作分解表

命令简称	作业描述	分解动作
组建	装备保障分队编成保障群、保障队、保障组	保障群、保障队、保障组组建
部署	保障群、保障队、保障组配置在指定地域	保障群、保障队、保障组部署
伴随修理	装备修理组伴随作战分队实施保障	机动
		装备修理
机动修理	装备修理组机动到指定地域实施保障	机动
		修理
		归建
后送修理	装备后送组将战损装备后送到指定地域	机动

（续表）

命令简称	作业描述	分解动作
阵地补充	弹药供应组对作战分队实施保障	组建弹药供应组
		装载
		机动
		卸载
		机动返回
		归建
调剂补充	弹药供应组对其他弹药供应分队实施保障	组建弹药供应组
		装载
		机动
		卸载
		机动返回
		归建
途中机动	弹药供应组按照新的机动路线实施保障	机动
……	……	……

在系统仿真建模中，仿真对象行为过程描述是对实际系统动态特征的表达，它将为仿真系统提供最基本的运行依据和方式，更详细的内容将在下一节的智能体模型设计中采用UML的活动图来描述。

4.5.2.6 装备保障系统仿真概念建模交互标识

装备保障系统仿真概念建模交互标识，就是在装备保障系统仿真建模的智能体标识和结构标识的基础上，对装备保障系统六元分析得到的系统要素的全部交互进行分类、参数描述和标注的过程。

从联邦式仿真技术架构来看，交互分为外部交互和内部交互。外部交互是一个联邦成员模拟的实体要素与另一个联邦成员模拟的实体要素的交互；内部交互是在同一个联邦成员所模拟的不同实体要素之间的交互。系统仿真概念建模交互标识的任务是建立每一个联邦成员的外部交互信息模型，内部交互的描述需要在智能体建模阶段完成。

联邦成员之间的外部交互（简称交互），从其本质属性来看，分为两类：信息交互和物理交互。装备保障系统仿真概念建模交互标识也需要按这两类交互进行。

1.信息交互

在装备保障系统论域中，信息交互的主要表现形式是作战文电，主要包括命令、指示、报告、通告等。在所有的战场信息中，作战文电起着至关重要的作用。可以说，一切保障实体的保障行为都是受命而为，而在命令执行过程中遇到的重要情况和命令执行结果也必须向上级汇报。因此，在系统仿真概念建模阶段，首先考虑以下两种最具实质意义的作战文电：命令和报告。下面给出了装备保障系统仿真概念模型中命令和报告的设计样表，如表4-19，表4-20。

表 4-19　命令设计样表

命令类别	名称	内容	发送者	接收者
战技命令	力量部署	（×）保障群于（×）时间前，沿（×）路线，在（×）地域展开，担负对 × 作战群队的保障任务		
	调整部署	（×）保障群于（×）时间撤收，于（×）时间前，沿（×）路线转移至（×）地域（展开 / 待命 / 休整）		
	敌情通报	在（×）地域发现敌小分队或（×）地域遭敌空袭		
	原地待命	原地待命，组织隐蔽防护		
	撤收转移	（×）时间开始沿（×）路线于（×）时间前到达（×）地点，（展开 / 待命）		
	归建	（×）时间开始沿（×）路线于（×）时间前到达（×）地点归建		
弹药保障命令	阵地补充	（×）时间开始，（×）时间前向（×）地点的（×）部队补充（×）弹种（×）弹类（×）发		
	库间补充	（×）时间开始，（×）时间前向（×）地点的（×）弹药库补充（×）弹种（×）类（×）发		
	途中调整	（×）时间前向（×）地点的（×）部队补充（×）弹种（×）弹类（×）发		
	上级补充	上级补充（×）弹种（×）弹类（×）发		
	同级调剂	同级调剂（×）弹种（×）弹类（×）发		
	向下补充	向下补充（×）弹种（×）弹类（×）发		
维修保障命令	支援修理	（×）时间出发，沿（×）路线，于（×）时间前到达（×）地点，对（×）部队实施维修保障		
	后送修理	损坏装备于（×）时间到达配置地域，进行修理		
	接取修理	（×）时间出发，沿（×）路线，于（×）时间前到达（×）地点，接收损坏装备，沿（×）路线返回，实施修理		
	伴随修理	（×）时间出发，沿（×）路线，于（×）时间前到达（×）地点，对（×）部队实施伴随维修保障		
	战损装备后送	（×）时间出发，沿（×）路线，于（×）时间前到达（×）地点，送修损坏装备，沿（×）路线返回		
	修竣装备接取	（×）时间出发，沿（×）路线，于（×）时间前到达（×）地点，接取修竣装备，沿（×）路线返回		
	加强支援	（×）时间出发，沿（×）路线，于（×）时间前到达（×）地点，对（×）部队进行加强		
	器材补充	（×）时间开始，（×）时间前向（×）地点的（×）部队补充（×）器材		
	途中调整	（×）时间前向（×）地点的（×），对（×）部队（实施伴随修理 / 完成任务后返回），机动路线：（×）号路		

表4-20 报告设计样表

报告	报告内容	报告者	接收者	触发时机
机动开始	于（×）时（×）分，开始向（×）地点机动	保障群		机动开始
机动完毕	已于（×）时（×）分，机动至（×）地点	保障群		机动完毕
展开开始	于（×）时（×）分，在（×）地点开始展开	保障群		
展开完毕	已于（×）时（×）分，在（×）地点展开完毕	保障群		展开完毕
障碍报告	于（×）时（×）分，在（×）地点，遭遇（×）类型障碍，无法通过，请指示	保障群		
组织防卫	于（×）时（×）分，在（×）地点组织防卫	保障群		
补充弹药开始	于（×）时（×）分，从（×）地点出发，将（×）弹药（×）发，向（×）单位实施补充	保障群		
弹药接收	于（×）时（×）分，收到上级补充（×）弹药（×）发	保障群		
弹药补充完毕	于（×）时（×）分，将（×）弹药（×）发，向（×）单位补充完毕	保障群		
前出修理出发	于（×）时（×）分，（×）个（×）抢修小组，到（×）单位执行战场抢修任务	保障群		
途中情况处置	于（×）时（×）分，在（×）地点遇到敌袭击，已做出（×）处置	保障组		
修理开始	于（×）时（×）分，在（×）地点开始组织修理	保障组		
修理完成	已于（×）时（×）分，完成修理任务	保障组		
弹药装载开始	于（×）时间，开始进行弹药装载	保障组		
弹药装载完毕	于（×）时间，弹药装载完毕	保障组		
弹药卸载开始	于（×）时间，开始进行弹药卸载	保障组		
弹药卸载完毕	于（×）时间，弹药卸载完毕	保障组		
原地待命	已于（×）时间，在（×）地域，原地待命，组织隐蔽防护。	保障组		
归建	已于（×）时间归建	保障组		
…	……	…	…	…

2.物理交互

物理交互是指触发智能体对接收智能体物理作用的量化描述，如"炮击"交互由若干个毁伤效果参数构成。表4-21给出了装备保障系统仿真概念模型的物理交互描述样式。

表4-21 物理交互样表

物理交互名称	触发智能体	接收智能体	交互参数
修理结果	××修理分队	××炮兵分队	火炮代码、数量等
弹药供应	××供应分队	××炮兵分队	弹药代码、数量等
器材供应	××供应分队	××坦克团	器材代码、数量等
炮击	蓝方导演	××保障群	炮击地点，毁伤参数等
……	……	……	……

4.6　装备保障系统仿真智能体模型设计

装备保障系统仿真智能体模型，就是在装备保障系统仿真概念模型的基础上，通过对描述概念模型的六项标识进行转换和扩展获得的。

4.6.1　装备保障系统仿真智能体模型元信息的描述

装备保障系统仿真智能体模型的元信息记录的是对装备保障系统仿真智能体模型的一般性描述信息，如名称、类别、应用领域、目的、最后修改日期、开发者、运行所需软硬件环境、VV&A 信息等。我们使用智能体模型鉴别表来描述装备保障系统仿真智能体的元信息。

智能体模型鉴别表由两列组成：第一列为描述智能体模型所需数据的类别，第二列为各类别对应的信息。其格式如表 4-22 所示。

表 4-22　装备保障系统仿真智能体模型鉴别表

类　别	模型信息
名　称	战术级装备保障系统仿真智能体模型
版　本	1.1
创建时间	2006-6-13
最后修改时间	2007-11-8
目　的	提供战术级装备保障系统仿真联邦成员之间公共的、标准化的数据交换的规范格式
应用领域	战术级装备保障系统仿真
开发负责机构	××××学院××系
开发负责人	×××
开发负责人联系方式	××××××××

4.6.2　装备保障系统仿真智能体模型 Agent 类的设计

我们选择 BDIK 结构来描述 Agnet。因为它对单个 Agent 的心智状态（信念、愿望、意图）进行了明确地刻画，而 Agnet 的行为由其心智状态决定，这样 Agnet 的心智状态为其如何行动提供了一种直观的解释，较容易描述 Agnet 的行为产生机制。将 Agent 作为一种分析问题的方法、建模的基本单位，结合 BDIK 模型来构建 Agnet 结构。因此，这里我们仍然采用信念–愿望–意图–知识（BDIK）的行为建模框架来构建保障 Agent 结构，但是保障群 Agent 输出的行为不再是直接产生保障效果的保障行为，而是组织指挥、任务监控等指挥决策行为。基于前面对装备保障智能体模型的描述，以及对保障组织指挥行为的分析，我们给出保障群 Agent 模型的逻辑结构，如图 4-28 所示。保障队和保障组的逻辑结构与保障群的结构类似，只是保障队和保障组执行的具体的保障任务而不是指挥功能。

Agent、Belief、Desire、Intention、Knowledge 作为抽象类实现，Agent 是基本的建模部件，表示为一个抽象类，它包括 Belief、Desire、Intention、Knowledge 四个扩展类。

下面将结合装备保障系统仿真的应用领域，对Agent类进行设计。

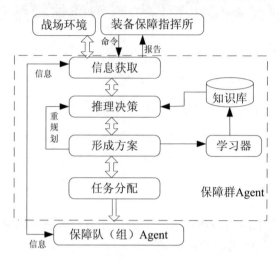

图 4-28　保障群 Agent 模型逻辑结构图

在装备保障系统仿真智能体模型中，设计了最基本的保障Agent模板类Agent_support，其他类都是由它继承而来。Agent_support类实现各种共有的基本结构，实现Agent的动态创建与撤销，统一建立各类的通用结构。

图4-29是智能体模型Agent类设计的UML表示。

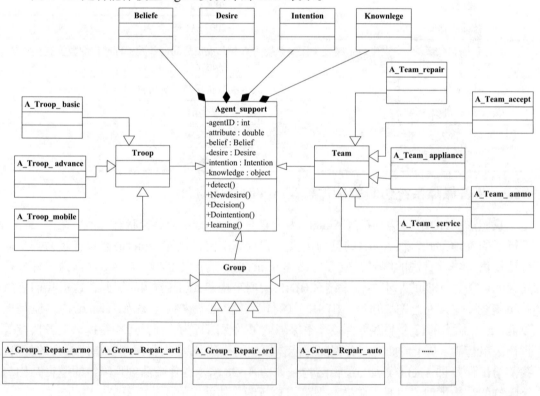

图 4-29　Agent 类的设计

Agent_support类是智能体模型中所有保障Agent的基类，是一个抽象类。它提供了所有保障 Agent 的通用特征，规定了所有保障 Agent 的公共设计接口和行为，供其他 Agent 类继承。它定义了 Agent 的属性变量 AgentID 和 AgentName，以及心智状态变量 belief、desire、intention 和知识属性 knowledge，并且定义了表达 Agent 认知行为的操作：Detect、Newdesire、Decision、Dointention、learning。

装备保障系统仿真中主要类包括 Agent_aupport 类、Belief 类、Desire 类、Intention 类、Knowledge 类。

4.6.3　装备保障系统仿真智能体模型结构的描述

智能体结构的描述采用 Agent 类结构表来描述。在装备保障系统仿真智能体建模中，一般设计保障群、保障队和保障组的 Agent 类，将人员、保障装备、弹药、器材等作为这些智能体的属性信息。Agent 类结构如表 4-23 所示。

表 4-23　装备保障仿真系统 Agent 类结构表

Agent 类层次 0	Agent 类层次 1	Agent 类层次 2	Agent 类层次 3
Support Agent\<P/S>	Troop\<P>	A_Troop_basic\<P/S>	……\<ref>
		A_Troop_advance\<P/S>	……\<ref>
		A_Troop_mobile\<P/S>	……\<ref>
	Team\<P/S>	A_Team_repair\<P/S>	……\<ref>
		A_Team_appliance\<P/S>	……\<ref>
		A_Team_accept\<P/S>	……\<ref>
		A_Team_ammo\<P/S>	……\<ref>
		A_Team_service\<P/S>	……\<ref>
	Group\<P/S>	A_Group_Repair_armo\<P/S>	……\<ref>
		A_Group_Repair_arti\<P/S>	……\<ref>
		A_Group_Repair_ord\<P/S>	……\<ref>
		A_Group_Repair_auto\<P/S>	……\<ref>
		A_Group_Accept\<P/S>	……\<ref>
		A_Group_app_Tank\<P/S>	……\<ref>
		A_Group_app_arti\<P/S>	……\<ref>
		A_Group_app_armo\<P/S>	……\<ref>
		A_Group_app_syn\<P/S>	……\<ref>
		A_Group_ammo\<P/S>	……\<ref>

4.6.4　装备保障系统仿真智能体模型交互类的描述

在联邦式装备保障系统仿真中，交互用于描述一个联邦成员对另一个联邦成员的作用和影响。根据面向智能体六元抽象建模方法，联邦成员之间或整个联邦的所有外部交互采用 Agent 表集中描述。Agent 交互表包括下列描述项：交互类结构、触发交互类的 Agent 类、接收交互的 Agent 类、交互影响的 Agent 属性、交互参数等。

交互类结构也是一种层次结构，它包含交互类之间的一般化和特殊化关系。例如一个"战技命令"可以特化为"力量部署"和"撤收转移"等子交互类。交互类结构支持预定的继承性，也就是说，当一个联邦成员预定一个交互类以后，在联邦执行中该联邦成员将接收到预定的交互类实例和该交互类所有子类的所有实例。例如，在上面列举的"战技命令"交互类中，如果一个联邦成员预定了"战技命令"交互类，它将接收到"力量部署"和"撤收转移"等子交互类的交互数据。

表4-24以装备保障系统仿真联邦中的部分命令交互类为例给出了描述联邦或联邦成员Agent交互类的模板。该模板由四个部分组成：交互类结构、触发该交互的Agent类、接收该交互的Agent类、交互参数。触发交互的Agent类是可以启动和发出交互的Agent类，接收交互的类是被动受交互影响的Agent类。

表4-24 装备保障系统仿真联邦命令交互类样表

交互类结构		触发交互的Agent类	接收交互的Agent类	交互参数
战技命令（ZJML）	力量部署（LLBS）	指挥平台	保障群（Troop）	时间（Time）地域（Zone）路线（Route）保障对象（Su_object）
	调整部署（TZBS）	指挥平台	保障群（Troop）	时间（Time）地域（Zone）
	敌情通报（DQTB）	导演平台	保障群/队/组（Troop/Team/Group）	对敌信念（OTHERAFENTS）
	原地待命（YDDM）	保障群（Troop）	保障队/组（Team/group）	
	撤收转移（CSZY）	指挥平台	保障群（Troop）	时间（Time）地域（Zone）路线（Route）保障对象（Su_object）
	归建（GJ）	保障群（Troop）	保障队/组（Team/group）	时间（Time）路线（Route）
弹药保障命令（DYBZ）	阵地补充（ZDBC）	保障群（Troop）	弹药供应组A_Group_ammo	时间（Time）路线（Route）保障对象（Su_object）弹种（ammo_kind）弹量（ammo_amount）
	库间补充（KJBC）	保障群（Troop）	弹药供应队（A_Team_ammo）	时间（Time）路线（Route）保障对象（Su_object）弹种（ammo_kind）弹量（ammo_amount）
	途中调整（TZTZ）	保障群（Troop）	弹药供应组A_Group_ammo	时间（Time）路线（Route）保障对象（Su_object）弹种（ammo_kind）弹量（ammo_amount）
	上级补充（SJBC）	指挥平台	弹药供应队（A_Team_ammo）	时间（Time）弹种（ammo_kind）弹量（ammo_amount）
	同级调剂（TJTJ）	指挥平台	保障群（Troop）	时间（Time）路线（Route）保障对象（Su_object）弹种（ammo_kind）弹量（ammo_amount）
……	……	……	……	……

在系统仿真联邦设计中，需要建立一个描述所有联邦成员交互的数据模型，它不仅包括上述描述联邦成员之间信息交互和物理交互的交互类，还包括一个联邦成员模拟的智能体感知其他联邦成员模拟的智能体属性。因此，描述智能体的Agent类也提供了联邦

成员公布和预定的部分数据。

4.6.5　装备保障系统仿真智能体模型属性的描述

在智能体模型中所描述的每个Agent类均有一组特定的属性，其中有些属性是其他联邦成员需要感知的。由于Agent类属性与交互类参数的描述具有相似性，因此所有的Agent类属性与交互类参数可用同一张表描述。也就是说，对于Agent类结构表中所有的Agent类的属性和Agent交互类表中的所有交互类参数必须完整的在属性/参数表中描述。

智能体模型在属性/参数表中支持对下列属性特征的表达："Agent类""属性名""数据类型""基数""单位""粒率""属性精度""精度条件""更新类型""可转移/可接受T/A""可更新/可回映U/R"。

交互参数的描述与属性的描述基本相同,差异在于用"交互类"代替"Agent类",用"参数名"代替"属性名"。另外，交互参数的描述只用属性/参数表中的前8列，它们分别描述交互参数的交互类、参数名、数据类型、基数、单位、分辨率、精度、精度条件，这是因为参数不需要更新和所有权转移处理。

表 4-25 以前进保障群属性和力量部署命令参数为例展示了如何使用属性/参数表描述 Agent 类属性和交互类参数。

表 4-25　装备保障系统仿真 Agent 属性 / 交互类参数表

Agent 类 / 交互类	名称	属性 / 参数	数据类型	基数	单位	粒度	精度	精度条件	更新类型	T/A	U/R
前进保障群 A_Troop_advance	单位号	ID	Int	1	N/A	N/A	P	A	S	T/A	U/R
	名称	Name	Char	1	N/A	N/A	P	A	S	T/A	U/R
	代字	Code	Int	1	N/A	N/A	P	A	S	T/A	U/R
	类型	Type	Char	1	N/A	N/A	P	A	S	T/A	U/R
	军标号	Tag	Char	1	N/A	N/A	P	A	S	T/A	U/R
	配置地域	Zone	Zone	1	N/A	N/A	P	A	C	T/A	U/R
	父单位号	Fa_Code	Int	1	N/A	N/A	P	A	C	T/A	U/R
	配置人数	P_Num	Int	1	个	N/A	P	A	C	T/A	U/R
	…	…	…	…	…	…	…	…	…	…	…
力量部署命令 LLBS	保障对象	Su_object	Target	1	N/A	N/A	P	A			
	部署时间	Time	Time	1	N/A	N/A	P	A			
	部署路线	Route	Route	1	N/A	N/A	P	A			
	部署地域	Zone	Zone	1	N/A	N/A	P	A			
…	…	…	…	…	…	…	…	…			

其中，Target 为枚举数据类型，Time，Route，Zone 为复杂数据类型。

尽管属性参数表提供了描述数据类型的栏目，但对枚举数据类型和复杂数据类型没有做出详细说明。下面给出枚举数据类型和复杂数据类型的描述模板见表 4-26。这些模板构成了智能体模型不可缺少的重要部分。

表 4–26 复杂数据类型表

复杂数据类型	域名	数据类型	基数	单位	粒度	精度	精度条件
Zone	坐标 1	Coordinate	1	N/A	N/A	N/A	N/A
	坐标 2	Coordinate	1	N/A	N/A	N/A	N/A
	坐标 3	Coordinate	1	N/A	N/A	N/A	N/A
Coordinate	X	Double	1	1 度	1 度	perfect	always
	Y	Double	1	1 度	1 度	perfect	always

以表 4–27 中保障目标的数据类型 Target 为例，说明仿真模型联邦成员 SOM 中的枚举数据类型表。

表 4–27 枚举数据类型表

标示符	枚举值	说明
Target	作战群队 1	0
	作战群队 2	1
	作战群队 3	2

4.6.6 装备保障系统仿真智能体模型方法的描述

装备保障系统仿真智能体模型方法的描述是对概念模型行为标识描述的扩展，方法的描述更加接近实现域的需求，为下一步的系统仿真模型的程序设计提供依据。

实例描述：保障群接到装备保障指挥所的弹药保障命令，该命令为"×时×分到达×地点对×作战群队补充×种×类×发弹药"；保障群根据弹药储备情况和战场态势进行规划，命令×弹药保障队完成此次弹药保障任务；×弹药保障队接到保障群命令后，立即执行；在保障过程中，依据自身的判断和决策产生行为，自主地机动到指定地点，实施保障。

突发事件：完成弹药补充任务，返回机动到 2 号路段时，该路段被毁。

弹药保障队实体保障行为生成过程描述：

（1）弹药保障队实体接收来自保障群实体的命令，对其进行解释和分类，确认是上级命令类信息，将其存放在事件表中，并优先处理。

（2）通过知识库中存储的信念–意图匹配规则，触发匹配规则，产生弹药保障行动意图。上述行为是反应式快速决策行为。

（3）根据行动意图更新意图库。意图库是一个堆栈，待执行的意图按产生顺序或执行优先级存放。最新上级命令类信息产生的意图按优先级最高存放。

（4）把优先级最高的意图，分解为具体的行动计划。计划是一个结构体，它包括任务、触发条件、成功条件和失效条件。由于在知识库中存在该类命令的成功事例（案例），可直接从中选取。构建意图到动作集的映射，即将意图分解为知识库行为空间中的动作，并把这些动作按其时空和逻辑关系进行组装，形成动作序列。执行意图单元负责按顺序调度、执行动作，实现最终的外在行为输出。弹药保障行为的行动计划为：等待车辆、装载、机动（出发）、途中隐蔽、到达、卸载、机动（返回）、途中隐蔽、归建。

弹药保障队行为生成过程如图 4-30 所示，从中可以看出弹药保障队是如何受领任务，通过反应式快速决策行为，确定意图，构建行动计划，按照动作序列展开行动的。

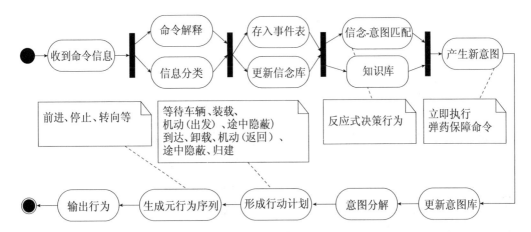

图 4-30　弹药保障队行为生成活动图

图 4-31 表示任务实体由内在行为产生外在行为输出的过程中，在智能体内部信念、愿望、意图、知识库等之间的信息交互关系。

弹药保障队在返回途中应对突发事件，自主行为产生过程描述，如图 4-32 所示：

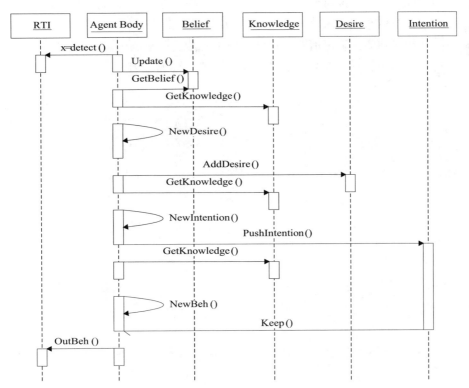

图 4-31　智能体内部信息序列图

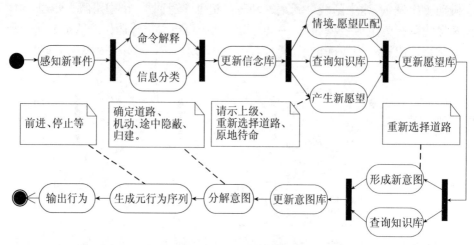

图 4-32   弹药保障队自主行为生成活动图

（1）接收到来自环境的信息，该信息为"2号道路被毁"，对此信息进行解释和分类，经过确认后，更新信念库。

（2）通过知识库中存储的情景–愿望匹配规则，触发匹配规则，产生对该突发事件的愿望集，包括：请示上级、重新选择道路、原地待命等，并将此愿望子集存入愿望库。

（3）根据目标实现的代价或难易程度以及实体自身的能力等原则进行筛选，得出能完成任务的最优愿望作为该时刻的意图，即重新选择道路，并存入意图库中。

（4）把待执行的意图（最优方案），即重新选择道路，分解为具体的行动计划。重新选择道路的动作序列为：确定道路、机动、途中隐蔽、归建。

（5）将此次输出的行为方案，存储到知识库中，实现案例学习。

第 5 章　基于 MDA 的仿真建模方法

5.1　引言

　　分布式仿真技术是为解决复杂的作战模拟问题于上世纪 80 年代产生的，在各类应用需求的牵引和及有关学科技术的推动下，分布式仿真技术已经发展形成了一种综合性的专业技术体系，成为人们借助系统模型间接地研究系统的重要手段。纵观分布式仿真技术发展的历程，人们关注的焦点主要集中在如何解决仿真模型的互操作性、重用性和逼真度等几个问题上，而模型的这些特性又与仿真建模的技术体制和模型表达的规范性密切相关。

　　仿真领域模型的互操作性和重用性，一直是建模与仿真技术解决的难点问题。SIMNET 和 DIS 主要是探索和解决平台级仿真器的互操作和重用问题；ALSP 主要是解决聚合级仿真模型及相关模型的互操作和重用问题；高层体系结构（High Level Architecture，HLA）旨在解决整个国防领域所有类型的模型、仿真和 C4I 系统的互操作和仿真资源的重用问题。HLA 仿真技术体制将仿真应用层封装为联邦成员，通过提供中间件 RTI，将应用层与通讯层分离，在联邦成员层次上为解决模型的互操作和重用提供了较为理想的解决方案。然而，HLA 仿真技术体制解决仿真领域模型的互操作性和重用性问题的技术方案仍存在一些有待研究和解决的问题：

　　第一，联邦成员数据结构死板的问题。在一个单一的仿真系统中，所有的 HLA 仿真联邦成员都必须使用联邦对象模型（Federation Object Model，FOM）规定的数据格式。一个表明坐标的数据类型是不可能在一个联邦成员中以"x/y/z"接收数据，而在另一个联邦成员中以"top/left/right"来发送数据的。这样，要想实现无缝的联邦成员重用和移植并不是一件很简单的事，前提是联邦成员要采用一致的数据格式，具有全局统一的标识符。就是说，要想重用以前仿真系统中的某个联邦成员，那么新系统就必须按照该原来的仿真系统联邦成员的数据格式进行总体设计。这样显然是不灵活的。

　　第二，HLA 开发与 RTI 产品关联过于紧密。HLA 的代码编写过程需要将仿真联邦成员与具体的 RTI 产品进行绑定，这些代码往往与仿真的逻辑代码耦合和缠绕在一起，无形中增加了整个系统的代码维护、修改、调试的工作量，代码的可读性因此而降低了，同时也影响了代码的可重用性，这与 HLA 的初衷产生了一定的矛盾。目前正在使用的 HLA 标准有两种：DMSO1.3 和 IEEE1516。针对这两种标准也有不同的 RTI 产品。以 DMSO 1.3 版本为基础设计的联邦成员与以 IEEE 1516 标准为基础设计的联邦成员之间的互操作并不能很轻松的实现，从一种 RTI 实现平台迁移到另一种 RTI 实现平台往往也需要很多的额外工作。这两种情况下，往往都需要仿真开发人员对原有的代码进行比较大的修改和重构。

第三，在基于HLA的系统中，由于最小的复用单位是"联邦成员（Federate）"或称"邦员"，每个联邦成员集成了一个或多个仿真实体模型，由于联邦成员内部实体模型的紧耦合性，仿真实体模型的抽取具有一定困难。另外，由于开发的分散性，同一仿真实体的不同结构、不同分辨率和不同数据标准的模型必然同时存在，寻找合适的仿真模型将成为一件十分棘手的问题。

第四，从仿真模型描述语言来看，在分布式仿真系统开发的概念建模阶段，可采用的业务模型建模方法有多种[44-46]，比如：以数据为中心的业务建模方法，面向对象的业务建模方法，基于本体的业务建模方法等，针对各种方法也提出了相应的建模表达方式和语言。这些方法主要着眼于模型的业务表达能力，不同的表达语言之间对于模型之间的要素对应和表达转换考虑较少，不利于后期模型的重用。在仿真应用开发的后续阶段，仿真模型的表达针对不同的编程语言，也出现了不同的选择，有的甚至直接进行了程序代码或代码片段的编写工作，更加不易于仿真模型的重用和仿真模型库的整合。HLA仿真技术框架的提出，规范了对象模型的表达方式。但是在仿真系统分析设计阶段，对象模型模版（Object Model Template，OMT）的表达方式是以明确类和交互的公布预定关系为主要目的的，并未从面向对象开发的角度定义模型，也就无法规定对象模型的表达方式；在仿真系统实现阶段，HLA使用的联邦执行数据（Federation Execution Data，FED）文档仅用于仿真初始化，以表明联邦执行的初始化条件，同样不是为了提供统一的表达语言而提出的。这样，在仿真系统开发过程的各个阶段，开发人员针对各自不同的需要，就会采用各自熟悉的表达语言进行建模。然而，从长远的角度考虑，这种模型建模语言不统一的问题，不利于模型在更广范围内的参考和重用，也不利于业务领域内模型库的建立。

如今，军用仿真系统的实现已经不再仅仅依靠某一种技术，从分析、设计到开发，几乎软件开发周期的每个阶段都使用了多种技术或平台。同时，虽然基于HLA的仿真应用更多的集中在国防领域，但是一个大型的国防仿真项目仍需要许多其它部门的协作，采用的平台可能并不是基于HLA的应用，有的利用了CORBA，有的利用J2EE。因此，要想建立一个大型的仿真项目必须考虑到HLA技术与其它软件技术的融合问题。

模型驱动架构（Model Driven Architecture，MDA）[47]是对象管理组织（Object Management Group，OMG）于2001年7月提出的概念，"模型驱动"的意思是用模型来引导对系统的理解、设计、构造、配置、维护、改进的整个过程。MDA的核心思想是抽象出与实现技术无关、完整描述业务功能的核心模型——平台无关模型（Platform Independent Model，PIM），针对不同实现技术指定多个映射规则，然后通过这些映射规则及辅助工具将PIM转换成与具体实现技术相关的应用模型——平台相关模型（Platform Specific Model，PSM），最后将经过充实的PSM转化成代码。MDA主要提供了一组规范，用来解决软件系统全生命周期中与集成相关的互操作和重用问题，包括从建模到系统设计、组件构建、组合、集成、分发、管理以及进一步的发展。从宏观看，MDA使得应用领域模型在整个软件生命周期中得到了复用。它分离了业务功能分析设计与实现技术之间的紧密耦合关系，使技术变化对系统的影响降到了最小。

MDA与HLA技术都是致力于系统互操作和模型重用的实现，但前者重点解决模型的重用问题，而后者则主要解决通讯互联问题。将 MDA 的有关技术、思想引入到 HLA 技术体系中，是解决仿真模型的互操作和可重用问题的有效途径。本章以构建分布式装备保障仿真系统为应用背景，将 MDA 思想引入 HLA 技术体系，论述了以下五方面内容[48]。

1.基于 MDA 的联邦式建模与仿真技术框架。该框架包括仿真模型体系结构规范和仿真系统开发过程规范两部分。在仿真模型体系结构规范中，将组成仿真系统的各类模型，按照重用性由低到高的顺序，划分为应用域、服务域、体系结构域和实现域。各主题域的仿真模型，按照开发次序分别存在平台无关模型（PIM）、平台相关模型（PSM）和代码三种不同形式。在仿真系统开发过程规范中，将仿真系统开发过程划分为四个阶段，即主题域平台无关模型的建立、主题域模型的转换、主题域模型的集成、仿真系统的 VV&A。该技术框架使得相邻域之间具有明确的接口关系，使得各层次模型具有良好的封装性，便于独立开发、改进和集成，改善仿真模型的重用性。

2.主题域平台无关模型建模方法。采用系统六元抽象方法分析了仿真系统的组成，给出了仿真系统各要素的 BNF 范式表达，将系统六元抽象方法与可执行 UML 语言（eXecute UML，xUML）相结合，阐述了基于系统六元抽象的 xUML 建模方法。

3.主题域模型的转换过程及方法。采用元模型转换方法定义了平台无关模型向面向对象语言平台、关系数据库平台以及 FED 文件脚本语言平台的模型转换规则；采用标记转换方法定义了联邦成员子域平台无关模型向平台相关模型的转换规则。从而形成了基于 MDA 的联邦式建模仿真系统模型转换的整套规则和方法。

4.主题域模型的集成过程及方法。通过实体模型之间的函数接口调用，实现了联邦成员内部模型的集成；设计了联邦成员桥，通过整合模块、应用模型管理模块、RTI 服务管理模块和仿真处理过程管理模块的协作实现了仿真应用域模型和 RTI 域模型的集成。

5.针对战术级装备保障指挥模拟训练系统开发的实际需要，以基于 MDA 的联邦式建模与仿真技术为指导，进行了实例系统的分析与设计。

5.2　基于 MDA 的作战仿真建模思想

5.2.1　MDA 研究现状

5.2.1.1　MDA 的产生与发展

模型驱动架构 MDA 是软件开发方法不断发展演化的产物，它是在面向对象的方法，UML 统一建模语言之后发展起来的。综合看来，软件开发方法发展至今，主要包括四种模式：无模式的开发，结构化的开发，面向对象的开发和基于 MDA 的开发[49-52]。

1.无模式的开发

最初的软件开发没有具体的开发模式，程序员针对某一具体问题用机器指令编制代码，这个时期的开发只有编码阶段。程序员根据自己的理解进行问题求解分析，并用机器语言实现程序的设计。

在这个阶段，软件基本上不存在重用。随着汇编语言的出现，完成某个功能的代码可以被写成一个过程，此时，开发者才想到重用从前编写的一些过程从而提高开发效率。

汇编语言使得无模式的开发逐渐消亡。

2. 结构化开发方法

操作系统和高级语言的出现大大改变了软件开发的面貌，程序员开始有了大量的库函数和系统功能调用，许多通用的功能都不必由自己来编码实现。但是在这一阶段，软件的复杂度也提高了，软件所要完成的功能扩展到了商务和工业等领域。

为了应对越来越复杂的问题，计算机科学家将目光投向问题域，将复杂的问题用标准化的方法分解成多个简单的问题，然后再利用软件逐个解决，这种方法就是结构化方法。

结构化方法是一种传统的开发方法，总的指导思想是自顶向下、逐步求精、单入口、单出口，基本原则是抽象和功能分解。结构化方法围绕实现处理功能的"过程"来构造软件系统，特别适合能够预先指定的系统的开发需求。随着结构化方法的出现，软件开发逐渐转向有组织有计划的开发模式。

结构化方法简单实用、技术成熟、应用广泛。但对于规模大的项目及特别复杂的项目，结构化方法仍不太适应。难于解决软件复用问题，难于适应需求变化的问题，由此产生了面向对象的方法。

3. 面向对象方法

面向对象的业务建模采用构造模型的观点。在模型的构建过程中，各个步骤的共同目标是构造一个问题域的模型，在分析阶段把业务系统分解成实体及其关系，建模阶段则是解决这些实体和关系如何实现的问题。为实现上述目标，还要做一系列的工作：抽象、密封、模块化、层次化、类型化、并发化、持久化、根据这些概念已经提出了不少建模方法，其中，Coad/Yourdon，OMT，Booch和UML建模的方法得到了广泛的认可。

（1）Coad/Yourdon

Coad与Yourdon方法严格区分了面向对象分析（OOA）和面向对象设计（OOD），对后来面向对象的发展具有很重要的影响。

①面向对象的分析

Coad认为，采用OOA的系统分析方法，可使得在人类的基本思维组织模式的框架内，来定义和传递系统的需求，即对象和属性、分类结构（类的组织）以及组装结构（整体与构件）。OOA本质上是把焦点集中在对问题空间的理解上，将对象的属性与关于这些属性的专有方法作为一个实质整体来看待，可以用自治划分（对象之间的依赖最小）的方式来进行分析，并通过共有特性的显示表示来得到系统的层次。OOA的具体过程包括对象认定、结构认定、主题认定、属性认定以及方法认定等5个主要步骤。

②面向对象的设计

面向对象的设计包含类设计和应用设计两个部分，并且被融合在应用开发中。类设计可以隐含在应用设计中，而应用设计包含确定问题域中的各种实体以及实现求解的一些特定实体。每个实体的类型都引出类描述，一旦开发出概念上完整的类描述，就可设计出应用系统。通过连接类实例（包括现实世界建模），利用它们相互间的作用，从而产生问题的解。

面向对象设计支持良好的设计风格，如模块化、信息隐藏、低耦合度、高聚合度、抽象、可扩充性以及可集成性等。同时，面向对象范式为软件模块的重用提供了很强的支持。

（2）OMT方法

对象模型技术（OMT）是 J.Rumbaugh 在面向对象技术开发实践基础上提出的一套系统开发方法学。它以面向对象思想为基础，通过构造一组相关模型（对象模型、动态模型和功能模型）来获得关于问题的全面认识。

对象模型描述了系统中对象的结构，即对象的标识、与其他对象之间的关系、对象的属性以及操作。动态模型描述系统中与时间有关的方面以及操作执行的顺序，包括引起变化的事件、事件的序列、定义事件上下文的状态以及事件和状态的主次。功能模型描述系统内部数据值的转换，表示怎样从输入值到输出值，包括函数、映射、约束和功能性依赖。

上述三者从不同视角描述了系统的不同方面，同时也互相引用。对象模型描述了动态模型、功能模型所操作的数据结构，对象模型中的操作对应于动态模型中事件和功能模型中的函数；动态模型描述了对象的控制结构，告诉人们哪些决策是依赖于对象值，哪些引起了对象的变化并激活了功能；功能模型描述了由对象模型中操作和动态模型中动作所激活的功能，而功能作用在对象模型说明的数据上，功能模型还表示了对对象值的约束。

（3）Booch 方法

Booch 是面向对象最早的倡导者之一，他的面向对象的开发模型分为逻辑设计和物理设计两个部分。逻辑设计部分包括两个部分：类图和对象图，着重于类和对象的定义；物理设计部分也包括两个模型：模块图和进程图，着重于软件系统的结构。Booch 方法还区分为静态模型和动态模型，静态模型侧重于系统的构成和结构，动态模型侧重于系统在执行过程中的行为。

Booch 方法的过程包括：①在给定的抽象层次上识别类和对象；②识别这些对象和类的语义；③识别这些对象和类之间的关系；④实现类和对象。这 4 个活动不仅仅是一个简单的步骤序列，而是对系统的逻辑和物理视图不断细化的迭代和渐增的开发过程。

（4）UML 统一建模语言

在 20 世纪 80 年代末至 90 年代，OMG 提出 UML，它不仅统一了 Booch、Rumbaugh 和 Jacobson 的表示方法，而且对其作了进一步的发展，并最终统一为大众所接受的标准建模语言[53,54]。

UML 建模语言全面体现了面向对象的设计思想，它贯穿于系统开发的需求分析、设计、构造以及测试等各个阶段，从而使得系统的开发标准化，同时具有很强的扩充性。

面向对象建模方法是在软件工程领域随着面向对象程序设计语言的广泛使用为了适应面向对象编程的需要而发展起来的。UML 作为面向对象的建模语言，其早期应用的目的主要是面向技术实现的。虽然 UML 在早期主要用于软件系统自身的建模，但是由于 UML 具有灵活的扩展机制，同时它也非常适用于问题领域的建模。随着 UML 的不断完善发展，在很短的时间内，UML 已经成为软件工业中占支配地位的建模语言。UML1.4 存在以下几方面不足：① UML 很多地方运用难以理解的书面语言来描述系统的功能，系统的行为和计算不易于理解和沟通。并且对数据操作没用进行定义，以至于对象之间的行为过程无法加以说明表示，这些都迫切需要一个标准化的行为语言来对系统的行为进行精确形式户的描述。② UML 虽然是系统设计的一种标准描述语言，但是在用 UML 进行分析、设计的模型是不可知性、验证的，这样不易于前期分析、世纪中错误的发现，增加了后期开发的风险。③对于不同的实现平台，同样功能需求的系统建立模型是实现细节差别很大，从而系统构建的模型重用性就很低。旧的遗留系统必须与核心技术的实施平台、开发技术相协调，使得新旧系统之间的集成或系统在运用新技术进行重构时，需要进行系统模型的更新甚至完全重新建模，必然要浪费很多财力、人力。④此外，UML有很多纷杂的标示注释，增加了学习和应用的复杂度，影响了软件开发的进度。

4. 模型驱动架构MDA

MDA是在UML基础上提出的。OMG 2001年提出模型驱动架构概念，分离业务功能分析设计制品与实现技术之间紧密耦合的关系，从而使技术变化对系统的影响最小。MDA是利用模型的抽象来解决稳定问题。MDA的思想并不是一个新的方向，它来源于OMG的将系统操作与系统所使用的平台相分离的思想。

MDA的结构（如图5-1所示）可以分为三个依次包容的层次，从里向外分别是核心技术层、中间件技术层、公共服务层。核心技术层包括统一建模语言UML、元对象设施（MOF，Meta Object Facility）、公共仓库元模型（CWM，Common Warehouse Metamodel）以及基于XML的元数据交换（XMI，XML Metadata Interchange）等，这些核心技术直接面对系统结构的架构。其中UML主要用来实现过程和接口的形式化描述，并维护其一致性；MOF提供了在MDA中使用的标准的建模和交换结构，它提供了模型/元数据交换和互操作的基础，同时也定义了针对应用的全生命周期中模型和实例操作的编程接口；CWM则是MDA数据仓储的标准，它涵盖了从设计、创建到管理数据仓库的整个过程主要解决数据的建模、对象建模、资源库以及数据的转换等[55, 56]。

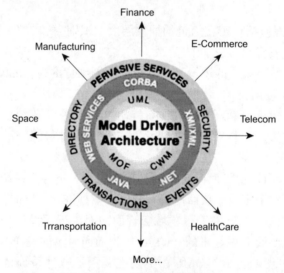

图5-1 MDA的技术结构图

中间件技术层包括CORBA，WebService，Java，.Net，XMI/XML等。通过合适的映射工具，可以从用MDA核心技术表示出来的系统体系结构模型直接生成中间层代码。

公共服务层包括OMG从众多业务运行系统中提取出来的公共服务，如目录服务、安全服务、事务服务、事件服务等。这些服务可以方便地集成到最终的应用系统中，如空间信息服务，电信、商务、制造等。

MDA技术的核心思想就是元建模（meta-modeling）技术，即通过对OMG中不同的标准采用一个统一的元模型来将它们融合到一个统一的视角。其核心思想是采用了一个公共的稳定模型，它独立于语言、提供商和中间件。以这样一个模型为中心，用户可以利用 MDA 来派生针对不同平台的代码，即使底层的支撑环境发生了改变，这一元模型也是保持不变的，并能够移植到不同的中间件和平台环境下。

MDA 技术定义了一系列的规范来建立系统的模型，并提供了将系统基本功能的规范与具体实现平台的规范相分离的技术途径，实现了系统的互操作和可重用。它主要实现了以下两类应用：系统采用平台无关模型来定义，并能够通过辅助的映射标准在不同的平台上进行实现；不同的应用可以通过对它们模型的关联处理来进行集成，即使这些应用运行在不同的平台。

MDA 自提出以来，OMG 制定了一系列的标准来完善 MDA，为真正实现 MDA 的应用提供了良好的环境，并且为了进一步推广 MDA，帮助 IT 组织尽快使用 OMG 的 MDA，OMG 发布了 MDA FastStart 计划。该计划帮助企业寻找有经验的服务商，在保障支出合理的前提下，帮助企业迅速开始 MDA 应用。MDA FastStart 的授权服务商名单迅速增长，至今已有几十家企业加入了 MDA 队伍。

在国外，IBM、Oracle 等在 OMG 的 MDA 思想推出不久都宣称在自己的企业级软件解决方案中融入 MDA 思想，两大建模工具商 Rational 和 Together 也声明自己的产品开始加入对 MDA 的支持。一些独立软件公司推出了自己开发的 MDA 系统工具，如 Compuware 公司的 Optimalj，Interactive Objects 公司的 ArcStyler、Telogic 的 Tau2 等。

另外经过多年的研究和探索，已经有了成功应用 MDA 的案例，如用于政府医疗管理的 GCPR（Government Computer-Based Patient Record Project）的系统就是采用 MDA 架构开发的[57]。

在技术融合方面，OMG 组织已经发布了 MOF 到 CORBA 平台的映射规则 UML Profile for CORBA Specification v1.0，java，.net 等开发平台也都正在推出将 MDA 的 MOF 映射到自身的映射规则，为真正实现 MDA 的应用提供了良好的环境。

在 MDA 这个概念基础上，国外一些组织提出了可执行 UML（eXecutable UML，xUML）技术，运用 xUML 技术可以实现 MDA 软件开发方法的思想，同时也有利于前期分析设计中模型的验证，新的基于 xUML 的 MDA 软件工程方法的出现，是软件系统开发方法的一个新的方向。

结论：从 MDA 技术的由来和发展看，MDA 技术是面向对象技术的最新发展阶段，在未来的一定阶段内，MDA 将在各个领域发挥重要作用，与 MDA 技术的结合应用具有广泛的前景和强大的优势。

5.2.1.2　MDA 在仿真中的应用研究

1.MDA 在分布式仿真中的研究

由于 MDA 在提高模型重用性、增强仿真系统互操作能力方面的种种优势，目前已经开展了多项研究，将 MDA 引入分布式仿真领域。

（1）基于 MDA 的应用工具开发[57, 58]

康博公司推出的 OptimalJ 是针对 Java 环境的开发工具。它使用成熟的模式直接从可视化模型生成全面的、可运行的 J2EE 应用系统，实现了最好的实践经验并基于 J2EE 规则编写代码。OptimalJ使用OMG的MDA标准，帮助简化开发，使架构师、设计人员和开发人员快速开发可靠的应用系统。在国内，2004年金蝶软件在其BOS基础平台的发布会上说BOS系统成功实现了MDA。上海普元公司的EOS应用软件平台、北京凯科思特公司的KCOM商业工程企业应用平台都声称其实现了MDA方法。金蝶EAS4.0产品研发过程可以抽象为三个步骤：第一步，建立元模型。元模型是建立模型的模型，元模型将管理软件的所有应用原子化，所谓原子化，即将所有应用进行原子化分解，细分到不能再分割的操作单元，每个操作单元即是一个原子化任务。元模型能将软件系统中存在的所有应用集进行原子化分解，为业务语言即描述特定领域业务的语言开发打下了基础；第二步，在元模型的基础上，运用建模工具建立业务模型，包括组织模型、功能模型、信息模型、流程模型等，这些模型属于平台无关模型；第三步，根据不同的平台，对业务模型进行模型编译，生成相应平台的实现模型。这样就将传统的业务模型和平台相关的实现模型分离开了，摆脱了管理软件对技术基础平台的依赖，同时，从业务模型到不同平台的实现模型都保留了一致性。同一套业务模型，既可以在J2EE平台上实现，也可以在.NET的基础上实现。

当前在分布式仿真领域，已经形成了不同的标准如DIS、RTI 1.3 NG或IEEE 1516，也形成了不同的商业产品。这要求在联合仿真开发中仿真模型能适应不同的分布式仿真标准和产品。澳大利亚公司Calytrix Technologies Pty Ltd在SIMplicity集成开发环境实现了MDA的核心概念[59]。在用户接口层次，SIMplicity为开发人员提供了一个确定仿真需要的平台无关模型和平台相关模型的基于UML的建模环境。建模过程支持仿真开发全寿命周期的开发人员的设计、实现和执行阶段、根据模型，代码生成引擎将用于自动创建所有的集成和组件的框架代码，以支持目标平台相关的中间件的仿真设计。SIMplicity采用基于MDA的设计和开发过程。M&S组件可以从不同的平台和中间件导出，如不同的RTI（Runtime Infrastructure），如RTI1.3、RTING或IEEE 1516，或基于不同的DIS协议生成。SIMplicity已经证明在资源仓库中以PIM形式引用的组件在快速集成方面是柔性和有效的。

（2）MDA思想与其他技术结合的应用研究

①基于Web的仿真体系——可扩展建模仿真框架XMSF

基于MDA的元模型思想和Web技术，美国海军研究生院、乔治-梅森大学以及SAIC公司等组织的研究人员一起于2002年4月提出了可扩展的建模与仿真框架（XMSF）。XMSF通过尽量采用大量成熟的商业化标准和框架如Web Service、XML、X3D（Extensible 3D）、UML等进行仿真应用系统之间的松散集成，支持建模仿真系统与指挥控制通信系统之间的互操作，保证仿真的可组合性及可伸缩性，使之能够满足训练、分析、采办及作战人员的广泛需求。XMSF包括基于Web建模仿真中可组合的一系列标准、接口描述规范及实践指南。XMSF为仿真系统、异构系统之间的互连提供可持续的互操作、可重用和可组合能力奠定了研究基础并提出可行的应用需求。XMSF中成熟和标准化的技术与框架使得仿真系统定义、大规模仿真联邦执行、基于网络的教育和训练、以及网络可伸缩的分布式大规模虚拟环境的实现成为可能。

当前XMSF正在研究支持美国空军的联合合成战场空间（Joint Synthetic Battlespace, JSB）、基于XML的指挥控制信息交换数据模型（The Command and Control

InformationExchange Data Model, XML C2IEDM）、基于 XML 的战术通信（XML-BASED TACTICAL CHAT, XTC）[60] 等系统中进行应用。另外为验证 XMSF 的有效性，2004 年，以美国海军研究生院的离散事件仿真系统 SimKit、海军仿真系统（NavalSimulation System, NSS）作为基于 Web 服务的仿真系统，与陆军和海军陆战队的新一代战区层地面战分析工具 Combat XXI 和联合战区层仿真系统 JTLS（Joint TheaterLevel Simulation）进行了基于 XMSF 的互连演示验证[61]。XMSF 提出为确保可持续的、有意义的互操作性、可重用性和可组合性，必须考虑概念模型的可组合性，提出了新开发的仿真系统和系统移植必须从概念层次（ConceptualLevel）、语用层次（Pragmatic Level）、语义层次（SemanticLevel）、语法层次（Syntactical Level）和技术层次（TechnicalLevel）进行信息交互、仿真描述和组合信息抽象，形成一种可应用的工程化方法，进而可以采用基于 MDA 的思想，通过包含相关元数据和元模型的资源仓库对模型和仿真资源进行管理。

②基于构件的仿真系统开发研究

基于构件的软件开发技术，使得构成软件系统的基本构件具有良好的可复用性和易用性，因此引起了系统仿真尤其是分布式仿真领域的开发与研究人员的注意和研究，并尝试采用基于构件的软件工程方法开展仿真应用系统开发，如：美国与荷兰联合研制的"JSF 训练模拟项目"[62, 63]。

基于构件的开发是 MDA 方法的基础。由于构件本身具有即插即用、高封装性和自主性等方面的特点和优势，在分布式计算中采用构件技术是可行的，构件可以作为分布式计算的基础单元。仿真组件模型（Simulation Component Model，SCM）[64] 为基于组件的仿真开发提供了标准化的模型定义，它描述了如何将 HLA 联邦成员的综合逻辑与仿真行为进行分离。仿真构件技术提供的集成和组装方法解决了仿真应用的柔性构造问题，有利于仿真应用的修改。

国内一些单位也对基于构件的仿真系统开发进行了系统的研究，例如，"基于构件技术的 HLA 仿真"[65]，提出了基于构件的 HLA 仿真框架，该框架采用一个中间件层 CSCI 用于提供一个标准接口供构件与仿真环境交互；设计了"构件对象模型"（COM）用于描述一个构件发布给其它构件的属性和交互。"基于构件的 HLA 装备保障仿真研究"[66] 提出了创建"基于软件构件的 HLA 仿真及其支撑环境"的构想，利用构件技术改善 HLA 仿真应用的开发、管理，从而提高仿真系统的开发效率、降低仿真系统开发成本和维护难度，并支持 Web 仿真。

③仿真模型可移植性规范

随着计算机技术的发展，工程层次上多领域、多组织和多层次的仿真模型开发与集成方法也获得了很大发展。2000 年欧洲航天局借鉴 OMG 组织的 MDA 思想，将仿真模型的设计信息与运行信息相分离，提出了仿真模型可移植性规范 SMP（Simulation Model Portability），[67] 并将 SMP 规范应用于欧洲航天技术中心的伽利略系统仿真辅助工具（GalileoSystem Simulator Facility, GSSF）。欧洲航天运行中心的金星探测和火星探测计划，支持航天系统概念设计的协同仿真环境等工程总体论证项目中，实现了不同领域和不同组织仿真模型可持续的开发和集成。

SMP 的目的是提供一个模型开发框架，以实现仿真模型的平台独立、跨仿真平台重用和集成。2004 年，SMP 2.0 借鉴了 OMG 的 MDA 方法，抽象出了工程层次仿真模型的元数据信息，强调仿真中平台独立模型与仿真平台相关模型的概念，所有的SMP 2.0 模型都采用公共的高层抽象概念开发，这些概念涵盖了基本的模型描述和模型互操作模式，使得模型能在抽象层次上描述，形成与平台无关的仿真模型。SMP 2.0 组件模型规范提供了基本的模型框架及仿真运行框架，包括模型体系构成，仿真模型之间的互操作方式，仿真模型与其他组件模型之间的访问机制，相关的仿真服务等。SMP 2.0 标准采用基于XML 的仿真模型定义语言（Simulation Model Definition Language）描述仿真模型的设计信息和装配信息。

2. 基于MDA 的 HLA 仿真研究

将MDA的相关技术、思想融合到HLA中的主要技术途径[68,69]，主要包括五部分内容：将MDA中有关的标准化领域功能集成到HLA中；将HLA中所定义的RTI的相关服务和MDA中的公共服务进行协调、扩展；将RTI作为中间件；通过MDA技术，引入一个总体的 PIM 实现对联邦开发工具开发标准化；以及研究实现数据工程中的获取、管理等问题。近年来，围绕这几个方面展开了一系列的研究。

从 1997 秋天开始，仿真标准与互操作组织（SISO）下属的参考联邦对象模型（RFOM）研究组就致力于研究和定义用户对于RFOM的需求[70]。此研究的目标是进一步鼓励和指导FOM开发。RFOM包含了HLA 对象模型模板（OMT）兼容的表格和元数据，描述了在多个联邦中可以重用的对象类、属性、交互及其他相关元素；RFOM研究组定义了五种互相独立的RFOM模型，基本对象模型（Base Object Model，BOM）[71]就是其中之一。BOM的概念起源于简化FOM（Federation Object Model）或SOM（Simulation ObjectModel）的开发和提高对象模型的重用性。BOM能够作为开发和扩展联邦、独立邦员、FOM或SOM的构建模块，提高联邦开发过程中的基于HLA（High Level Architecture）的仿真系统集成能力。BOM定义的元素包括对象类、交互类、交互模式，状态机和事件。BOM 主要由模型标识，概念模型，HLA 对象模型以及模型映射四个模板组件构成。模型标识用于指定关键元数据信息，通常包括：用例，概念模型信息，设计应用领域、范围，集成历史，修改历史等。元数据不仅使 BOM 更易于理解，而且使基于XML 的 BOM 检索、选取、应用过程更加容易，从而提高仿真邦员的可重用性。概念模型包含相关信息以描述概念模型中的交互模式如何发生，活动序列以及所使用的实体类型和事件类型。BOM 可以通过聚合或组合的方式形成更高层的BOM，称为BOM装配。BOM装配描述与普通BOM 基本类似，但其模式描述中对每一个动作要列出其引用的BOM，而动作的相关事件不用描述。组件化开发思想就是把可以重用的模块按照统一的标准规范集成在一起，从而达到快速和高效构成某种应用的目的。这种思想在软件开发领域取得了巨大的成就，因此也吸引了仿真开发组织的注意力。HLA 的两大目标就是互操作和重用，BOM 概念的提出和实践充分体现了资源重复利用和模块化开发的思想，提高了模型和仿真的开发效率，推动了建模和仿真的发展。从广义上来说，BOM 体现了MDA 的思想，将分布式仿真中的设计模型与实现模型相分离，便于在联邦开发中基于统一的与平台无关的规范支持仿真模型的设计、测试和集成。

由于MDA软件开发思想在提高模型重用能力方面的优势，近年来，国内外针对MDA与HLA 的结合研究进行了一系列的探讨分析[72,73]。研究认为，将MDA的概念应用到HLA的仿真程序的开发中，需要三个主要的前提条件：联邦成员组件模型（Federate

Component Model，FCM），针对 HLA 的 UML Profile 和支持 MDA 开发过程的统一开发工具。通过设计联邦成员组件模型，为 HLA 提供了一个统一和标准的仿真联邦成员组件的开发方法。通过设计针对 HLA 的 UML profile，保证了 UML 对 HLA 仿真地完整描述，有助于解决平台无关模型在 HLA 中向平台相关模型转换的问题。但是由于 UML 本身在对模型行为等方面表达的欠缺，UML profile 仍需进一步扩展，以便全面完整地描述模型。这也是今后研究的一个新的方向。

文献[74-77] 从仿真系统开发过程的角度，将 MDA 与 HLA 技术相结合，提出了基于 MDA 的联邦开发和执行过程，研究了基于 MDA 仿真模型的开发过程，强调了 MDA 方法对模型构建的标准化和自动化程度提高的影响。

近年来，国内外十分关注 MDA 在 HLA 仿真中的应用，开展了大量有价值的研究，解决了 HLA 仿真应用中的许多关键问题。但是，总体来看，基于 MDA 联邦式建模仿真的实用化解决方案尚未形成，从体系化的技术框架到具有可操作性的建模方法等方面仍需要深入的研究。

5.2.2　MDA 技术分析

5.2.2.1　MDA 的主要概念

为了深入了解 MDA 的生命周期过程以及 MDA 技术的基本原理，这里首先对 MDA 的几个基本概念进行界定。

视点（Viewpoint）是一种使用架构概念和结构化规则来对系统进行抽象观察的技术，利用视点来观察系统可以将注意力集中到系统的某个特殊关注点上。这里的抽象是指过滤某些细节，并建立相对简单模型的处理过程。不同视点表达的系统描述被称为视点模型。MDA 中定义了三个视点：

（1）计算无关视点（Computation Independent Viewpoint）：计算无关视点关注的是系统的环境，以及系统的需求。在这种视点下，系统的结构和系统的处理过程被完全隐藏起来。

（2）平台无关视点（Platform Independent Viewpoint）：平台无关视点关注的是系统的运行，隐藏了特定平台所需的细节。平台无关表明了系统不会因为平台的不同而发生改变。平台无关视点模型可以用通用的建模语言，也可以使用系统特定的建模语言。

（3）平台相关视点（Platform Specific Viewpoint）：平台相关视点是将平台无关视点与特定的平台细节结合起来观察系统的抽象方法。

对应不同的视点，可以得到相应的不同模型：

（1）计算无关模型（Computation Independent Model, CIM）：计算无关模型是用计算无关视点观察系统并得到的系统描叙。CIM 不显示系统结构的细节。CIM 有着非常重要的作用，它弥补了领域专家和设计专家对于域需求理解上的技术鸿沟。

（2）平台无关模型（Platform Independent Model，PIM）：平台无关模型是采用平台无关视点观察系统得到的系统描叙。PIM 呈现了一定程度的平台独立性，它可以应用到众多不同的平台上。

（3）平台相关模型（Platform Specific Model，PSM）：PSM 是用平台相关视点观察

系统得到的模型。PSM把PIM的定义和平台的细节一并考虑。PSM是为某种特定实现技术而量身订做的，在PSM中用当前的技术来描述系统，PSM只对了解相应平台的开发人员有意义。PIM可以被变换成一个或多个PSM，为每个特定的技术平台生成一个单独的PSM，目前的许多系统横跨了一个或多个PSM，因为一个PIM往往对应于多个PSM。

5.2.2.2 MDA的主题域划分

对于任何一个系统而言，无论是处于PIM建模阶段，还是PSM建模阶段，都可以对模型进行进一步的类别划分。MDA的一大优势就是采用主题分解的方法对系统进行分解，将系统划分为无耦合关系的若干部分，以提高系统的重用性。

主题分解是被接受程度最高的成熟的分解策略之一。主题分解的基础是任何系统都是由一系列主题所组成的，主题即域。每个域包括一系列类，可以用UML中的一个包表示。

域（Domain）是由一组独有的类的集合所组成的一个独立的世界，这个世界可以是真实的、假设的或者抽象的。这些类的行为由域所特有的规则和策略组成。一般地，一个系统中的域可以划分为四类[78]:应用域、服务域、体系结构域和实现域，如图5-2所示。

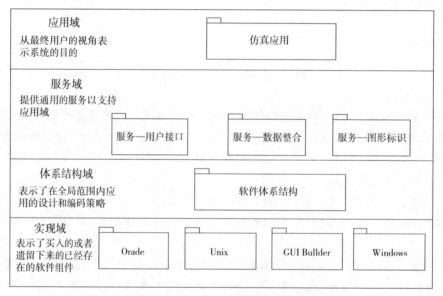

图5-2 MDA的域层次划分

这四个域是按照模型的通用性来划分的，图中由上至下，域中模型的通用性逐渐增强。

应用域（Application Domain），是从用户的视点表示系统的目的。通常情况下，这种域将形成与最初的最终用户需求最接近、最直接的匹配关系。

服务域（Service Domain）：与应用类型有关的基础服务。

体系结构域（Architecture Domain）：表示了在全局范围内应用的设计和编码策略。所有域的分析都是基于体系结构域进行的。

实现域（Implementation Domain）：表示已有的组件，包括：将被复用的已有的软件组件；将作为开发过程的一部分而建造的一些软件；购入的组件，如编译器和数据库。

5.2.2.3　MDA 开发生命周期

图 5-3 中显示了 MDA 的开发生命周期。具体地说，进行基于 MDA 的开发包括三步：

首先，第一步就是建立该应用的平台无关模型 PIM。PIM 利用 UML 中合适的核心模型来进行表示，而这一核心模型一般采用的是 UML Profile 的表示形式，目前，对象管理组织已经或正在建立不同领域的 UML Profile。

第二步，就是实现从 PIM 到 PSM 的转换。PSM 是通过利用标准的转换规则来对 PIM 转换后获得，这里，PIM 定义了应用所涉及的功能，而 PSM 则明确了这些功能如何在一个具体的平台上实现。

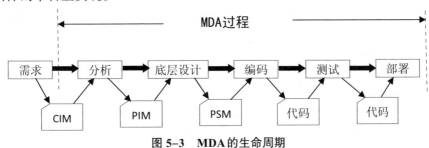

图 5-3　MDA 的生命周期

最后一步，就是从这些具体的 PSM 中生成代码，并对代码进行测试、集成。

5.2.2.4　MDA 带来的好处

就整个软件工程领域来看，MDA 能够提高生产效率，提高了系统移植性，增强系统的互操作性并最终提高软件系统的质量。由于软件技术的高速发展，与特定技术相关的应用系统中最有重用价值的设计随着技术的变迁而失去意义。而 MDA 却可以使系统概念设计的重用成为可能。MDA 从真正意义上应用各种最佳模式去实施各种标准和准则，其优势包括[79]：

（1）MDA 实现了对应用标准的重用。通过将领域标准中最重要、最具有重用性的概念设计部分提取固定下来，MDA 使存在的标准能够在新技术上快速而且廉价地被认识和重用。

（2）MDA 实现了系统设计的重用。由于系统设计与软件技术不发生关系，MDA 所设计的模型只与现实业务相关，该模型可以利用模型转换映射技术实现针对任何软件平台的实例化，从而控制了开发过程中系统升级成本和系统集成费用。

从 MDA 和 HLA 的结合来看，MDA 将为 HLA 技术带来以下优势：

（1）MDA 与 HLA 的技术思想有良好的融合基础。MDA 和 HLA 技术的目的都是解决目标系统的互操作和可重用问题，这就决定了两者在解决问题的出发点和实现技术上有相通之处。而区别在于，MDA 由于将应用系统的行为逻辑从特定的支撑环境和平台中抽象出来，并采用广泛支持的可视化建模语言进行描述，在更大程度上实现了系统的互操作和可重用，而 HLA 仅在 RTI 平台技术的范围内实现互操作和可重用。因此，应用 MDA 技术思想扩展 HLA 的应用领域有"天然"的技术优势。

（2）将 MDA 技术应用于 HLA 提高了仿真模型的可重用性，降低了仿真系统开发费用。在联邦开发过程中，仿真模型分为 PIM 和 PSM。联邦开发人员可以根据需求，选取已有的业务领域PIM，通过与新业务PIM的集成生成新的联邦成员；如果使用相同的平台，则可以使用已有的PSM，这样可以在很大程度上降低开发人员的工作量，从而节约开发费用。

（3）将MDA技术应用于HLA提高了仿真系统开发效率。开发人员设计完成描述系统行为逻辑的PIM后，PIM到PSM以及代码的生成、系统的集成和测试均可由工具自动完成。虽然工具的研制和开发的工作量不小，但可以做到一次开发，终生受益。此外，PIM的可读性和可维护性较强，易于开发人员相互沟通，进行修改和完善。

（4）VV&A过程可以与仿真系统开发同步进行。由于MDA过程中生成的PIM模型具有可执行性，保证了模型的校核、验证可以从系统分析阶段进行，能够充分体现VV&A过程。

（5）联邦各开发阶段的一致性与连贯性较好。由于MDA的技术思想是将模型的构建、模型与模型的转换、模型与代码间的转换都统一到一致的技术框架下，提供了一致的解决方案，实现了系统开发的标准化和自动化，这使得联邦开发过程各个阶段的工作具有较好的一致性和连贯性，各阶段的工作可以相互支持，逆向验证，进一步规范和统一了联邦开发过程。

5.2.3 基于MDA的联邦式仿真建模技术框架

5.2.3.1 仿真模型体系结构规范

在一般的基于MDA软件系统主题域划分的基础上，结合HLA仿真技术体制的特点、要求和技术支持能力，分别对应用域、服务域、体系结构域和实现域进行拓展和具体化设计，形成了一种基于MDA的联邦式仿真模型体系结构规范，如图5-4所示。

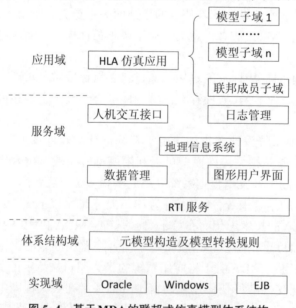

图5-4　基于MDA的联邦式仿真模型体系结构

1.基于MDA的联邦式仿真系统的应用域

应用域是关于仿真应用系统业务功能的主题域，一切与系统用户需求相关的内容都包括在这一部分。每个应用域又可以根据模型的不同类别划分成不同的子域，以提高模型的重用能力。对于某个子域而言，如果有必要，可以进一步划分为更下一层的子域。比如，在一个作战仿真系统中，业务模型应用域可以包括实体应用模型子域、命令应用模型子域、命令解析应用模型子域和执行行为应用模型子域等。而对于实体应用模型子域也可以划分为作战实体应用模型二级子域和保障实体应用模型二级子域等。子域中又包括各种实体模型，如保障实体应用模型二级子域中就应当包括保障群类模型、保障队类模型等等。

由图 5-4 可以看出，与 MDA 的通用划分在应用域的最大区别就是对于联邦成员子域的设计。联邦成员子域是为了适应 HLA 仿真系统开发的需要而特别设计的，用于解决仿真时间控制、为联邦成员提供统一句柄等与 HLA 仿真服务紧密关联的功能需求。这样做的好处是，应用域中的其他子域并不局限于在 HLA 仿真中的使用，可以方便地移植到其他的应用开发中。当进行基于 HLA 的仿真系统开发时，应用子域中的模型通过与联邦成员子域模型集成的方式，生成具体仿真应用的联邦成员，实现仿真功能。

2. 基于 MDA 的联邦式仿真系统的服务域

基于 MDA 的联邦式仿真系统的服务域主要包括人机交互接口域、日志管理域、地理信息系统域、数据管理域和 RTI 服务域。其中 RTI 服务域是基于 MDA 的联邦式仿真模型体系特有的服务域，由于 HLA 只是在仿真技术体制的高层次上最低限度的确定了仿真应用共同遵循的设计规范，以保证系统各部分的互操作性和重用性，而 HLA 框架本身没有限定仿真系统的实现方式，允许底层的运行支撑平台 RTI 进行独立的设计和改进，这种特点使得将 RTI 作为一个域看待成为可能。在 MDA 开发的各个阶段，可以通过设计联邦成员大使 FederateAmbassador 类的 PIM 和 PSM 模型，实现对 RTI 功能的描述。

3. 基于 MDA 的联邦式仿真系统的体系结构域

开发一个系统，无论是系统的分析设计阶段还是实现阶段，都会选择一种表达方式，也可以说是某一种语言。这种语言可能是已经规范化的，比如 UML，XML 等等，也可能是未被规范化表示，仅为沟通需要而采取的一种自定义的语言，比如图表等等。不论是哪一种语言，为了在理解上保持一致，都以一定的基本规则，比如 UML 表达的是面向对象的思想，包括对类、属性、操作的定义等，这就是体系结构域所要提供的元模型。

就基于 MDA 的联邦式仿真体系结构域而言，它描述了元模型的构造以及模型的转换规则。主要包括三个方面：第一，提供基于 MDA 的联邦式仿真系统的元模型结构，为 HLA 模型的表达提供统一的描述语言；第二，提供模型转换映射规则，包括 PIM 到 PIM 的转换规则，PIM 到 PSM 模型的转换规则，PSM 到 PSM 模型的转换规则，PSM 到 PIM 模型的转换规则以及 PSM 到代码的转换规则；第三方面描述不同主题域之间、子域之间模型的集成方法。在 HLA 仿真应用中，实现主题域的集成至关重要。由于 MDA 主题域间的松散性特点，将 HLA 仿真公布/预定信息过早地设计在应用域中将影响模型在其他非 HLA 开发的应用中获得重用。因此，必须考虑应用域模型与 RTI 服务域的集成方法和规则，在集成中实现对象类属性的公布/预定设计，确保 HLA 仿真的有效性。

4. 基于 MDA 的联邦式仿真系统的实现域

实现域的定义比较容易理解，它是进行系统开发的一些可用的基础构件，包括了现有的一些购置软件系统，如：Oracle，Windows 等。

采用基于 MDA 的联邦式仿真模型体系结构规范开发的仿真系统，就是通过开发和集成上述四个主题域及其子域模型来实现的。

5.2.3.2 仿真系统开发过程规范

基于MDA的联邦式仿真系统开发过程，如图5-5所示。从功能上看，整个仿真系统的开发过程可以划分为四个子流程：基于MDA的联邦式仿真平台无关模型的建模过程，基于MDA的联邦式仿真的模型转换映射过程，基于MDA的联邦式仿真的模型集成过程和基于MDA的联邦式仿真的VV&A过程。在整个开发过程中，体系结构域的作用贯穿始终。

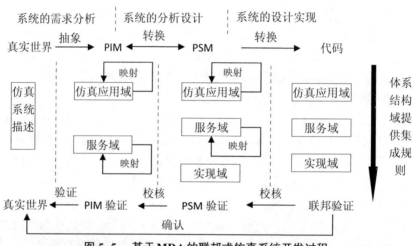

图5-5　基于MDA的联邦式仿真系统开发过程

1.基于MDA的联邦式仿真系统平台无关模型建立

构建平台无关模型PIM是基于MDA的联邦式仿真系统开发的第一步，这需要考虑两项内容：一是采取什么系统抽象方法对所模拟的实际系统进行合理的信息抽取，以确定PIM描述的内容体系；二是采取什么模型表达语言对构成PIM的内容体系进行合理的信息表达。

关于系统抽象方法，可采用系统六元抽象方法[80, 81]，即对所模拟的实际对象系统从系统论域、系统要素、系统结构、系统状态、系统运行和系统功能六个研究剖面对应的抽象成PIM的任务空间、仿真实体、实体关系、实体状态、实体行为和实体交互。系统六元抽象方法为建立系统仿真模型提供了一种满足充分性和必要性要求的系统表达内容体系框架。

MDA的最主要目的就是提高系统的重用性，因此选择标准的建模语言是实现MDA的重要基础。UML是目前较通用的建模语言之一，它比XML的应用范围更为广泛，与各种编程语言的转换工具也较多。但是普通UML语义的不完整性和二义性使得UML模型不能运行。而对于作战仿真系统而言，它的一个重要特征就是仿真实体的状态繁多，动作复杂。因此在建模语言的选择上，应当注重对模型动作语义的描述。针对以上问题，我们采用可执行的UML语言进行PIM的表达。可执行UML（eXecute UML，xUML）是UML的一个profile，它采用行为描述语言，精确定义了一个最新的UML子集的执行语义，这个子集完全是可计算的，任意的模型都能被编译和运行。与UML相比，xUML具有精确定义的语义、专门的动作规约语言和与MDA的紧密配套性，这些优势使得xUML更适应于 MDA 中 PIM 的建模表达。

2. 基于 MDA 的联邦式仿真系统模型转换映射

PIM 建立后，就要进行模型的转换映射。从仿真系统开发过程中可以看出，MDA 的转换映射规则贯穿始终，这些规则都是由体系结构域预先提供的。模型的转换映射包括：PIM 到 PIM 的映射规则，PIM 到 PSM 模型的转换规则，PSM 到 PSM 模型的映射规则，PSM 到 PIM 模型的转换规则以及 PSM 到代码的转换规则。具体地说，PIM 到 PIM 的映射主要用于平台无关模型内部的精练与抽象，如分析模型到设计模型的转换，PIM 到 PIM 的映射通常与模型的细化有关，它作用于系统的需求与分析；PIM 到 PSM 的转换在已经充分细化的 PIM 需要映射到具体的运行基础结构上时进行，此时通常需要附加许多平台相关的概念，它作用于系统的分析与设计；PSM 到 PSM 的映射用来精练模型实现和部署过程中有关模型之间的关系，比如具体服务的选择和属性配置，通常与 PSM 的细化有关；PSM 到代码的转换过程，是系统的设计实现过程，完成了仿真系统的最终开发。图 5-5 中 PSM 与 PIM 的转换用双向箭头表示，这是因为 PSM 到 PIM 的转换是一个逆向工程，当 PSM 业务领域的信息被改变时，需要将这个改变反映到 PIM 中，使 PIM 与 PSM 保持同步。

在以上五种转换中，PIM 到 PSM 的转换最为重要，这一步是进行 MDA 系统开发的必要环节。

3. 基于 MDA 的联邦式仿真系统模型集成

在仿真模型开发的各个阶段，都需要对各类模型进行集成。为了保证模型内部的紧耦合性和主题域之间的松散性，不同域的模型间应保证彼此的透明性，防止无关域知识对特定主题域的污染。但是，在仿真系统的开发中，各个域模型间不可避免地要进行交互，这就涉及到了域的集成问题。

就联邦式建模仿真系统开发而言，对于一个联邦成员的实现，需要进行两个方面的模型集成，一个是联邦成员内部实体模型的集成；另一个是联邦成员与其他联邦成员的集成。在 HLA 中联邦成员之间的集成是通过 RTI 实现的。在进行主题域划分时，将 RTI 作为了仿真系统开发的服务域，这样划分与通常将 RTI 作为平台看待有所不同。这就使得联邦成员之间的集成转换为联邦成员与 RTI 的集成问题，需要设计联邦成员与 RTI 集成的整合模块，实现模型统一管理、RTI 服务调用、实体模型执行线程与仿真主进程之间的协调等功能。

4. 基于 MDA 的联邦式仿真系统 VV&A

通过以上三个过程，已经按照 MDA 的思想完成了 HLA 仿真系统的开发。但是，随着仿真规模的不断扩大，仿真模型复杂度的不断提高，必须对仿真系统的可信性进行测试。因此，需要在基于 MDA 的联邦式仿真系统开发过程中进行模型 VV&A。基于 MDA 的 HLA 仿真的 VV&A 过程非常重要，对模型的校核、确认、验证贯穿了仿真系统开发的始终。在本章中我们提到基于 MDA 的联邦式仿真系统平台无关模型采用 xUML 进行表达，这使得模型在 PIM 和 PSM 阶段就可以执行验证，为 VV&A 的顺利进行提供了技术支持，保证了模型的准确性，减少了仿真系统重新开发的可能。

综上所述，通过对主题域模型的划分，并按照仿真系统开发过程的方法和步骤就能够进行基于 MDA 的联邦式仿真系统开发。同时，在开发过程中产生的各阶段模型可以按照类型放入不同的主题域模型库中进行统一管理，以利于后续系统开发时的重用。

5.3 主题域平台无关模型的建立

5.3.1 仿真应用域模型表达的系统六元抽象方法

5.3.1.1 系统六元抽象的基本思想

万事万物都是客观存在的、由相互联系的若干组成部分构成的整体。要认识和理解某一事物，人们常常将这种事物及其相关要素看作一个系统，用系统的思想对事物进行分析和研究。可见，"系统"作为研究对象的集合是客观存在的，具有本体论上的含义。同时，"系统"也具有世界观和方法论上的内涵，即"系统"是用来描述所研究对象的一种抽象的思维方式和手段。系统理论认为：任何系统均是由相互作用和相互依赖的若干要素组成的具有特定功能的有机整体；系统要素按照一定的方式结合呈现出特定的结构特征；系统要素按照其内在的规律性相互作用，表现出特定的内部和外部功能特征；在系统要素相互作用的同时，伴随着物质、能量和信息的转移与转换，并导致要素状态的更新；系统具有相对的独立性，有其特定的内部环境与外部环境。

系统建模是人们开展系统研究的主要方法。然而，系统建模并非是一件简单、容易的事情，特别在面对复杂系统时，由于复杂系统不仅要素种类和数量多、结构与运行复杂，甚至边界模糊，想要科学、合理地描述一个复杂系统是相当困难的。系统的描述需要解决两个问题：描述什么和怎样描述。前者是要回答系统建模表达的内容，即从系统的哪些方面或视角描述哪些事项；后者是要回答系统建模的形式或方法，即针对每个方面或视角的描述事项如何呈现出来。一般而言，任何一个系统都不是单方面或单视角模型所能够完整描述的，往往需要从多个方面或视角出发建立由多个单视图构成的视图集才能完整描述系统，这就是多视图系统建模思想。

视图，原本是机械制图术语，在机械制图中，将物体按正投影法向投影面投射时所得到的投影称为视图。在计算机数据库设计中，从用户角度来看，一个视图是从一个特定的角度所能查看的数据库中的部分数据；从数据库系统内部来看，一个视图是由SELECT语句组成的查询定义的虚拟表。在多视图系统建模中，一个视图就是从一个抽象的方面抽取表征系统的信息，这个抽象的方面可形象化的称之为视点，如图5-6所示。复杂系统模型可以看作是由多个视点观察系统而得到的多个视图集，它们相互补充、相互映照共同组成了描述系统静态和动态特征的图景。

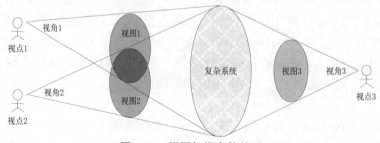

图5-6 视图与视点的关系

多视图建模思想的关键是视点的确定问题,视点决定了对系统观察、关注的部分内容。那么,到底应该选择几个什么样的视点才是既充分又必要的呢? 系统六元理论给出了明确的答案,即需要关注系统的六个方面,即系统论域、系统要素、系统结构、系统状态、系统运行和系统功能,由此形成的系统视图集就能够完整准确的描述系统。

5.3.1.2　仿真对象系统与应用域平台无关模型的映射关系

应用域平台无关模型,是通过对仿真对象系统的第一次抽象和表达而产生的概念模型,应完整准确的描述仿真对象系统,按照系统六元抽象方法应建立以下六种映射关系,如图 5-7 所示。

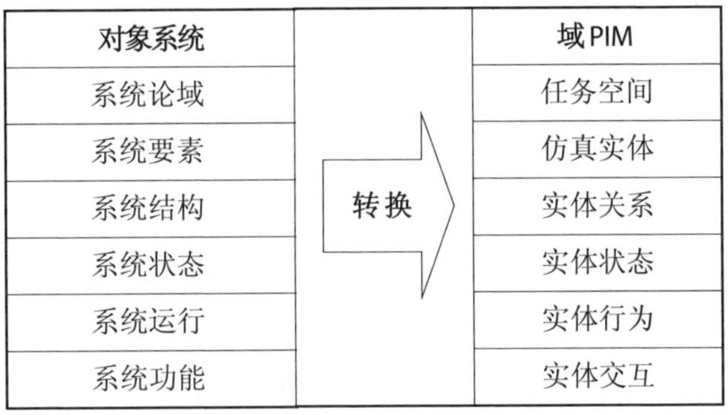

对象系统		域 PIM
系统论域		任务空间
系统要素		仿真实体
系统结构	转换	实体关系
系统状态		实体状态
系统运行		实体行为
系统功能		实体交互

图 5-7　系统与 PIM 转化的对应关系图

1. 系统论域与任务空间的映射

系统的存在是客观的,然而"系统"这一概念更多地用作一种抽象的思维形式或手段,用来描述所研究的对象。所以,系统的论域可以看作是相对独立的研究对象或问题域,并主观地将该研究对象或问题域看成一种封闭式系统,称为任务空间。这里,我们采用 BNF 范式来表示任务空间。BNF 范式(BNF: Backus-Naur Form,也称为巴克斯-诺尔范式),是一种用于表示上下文无关文法的语言,上下文无关文法描述了一类形式语言。它是科学哲学家库恩提出的科学前进的模式,大意是一起工作的科学家们大体有一个共同的守则和目标。

＜实体空间＞::＝＜系统名称＞＜系统目标＞｛＜实体基本信息＞｝＜系统分辨率＞＜环境＞

＜实体基本信息＞::＝＜实体名称＞＜实体数量＞［实体类型］［实体分辨率］

＜环境＞::＝＜自然环境＞＜社会环境＞

＜自然环境＞::＝［地理］［气象］［水文］

＜地理＞::＝［土质］［坡度］［地物］

＜地物＞:＝｛［独立地物］｝｛［道路］｝｛［变形地］｝｛［桥梁］｝｛［隧道］｝｛［居民地］｝
　　　　｛［水系］｝｛［植被］｝｛［高地］｝｛［通信线出口］｝｛［堤坝水闸］｝
　　　　｛［管线］｝｛［独立机场］｝

＜气象＞:＝＜气候＞＜天气＞

＜气候＞:＝［热带雨林］［热带草原］

＜天气＞::＝［温度］［温度］［风力］［能见度］

＜社会环境＞::=［敌情］［我情］

＜敌情＞::=［人文］［政治］［经济］

＜我情＞::=［人文］［政治］［经济］

在以上描述中，＜＞内包含的为必选项；［］内包含的为可选项；{}内包含的为可重复0至无数次的项；::=是"被定义为"的意思。

这里需要说明的是，任务空间中定义的环境是系统运行的外部环境。在进行实体描述时，可根据需要对某种影响其他实体运行的环境因素进行单独的提取，并抽象为一个实体。比如，在保障分队的保障行进路线中包括国道×××，该道路对于保障分队能否到达目的地具有重要的意义，因此，可以将该道路抽象为一个实体，并通过观察其状态的变化判断对保障分队行进的影响程度。

2. 系统要素与实体的映射

系统要素在仿真模型中抽象为仿真实体。系统L的要素集合可以表示为各个实体i的集合，即$E_1=\cup E_i$。其中，每个实体可以表示为：

＜实体＞::=＜实体标识＞＜实体名称＞{＜实体属性＞}

＜实体属性＞::=＜属性标识＞＜属性名称＞＜属性类型＞［属性初始值］

＜属性类型＞::=＜简单类型＞＜自定义类型＞

＜简单类型＞::=int｜char｜double｜float｜long｜short｜void

＜自定义类型＞::="enum"＜标识符＞｜"struct"＜标识符＞

＜标识符＞::=＜字母＞｜＜字母数字串＞

在以上的描述中，｜表示在其左右两边任选一项，相当于"或者"的意思；" "中的内容代表字符本身。

3. 系统结构与实体关系的映射

系统结构可映射为实体关系的总和，系统结构可以表示为：

＜系统结构＞::={＜实体关系＞}

实体关系可以定义为：

＜实体关系＞::=＜泛化关系＞｜＜组合关系＞｜＜其他关系＞

＜泛化关系＞::=＜根实体＞{＜非根实体＞＜子实体＞}｜＜根实体＞{＜子实体＞}

＜非根实体＞::={＜非根实体＞＜子实体＞}

4. 系统状态与实体状态的映射

系统状态应当是实体状态的总和，即系统L的状态$S_i=S_{x1}\times S_{x2}\times\cdots\times S_{xn}$，其中系统L有由n个实体构成，$S_{x1}$是第i个实体的状态全集。状态用于描述系统在某一个特定时刻的静态特征。对任何系统的动态研究，都需要分析系统的状态转移过程。对于某一时刻的实体状态都可以表达为：

$S_{x+1}::=\delta(S_i)｜\delta(S_i,e)$

其中，$\delta(S_i)$表示在不受外部激励影响条件下，实体按照自身的行为改变的状态转移函数；$\delta(S_i,e)$表示在时间间隔e内受实体外部交互、内部行为影响而改变实体状态的状态转移函数。

从状态组成角度，＜实体状态＞::={＜实体状态分量＞}

＜实体状态分量＞::=＜实体状态分量属性＞＜实体状态分量值＞

＜实体状态分量值＞∷＝"enum" ＜标识符＞＜简单类型＞

＜标识符＞∷＝＜字母＞｜＜字母数字串＞

在装备保障仿真系统中，对装备保障系统状态的描述离散化为对其内部所含的各个要素（实体）状态的描述。

5.系统运行与实体行为的映射

根据系统六元抽象建模方法，系统运行用仿真实体的行为集合来描述，仿真实体的行为用仿真实体随时间的推移而产生的状态转移过程来描述。上面给出的仿真实体状态转移函数 δ（S_i）可以看作仿真实体行为的数学表达函数。运用 BNF 范式，可以将仿真实体行为形式化表示为：

＜实体行为＞∷＝＜行为标识＞＜行为名称＞｛＜字行为＞｝｜＜行为标识＞＜行为名称＞

＜行为主体＞＜行为逻辑表示＞

＜子行为＞∷＝＜行为标识＞＜行为名称＞＜行为主体＞＜行为逻辑表示＞

在作战系统仿真中，实体行为只表示实体状态的变化，不反映实体间的相互作用。为了逼真地模拟实体行为，根据行为粒度的大小，将实体行为分为两种：一种是具有明确作战意图的行为，称之为作业，它通常与一条指挥命令相对应；另一种是不再细分的行为，称之为动作；一项作业通常由一个或多个军事动作构成。

6.系统功能与实体交互的映射

系统功能是指事物之间的相互作用和相互影响，表现为在特定的输入条件下，对外部的输出能力。系统的功能是实体交互的综合表现：＜系统功能＞∷＝｛＜实体交互＞｝，我们用范式对实体交互进行定义：

＜实体交互＞∷＝＜交互标识＞＜交互名称＞＜交互发送实体＞｛＜交互接收实体＞｝

＜交互参数＞

在作战系统建模仿真过程中，需要将实体之间的交互量化为包含一组参数的向量，接收交互的实体通过函数调用计算自身受影响的程度，并通过实体状态的更新表现出来。

在作战系统仿真中，仿真实体之间的交互分为两种：物理交互和信息交互。在物理交互中，实体之间有物质流和/或能量流的转移和交换，与此同时还可能伴随着信息流的转移和交换，如炮击行为将导致物质和能量的转移和交换，弹药供应行为将导致物质和信息（供应清单）的转移和交换；而在信息交互中，实体之间只有信息流的转移和交换，因此是一种纯信息的交互，如下达装备保障命令、上报战况等。

5.3.1.3　战术级装备保障系统 PIM 六元分析

本节根据上述的六元映射关系，对战术级装备保障系统 PIM 进行六元分析，它对应于软件工程中的软件需求分析，目的是要明确系统仿真 PIM 应描述的内容体系，为后续的系统仿真 PIM 构建提供基础。

装备保障活动的本质是：军队装备保障机构按照战争和军队建设的需要，依托一定的物质、信息等专业手段，有目的、有计划、有组织地对装备实施保障，保持和恢复装备的良好状态，使其齐全配套和技术状况良好，以保障军队各项任务顺利完成的军事活动。简要地说，装备保障活动的本质就是有目的地保持和恢复装备的良好状态，保障战争和军队建设需要的军事活动。

这一表述反映了装备保障活动诸要素之间的内在联系。前面关于装备保障活动本质的表述中，"装备保障机构"是主体，属于人力要素；被服务的"装备"及其相关物质信息等"专业手段"是客体，属于物质要素；"按照战争和军队建设需要"是装备保障的使命任务，属于任务要素；而"有目的、有计划、有组织地对装备实施保障，完善并保持装备的良好状态，使其齐全配套和技术状况良好"等是装备保障的活动内容，有物质要素的成分，更多地是属于信息要素。这些要素表明，装备保障活动就是一个装备保障主体与装备保障客体，以装备保障活动内容为中介，以使命任务为约束，最终实现装备保障的使命的过程。通过明确装备保障活动的要素，可以使我们在装备保障活动中充分发挥各个要素的作用：装备保障使命任务的指向作用，装备保障机构的主导作用，装备保障手段的客观制约作用，装备保障信息的服务作用，等等，最终实现装备保障活动各个要素的整体优化，不断提高装备保障活动水平。

装备保障，按其活动范围或层级分为：战略级装备保障、战役级装备保障和战术级装备保障。战术级装备保障是师以下部队从武器装备方面为保持和恢复部队作战能力而采取的技术和组织指挥措施。其主要任务是组织与实施装备补充、装备修理、器材和弹药供应及装备的使用、维护和技术管理；组织装备保障防卫，保障装备机关和分队安全。战术级装备保障按照军种又可分为：陆军战术级装备保障、海军战术级装备保障、空军战术级装备保障、火箭军战术级装备保障。

下面对陆军战术级装备保障系统PIM进行六元分析，即任务空间分析、实体及实体关系分析、实体状态分析、实体行为分析和实体交互分析。

1. 任务空间分析

所谓装备保障，是装备保障部（分）队对作战部队的保障。因此，研究装备保障系统仿真时，系统论域中的实体对象应包括作战部队、装备保障部（分）队和自然环境三个大类。关于这三大类实体的静态属性和动态特征的概括性信息即为装备保障系统PIM的任务空间需要描述的内容，诸如装备保障活动的主体、客体、时间范围、空间范围、保障方式、环境实体要素等。环境实体要素是指对装备保障活动有影响的自然环境实体，社会环境实体，上级、下级和友邻部队作战实体，以及兵站和仓库等。战术级装备保障系统PIM的任务空间，可用若干个定性或定量变量来描述，其形式化表达方法示意如下：

<系统名称>::=<战术级装备保障系统>

<系统目标>::=<描述战术级装备保障指挥及其保障任务>

<实体基本信息>::={<作战部（分）队基本信息>}|{<保障部（分）队基本信息>}|{<装备基本信息>

<作战部（分）队基本信息>::=<炮兵营><1>[红方][区分到作战装备]

<环境>::=<自然环境><社会环境>

<自然环境>::=[地理][气象][水文]

<我情>::=[上级司令部门情况]{[友邻部分队情况]}|{[友邻装备部门情况]}

2. 实体及实体关系分析

装备保障实体包括装备保障活动主体和装备保障活动客体。装备保障活动的主体是指装备机关及其保障部（分）队，这是装备保障活动的责任主体。装备保障主体是完成保障任务的执行者。装备保障活动客体主要指作战部队及其作战装备。

装备保障系统运行的基础是保障体制。装备保障体制可以分为平时体制和战时体制。不同的体制下装备保障系统内部实体的结构是不同的。图 5-8 给出了陆军师级装备保障力量的一种平时结构，图 5-9 给出了陆军师级保障力量的一种战时结构。

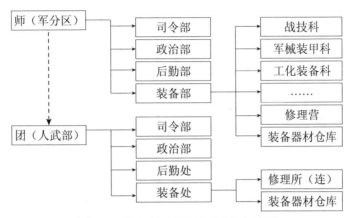

图 5-8　装备保障力量平时结构示意图

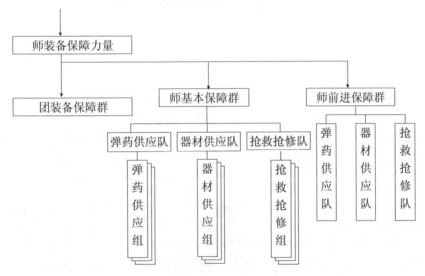

图 5-9　装备保障力量战时结构示意图

平时体制注重的是训练和管理纵向的业务关系，战时体制注重的是保障、生存和与作战部队横向的协同关系。平时向战时体制的转换必须根据当时的战争形势和威胁性质，将保障力量适当编组，使之具备执行特定任务的能力。

这里以师基本保障群的组合关系为例，其相关实体及其组合关系的形式化表达方法示意如下：

＜师基本保障群＞∷=｛＜弹药供应队＞｝｛＜器 材供应队＞｝｛＜抢救抢修队＞｝

＜弹药供应队＞∷=｛＜弹药供应组＞｝

＜器 材供应队＞∷=｛＜器 材供应组＞｝

＜抢救抢修队＞∷=｛＜抢救抢修组＞｝

＜弹药供应队 1＞∷=＜team1＞＜弹药供应队 1＞

3.实体状态分析

实体状态是对装备保障实体某一时刻的静态表示。主要描述了保障实体在系统运行中表现出来的特征参数。在仿真模型中，通过对实体的一组状态变量变化的描述来模拟实体的产生、变化和消亡过程。例如，一支作战小分队某时刻状态可以用其所含人员的类型、数量和质量，所含装备的类型、数量和质量，所处位置，运动特性等等属性的瞬时值来描述其状态参数，其形式化表达方法示意如下：

＜作战分队1状态＞::=＜人员数量＞＜士气＞＜现有装备数量＞＜装备损坏情况＞＜部队运动状态＞

＜人员数量＞::=＜人员数量＞＜50＞

＜士气＞::=＜2＞，用枚举值表示士气状况，1：高涨；2：一般；3：低落。

4.实体行为分析

通常，根据实体行为描述的粗细程度，实体行为可划分为作业和动作。

一项作业定义为执行一个具体的作战命令的过程，是具有明确作战意图的军事行动，它由实体的一个或多个动作构成。战时装备保障系统中保障实体的主要作业任务包括：为保持和恢复装备良好技术性能而进行的维护、维修和管理的技术保障活动和为保障部队作战需要而组织与实施物资、武器、器材和弹药的补给与管理的供应保障活动。

动作定义为作业实施过程中的步骤或工序，是最小的、不再细分的行为概念。例如，在装备保障系统仿真建模中，对装备维修、弹药供应和器材供应三类作业而言，可分解出以下8种动作：部署，展开和收拢，装卸载，机动，修理，派出，隐蔽和疏散和归建。

部署，包括完成在部署地域内具体选定仓库、修理机构工作位置，并进行合理布局。

展开和收拢，是指用来实现维修保障群、队、组在接到展开或收拢指令后，获取展开参数，改变实体属性，处理展开或收拢过程中的其他事件消息，完成展开或收拢。

装卸载，用来实现对保障队/组进行供应保障时装卸载过程的模拟。

机动，用来实现保障群、队、组在接到指挥台的机动指令后，沿计划路线机动到机动目的地的动作的全过程。

维修，用来实现维修保障群在接到指挥台的维修指令后，指挥下属保障队、保障组对战损装备进行状态修复的全过程。其中，修理业务模型用于计算修理分队实体完成修理任务的时间 T 及所需的资源。修理模型 λ 可以下列函数表达：

$\lambda:S \rightarrow T$

S 是一组条件和状态参数，$S=<e,t,\eta,\gamma,\beta,d,M,U,D,w_l,E>$；$e$：气候条件，$t$：为受威胁程度，$\eta$：修理分队人员技术水平，$\gamma$：修理分队人员伤亡程度，$\beta$ 修理分队人员疲劳程度（连续工作时间相关），d：武器损坏性质，M 修理方式，U 使用工具器材，D 工具器材磨损受伤程度，w_l 零配件资源到达时间，E：要求达到的修理质量。

派出：在保障群接到指挥台的派出指令后，实现派出保障力量的过程，包括确定派出保障力量的类型、数量、质量、时间、地点和任务等。

隐蔽和疏散：实现保障实体在接到命令后的隐蔽和疏散过程，其本质是在一定的时间内改变实体的某些状态参数，如位置、分布类型、分别区域、防护等级等，可为该实体遭受攻击后计算战损程度提供依据。

归建：用来实现派出的保障实体在接到命令后沿预定路线返回上级实体的时间过程。

一般而言，任何一个实体作业均可以分解为一个或多个实体动作，其相互关系可采用软件工程描述过程的方法予以表达。

5.实体交互分析

实体交互可分为信息交互和物理交互。在装备保障系统仿真中，信息交互是指在装备保障系统运行中传递的各种情报、命令、指示、通告等作战文书。物质交互是指在装备保障系统运行中发生的物质性作用和影响，如弹药供应结果、器材供应结果、装备维修结果、战斗交互等。

信息交互和物质交互都可以用一组参数来描述，即对任一交互i，有

<交互i>∷=<参数i1，参数i2……参数in>

5.3.2　仿真应用域 PIM 表达语言

5.3.2.1　xUML 语言的优势

进行 MDA 应用的最主要目的就是提高系统的重用性，因此选择标准的建模语言是实现 MDA 的重要基础。UML 是目前较通用的建模语言之一，它比 XML 的应用范围更为广泛，与各种编程语言的转换工具也较多。但是普通 UML 语义的不完整性和二义性使得普通 UML 难以支持 MDA 技术体系。而在复杂的业务领域，如作战系统的仿真建模中，所模拟的复杂对象系统的一个重要特征就是仿真实体的状态变化繁多，行为复杂。进行这类仿真系统开发的主要工作就是实体行为建模。因此，在建模语言的选择上，应当注重对模型动作语义的描述。

为了解决这个问题，需要对 UML 进行扩展，产生一个可以建立可执行模型的可执行的 UML。OMG 决定采用精确的动作语义来扩展 UML，并采用对象约束语言（OCL）作为 UML 的组成部分，对模型进行严格的约束，为建模者提供一套完整的、软件无关的动作规范，建立一个可执行的 UML 模型。可执行 UML（execute UML，xUML）是 UML 的一个 profile（所谓 profile 是提供针对特定领域、平台、方法构建的模型，给特定的元模型赋予特定的定义，可以采用特定的语言约束或者构造型标记值等实现 UML 模型元素的变化）[82]，它采用行为描述语言（SDL—Specification and Description Language[83]，基于 Shlaer-Mellor OOA 方法学[84]基础上的动作规约语言 ASL-Action Specification Language[85]等语言）精确定义了一个最新的 UML 子集的执行语义，这个子集完全是可计算的，任意的模型都能被编译和运行。与 UML 相比，xUML 具有精确定义的语义、专门的动作规约语言和与 MDA 的紧密配套性，这些优势使得 xUML 更适应于 MDA 中 PIM 的建模表达。

图 5-10 中显示了 xUML 的非正式结构。从图可以看出，xUML 通过结合 UML 中语义完善的部分和新加入的动作语义形成了一套更高层次上的建模语言，以保证 PIM 模型的正确性和 PIM 与 PSM 一致性。

图 5-10　xUML 的结构

运用 xUML 对一个系统进行建模和运用 UML 建模一样，都是构造一组模型图的过

程，这些模型图描述了系统的概念和行为。通过对系统建立正确一致的可执行的模型图，就可以运用这些可执行的模型对系统的需求进行验证。具体而言，运用 xUML 建立系统 PIM 时，主要包括三类模型：概念类模型、对象生命周期模型和行为操作模型。

概念类模型主要用来抽象、识别出系统中的各种事物概念，并用一种形式化结构来表现这些识别出的信息。系统中的各种事物对象被抽象为类；这些对象的属性被抽象为类的属性；各个事物对象之间的联系被抽象为类之间的关联。这种概念模型的形式化结构通过 UML 中的类图（class diagram）来表达。UML 的类图具有对对象方法的描述，而在 xUML 中，对象方法是用状态机模型来表达的。

系统中各个对象可能存在自己的生命周期——行为状态，彼此的状态相互独立。对象的生命周期是通过运用对象状态机来抽象描述的。在 xUML 模型中运用状态图对对象的状态进行形式化的抽象。系统的行为（运行）表现为所有对象的状态转移过程，每个对象的状态转移都具有一个过程，该过程是通过触发该对象的特定事件（消息）来执行的。若一个对象的状态由于外部条件发生了转移，即发生了一个状态转移事件（也是相应的执行过程完成事件），则会触发状态图中的后续执行过程，进而建立新的状态。

对象状态转移的执行过程是由一组行为操作组成的。这些行为操作执行系统的基本逻辑运算，每个行为都是基本的单元计算，例如：数据读取，选择或循环等。目前，在 xUML 中仅仅定义了系统各种行为语义的标准，还没有一个统一的标准语法和注释符号来对行为语义进行描述。目前，已有几个公司提出了几种基本统一化的行为描述语言，通过这些行为语言就可以精确地描述对象的行为和对象之间的交互了。后面的内容就使用了动作规约语言 ASL 对对象行为和交互进行表达。

系统类模型、类的状态机模型和行为操作模型就组成了对一个系统 PIM 的完整的可执行模型的定义描述。下面将结合系统六元抽象方法，以陆军战术级装备保障系统仿真为应用背景，阐述基于系统六元抽象的 xUML 模型表达方法，进行 PIM 建模描述。

5.3.2.2 战术级装备保障仿真系统的 PIM 建模分析

系统六元抽象方法只有与适当的表达语言相结合才能真正充分地进行建模描述，并实现模型的重用。本节将详细分析系统六元抽象同 xUML 具体技术的结合使用，形成基于系统六元抽象的 xUML 的模型表达方法，进而通过建立战术级装备保障仿真系统平台无关模型实例，描述战术级装备保障仿真系统 PIM 建模的全过程。

1.仿真系统平台无关模型任务空间的描述方法——包图

在基于 MDA 的应用开发中，域是模型复用的最大单元，是对系统主题结构的最高层次的划分，各个域之间的耦合是松散的。从域的内部看，由于域中模型实体个数的不同，域内部的高内聚程度也有所不同。因此，在域的内部又可以进行进一步的分解细化。域及细化后的子域都可以用 xUML 的包图进行描述。通过对包图的划分和概括，可以形成对仿真系统任务空间的整体印象，这就是运用 xUML 描述系统任务空间的方法。

包是用于把元素组织成组的通用机制。图 5-11 显示了包图的表示方法（这里使用 iUMLite 开发软件进行 xUML 图的绘制）。每个包通过 PackageName 来表示包名，以便与其他包相区别。

图 5-11　包图的表示

在大多数情况下，使用包来组合基本种类相同的元素。在进行类的组合时，应遵循以下原则：

（1）分析特定体系结构视图中的建模元素，找出由在概念和语义上相互接近的元素所定义的组块；

（2）把每个这种组块分为一个包；

（3）对每个包，区别其中元素的访问级别。

依据组合原则，图 5-12 显示了战术级装备保障仿真系统开发时，对业务相关实体进行进一步分解的示例。图中，将仿真系统业务相关实体进一步划分为作战部（分）队、保障群队组、指挥机构和装备保障外部环境四个包，包内的元素访问级别依据仿真需求可进行不同限定。在以后的开发中，其他系统就可以在包的层次上复用模型实体。

图 5-12　装备保障仿真系统开发业务相关包图描述

2. 仿真系统与系统操作人员交互的描述方法——用例图

明确系统边界，确定系统功能是进行系统开发的首要任务，也是关键步骤之一。系统用例图是从系统外部的视角来描述系统应用过程的，它是系统与外部进行交互所执行的动作序列的集合。使用用例可以有效推断系统对外部请求或激励应作出何种响应，它是连接非形式化、非结构化的需求世界和用 xUML 建立的形式化模型的桥梁。

完整的用例描述以及与它们相关的场景，可以完整地刻画系统所需的功能性行为，使得系统的任务空间得到全面的描述。图 5-13 显示了用例图的表示方法，一个完整的用例图包括用例（Use Case）和参与者（Actor）。

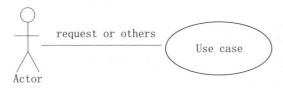

图 5-13　用例图示例

系统用例的层次可以划分为"Sky Level"、"Kite Level"、"Sea Level"和"Mud-level"。"Sky Level"描述系统的概要目标，通过使用这个层次上的用例图可以从总体上对系统需求有全面的认识。"Kite Level"是对概要目标的进一步细化，是用例模型最重要的层次，是进行仿真系统进一步开发的重要依据。"Mud-level"是对系统各个子目标的详细描述，过于注重细节，一般不予使用。"Sea Level"用例是用于描述单个参与者与系统发生的交互，这种用例是开发系统测试用例的最好依据。

在进行用例开发时，应注意遵循以下规则：

（1）充分识别参与者；

（2）通过识别一般或特殊的角色来组织参与者；

（3）对于每个参与者考虑它与用例进行交互的主要方式。

根据以上规则，在战术级装备保障仿真系统开发中，一般包括两类参与者：总控成员、导演成员。图5-14、图5-15分别显示了这种情况下的总控成员和导演成员参与的用例图。根据仿真系统作用的不同，导演成员可根据需要扩展。比如，对于仿真训练系统，其目的在于训练保障指挥员，就可将导演成员的功能细化，分为不同的指挥席位；而对于用于保障评估的仿真系统，则可以将导演成员取消，完全采用人不在环的方式，根据军事规则进行仿真推演。

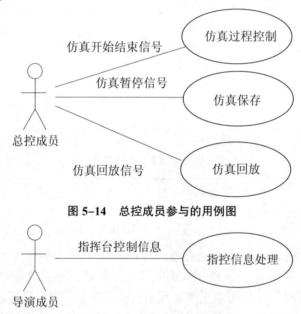

图 5-14　总控成员参与的用例图

图 5-15　导演成员参与的用例图

如上所述，应用域PIM可以划分为若干个子域，就一个子域而言，其他子域则是该子域的外部对象，同样可以使用用例图表示。对于这样的用例，本章将在后续部分使用顺序图进行描述表达。

3. 仿真实体及实体关系的描述方法——类图

在实际的作战系统中，存在着许多需要仿真模型模拟的战场实体，而这些实体对象又可以划分为若干个类型，分属于每个类型的实体对象都具有相同的属性、操作、关系和语义。xUML中的类图就是描述这些实体对象类型、建立实体仿真模型的有效工具。类图用一个矩形表示，如图5-16所示，它包括类名、属性和操作三个部分，其中的类名和属性需要在类图中详细列出，操作部分需要列出操作的名称，而操作的详细过程将在实体状态的描述中用状态图分析，这也是使用xUML建立应用域PIM的一个重要优势。

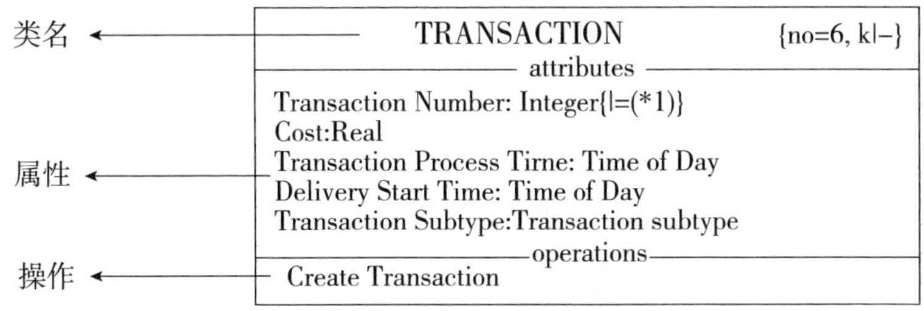

类名 ←

属性 ←

操作 ←

TRANSACTION	{no=6, kl=-}
attributes	
Transaction Number: Integer{l=(*1)}	
Cost:Real	
Transaction Process Tirne: Time of Day	
Delivery Start Time: Time of Day	
Transaction Subtype:Transaction subtype	
operations	
Create Transaction	

图 5-16　类图示例

　　进行战术级装备保障仿真系统开发时，按照前文对仿真实体的分析，仿真实体主要包括装备保障指挥机构、装备保障部（分）队、作战部（分）队和作战装备。因此，相应的 PIM 应建立四个基本类：指挥实体类 CommodEntity、保障实体类 SupportEntity、作战实体类 WarEntity 和装备实体类 EquipmentEntity，如图 5-17 所示。各个类名称均用英文定义，以便于在进行 PIM 到 PSM 转换时与相应的语言匹配方便，对于各个类的中文含义在对类定义的说明中予以标注，如图 5-18 所示。

　　系统不是由单个的实体分散组合而成的，而是系统中各个实体之间相互关联相互作用而成的。实体之间各式各样的关联表现了系统纷繁复杂的关系。

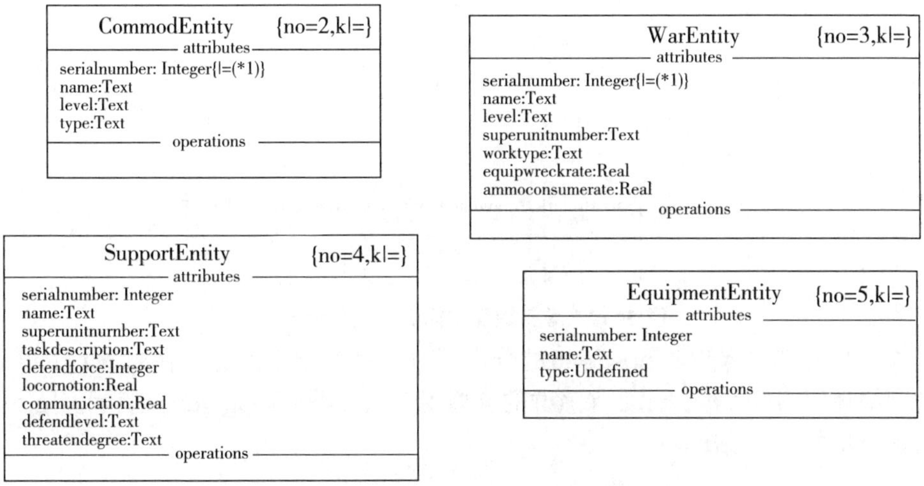

CommodEntity	{no=2,kl=}
attributes	
serialnumber: Integer{l=(*1)}	
name:Text	
level:Text	
type:Text	
operations	

WarEntity	{no=3,kl=}
attributes	
serialnumber: Integer{l=(*1)}	
name:Text	
level:Text	
superunitnumber:Text	
worktype:Text	
equipwreckrate:Real	
ammoconsumerate:Real	
operations	

SupportEntity	{no=4,kl=}
attributes	
serialnumber: Integer	
name:Text	
superunitnurnber:Text	
taskdescription:Text	
defendforce:Integer	
locornotion:Real	
communication:Real	
defendlevel:Text	
threatendegree:Text	
operations	

EquipmentEntity	{no=5,kl=}
attributes	
serialnumber: Integer	
name:Text	
type:Undefined	
operations	

图 5-17　战术级装备保障仿真系统中实体类及属性描述

Class Details	☒
Number	2
Name	CommodEntity
Key Letter	
Description	指挥实体类

OK　　Cancel　　Select Parent...

图 5-18　xUML 中定义类时的说明

从实体的组成来看，实体之间的关系可分为泛化关系和组合关系。泛化关系是指一般事物（即父类）和该事物的较为特殊的种类（子类）之间的关系。保障实体类按照建制的大小不同，可分为保障群、保障队和保障组。这三种保障机构都具有保障实体类所描述的基本属性，此外他们还具备各自的特殊属性。同样的，这三种机构又各自具备不同的子类，用于表示不同的保障类别。图 5-19 显示了保障实体类及其子类的泛化关系。

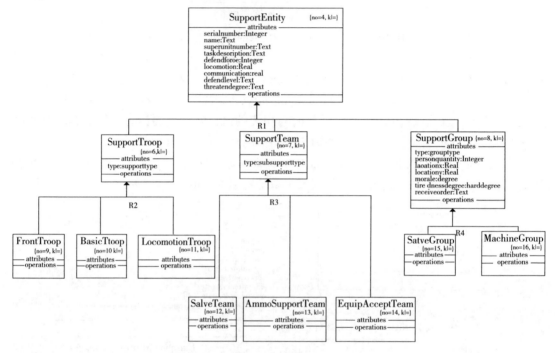

图 5-19　装备保障实体泛化关系示意图

其中，保障群、保障队和保障组的分类通过属性类型来区分。在 xUML 中可以定义枚举类型描述不同的类型，比如保障群的类型用自定义类型 supporttype 表示。图 5-20 显示了对该类型的定义情况。

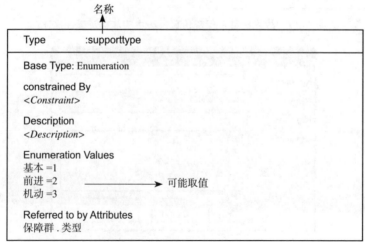

图 5-20　自定义类型示意图

在装备保障部（分）队的编制编成中，保障群队组又表现出了组合关系，即保障群由一定数量的保障队组成、保障队由一定数量的保障组组成，图 5-21 表示了这种关系。

同样地，在战术级装备保障仿真系统中，指挥实体类可划分为基本指挥所和前进指挥所，对于基本指挥所又可以进一步划分为战技指挥实体、弹药供应保障实体、装备调配保障实体、装备技术保障实体和器材供应保障实体，而前进指挥所可进一步划分为战技指挥实体和军械维修指挥实体。装备实体类还可以进一步划分为作战装备、维修保障装备，对于作战装备可划分为火炮、枪械等，维修保障装备可划分为工程车辆、维修车辆和大型修理设备等。

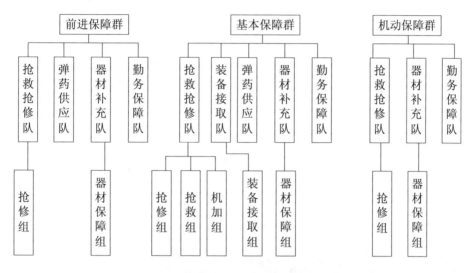

图 5-21 保障群队组的组合关系示意图

在实体的关系中，除了泛化关系外，其他一般的关系称为关联。在装备保障仿真系统中，各种实体表现出了千丝万缕的关系，主要包括指挥命令、指导、协同、保障等关系。在战术级装备保障仿真系统中，四个主要的实体类之间关系如图 5-22 所示。指挥实体与保障实体之间表现为指挥与被指挥关系，保障实体与作战实体之间表现为保障与被保障关系，保障实体与装备实体之间表现为使用与被使用关系。从图中可以看出，由于保障实体的类型不同，保障实体与作战实体之间的对应关系也略显不同。即一个保障组在同一时刻只能保障 0 或 1 个作战单位，并且该作战实体可以由多个保障组同时保障；而对于保障群和保障队则不同，一般来讲在想定形成时已经确定了各自的保障关系，一个保障群可以保障 0 或多个作战单位。

4.实体状态与实体行为的描述方法——动作规约语言（Action Specification Language，ASL）及状态图

作战系统的一个重要特点就是系统中的各实体状态变化繁多，动作行为复杂。这就使得使用一般的 UML 语言对于精确描述对象行为和操作的语义显得力不从心，xUML 对行为语义的表达进行了增强。通过采用行为语言，对抽象描述动作语义有了明确的定义。目前，对于动作描述的行为语言还不统一，本文采用的是 iUMLite 软件的 ASL 语言。

关于行为语言的语义，对象管理组织（OMG）给出了具体的要求[86]。行为语言作为符合行为语义的规范要求的语言，应满足以下几个方面才能符合对象管理组织提出的建

立 PIM 的要求和实现模块的可执行、可验证方面的要求：

（1）行为语言应该是一个能够精确、充分、无二义性地描述各种规则（如：对象之间的关联，属性等）和高度抽象的算法。只有行为语言达到这个要求，利用行为语言描述的系统模型才能够精确地描述系统的动态行为和静态结构，从而达到建立的模型是可执行的和可验证的。

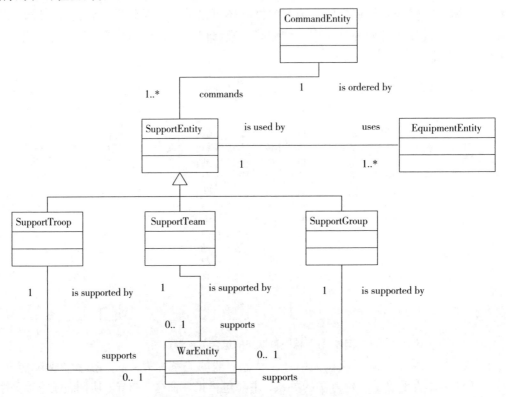

图 5-22 各个实体类之间的关联关系图

（2）行为语言应该是一个完全与特定软件架构无关的（软件平台独立）的行为语义。此外，理论上运用行为语言描述的模型应该能通过运用不同的结构配置实现从模型到具体实施平台系统的转化。在这种模型中，数据和过程的组织可能和实现中模型的数据和过程的组织完全不同。例如：在这种模型中的对象之间的关联，在实现模型中则可能运用对象的参照属性来进行表达。所以，行为语言语义应该表达的是一个高层的抽象语义。另外，行为语言语义应该做到与特定的编程语言的无关性，这样才有利于模型与特定软件架构的无关性。行为语言语义应该不要求用户运用特定的数据读取和组织方法来描述特定的算法实现。

（3）行为语言应该易于嵌入可执行的代码，以至于开发工具易于把对象的行为和操作映射成有效的代码。这样有利于模型的可执行性和系统代码的自动生成。

动作规约语言（Action Specification Language，ASL）是状态无关的语言，用来在xUML 模型的上下文中详细处理行为。该语言的目的就是为将要被系统执行的处理行为提供无歧义的、精确的且易读的定义。UML 并没有定义动作语言，只是在 UML 标准中加入了动作语义。ASL 符合 UML 的动作语义。具体地说，ASL 能够定义：

（1）类操作和对象操作——对应于状态无关的行为；

（2）状态动作——对应于状态相关行为；

（3）域操作——对应于域提供的服务；

（4）初始化片断——定义所有初始化对象；

（5）测试例程——提供在仿真环境中用来激励模型的驱动程序，这就为基于 MDA 的应用系统模型 VV&A 提供了应有的技术支持，保证模型在 PIM 阶段就能够通过执行来验证。

ASL 书写操作主要包括五类:实例句柄，对象操作，关联操作，调用操作和发送信号：

（1）实例句柄——通过使用实例句柄来完成对某个类的某一对象的引用

当执行一个状态动作或执行一个对象操作的时候，一般总是在一个已知对象的上下文中进行。对于一个状态动作而言，该对象是接收到信号的对象；对于对象操作而言，该对象是发出操作调用的对象。对于这样的实例句柄，ASL 提供 "this" 作为特殊的实例句柄。

单个实例句柄，用句柄名称表示；实例句柄的集合用 { 句柄名称 } 表示。如：

{salvegroups}=find SupportGroup where type=1

这条语句描述的是在保障组实体类中使用 find 查询类型为 1 的保障组，即查出并获得所有抢修组的实例句柄。使用 find-only 就是在某个类中查询满足条件的唯一实例句柄。

（2）对象和类操作

同样地，可以使用 ASL 进行对象的创建和销毁，属性的读写等。如：

newSupportTroop = create SupportTroop with type=3 \& troopnumber=0013

其中，create 和 with 是关键字，\表示该语句在下一行继续，& 表示 "与"。在创建对象时不必将所有的属性都予以赋值，但标识该对象的属性必须赋值，也可以在定义某属性时将其设定为对象标识，这样通过使用 create unique 就可以由系统直接为对象标识属性赋一个唯一的值。表示创建一个编号为 0013 的机动保障群。

ASL 可以读取属性值，如：

thetroopnumber= newSupportTroop. Troopnumber ;

或进行写操作

newSupportTroop. Troopnumber = updatetroopnumber;

当不再需要一个对象时，可以通过引用它的实例句柄来删除这个对象，如：

delete newSupportTroop；

或删除对象集合 delete {salvegroups}。

（3）关联操作

ASL 最强大的特点就是关联操作的能力。关联将对象连接起来。ASL 通过 link 操作创建一个关联实例，如 link class A R1 classB ；通过 -> 符号漫游一个关联；最后通过 unlink 操作删除关联实例，在删除对象前，一定要先删除与它有关的关联。应当注意的是，在使用 ASL 时，应尽量多使用关联操作取代 find 操作，以降低系统资源损耗。

（4）调用操作

类的操作体本身就是由 ASL 定义的。同样地，也可以使用 ASL 对操作进行调用。调用的形式依赖于操作的类型。

（5）发送信号

操作调用提供的是一个同步的消息发送方式。而发送信号则提供了一种异步的形式。信号的语义表明了信号发送没有返回值，因此不可能有返回参数。同时，信号总是传递给特殊对象的。比如：

generate C1：ammoEexhausted（）to theCommondEntity

其中，generate是用来表明信号发送的关键字；C是类的主键编码；1是在CommondEntity类中的信号编号；ammoEexhausted是信号名；如果有参数，（）中放置和信号一起传递的参数；to是关键字，指示信号将要发送给的对象；theCommondEntity是实例句柄，指向信号将要发送到的对象。这条语句表示了将弹药供应不足的信号发送给指挥实体。

ASL引入的最大作用就是描述实体对象的动作语义，然而仅有ASL语言并不能全面地看待一个对象的行为过程。描述一个实体行为的全过程通常使用状态机表示。ASL的执行与一般语言不同，它不具有主程序，是通过状态机之间的交互来执行模型的。

在描述状态机之前，先来明确xUML中的几个概念：

状态：表示类服从一组规则、策略、规章或物理规律的情形；

信号：表示导致状态转移的事件；

转换：用于说明一个在给定状态的对象在接受到一个特定信号时将会进入的状态；

入口动作：指的是对象在进入给定状态的时刻所发生的处理序列。

状态机：指的是一个对象的整个生命周期。

一般地，状态机可以通过状态图和状态转换表来表示。本章使用状态图来进行表示。状态图是一个类的状态机的图形表示。一个状态图展示了相应类的状态和转换。每个状态都有且只有一个相关联的动作，该动作在对象进入这个状态的时候执行。每个转换上都附有一个信号，该信号导致了该转换的发生。

每个类最多有一个状态机，这个状态机描述了类的每个对象的行为。状态建模过程从识别代表常规行为的状态开始，这样做有助于确保模型能够表现出期望的系统行为。

一旦分析者认为已经获取和表达了所有常规的，或者说是基本的行为，就可以再加入代表非正常行为的状态。在建立状态图时，应当注意"较小的"模型将导致系统的不安全。因此，在选择状态时应尽量全面，防止过度精简状态。

在装备保障仿真系统中，保障组作为最小的仿真实体单元具有最高的状态变化特征，主要经历未赋予任务的空闲状态、派出后前往保障单位的机动状态、在保障实体所在地工作的执行任务状态、完成任务状态、前往下一保障单位保障的机动状态以及归建过程中的机动状态。这里将派出后前往保障单位的机动状态、前往下一保障单位保障的机动状态和归建过程中的机动状态划分为三种状态而不仅仅使用一种机动状态表示有两个目的：第一，有利于状态图的描绘，使得建模人员更加清晰地表述保障组的状态变化过程；第二，在不同的机动阶段，保障组获得的命令信号不同，比如前往下一保障单位，机动命令信号为moveTo（x2,y2），而归建的信号可能为moveBack（）。保障组完成任务状态用于进行小组的休整、计算人员损伤、保障装备损坏情况等。图5-23显示的是抢修组的状态图，其中进入每个状态后执行的动作均使用ASL语言进行表达。从图中还可以看出，状态的每次改变都必须发出或收到相应的信号（signal）。如果一个类使用信号形式提供某种服务，即它通过接收该信号达到某种状态。使用该服务时须满足：

（1）信号的发送是异步的，即发送者发送信号后立即继续处理它自己的事情，既不受对这个信号作出反映的时间的影响，也不受相应的处理过程的影响。比如在图 5-23 中，moveTo（x1, x2）信号就是由指挥机构发出的，发出该信号后，指挥机构仍然继续进行其他工作，而不受到该信号的影响；

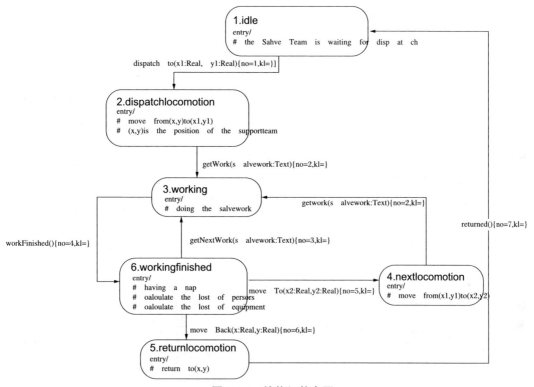

图 5-23　抢修组状态图

（2）输入参数可以与信号一起发送；

（3）不允许有输出参数，因为对于异步交互而言，输出参数没有意义；

（4）信号发送导致的行为依赖于接收信号的对象的状态；

（5）信号总是发送给一个特定的对象。

一般而言，信号依赖于对象的状态，在仿真过程中，存在不依赖于状态的行为。这种行为称为操作，这将在下一部分进行描述。

5.实体交互的描述方法——顺序图、协作图

在作战仿真系统中，实体交互主要表现为信息的传递，其中信息主要包括：命令、报告、通报、请求、请示等。同时，对于作战实体而言，受到战斗攻击的攻击效果，也应用带有参数的交互表示。交互表现了实体与实体之间的联系，可以通过两种方法表示：同步操作和异步信号。前面对信号进行了描述，下面对操作进行说明。

一般情况下，在需要执行的处理过程与特定对象的状态无关，需要执行的处理过程不影响特定对象的状态，需要执行的处理过程是多个状态动作所共有的，并且处理过程必须在动作结束之前结束，以及有必要调用一个或多个其他域提供的服务时，使用操作。当一个类以操作的形式提供服务时，应当满足：

（1）对操作的调用是同步的，即调用者必须等待操作结束后才可以继续执行；

（2）可以传送输入参数给操作；

（3）操作可以返回输出参数，并且在 xUML 中允许多个输出参数；

（4）执行结果导致的行为不受操作所执行对象的状态影响；

（5）操作通常在类的某个实例对象上执行，称为对象操作；

（6）操作也可以在类的所有对象组成的整体上执行，称为类操作；

（7）操作可以定义域级别执行，称为域操作。

类的状态无关行为被定义为它所提供的操作的集合。每一操作的执行细节都可以使用 ASL 语言进行描述。

对于一个对象与其他对象之间的交互，无论是同步操作还是异步信号，xUML 提供了顺序图和协作图来进行描述。顺序图和协作图都显示了交互关系，但各自侧重于不同的方面。

交互图（interaction diagram）显示一个交互，由一组对象和它们之间的关系构成，其中包括在对象间传递的消息。顺序图（sequence diagram）是强调消息的时间顺序的交互图。在图形上，顺序图是一张表，其中显示的对象沿 X 轴排列，而消息则沿 Y 轴按时间顺序排列。

图 5-24 给出了战术级装备保障仿真系统中弹药供应保障过程的顺序图。

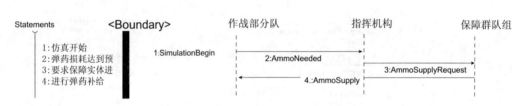

图 5-24　弹药供应保障过程顺序图

协作图（collaboration diagram）是强调发送和接收消息的对象之间的结构组织的交互图。协作图忽略了时间顺序而是把重点放在交互的模式和合作的紧密程度上。一般地，在域内表达单一用例的单一场景时，使用顺序图来表示对象间的交互。表达类之间的交互模式时，使用类协作图，以防止造成信息冗余。本文主要使用了类协作图进行对象交互的表达。图 5-25 显示了抢修组进行装备抢修的类协作情况（一次保障过程）。

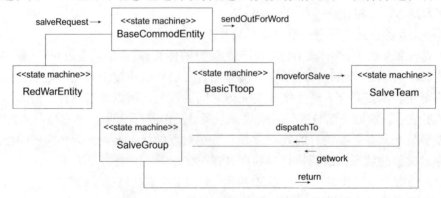

图 5-25　抢修组进行装备抢修的类协作图

5.3.3　联邦成员子域类结构设计及模型表达

5.3.3.1　平台无关模型的抽象层次问题

在 MDA 中，平台无关模型建立至关重要，是能否基于 MDA 开展应用系统开发的首要条件。一般地，平台无关模型和平台相关模型的确定是在系统目标平台基本功能设定后才确定的。这就导致由于与其他目标平台的关联关系不同而出现不同抽象层次的平台无关模型。换句话说，在研究平台无关模型时，尽管我们总是努力使得 PIM 与中间件平台的所有类都无关（在进行系统概念模型设计时，这是可能实现的）。然而，当系统结构建立时，一些平台的特性就加入其中，使得平台无关模型分为不同层次的。

因此，在基于 MDA 的联邦式装备保障建模仿真系统仿真模型域划分中，仿真应用域 PIM 的建立还包括了联邦成员子域模型的建立，这个域是为 HLA 仿真服务而特别设定的，与 RTI 服务域相关。联邦成员子域主要包括一个类模型，其中包括对联邦管理基本信息、联邦成员的时间控制、时间受限等特性进行设置。在仿真系统开发中，每个联邦成员都是由一个联邦成员子域类模型和一个或几个应用域业务类模型集成而成的。

5.3.3.2　联邦成员子域的设计

联邦成员子域模型类的设计不同于其他类的设计，它是与服务域关联的一个类结构，其属性具有一定的稳定性。因此，为了便于向 PSM 的转换，这里对 xUML 进行扩展，引入 UML 中构造型和标识值的概念，对该类进行描述。

1. UML 的构造型和标记值

构造型和标记值是 UML 提供的用以增加新的构造块、创建新的特性以及详述新的语义的扩展机制。

构造型（stereotype）是对 UML 的词汇的扩展，允许创建与已有的构造块相似而针对特定问题的新种类的构造块。在图形上，把构造块表示成用书名号括起来的名称，并把它放在其他的元素名之上。作为一种选择，可以用一种与构造型相联系的新图标表示被构造型化的元素。构造型与泛化关系中的父类不一样。确切地说，可以把构造型看作是元类型，因为每一个构造型会创建一个相当于 UML 元模型中新类的等价物。

标记值（tagged value）是对 UML 元素特性的扩展，允许在元素的规格说明中创建新的信息。在图形上，把标记值表示成用花括号括起来的字符串，并把它放在其他的元素名称之下。这个串包括一个名称、一个分隔符（＝）和一个值。可以为已存在的 UML 元素定义标记，也可以定义应用到各构造型的标记，使每个拥有构造型的事物都有标记值。标记值与类的属性不同，确切地说，可以把标记值看作是元数据，这是因为它的值应用到元素本身，而不是它的实例。如果一个标记的含义是明确的，就可以指定标记的值。

在使用构造型和标记值建模时应当注意：

（1）要确认用基本的 UML 已无法表达所要建立的事物模型。如果是常见的建模问题，可能已存在某些标准的构造型，可以满足需要。

（2）如果确信没有其他的方法能表达这些语义，标识与要建模的事物最相像的 UML 中的基本事物，如类、接口、构件等，并为该事物定义一个新的构造型。

（3）通过对构造型定义一组标记值，详述正被构造型化的基本元素本身以外的一般特性和语义。

可以为构造型建立新图标，以便对构造型有清晰的指示。但为了建模的通用性，本章中不对新的构造型建立图标。

2. Federate 类建立

通过对构造型、标记值特性的分析，我们选择使用构造型建立 Federate 类。这样选择的另一原因是使用构造型建立 Federate 类便于对 Federate 类进行平台相关模型的转换。

Federate 类主要用于：第一，为联邦式仿真过程中的某个联邦成员提供唯一的句柄，第二，建立联邦成员时为联邦管理和时间管理服务提供所需的联邦成员信息。首先，构建构造型《FederateClass》对应于 UML 中的类 Class，表示建立一个用于标识联邦成员信息的类。第三，选择标记值类型和取值。在 Federate 类中设置标记值名称为 TimeManagement，取值为 TimeRegulating、TimeConstrained、TimeBoth 和 TimeBothNot。该标记值用于表示联邦成员的时间管理策略，取值分别表示时间控制类型类型、时间受限类型、既时间控制又时间受限类型和既不时间控制又不时间受限类型，见表 5-1 标记值 TimeManagement 的取值及含义所示。

表 5-1　标记值 TimeManagement 的取值及含义

标记值	取值	所属构造型	含义
TimeManagement	TimeRegulating	《FederateClass》	时间控制类型
TimeManagement	TimeConstrained	《FederateClass》	时间受限类型
TimeManagement	TimeBoth	《FederateClass》	既时间控制又时间受限类型
TimeManagement	TimeBothNot	《FederateClass》	既不时间控制又不时间受限类型

对于构造型《FederateClass》建立的类，其中还需包括两个重要的属性，即指定进行联邦运行的联邦执行名称 federationName 和联邦执行初始化文件 FED 文件名称 FEDName，FEDName 标明了文档的全路径名称。类结构如图 5-26 Federate 类结构图所示。

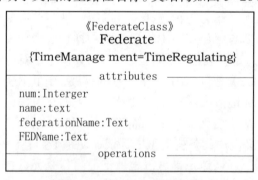

图 5-26　Federate 类结构图

5.4　主题域模型的转换过程及方法

在 MDA 软件开发过程中，大量的任务发生在定义模型转换上，这通常需要特殊的业务知识和软件设计技术。为了有效的开展作战系统仿真研究和应用，有必要研究基于

MDA 的联邦式仿真模型转换规则，以指导这类仿真系统的开发。由于从 PSM 到代码的转换与从 PIM 到 PSM 转换的基本思想大体相同，而且目前已有一些成熟的软件可以直接用于进行代码转换，为支持基于 MDA 的联邦式仿真模型转换规则的建立提供了良好的借鉴。

5.4.1 模型转换的相关问题

5.4.1.1 模型转换的定义

模型转换就是以一个或多个的源模型作为输入，产生一个或多个的目标模型作为输出的过程。整个转换过程将依循一系列的转换规则作为自动过程执行。这种描述是通用的，独立于任何实际的待转换的模型。Michael Wahler 从两个观点较为全面地阐述了模型转换的定义[87]。

从函数的观点看：一个转换就是一个函数，它可以将一组模型从一个或者更多的领域映射到相同或者不同领域中的另一组模型。从操作的观点看：一个转换是一个可停机算法，它将结构或者语义的变化应用到一个或者一组模型。

MDA 过程的模型转换一般包括五类。具体地说，包括：

1.PIM 到 PIM 的转换

这种变换主要用于平台无关模型内部的精练与抽象，使得模型在整个开发生命周期中得到改进、过滤或者特殊化，不需要任何与平台相关的信息，如：分析模型到设计模型的转换。PIM 到 PIM 的转换通常与模型的细化有关，它作用于系统的需求与分析。

2. PIM 到 PSM 的转换

当已经充分细化的 PIM 需要映射到具体的运行基础结构上时，使用这种转换。从 PIM 到 PSM 的转换是基于特定平台特性的，进行该转换时通常需要附加许多平台相关的概念。它作用于系统的分析与设计。

3. PSM 到 PSM 的转换

这个转换用来精练构件实现和部署过程中有关模型之间的关系，比如具体服务的选择和属性配置，通常与 PSM 的细化有关。

4. PSM 到 PIM 的转换

当要从现有的实现模型中抽出抽象的平台无关模型时，进行该转换。通常情况下这是一个逆向工程。当 PSM 业务领域的信息被改变时，需要将这个改变反映到 PIM 中，使 PIM 与 PSM 保持同步。在理想状态下，从 PSM 到 PIM 的转换结果应该与从 PIM 到 PSM 的转换结果相对应。

5. PSM 到代码的转换

该过程由 PSM 产生最后的可执行代码。这些可执行代码包括最终的应用程序代码和测试框架，都可以由代码生成工具从 PSM 直接生成。由于 PSM 跟具体的系统实现技术已经很接近，因此这种转换比较直接。代码生成器根据经过实践考验的设计模式来生成代码。

5.4.1.2 模型转换的一般过程

进行模型转换是实现 MDA 的关键环节，转换规则规定了如何从一个模型创建另一个模型。具体地说，进行 PIM 到 PSM 的模型转换步骤如下：

首先根据具体要求、具体的实现平台制定转换规则。制订转换规则的过程应该从了解目标平台开始。其次，在充分了解目标平台的体系结构和实现细节的基础上，为每个源模型基本元素寻找相匹配的目标模型元素。如果在目标模型中有多个基本元素对应同一个源模型元素，就要在规则中用"参数"或者"标记"明确指明与源模型元素对应的目标模型元素。同时，还要为每个源模型数据类型寻找相匹配的目标模型数据类型。如果在目标模型中有多个数据类型对应同一个源模型元素，同样要在规则中用"参数"或者"标记"明确指明与源模型数据类型对应的目标模型数据类型。最后，可以把制订完成的基本转换规则组合成"复合"转换规则，以指导复杂的模型元素转换过程。

按照以上步骤制订好转换规则后，就可以根据规则将PIM转换成PSM。PSM是与特定的实现技术、平台相关的。这样的开发方法意味着可以在PIM阶段规划系统集成和互操作性，但是推迟到PSM阶段才进行实现。

5.4.1.3 模型转换的特点及存在的问题

模型转换过程中一般具有以下特点：

1. 可调性

在模型转换过程中有时候会出现目标模型有多个元素对应源模型的一个元素的情况，如果模型转换规则不定义清楚，转换就会出现歧义。这涉及到模型转换规则的可调性问题。可调性的意思是，虽然转换定义中已经给出了一般规则，但规则的应用是可调的。例如，当把UML String转换成关系模型中的varchar时，我们可能想针对不同的UML String让varchar取不同的长度。这可以有几种方式控制转换过程。例如，对转换可以拥有的最直接控制是能够自行定义哪个模型元素按照哪条规则来转换。这肯定是最灵活的方案，但有可能会造成错误，而且工作量相当大。因为一个系统有很多类，每个类有很多属性和操作。如果要为每个元素选择转换规则，那么情形就变得无法控制。另一种方法是可以给每个转换规则附加一个条件，该条件描述了对应的规则何时才应被应用。原则上讲，源模型中的所有模型元素都可以用于这个条件。甚至可以表示非常具体的规则，比如"每个名字中有thing这个字符串的类被转换为……"或"每个同x类关联的类被转换为……"。但是这种方法缺少灵活性。第三种方法是通过参数来调整。转换定义可以参数化，这样它们就可以遵从特定的样式。在UML String转换成关系模型中的varchar时，我们就可以把varchar的长度作为参数来设置。这种方法又称为参数化映射，是目前解决此类问题使用最多的方法。但是，在这种方法中，最重要的就是解决参数的抽象级别设置问题。例如类A和类B是一对多的组合关系，即类B是类A的一部分，而且类A的实例拥有多个类B的实例引用。那么类A的getB操作就应该返回一个类B的集合。如果模型实现代码为Java的话，那么这个操作就应该返回一个Collection，或者说返回一个JavaCollection接口类型之一。问题是Collection有很多子类或子接口，如Set、List和Map。这个操作应当返回哪种Java Collection类型？这就由我们所设计的规则决定了。可以有三种作选择的方法：

第一种方法是硬性规定生成的接口类型。例如每次都生成List或每次都生成Map。但是这种方法缺乏灵活性，应用范围太窄。

第二种方法是加入与接口类型相关联的标记。例如把一个PSM映射到Java语言，工具默认生成 List。但是如果想生成 Map，就在 PIM 图中加入 {Map} 标记，以指导模型转换过程。这种方法通过创建特定于 PIM-Java映射的语言（UML Profile for Java）来做到这一点。到别的平台的映射不能复用这种语言。而且如果 PIM 包含同 Java 相关的标记值，那么它就不是真正的 PIM 了，因为 PIM 应当和任何技术细节都无关。

我们可以考虑用工具来过滤应用于 PIM 的平台相关的映射参数。这样，我们就可以说平台相关的标记值"同 PIM 相关联"，而不是"平台的一部分"。从理论上讲，好的 MDA 环境应当允许建模者很容易地过滤掉用特定语言表达的元素，把被过滤掉的元素再放回模型也同样容易。如果开发工具具有这一能力，那么建模者就可以命令它把凡是用标记（这些标记专为某一种语言的映射参数化而设计）表示的元素都过滤掉。如果我们要把 PIM 映射到好几个平台，那么每个 PIM-PSM 映射就需要一个参数化语言。这样一个 PIM 就需要关联到多组参数值，每组参数值表示到一个特定平台的映射参数化。例如，我们可以定义参数化到 EJB 的映射语言，我们还可以定义参数化到 .NET 的映射语言。EJB 生成器会忽略同 PIM 关联的所有关于 .NET 映射的属性，甚至可能对它们根本一无所知。从理想的角度讲，优秀的工具应当允许简单地按照语言来过滤这类值。所以，通过一个简单地操作，工具可以把关联到特定语言地所有信息都设置为可见或不可见。另外，我们可能会想要多组 EJB 映射参数值，每组参数都使用相同地参数化语言，但是随着系统构建版本的改变，随着基于 EJB 的目标环境的改变，参数会有不同取值。因此，开发工具应当能够过滤用同一种语言表述的不同取值集合。这些想法都是我们对于模型转换工具的需求和期望，从目前的开发状况看，现有的MDA工具在这些方面的功能还不完善，这也是今后项目开发的一个前景方向。

第三种方法是以一种独立于平台的标记来区分目标模型元素的差异。这种方法被称为"抽象化"方法。这需要对目标模型元素的差异进行抽象分析。具体到上述返回集合的例子。在 Java Collection 中，Set 和 List 相比，Set 要求其中的对象不重复，List 可以重复但是必须有序；Map 和 List 中的对象都可以重复，都是有序集合，但是 Map 是映射到对象的键的有序集合。在比较了各个集合的差异后，我们可以定义"抽象化"的标记来指导模型转换过程。我们如果要求生成的集合里没有重复元素，我们可以设置"抽象化"标记 {isUnique=True}。这样就排除了生成List和Map的可能性。如果我们要求生成的集合元素与键值一一对应，我们可以设置"抽象化"标记 {isKeyed =True}。那么模型转换就不会产生 List。如果我们要求生成的集合元素有序，我们可以设置"抽象化"标记 {ordered =True}。那么我们就可以得到有序的集合。"抽象化"标记方法不仅可以用来驱动 PIM-Java 映射，还可以驱动到其他平台的映射。因为对象集合和对象键集合在其他实现技术中也有这一差异。事实上，哪怕关联端是单值的，这一差异也存在。因为依然存在"链接是由对象引用维护还是由映射到对象的键来维护"这一问题。虽然这种"抽象化"标记是平台独立的，但简单地过滤掉定义的标记值（isUnique、isKeyed）的能力依然会对我们有所帮助。没有标记值的 PIM 比有值的 PIM 更抽象，通用性更强。我们可能需要在不同的环境下复用更为抽象的 PIM，在不同的应用环境中抽象值会有所不同。

从MDA的角度来看，抽象PIM语义的"将其抽象化"方法比用特定于平台的映射参数来给 PIM 作标记要好。包含 isKeyed 标记值的 PIM 依然是 PIM，而标记值则在映射到除 Java 外的平台时也有用。isKeyed 标记的值已经不是映射参数，它是 PIM 的一部分。

现在 MDA 依然处在开发的早期阶段，因此试图把所有东西都抽象到 PIM 层次不太可行。从目前看来"抽象化"是最好的解决方法。本章后续部分在采用标记方法描述规则时，也使用了这种方法。

2. 可追溯性

可追溯性的意思是指从目标模型中的元素可以追溯到生成它的源模型中的元素。在一些情况下，可追溯性是应用MDA的一个很大的好处。我们知道PIM一般并不包括实现完整的系统所需要的全部信息，必须手工在PSM中填补这一空缺。如果开发人员有改动PSM的能力，那么他们也可能会改动PSM中自动生成的部分。开发工具至少应该向开发人员警告，他更改的部分是从PIM生成的。如果开发工具可以提示由PSM的改动获知PIM的进一步改动那就更好了。例如，开发人员改变了PSM中一个操作的名字，那么工具就可以提示相应改变PIM中对应的操作的名字。为了提供这类支持，开发工具需要将PSM中的操作追溯到PIM中的操作。

在另一种情况下，可追溯性也很有用。比如，某个项目进展很顺利，PIM开发完毕，PSM被生成，缺少的信息也都被补全了。此时，一些需求改变了。辨明变动的需求会影响PIM的哪部分常常比辨明哪些代码会受影响要简单。当代码和PSM的相应部分能追溯回PIM中的元素，那么对需求变动做出分析就要简单许多。在系统已经交付的情况下，当用户反馈系统错误时，可以通过寻找PIM中表现错误功能的元素来定位出错的代码。如果打算在代码中修复错误，可追溯性依然很有帮助，因为开发工具可以列出PSM和PIM中需要做出的改变，甚至应当能够自动做出改变。

3. 增量一致性

增量一致性是指当把目标相关信息加入目标模型后，重新生成的目标模型会保留这一信息。当生成目标模型后，我们常常还需要作一些额外的工作，比如，填入操作代码或者调整用户界面以使其最优。当因源模型的改动而重新生成目标模型时，我们希望对目标模型所作的这些改变依然保留。这就是所谓的增量一致性。

4. 双向性

双向性意味着不仅可以从源模型变换为目标模型，还可以从目标模型变换为源模型。可以通过两种方法实现双向变换，即正向和逆向变换都采用同样的变换定义执行，和分别制定两个变换定义。

对于第一种方法，由于源语言和目标语言的不同，很难创建可以双向工作的变换定义。以业务模型中的状态图到 Java 编程模型的变换为例，在正向变换过程中，可以把状态变换成布尔类型的属性。但是，往往并不能够在逆向变换中获悉哪些属性是业务模型中的状态。虽然业务模型和代码模型在语法上是等价的，但代码模型失去了业务模型的抽象特性。对于第二种方法，由于很难确保两个变换定义是互逆的，因此创建变换定义也具有一定的难度。

关于双向性的讨论，也是模型转换过程的"往返工程"问题。

对于这个问题一般有三种解决态度。第一种看法是坚持认为自由度应当为零，即"只允许正向工程"，不允许对从 PIM 生成的代码进行改动。这样就可以保证在迭代开发过程中 PIM 改变后，同步连锁效应只在一个方向上发生。持这种观点的工程师是因为受到了MDA 在实时和嵌入式系统中的成功应用的事实的鼓舞。在这个领域中多年来只有正向工程。有些系统包含了几十万行自动生成的复杂代码。

但是如果"只允许正向工程"，那么只用说明性语言对系统进行静态建模是不够的，还需要用动作语言对系统进行动态建模。因为任何系统都不可能通过纯粹的说明性建模完成完整的实现。因此，"只允许正向工程"方法不仅需要说明性建模，还必须使用行为建模，比如状态机模型和活动模型。动作语言对于用"只允许正向工程"方法使用 MDA 很重要。它们以独立于平台的方式描述了如何实现一个操作。例如，假设定义了一个操作，它把一个正的浮点数作为输入并返回它的平方根作为输出。我们可以用说明性的先验条件和后验条件来规定这些。但是，先验条件和后验条件并不能指明我们想用于实现计算平方根的特定数值算法。这就必须通过把动作语句放在操作定义中来做到。在建模领域已经出现了"可执行 UML（Executable UML）"，它被定义为普通 UML 和动作语义的动态行为的组合。"可执行 UML"既保留了普通 UML 为结构部分建模的长处，又弥补了普通 UML 的对行为建模不足的缺点。在"可执行 UML"中，状态机成了定义行为的起点，每个状态都可以通过一个用动作语义写出的过程来描述。但是"可执行 UML"的具体语法至今还没有被标准化。

局部往返工程（partial round–trip engineering）允许程序员增强生成的文件。但是，"增强"只能是增加，不能覆盖或删除从高层模型生成的内容。此外，程序员不能增加可以在高层抽象中定义的东西。例如，程序员可以在操作的实现中增加一些 Java 代码，该操作是从 PIM 生成的。稍后，当 PIM 被"增强"了，那么代码也重新生成，但是只要程序员遵守上述规则，生成器就不会覆盖程序员增加的代码。

在 GUI 和元数据仓库开发工具中，"局部往返工程"占有优势。有些开发 GUI 的环境允许你创建"所见即所得"的对话框或者网页模型，然后生成代码（比如 Java 或者 HTML），代码中有一些区域保留给程序员添加内容。程序员不应该修改保留区域外的任何东西，也不能在代码层增加任何可以在"所见即所得"层定义的东西。例如，不应当直接在代码中定义一个新的按钮。

MOF 元数据管理工具也允许程序员给生成的代码添加东西，当高层模型被增强，需要重新生成代码时，程序员添加的代码会被保留。有些工具标记了能否添加内容的区域的边界，这是通过在代码中生成编译器可以识别的注释来做到的。比如下面的 Java 例子：

//+Programmers add validation code here

//+End programmer – inserted validation code

这里的"//+"是标出边界符。程序员不能在边界之外添加任何代码。生成的代码通常有几个这样的可添加块。分界符用"//"打头，这意味着标准 Java 编译器不会拒绝编译。这种标记边界的方式有一些不安全，除非开发工具已经相当成熟，因为程序员很可能不小心越出了边界。目前，已经出现了另一种更安全的技术，这种技术规定程序员必须把所有添加的内容都放在完全独立的类中，这些类放在独立的源文件中。使用"局部往返工程"，同步连锁效应依然被限制在一个方向上。但是，开发工作流比"只允许正向工程"要复杂。此外，开发工具必须足够"聪明"以免覆盖程序员所做的增强工作。

与"只允许正向工程"相对的是"完整往返工程（full round–trip engineering）"。在这一方法中，在较低的抽象层次定义的东西可以反映到较高层次中去，并可以迭代进行。例如用 Java 代码定义 get/set 操作对，它可以在 PIM 中反映为读写属性。当然，代码中会有一些额外的元数据来把 get 操作和 set 操作联系起来。"完整往返工程"允许开发者随心所欲地把更多的时间花在编码上，而把较少的时间花在较高层次的模型上。因为双向同步允许他通过手工编码完成很大一部分开发工作。我们认为"完整往返工程"是很难实现的。因为如果在目标模型中添加了额外信息，或者如果源模型中有信息没有转换到目标模型中去，那么我们就无法获得双向性。例如，当我们把业务模型转换成关系模型时，我们只转换了源模型的结构信息，源模型中所有的动态信息都被忽略了。我们不可能从关系模型中重新生成完整的业务模型。而且只有源模型和目标模型的表达能力相同时我们才可能进行完整的双向转换。这就意味着源模型和目标模型的抽象程度是相同的。而事实上 PIM 的抽象程度比 PSM 高，而且这是 MDA 的重要特征。

在上述三种方法中，"只允许正向工程"是最理想的方法，但是运用范围较窄，而且需要的动作语义部分没有标准化，不能用在复杂的开发过程中。"完整往返工程"则很难实现。从现在发展情况来看，开发过程无法实现完全互逆。只有"局部往返工程"方法比较符合实际情况，而且在 ArcStyler、OptimalJ 等开发工具中已经实现了这种方法。

5.4.1.4 PIM 到 PSM 模型转换的一般方法

模型转换没有对源语言和目标语言进行任何限制，即源语言和目标语言可以用相同或不同的语言。源模型和目标模型用同种语言是直接在源模型和目标模型之间定义转换；使用不同语言是在描述两种模型的语言之间定义转换。目前，PIM 模型到 PSM 模型的转换可以通过以下方式实现：

元模型转换方法：所谓元模型（Metamodel）是指模型的模型，元模型用来定义建模语言的元素及元素之间的关系。元模型是特殊的模型，它的建模对象是语言。PIM 模型使用平台无关的语言来描述，这种平台无关的语言使用平台无关的元模型描述。PSM 模型使用平台相关的语言描述，这种平台相关的语言用平台相关的元模型来描述。元模型转换法就是建立两个元模型的模型元素之间的映射，当进行模型转换时，根据元模型元素之间的映射来转换源模型的模型元素，从而生成目标模型。

标注 PIM 模型方法：在转换之前选择一个特定的平台，与这个平台对应有一个映射规则，这个映射规则包含一系列预先定义的标记，这些标记用于给 PIM 模型中的元素增加标注，来指导模型的转换过程。给模型元素增加完标记后，将使用此平台对应的映射规则来对加了标记的 PIM 模型进行转换，生成对应的 PSM 模型。

模式应用方法：模式应用是在元模型转换的基础上加上模式，源模型中的元素、属性、关联等信息和模式信息被映射到目标模型中的元素、属性、关联和模式，或源模型语言和模式信息被映射到目标元模型的语言和模式。

模型合并方法：不同的源模型合并起来映射到目标模型。

增加附加信息方法：在源模型的基础上，加入附加信息映射到目标模型，这些附加信息可以是应用领域信息或平台信息。

图重写方法：Alexander Christoph 提出的 GREAT 图重写转换框架为 UML 类图提供了一个开放式的转换平台，框架提供一个转换方法的集合，能够实现类图的从抽象到具体或从具体到抽象的转换过程[88]。该转换框架可应用于许多大中型软件的开发，也适用于基于 MDA 的联邦式仿真模型的转换。

5.4.1.5　变换定义的设置

1. 变换定义的规则需求

模型转换的实现离不开对于模型转换语言的定义和描述。所谓模型变换定义就是一组变换规则，这些规则共同描述了用源语言表述的模型如何变换为用目标语言表述的模型。变换规则是对源语言中一个（或一些）构造如何变换为目标语言中一个（或一些）构造的描述[89]。

模型变换规则的定义可以包含：

（1）源语言引用；

（2）目标语言引用；

（3）可变映射参数，例如用于目标生成的常数；

（4）一组命名的源语言模型元素，这组模型来自源语言元模型；

（5）一组命名的目标语言元素，这组模型来自目标语言元模型；

（6）双向标记，它是一个表明是否可以从目标模型重新生成源模型的布尔标记；

（7）源语言条件，用于表明应用转换规则时，源模型必须保持的条件，该不变式只能用于源语言模型元素；

（8）目标语言条件，用于表明应用转换规则时，目标模型必须保持的条件，或者当目标模型还不存在时需要生成的条件的不变式，该不变式只能用于目标语言模型元素；

（9）一个映射规则的集合，其中每条规则都把某些源模型元素映射到目标模型元素，每条规则可能是基本规则，也可能是基本规则的组合。

一个变换规则是由上述的几个或者全部所构成的。

2. 变换定义规则表示

在本章中，变换定义的语言使用 ASL。变换规则的每部分都有特定的表示法。每条变换规则都以关键字 Define Transformation 以及变换名作为开始。在变换名后面的括号中说明源语言和目标语言的名称。第一个名称是源语言，第二个名称是目标语言。在实际应用中，语言名是标准的完整名称，此处使用缩写。例如：

Define Transformation ClassToTable（UML，SQL）

<ASL statement>

变换规则的参数写成一个变量声明的列表，跟在关键词 params 后面。变换参数的类型必须是源语言或者目标语言中已经定义的类型。例如：

params

　　setterprefix: Text ="set",

　　getterprefix: Text="get",

　　…

在上述的类转化语言代码中，Text 是平台无关模型定义的语言基本类型。

源语言和目标语言的模型元素也写成变量声明形式，分别跟在关键词 source 和 target 后面。模型元素的类型必须是分别在源语言模型和目标语言模型中定义过的类型。例如：

target

　　c: SQL.Colum,

    f: SQL.ForeignKey,

    …

源语言条件和目标语言条件是用跟在关键字 source condition 和 target condition 后面的 ASL 布尔表达式表示的。用于 source condition 表达式的元素只能来自源语言，表达式只能以 source 部分定义的元素开头；用于 target condition 表达式的元素只能来自目标语言，表达式只能以 target 部分定义的元素开头。例如：

target condition

    f.value=c and c.type=f.refersTo.value.type,

    …

所有的变换规则都以关键字 mapping 开头。在变换规则的表示法中，使用中缀运算符 < ～ >，用来连接两个操作数，表示由源元素转换为目标元素，例如：

mapping

    c.name< ～ >t.name,

    …

根据上述的形式化规则组成了特定的变换定义。但是有时候通过组合基本规则形成复杂的规则，即指定按顺序执行一定的变换定义来定义新的变化定义更方便。就是说变换定义可以通过指定集合中的所有变化规则来定义，也可以通过指定按顺序执行别的变换定义来定义。

在两个变换定义按顺序执行的情况下，自子变换定义会导致中间模型的产生，这个中间模型是第一个子变换定义的目标模型，也是第二个子变换定义的源模型。对于由其他变换定义序列定义的变换定义，有一些规则：

（1）组合变换定义的源语言是第一个子变换定义的源语言；

（2）最后一个子变换定义的目标语言是组合变换定义的目标语言；

（3）任何子变换定义的源语言都是前一个子变换的目标语言。

5.4.1.6 源模型语言 xUML 的元模型结构

1.元模型层次的划分

模型是通过建模语言表达的。建模语言通常具有良好的语法规则和语义，每一种建模语言都有对应的元模型[89]。元模型定义了构成建模语言的模型元素以及这些元素之间的联系，因此元模型是从静态角度来定义模型语言的。元模型和建模语言构建的模型都属于模型的范畴，不同点在于这两种模型表述信息的抽象层次不同。元模型反映的是建模语言的相关信息，而使用建模语言建立的模型反映的是现实世界中应用系统的信息。

元模型中的“元”表示的是一种实例化的含义，可以将建模语言建立的模型视作为元模型的一种实例化结果。使用元模型的好处有：

（1）元模型提炼出用于定义建模语言的模型元素，使用这些模型元素可以用于定义不同抽象层次的模型；

（2）元模型为扩展建模语言提供了基础。

在 MDA 中，负责定义元模型的对象是元对象设施，即 MOF（Meta Object Facility）。MOF 为构建元模型定义了一种通用的模型语言，并为其定义了一套完善的语义和完整的语法规则。按照OMG的标准，MDA建模定义了四个层次。OMG将这些层次称为M0，M1，M2，M3，见表5-2 MOF的层次所示。

表 5-2　MOF 的层次

元层次	描述	元素
M3	MOF，定义元模型的构造集合	MOF 类，MOF 属性，MOF 关联等
M2	元模型，由 MOF 构造的实例组成	UML 类、属性、状态、活动等
M1	模型，由 M2 元模型构造的实例组成	"Bomb" 类，"Bomb" 表等
M0	对象和数据，即 M1 模型构造的实例	某一型弹药等

①M0 层：模型实例

运行的应用系统位于M0层，这是实例所在的层次。处于该层的模型元素一般指系统运行时反映现实世界事物的运行实体。这些模型元素在系统中有多重表示方式，如数据库中的信息、处于系统运行时内存中的对象等。

当进行业务建模时，M0层的实例就是业务对象，比如人、发票、产品等。当进行软件建模时，实例就是真实世界中的对象的软件表示，比如发票、订单、产品信息、人事数据的电子版本等。

②M1 层：系统的模型

处于该层的模型元素用于组成反映应用系统信息的模型，这种模型一般可以使用UML等建模语言建立。可以将M0层模型元素视作M1层模型元素的实例化结果。M1层包含模型，比如软件系统的UML模型。在M1层的模型中我们定义诸如Customer这样的概念及其Name，City和Street属性。

M0层和M1层之间有确定的关系，M1层的概念都是M0层实例的归类。换句话说，M0层的元素都是M1层的元素的实例。M1层元素直接规定了M0层的元素的归类。比如，UML类Customer描述了M0层的客户实例是什么样。不可能出现不遵守M1层规约的实例。如果某个实例有Name和City属性，但没有Street属性，那么它就不是Customer类的实例，必须在M1层设计另一个类来规定。

③M2 层：元模型

处于该层的模型元素用于组成元模型。模型元素本身的静态结构以及模型元素之间的各种联系分别反映了元模型定义的模型语言所具有的语法和语义信息。可以将M1层中的模型元素视作为由多种具有特殊联系的M2层模型元素实例化后的实体组合而成的模型元素。

位于M1层的元素（类、属性以及其余模型元素）本身就是M2层类的实例。M2层的元素规定了M1层的元素。M1层和M0层之间的关系也出现在M2层和M1层之间，每个M2层的元素都是对M1层元素的归类。正如M1层包含了用来思考M0层元素的概念，M2层也包含了用来思考M1层概念的概念，例如类和关联。

位于M2层的模型称为元模型。按照定义，每个M1层的UML模型都是UML元模型的实例。当创建系统模型的模型时，创建的就是元模型——位于M2层（元模型层）的模型。事实上，当创建元模型时，是在定义一种建模语言，模型就是用这种语言来表述的。

④M3 层：元元模型

处于该层的模型元素在四种抽象层次中具有最高的抽象程度。这些模型元素用于定义M2层中的模型元素。因此可以将M2层中的模型元素视作为该层模型元素的实例化结果。由于MDA只定义了四层抽象层次，并且这些模型元素处在抽象层次的最高层，因此它们属于自定义类别的模型元素，即它们具有的语法及语义由它们自身定义。MOF就是在该层定义的。

图 5-27 MOF的层次示意图中显示了M0-M3层的完整的关系。正是这样的完善的四层结构的元模型体系结构，为MDA体系内的元模型提供了统一的框架。所有由MOF定义的元模型，均遵守MOF的M3所提供的建模标准，拥有相同的语法与语义。这种统一的形式化，使得在MOF体系内的模型转换变得相对容易且直接。对转换规则的定义的而言，在两个基于MOF的元模型语言之上定义的转换，要比在两种非基于MOF的转换，或者一种是基于MOF的，另一种不是基于MOF的元模型语言之间定义的转换要容易的多。而且更进一步的，MOF对元模型定义的形式化，也从另一个方面为转换语言的形式化定义提供了可能。

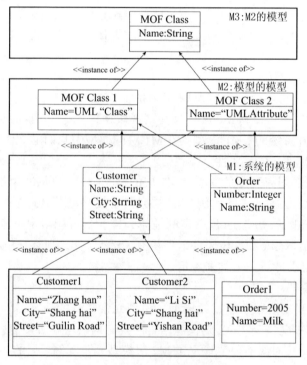

图 5-27　MOF的层次示意图

2. xUML的元模型结构

基于元模型的转换方法就是说，PIM与PSM之间的转换是建立在PIM元模型与PSM元模型之间的转换规则基础上的。因此，在定义转换规则之前，需要将PIM元模型中的模型元素与PSM元模型中的模型元素之间的映射关系建立起来。这种映射关系说明了PIM元模型中的模型元素应该对应到PSM元模型中的哪些模型元素。这种映射关系是一种契约性的声明，它只是声明了参与映射关系的模型元素。

本章中研究的PIM平台无关模型是以xUML的元模型为基础进行建模的，因此，有必要对xUML的元模型结构有所了解。图 5-28 显示了xUML模型的元模型结构。其中主要包括建模时最常使用的一些元素，比如：域、类、属性、操作等等。

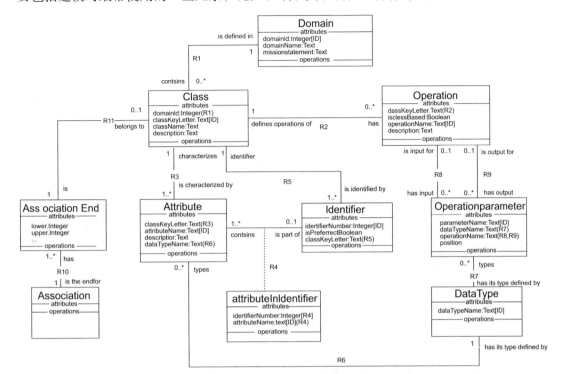

图 5-28　xUML 元模型图

5.4.1.7 面向对象语言平台的模型转换

在前面已经提到，基于 MDA 的联邦式仿真系统模型转换方法采用了元模型转换法和标记转换法结合的方法。从这一节起，本章将分别对采用元模型转换和标记转换的模型进行规则定义。在建模仿真系统的开发过程中，常用的程序开发语言都是采用了面向对象的思想。因此，这一节以面向对象语言 Java 为例，描述 PIM 向面向对象语言平台转换的过程及转换规则。

由变换定义的描述可以了解到变换两端的源语言和目标语言并没有任何的限制，也就是说源模型和目标模型可以用相同或不同的语言表达。这样就可以定义相同语言表达的 PIM 和 PSM 之间的变换。本章在将仿真实例的 PIM 模型进行面向对象语言平台的 PSM 模型转换时，就使用了从 xUML 模型到 xUML 模型的变换规则。但是，应当明确的是，虽然源模型和目标模型都是使用 xUML 创建的，但 PSM 模型表示的元模型语言可以称为 xUML profile for Java，它只是用到了 xUML 的一部分构造，这些构造必须能够一一对应地变换到 Java 语言中的构造。在概念上，目标语言不是普通的 xUML，而是 xUML 的一个特定子集。比如：在 xUML 中的 Text 类型在 xUML for Java 中就需要表示成 String 类型。

针对面向对象语言的特点，主要从模型属性的转换、模型关联关系的转换和模型到类的转换三个方面，分析这种转换过程并定义其规则。

1.属性的转换

在高层次 PIM 中，PIM 作为业务概念模型，属性一般都被定义为公有。PIM 中公有

239

属性的含义是对象具有所指定的属性，这个属性随着时间改变可以取不同的值。

在PSM中，所要创建的是面向源代码的模型，都使用公有属性来设计并不是适合的程序结构。因此，在模型转换时，使用信息隐藏技术，对公有属性进行封装，将所有公有属性均变成私有，使用操作对属性进行读写。PIM转换成PSM的规则有：

（1）对PIM中每个名为className的类，PSM中要有一个名为className的类

（2）对PIM中className类的每个名为attributeName：Type的公有属性，目标模型className类中要有如下属性和操作：

（3）一个名字同为attributeName：Type的私有属性；

（4）一个公有操作，名字为属性名加上"get"前缀，以属性类型作为返回类型：getAttributeName（ ）：Type；

（5）一个公有操作，名字为属性名加上"set"前缀，以属性作为参数，没有返回值：setAttributeName（att：Type）。

具体的变换规则如下：

Define Transformation xUMLDataTypeToSQLDataType（xUML,xUML）

params

　　setterprefix: String=" set"，

　　getterprefix: String=" get"，

source

　　sourceAttribute:xUML.Attribute,

target

　　targetAttribute: xUML.Attribute,

　　getter:xUML.Operation,

　　setter:xUML.Operation,

　　target condition

// setter–>R8. Operationparameter中的R8表示的是图4-2中的关联关系

　　setter.name= setterprefix +targetAttribute.attributeName \

　　&setter–>R8." has input". Operationparameter.parameterName=\

　　targetAttribute.attributeName \

　　&setter–>R8. Operationparameter–>R7.DataType=\

　　targetAttribute–>R6.DataType \

　　&getter.name= getterprefix +targetAttribute.attributeName \

　　&getter–>R8. Operationparameter={} \

　　&getter–>R9. Operationparameter–>R7.DataType=\

　　targetAttribute–>R6.DataType \

　　　&targetAttribute–>R3.class= setter–>R2.class \

　　　&targetAttribute–>R3.class= getter–>R2.class ,

mapping

　　sourceAttribute. attributeName < ～ > targetAttribute.attributeName,

　　sourceAttribute –>R6.DataType< ～ > targetAttribute–>R6.DataType

2. 关联关系的转换

所谓关联实现模式，是指处理类与类之间关联关系和关联产生的属性的方法。目前，主要有两种实现模式：隐式实现模式和显式实现模式[90]。

（1）显式实现模式

显实模式引入了关联类的概念。关联类是一个与关联关系相连的类，表示该关联的信息。它有多个对象，每一个对象称为一个链接（Link）。那么，关联类反映相关联的类之间的关系，而链接则反映的是相关联类的对象之间的关系。由关联产生的属性被移到关联类中作为关联属性，而相关联的类只包含自己的固有属性，且必须通过关联类中的 reference 属性才能访问对方。图 5-29 中给出显式实现模式的举例。

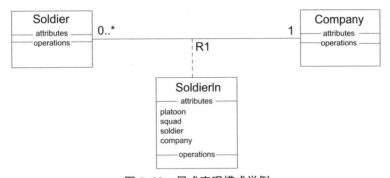

图 5-29　显式实现模式举例

在此模式中，SoldierIn 类为关联类，其中属性包含由关联产生的属性：排 plation、班 squad 和 reference 属性：soldier、company。该类的每个对象 Link 把一个 Soldier 类的对象 Sr 和一个 Company 类的对象 Cy 链接起来。Sr 和 Cy 是相互独立的，当对象 Link 被撤销，它们之间的关联关系也被解除，而 Sr 和 Cy 依然可以和其他类的对象相互作用，无需作任何改动。这种实现模式使类彼此之间不再具有依赖性，并且增强了类的可维护性和可重用性。

（2）隐式实现模式

该模式将关联关系及其属性分配到相关联的类中。类与类之间的关系为关联关系，由关联产生的属性作为相应类中的属性，通过该属性可以访问相关联的类。这种实现模式包含有关联关系，但没有以显式的形式给出。

图 5-30 中给出了一个隐式实现模式的示例。在该关联中，由于火炮归属于红方炮兵营，因此把红方炮兵营编号 redArtillertyID 这个关联关系产生的属性作为 ArtilleruPiece 类的属性。ArtilleruPiece 类的对象通过 redArtillertyID 可以导航到相关联的 RedArtillery 类的对象上。

图 5-30　隐式实现模式示例

　　隐式实现模式具有主题突出、结构简练的特点。对隐式实现模式进行模型转换时应符合以下规则：

　　（1）对每个关联端，对面的类中存在一个与关联端同名的私有属性；

　　（2）如果关联端多重性为 0 或 1，那么这个属性的类型是关联端旁边的类；如果关联端多重性大于 1，那么这个属性的类型是 Set；

　　（3）新创建的属性会有相应的 get 和 set 操作，遵循的规则同其他的属性相同；

　　（4）对于有向关联，上述规则只用于箭头反方向的类。

　　根据上述内容，规则分为两部分：

　　将重数上限为 1 的关联端的类变换为 Java 类，转换规则如下：

Define Transformation SimpleAssociationToAttribute（xUML, xUML）

source

　　ae:xUML.AssociationEnd,

target

　　att: xUML.Attribute,

source condition

　　ae.upper<=1,

target condition

　　att−>R6.DataType.isTypeOf（Class）,

mapping

　　ae. associationEndName < ～ >att.attributeName,

　　ae.associationType< ～ > att−>R5.DataType

　　将重数大于 1 的关联端的类变换为 Java 类。该部分与第（1）部分内容大体相同，都是变换 xUML 描述的类到 Java 类，只是在规则一中关联端类型和变换后属性的类型均为元类 Class，而这一变换中，使用了 Set，Set 中的元素为 Class。规则如下：

Define Transformation MultiAssociationToAttribute（xUML, xUML）

source

　　ae:xUML.AssociationEnd,

target

　　att: xUML.Attribute,

source condition

　　ae.upper>1,

target condition

　　att−>R6.DataType.isTypeOf（Set）,

mapping

　　ae. associationEndName < ～ >att.attributeName,

　　ae.associationType< ～ > att−>R5.DataType

3. 类的转换

　　在实际操作过程中，所要定义的不是独立的关联到属性的变换，也不是属性到 getter 和 setter 操作的变换，而是从类到类的变换。在类中，关联端和属性按照上述的规则变换，其他的操作不变。变换定义如下：

Define Transformation ClassToClass（ xUML, xUML ）

source

　　c1:xUML.Class,

target

　　c2: xUML.Class,

mapping

　　c1->R11.AssociationEnd< ～ > c2->R3. Attribute,

　　c1->R3.Attribute < ～ >c2->R3.Attribute,

　　c1->R2.Operation< ～ > c2->R2.Operation

5.4.1.8 关系数据库平台的转换

在进行仿真的过程中，往往需要对其中的某个或者某些对象实例进行实时保存，以便仿真过程的回演重放。因此，有必要研究平台无关模型到关系数据库平台模型的转换。生成关系数据库的变换规则最主要的问题是从对象模型到关系模型的转换。比如，在 PIM 中将一个属性的类型从简单数据类型改为类，这就意味着在对应的表中引入一个外键。简单数据库类型可以直接变换成表中的一个列，但是如果数据类型是一个类，那么这个类本身将被变换到一个表中，而原来的列则必须存放引用，引用指向类对应的那个表。

前面进行的模型转换是在同样用 xUML 语言表示的 PIM 和 PSM 模型之间进行的。而要利用元模型变换方法将 PIM 模型转换成关系型 PSM 模型，使用的表示语言则是不同的。因此，首先应当了解用于关系型 PSM 模型转换的 SQL 元模型的基本结构。图 5-31 中显示了 SQL 元模型的简化图。其中，包括关系数据库的主要基本元素，比如，表、列、主键、外键等等。下面阐述由 PIM 向关系型数据库平台模型转换过程及其规则。

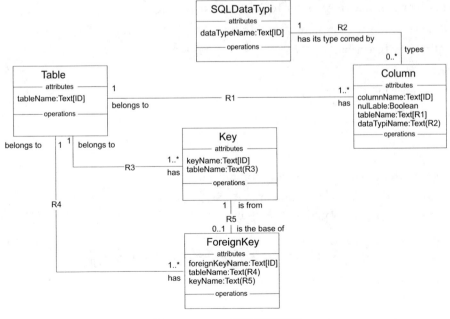

图 5-31　SQL 元模型简化图

1.基本数据类型的转换

进行仿真开发时，PIM主要包括INTEGER、TEXT、REAL和用户自定义的枚举类型等基本数据类型。而枚举类型在使用时，通常使用整数代表不同的取值。因此，这里主要对INTEGER、TEXT、REAL的转换进行规则书写，其他的类型转换规则跟此书写规则相似。具体的转换规则如下：

Define Transformation xUMLDataTypeToSQLDataType（xUML,SQL）

source INTERGER:xUML.DataType,

REAL:xUML.DataType,

TEXT: xUML.DataType,

target NUMBER（6）:SQL.SQLDataType,

NUMBER（6,4）:SQL.SQLDataType,

VARCHAR2（40）:SQL.SQLDataType,

mapping

INTEGER< ～ >NUMBER（6），

REAL < ～ >NUMBER（6,4），

TEXT < ～ >VARCHAR2（40）

2.xUML的属性到SQL的列的变换

当PIM模型中的属性为基本数据类型时，可以将该属性直接转换为SQL模型的一个列。如果，某个属性是一个复杂的数据类型，比如结构等（该数据类型不具有操作），这里中选择将该结构中的属性都展开到表中成为若干的列。当属性的类型不是数据类型而是类时，表中的字段将包括外键，外键指向表示该数据类型类的表。这是下面将讨论的问题，这里首先给出属性到列的变换规则。对于可直接变成表中列的属性，其属性值可以为空。转换规则如下：

Define Transformation AtrributeToColumn（xUML,SQL）

source

attr: xUML.Attribute,

target

column: SQL.Column,

target condition

column.nullable=true,

mapping

attr.attributeName< ～ >column.columnName,

attr->R5.DataType< ～ >column->R2.SQLDataType

3. xUML中的关联端到SQL外键的变换

xUML模型中的关联需要被变换为数据库模型中的外键关系，这可能会引入新的表结构。在xUML模型中，从类A到类B的关联多重性有以下几种可能：

A端的多重性是"0或者1"；

A端的多重性是1；

A端的多重性大于1。

同样地，B 端的多重性也有这些选择。这样两段的多重性就有 9 种不同的组合，因此也具有不同的变换规则。这里主要描述比较常见三种转换。

当关联的两端均为 1 时，为任何一个类所建立的表中添加外键均可。此时在任何一端进行如下转换，转换规则如下：

Define Transformation AssociationEndToForeignKey（xUML,SQL）

source

　　assocEnd: xUML.AssociationEnd,

target

　　foreign: SQL.ForeignKey,

source condition

　　assocEnd.upper =1 and assocEnd.lower =1

mapping

　　assocEnd.name< ～ >foreign.foreignKeyName,

　　assocEnd->R11.Class->R5.Identifier < ～ > foreign->R5.Key

当某一个关联端的多重性为 1 到多，而另一端为 1 时，为该端进行类似转换，规则如下：

Define Transformation AssociationEndToForeignKey（xUML,SQL）

source

　　assocEnd: xUML.AssociationEnd,

target

　　foreign: SQL.ForeignKey,

source condition

　　assocEnd.upper>=1

mapping

　　assocEnd.name< ～ >foreign.foreignKeyName,

　　assocEnd->R11.Class->R5.Identifier < ～ > foreign->R5.Key

当两个关联端的多重性均为 1 到多时，为这种关联性建立一个新表，规则如下：

Define Transformation AssociationEndToNewTable（xUML,SQL）

source

　　assocEnd: xUML.AssociationEnd,

target

　　table: SQL.Table,

source condition

　　assocEnd.upper >=1 and assocEnd.lower >=1

mapping

　　assocEnd->R10.Association.name< ～ > table.tableName,

　　assocEnd->R11.Class->R5.Identifier < ～ >table->R1.Column

4. xUML 的类到 SQL 表的变换

这个变换依赖于属性的变换和外键的变换，变换规则如下：

Define Transformation ClassToTable（xUML,SQL）

source

class: xUML.Class,

target

table: SQL.Table,

mapping

 class.className< ～ >table.tableName,

class->R3.attribute< ～ >table->R1.Column,

class->R11.associationEnd< ～ >table->R4.ForeignKey

5. 参数设置的讨论

在上述规则对PIM模型进行转换时，对于字符串型、整型等数据类型的长度是规定好的，不宜于转换的灵活性。因此，可以通过设置参数，来调节类型的长度取值。也就是在params中设置参数i，每次变换都重新书写规则，设置不同的i值，来达到设置长度的目的。

5.4.1.9 模型向FED文件的转换

在进行联邦式仿真系统开发时，一个重要的步骤就是生成FED文件。

FED文件就是联邦执行数据文件。联邦执行数据文件是联邦对象模型开发的结果，是所有联邦成员间为交互（或互操作）目的而达成的"协议"。它记录了在联邦运行期间所有参与联邦交互的对象类、交互类及其属性、参数和相关的路径空间信息，另外FED文件中还记录了HLA与定义的管理对象模型和其他一些联邦执行细节数据。在仿真运行期间，RTI将根据FED文件提供的联邦执行的细节数据创建相应的联邦执行，并在整个联邦执行生命周期内以FED为蓝本，协调联邦成员间的交互。

通常的FED文件可包括五节，分别为：Fedversion、Federation、Objects、Spaces、Interactions。其中，Federation节定义了联邦的名称；Fedversion节定义了RTI的版本号；Spaces节定义了给定的联邦将使用的所有路径空间；Objects节定义了联邦中所有对象和管理对象模型中的对象类的申明；Interactions节定义了联邦中所有的交互类和管理对象模型中的交互类的申明。下面是一个典型的FED文件示例。

（FED

  （Federation FederationName）

  （FEDversion v1.3）

（objects

（class ObjectRoot

    （attribute privilegeToDeleteObject reliable receive）

；；对象类描述

  （class RedPosition

    （attribute remain reliable timestamp ）

    （attribute supply reliable timestamp ）

    ）

  （class RedSupplier

（attribute supply reliable timestamp）
　　　）
　（class Manager）
　）
　）
（interactions
　（class InteractionRoot reliable receive
　；；交互类的描述
　　　（class BeginSimulation reliable receive）
　　　（class EndSimulation reliable receive）
　　　　）
　（class Manager reliable receive
　　　）
　）
　）

　　从示例中可以看出 FED 文件只反映了类之间的泛化关系。因此，可以采用如下方法进行 FED 文件的生成：首先，从 xUML 的类图中获得所有类以及各个类的子类，明确泛化关系；之后，书写变换定义规则，按照这个规则进行单个的父类、子类转换，生成 FED 文件片断；最后，将各个文件片断进行完善，添加仿真所需的特定内容，形成 FED 文件。

　　FED 文件采用脚本语言进行书写。这种脚本语言的元模型示意图如图 5-32 所示。

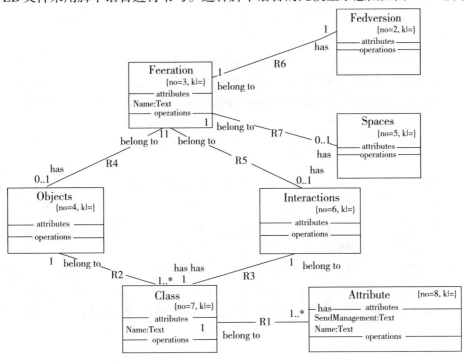

图 5-32　FED 文件元模型

根据元模型转换法，可以得到xUML元模型到FED脚本语言元模型的单个的泛化关系转换规则，如下：

Define Transformation ClassToFed（xUML, FED）

params

    classstring: Text="class"，

    attstring:Text="attributeorparameter"，

left:Text="（"，

right:Text="）"，

source

  xumlclass:xUML.Class,

  xumlsubclass:xUML.Class,

target

  fedclass: FED.Class,

  fedsubclass: FED.Class,

source condition

  xumlclass. AssociationEnd.Association=Generalisation;

mapping

  xumlclass.className< ～ > classstring + fedclass.Name,

  xumlclass.Attribute.AttributeName< ～ >attstring+fedclass.Attribute.Name,

  find all where\

  & xumlsubclass= xumlclass−> xumlclass. AssociationEnd.Association

  While xumlsubclass<>EMPTY do

    {

  xumlclass.className< ～ >left+classstring + fedclass.Name+right,

  xumlclass.Attribute.AttributeName< ～ >\

&left+attstring+fedclass.Attribute.Name +right,

    }

5.4.1.10 联邦成员子域类模型的转换

标注转换法的基本步骤是：首先对已有的PIM使用标注值进行标注，形成标注了的PIM。这种PIM并不是完全意义上的平台无关，它跟某种平台或某些与业务平台无关的信息相关联。然后，采用特定的转换规则，将这种PIM直接转换成PSM。图5-33中显示了标记转换法的一般过程。

这里对FederatePIM模型采用了构造型和标记值，这是对模型的一种标注。进行模型转换时，可以根据这些标注，以及前面讨论的一般类的转换规则进行PIM到PSM的转换。对于Federate类，最重要的一个转换就是将标记值TimeManagement转换成类的属性。变换定义如下：

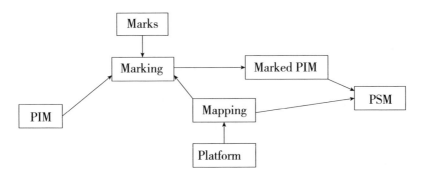

图 5-33　标记转换法一般过程

Define Transformation FederateToFederate（ xUML, xUML ）

params

    timemanagement: Text="Timemanagement",

source

    f1:xUML.Class,

target

    f2: xUML.Class,

    Attr: xUML.Attribute,

source condition

    f1. stereotype<> EMPTY\

    & f1.stereotype.taggedValue= TimeManagement,

target condition

    Attr->R3.Class=F2,

mapping

    f1->R11.AssofiationEnd< ～ > f2->R11.AssofiationEnd,

    f1->R3.Attribute < ～ >f2->R3.Attribute,

    f1->R2.Operation< ～ > f2->R2.Operation,

    timemanagement< ～ >Attr.attributeName,

    f1. stereotype. taggedValue.dataValue < ～ >Attr.value

转换规则中 stereotype、taggedValue、dataValue 分别对应 xUML 元模型中的构造型、标识值和标识值取值，都是元模型中的基本模型元素。转换后的 Federate 类如图 5-34 所示。

需要说明的是，在这个变换规则中，并没有对类进行联邦式仿真过程中的对象类和交互类区分。因此，在最终形成 FED 文件并使用前，还需要二次修正。

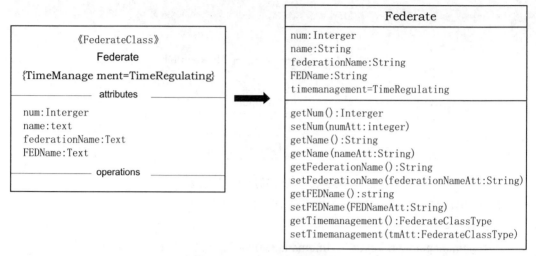

图 5-34 Federate 类的转换

5.5 主题域模型的集成过程及方法

5.5.1 RTI 在基于 MDA 的联邦式建模仿真技术框架中的地位

在基于 MDA 的联邦式仿真系统开发过程中,如果直接将 HLA/RTI 作为集成平台进行 PIM 到 PSM 的转换,这无疑是有利于 HLA 仿真的开发的,但也存在一些明显的弊端。首先,这样得到的 PSM,是为 HLA 而特别定制的,只适用于 HLA 仿真,难以集成到其他技术体制的仿真系统中,降低了 PSM 模型的重用性;其次,PSM 模型与 RTI 版本有关,随着 RTI 版本的更新需要重新生成 PSM,这将增加系统维护的成本;第三,在较理想的基于 MDA 联邦式仿真系统开发过程中,开发者仅需要开发 PIM,而其他工作将借助软件开发工具完成,实际上却很难达到这种程度,而是要求模型开发人员必须熟悉 HLA/RTI 的相关技术,提高了系统开发的难度。

因此,在基于 MDA 的联邦式仿真技术框架中,我们将 RTI 作为 MDA 层次结构中的一个服务域来看待。这样,仿真应用域建模时开发人员只需关注应用领域的相关业务,而无须涉及太多的 RTI 技术细节,不仅减轻了建模人员的知识需求量、降低了模型开发难度,而且增强了 PSM 的重用性。

下面,在将 RTI 作为 MDA 层次结构中的一个服务域的技术框架下,探讨联邦式仿真的集成问题。

5.5.2 模型集成方法分析

将 RTI 作为仿真服务域来看待,从很大程度上降低了主题域之间的耦合性,但是同时也为主题域之间的通信互联带来了困难。为了顺利地完成基于 MDA 的应用系统开发,必须采用一种行之有效的方式,解决这个问题,从而真正地发挥 MDA 的优势。我们认为通过对主题域之间的模型进行合理的整合集成,可以实现这一需求。

5.5.2.1 模型集成的基本方式

模型集成方式，是指决定如何把仿真模型集成在一起的特性和机制。根据模型集成点不同，可以抽象出三种基本的模型集成方式：表示集成、数据集成和功能集成。

1.表示集成

表示集成是模型集成的最简单方式。这种方式一般用于用户界面的集成。典型情况下，集成的结果是形成一个新的、统一的用户界面，其中的每一个操作都直接被映射到集成后的模型的。新的用户界面看似一个模型程序，但实际上调用了若干个模型，其思想是把模型界面作为集成点来指导用户进行互动操作，并在用户操作时与相应的模型之间进行通信，然后再把不同模型产生的结果综合起来。表示集成在许多可视化的面向对象编程软件中经常使用到。

表示集成只有在使用用户界面或仿真模型的表示界面就能完成集成的情况下有用，其优点是集成易于实现，代价小。表示逻辑模块通常比数据和功能逻辑模块更为简单，其内部结构可见，因此可以相对较快地实现模型的集成。另外，现有的一些集成工具可完成创建集成所需的大部分工作，集成者只需致力于新的表示界面的构造即可。

表示集成的缺点是，表示集成在用户界面层上进行，只有在模型的界面上定义的数据和操作才有效。另外，表示集成可能会成为集成后模型系统性能的瓶颈。因此，表示集成发生在表示界面层而不是模型程序或数据的互联中，只是额外增加的一层外壳，是不彻底的集成。

2.数据集成方式

数据集成方式跳过显示界面与仿真逻辑模块，直接进入模型的数据结构或数据库来创建新的集成。集成后的模型系统只需访问原模型所用的文件或数据库，通过中间件可以访问数据库信息，并实现模型集成。这些中间件有：批量文件传输，以特有的或是预定的方式在集成模型系统与模型间传输文件。开放式数据库连接（open database connectivity，ODBC）是一种标准的应用编程接口，专门用来负责访问不同类型但相互关联的数据库。这种接口是第一种被广泛认同的标准。该标准所定义的接口可与支持接口的数据库进行集成。

数据集成比表示集成更加灵活，集成系统能够根据作战仿真的需要，允许用户访问模型的全部或者部分数据，同时简化了访问数据库的过程，加快模型的集成速度。

数据集成与集成系统、集成模型之间的数据需求密切联系，如果数据需求发生改变，那么集成就会被破坏。因此，数据集成对数据变化非常敏感，数据变化必然导致集成系统变化，为了维护模型集成，技术人员需要付出大量的工作。

3.功能集成方式

模拟逻辑是为了实现模型（模型系统）所需的功能而编写的代码，其中不仅包括数据操作与解释规则，也包括模拟流程。模拟逻辑是实验模型的核心和功能体现。

功能集成是在模拟逻辑层上完成的集成，要求集成点存在于模型（模型系统）的程序代码之内。为了集成，集成处可能只需使用公开的 API 就可以访问，也可能需要修改模型代码或用附加代码段来创建新的访问点。

仿真任务越复杂，仿真系统的规模越大，需要集成的模型越多。随着计算机网络技术和仿真技术的有机结合，分布交互式仿真已成为作战仿真的发展趋势，从而满足更为复杂的仿真实验需要。为了使仿真所用的模型集成在一起，使用分布式处理中间件是实现模型功能集成的首选方法。分布式处理中间件主要有[91]：

（1）面向消息的中间件（message-oriented middleware, MOM）。在模型之间通过消息进行集成，发送方把消息放在MOM中，MOM负责把消息传送到接收方。这类产品有IBM的MQSeries和Talarian的Smart Sockets等。

（2）分布式对象技术（distributed object technology, DOT）。在中间件中运用对象技术，提供接口对象，仿真模型通过网络访问其他仿真模型，必须使用接口对象。这类产品有OMG的CORBA、Microsoft的DCOM和SUN的J2EE等。

（3）事务处理监控器（transaction processing monitor, TPM）。该技术使用诸如两阶段提交的概念来控制传输，从而为分布式结构所支持，TPM保持分布式信息源（如数据库、文件和消息队列）的完整性。这类产品有BEA公司的Tuxedo。

功能集成方式集成能力最强，解决问题的方法也最灵活，它也可用来解决表示集成或数据集成的问题。更重要的是，如果使用得当，功能集成方式创建的集成模型比表示集成和数据集成有更高的可重用性。但是，由于在模拟逻辑层进行集成，增加了集成的复杂度，实现起来难度要比前两种要大。另外，在某些仿真模型中，由于没有源代码或API可供使用，模拟逻辑是难以访问的。

5.5.2.2 模型集成的基本方法

异构模型集成是近些年来仿真界的难点也是热点研究问题。不同的研究学派与应用领域均提出了自己的集成方法和技术，大致可分为两大类，一类是侧重理论方法探讨的混合异构集成建模方法，另一类则是侧重技术实现的仿真中间件集成技术[92]。

1.基于混合异构建模方法的集成

具有代表性的混合异构建模方法包括亚里桑那大学Zeiger教授的多形式体系建模（Multi-Formalism Modeling, MFM）、佛罗里达大学Fishwick教授的多模型建模（Multimodel/Multimodeling, MM）和加拿大麦克吉尔大学Vangheluwe教授的多范式建模（Multi-Paradigm Modeling, MPM）。

（1）Zeigler的多形式体系建模MFM[93-95]

MFM将系统仿真模型分为三类，相应的用三种基本的形式体系描述：离散事件模型，用DEVS形式体系描述；离散时间模型，用DTSS形式体系描述；连续系统模型，用DESS形式体系描述。MFM认为各种被使用的形式体系均是上述三种基本形式体系的子形式体系（Subformalism），如系统动力学和Bond图是DESS的子形式体系，Petri网和Statechart是DEVS的子形式体系。子形式体系的含义就其所描述的模型均可用相应的基本形式体系描述。在此基础上Zeigler给出了多形式体系模型的集成方法。

（2）Fishwick的多模型/多建模MM[96,97]

MM探讨的也是多种建模方法共同描述同一系统的问题。多模型最早由Oren提出，是指由多个其他模型按照一定拓扑结构组成的模型，多模型一般是层次化的。MM认为单个模型或单个模型层次仅能回答关于系统的某一部分或某一侧面的问题，大多数现实世界系统模型需要用多模型来描述。多建模是指在多个抽象层次上描述系统的建模过程，多建模需要将模型抽象过程中产生的反映各个抽象视角的相同或不同类型模型集成在一起。本章研究的集成问题的基本思想就是采用了的这种方法。多建模的模型集成分为两种情况：

①同一层次的同构异构模型集成。同层子模型之间的关系主要是数据流关系，对于同构模型，可通过构造一个组件内接口实现模型之间的连接；对于异构模型则需要保证模型接口的兼容性，Zeigler 的耦合闭包可用于实现这一点。

②层次之间的同构异构模型集成。层次之间是指一个模型嵌入到另一个模型内部，用于细化接受嵌入的模型的一部分功能，形成父子模型，父子模型可以是相同类型，也可以是不同类型。这种嵌入式集成基于函数组合方法，即将模型看作计算函数，每个模型内部具有一个或多个功能性入口点，每个入口点就是可以嵌入子模型的模型壳，模型壳内可以是各种类型的动力学模型，也可以是简单方法或仅仅是一个返回值。

Fishwick 近年来对多模型的内涵进行了扩展，在之前"多实例、多方法、多层次"基础上添加了"多表现"，表示同一模型类型可用多种方式进行表现。由于 XML 将内容与表现相分离，同一内容可多种表现，Fishwick 研究了使用 XML 进行多模型描述的方法，提出了基于 XML 的多模型交换语言（Multimodel eXchangeLanguage，MXL）和动力学交换语言（Dynamic eXchange Language，DXL）两种多模型描述规范，并用于其最新的多建模仿真框架 RUBE 中。

（3）Vangheluwe 的多范式建模 MPM[98-100]

MPM 研究多抽象层次建模、多形式体系建模、元建模三方面问题以及三者之间的关系与集成。系统建模时一般要选择模型的抽象层次以及所采用的建模形式体系。抽象层次的选择根据系统研究的目标以及系统知识的可用程度；形式体系的选择则与要解决的问题类型、模型抽象的层次、可用于校准模型的数据量以及形式体系仿真器的可用程度有关。大型复杂系统建模的特点是子系统众多、存在多个抽象层次、需要多种形式体系联合描述，模型集成必须解决好这几方面问题。

2.基于仿真中间件的集成

在软件工程领域，异构集成问题的实现模式一般是基于中间件的，这在集成方式的描述中已经有过说明。中间件规定了一个标准化的软件架构规范，支持符合该规范的各种软组件的即插即用，而底层计算平台的异构性以及软组件之间的异构性均被中间件所屏蔽。中间件按照所服务的对象可分为三大层次：基础型中间件（如 Java 虚拟机 JVM、.NET 公共语言运行时刻 CLR、自适应通信环境 ACE）、通用型中间件（如 COM+、EJB、CORBA、WebService 等）、集成型中间件（如 EAI）。基础型中间件提供最基本的运行支持环境，其服务对象一般是系统级软件；通用型中间件则提供了更多的高级功能，如名字服务、事件服务、通告服务、日志服务等，其服务对象一般是应用级软件；集成型中间件是中间件的高级发展阶段，在通用型中间件产品之上整合了应用和业务流程等因素。

仿真中间件是用来解决仿真领域异构集成问题的一类中间件。这些集成问题包括仿真数据集成、仿真模型集成、仿真系统集成、仿真环境集成、仿真与其他领域系统集成等。在实现上基于基础型中间件或通用型中间件，一般仍属于通用型中间件的范畴（如 DIS、HLA/RTI、XMSF、SEDRIS），个别则可归类到集成型中间件中（如 TENA）。

按照 Vangheluwe 的集成分类方法[98]，基于仿真中间件的异构模型集成属于数据轨迹层的集成思路，即通过适合各模型的仿真器将模型变换为数据轨迹模型，将异构模型之间的耦合关系转换为消息交互并在轨迹层次上处理。尽管基于混合异构建模方法的集成思路在理论上非常具有吸引力，但其操作上的复杂性以及相关变换工具的缺乏使得其目前的应用主要限于研究机构，真正的大范围用于解决实际问题的还相对较少。目前主流的集成方法还是基于仿真中间件的集成方法，其中尤以 HLA/RTI 更为多见。

基于仿真中间件的集成方法可进一步分为三个层次：直接集成、基于互操作参考模型的集成和基于协同仿真技术的集成。

（1）直接集成

直接集成根据应用目标为待集成的各异构模型建立公共的联邦对象模型（FOM），FOM 成为异构模型之间的集成协议，各参与模型必须按照自身在 FOM 中的承诺为其他模型提供服务。各异构模型之间的类型不兼容、语义不匹配等问题必须由集成人员与建模人员共同协调解决。在集成应用较多的情况下，各异构模型需要参与到不同的 FOM 中，需要为不同的 FOM 做出适应性修改，模型重用性不强，集成难度较大。

（2）基于互操作参考模型的集成

直接集成存在问题的一个主要解决方案是通过互操作参考模型。参考模型一般由若干领域专家对领域内存在分歧或不一致的结构、过程、内容等进行权威的规范化描述，通过获得领域内广泛认同来解决问题。仿真互操作标准化组织（SISO）的主要职能之一就是解决仿真领域的互操作问题，互操作参考模型是其解决互操作问题的主要技术途径。早在 HLA 推出后不久，SISO 随即组织了制定参考联邦对象模型（RFOM）的研究工作组，该工作组的一个主要成果是 CF-RFOM[101]。

CF-RFOM 为广泛使用的交互和对象及其属性制订了标准化的内容规范，以此来提高成员之间的预先互操作性。在建立新联邦时，可在 CF-RFOM 基础上进行功能扩展来设计新 FOM，这样不需要提供或使用扩展功能的成员可以方便的加入到联邦中，从而大大提高了重用性。

另一种模式的互操作参考模型是为某一应用领域设计一个完全意义上的互操作参考对象模型，所有该领域的仿真联邦均从该互操作参考对象模型中抽取需要的 FOM，面向该互操作参考对象模型设计异构模型可无需修改地加入到各个联邦中。平台级作战领域的互操作参考对象模型 RPR-FOM[102] 即是这样的例子。

（3）基于协同仿真技术的集成[103]

协同仿真是指将多个（一般不同的）仿真工具连接起来共同完成单个仿真工具难以完成的系统级仿真。复杂产品设计一般涉及多个学科专业，每个学科专业都有适合专业特点的建模仿真工具，为了进行系统层次的方案评价以及设计优化，通常需要进行多专业多学科的系统级仿真。在各专业都具有自身建模仿真工具的情况下，通过将各个工具互联起来进行协同仿真是比较理想的系统级仿真方法。为此学术界和工业部门均进行了大量的理论研究和应用实践工作，从协同仿真的实现技术途径来看，大致经历了基于接口的协同仿真和基于 HLA 的协同仿真两个阶段。

①基于接口的协同仿真

所谓接口就是仿真工具在开发时预留的二次编程接口，或者是预先提供与其他仿真工具互联的接口。例如 STK、MATLAB/SIMULINK 的二次编程接口、ADAMS 提供的 MATLAB/SIMULINK 和 MATRIXx 接口等[104]。预留二次编程接口的仿真工具集成一般需要协同仿真人员根据仿真应用进行手工编程实现多个仿真工具的集成，在参与的仿真工具较多且不确定的情况下，不仅实现难度较大，而且扩展性和柔性均比较有限，一般适用于少数几个仿真工具的集成。预先提供与其他仿真工具互联接口的方案也存在类似的扩展性和柔性问题。

②基于 HLA 的协同仿真

HLA 是比较成熟的分布式仿真架构标准，在军用和民用领域都得到了广泛的应用。基于 HLA 的协同仿真[105]的基本思路是将 HLA/RTI 作为仿真软总线，各个仿真工具通过开发相应的 RTI 接口即可插入到总线上参与协同仿真，各仿真工具之间的协调管理通过 RTI 及统一的协同仿真运行管理器实现。基于 HLA 的协同仿真方法有效地克服了基于接口的协同仿真在扩展性、柔性等方面存在的不足。

基于 HLA 的协同仿真所要解决的问题实际上也是多个仿真工具的协同仿真问题，只不过它所面向的仿真工具都是面向离散事件系统的，主要适合于产品设计完成后的加工制造过程仿真、企业级供应链仿真等，不适合于产品设计过程中涉及多个学科子系统的系统层设计方案验证与优化的仿真。

此外 CORBA 作为一个比 HLA/RTI 更通用的中间件，可提供比 HLA 更加灵活的集成方式，也常作为仿真中间件来进行异构仿真集成。ISI 公司基于 CORBA 开发了商用的协同仿真平台 pLUG&SIM[106, 107]，在欧洲的汽车和航空航天等复杂产品工业设计部门得到了一定的应用。pLUG&SIM 通过适配器的方式支持多款仿真工具的协同仿真，如 MATRIXx、SABER、Statemate、Simulink、ADAMS 等。

RTI 作为一种系统开发的中间件产品，可以很好地解决局域网络访问的问题，事实上，基于 HLA 的仿真系统与网络通信的集成就是通过 RTI 来完成的，这部分集成属于 RTI 的内部工作原理，这里就不再赘述。

5.5.2.3 桥的定义

所谓桥，是指通过接口服务实现主题域集成的程序模块。

主题域是仿真系统开发过程中可重用的主要单元，主题域中的模型是重用的最小元素。一般地，一个定义良好的域都有一个较完整的接口。包括：

（1）可用服务：域提供给其他域使用的服务集；

（2）所需服务：域要求其他域提供以满足该域需求的服务集。

系统的集成，是通过集成一系列相互兼容的域来完成的。为了集成各种域，就需要将一个域的每个所需服务匹配到一个或多个其他域的可用服务。因此，为了实现域的集成，有必要明确各个域的可用服务和所需服务。

1.所需服务

大部分程序设计语言都具有开发者可以利用的软件库：如 C++ 标准模板块；Java 中的 Swing 库；通常这些库的使用者从库的代码中直接调用服务。因此客户直接依赖于库的接口。服务者不知道并且不依赖于客户，但客户知道并依赖于服务者。在需要更换另一种不同的库时，凡是调用了库接口的客户端代码都需要修改。

仿真建模时也会发生同样的问题。客户包可能与提供服务的包接口紧密耦合。这个问题在模型中可能比在代码中更重要，因为在分析模型中更有可能需要选择或改变提供服务的包。

这个问题的一种解决方法是由客户定义它的所需服务接口。客户域只依赖于这个接口，不依赖于提供服务的域。服务提供域不知道并且不依赖于客户，客户也不知道并且不依赖于服务提供域。这被称为匿名耦合。定义所需服务的域只是定义接口。它不负责接口的实现。接口的实现通过桥来完成。

2.可用服务

每个域都会提供零或多个可用服务。这些服务是域提供给其他域使用的。当然，和前一部分所述的所需服务类似，其他域不直接使用这些服务而是通过桥。可用服务可以是域服务、类服务或是对象服务。

3.桥

这里，将桥定义为一个包含了某个所需接口中的全部桥操作的类。一个桥操作是一个所需服务的实现，这个所需服务需要使用一个或多个域的一个或多个可用服务。桥操作是所需操作的一个实现。桥操作需要执行以下步骤：选择拥有必要的可用操作的服务提供域；将所需服务操作的参数映射成为可用操作的参数；调用可用操作。

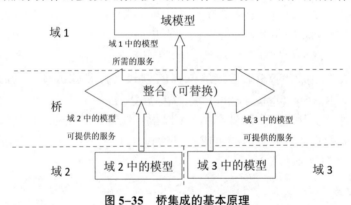

图 5-35　桥集成的基本原理

通过桥实现主题域集成的一般原理（如图 5-35 所示）是：以域 1 作为桥的目标域，根据域 1 的需要，域 2 和域 3 分别提供相关的服务，桥通过整合，参数对应，匹配域 1 的需求，实现集成。在整个桥集成的过程中，有两点需要强调：首先，桥的生成，必须是以某一个域为目标域的，也就是说，这种桥是为目标域的所需服务而生成的；其次，提供可用服务的域可以是一个或者多个，这取决于所需服务的要求。

5.5.3　HLA联邦成员关系分析

在基于MDA的联邦式建模仿真系统开发过程中，通过设计桥来实现模型集成的最终目的就是形成所需的联邦成员，并将各个联邦成员组合成为一个联邦，采用RTI的运行机制进行仿真。因此，在真正分析设计桥的实现结构之前，首先应当明确为了形成所需的联邦成员，需要模型以何种集成类型进行整合，即需要讨论联邦成员内部模型之间的关系。

在HLA应用系统中，联邦可看成是由联邦成员和联邦成员之间的一系列二元关系构成的。因此，假设联邦成员的集合可表示为

$$S=\{S1, S2, S3\cdots,S_i\} \tag{1}$$

其中，Si 表示联邦成员，其中，$1 \leqslant i \leqslant$ fednum，fednum 表示联邦中联邦成员的个数。

根据上述公式，联邦可用如下二元组表示：

$$F=<S, S \times S> \tag{2}$$

根据联邦成员的构成，从面向对象的角度出发，联邦成员可看成是由对象和对象之间的关系构成的。因此，联邦成员 S_i 中的对象集合可表示为：

$$O_i=\{O_{i1}, O_{i2},O_{i3},\cdots O_{ij}\} \tag{3}$$

其中 O_{ij} 表示构成联邦成员 S_i 的对象，其中，$1 \leqslant j \leqslant objnum$，objnum 表示联邦成员中对象的个数。由此联邦成员又可以表示为：

$$S_i=<O_i, O_i \times O_i> \tag{4}$$

从对象的层次分析联邦构成，定义联邦中的所有对象：

$$O ::= \cup O_i \tag{5}$$

联邦成员确定之后，便确定了联邦成员之间的边界。联邦可以看成是由对象和对象之间的交互关系组成的。这种交互关系又可以分为两种，一种是联邦成员内部对象之间的交互关系 IR，对象之间的交互不经过邦员边界，在面向对象分析和设计时，这种交互关系是通过类之间的消息机制实现的；另一种是不同联邦成员之间对象的交互关系 FR，这种关系经过邦员边界，是通过 HLA/RTI 实现的。

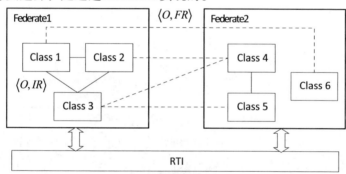

图 5-36　联邦成员对象关系图

根据上述分析，定义所有联邦成员内部对象之间的关系：

$$IR ::= \cup O_i \times O_i \tag{6}$$

定义联邦成员之间的关系：

$$FR ::= \cup_{i \neq j} O_i \times O_j \tag{7}$$

联邦的构成可表示为：

$$F=<\cup, IR \cup FR> \tag{8}$$

图 5-36 中显示了联邦成员对象之间的关系。图中，对象类之间的实线连接表示联邦成员内部对象的关系，在具体实现时，两个相关模型的集成也是通过直接的集成连接实现的。对象类之间的虚线连接表示联邦成员之间模型的关系，与联邦成员内部模型关系不同的是，这些对象的关联集成是通过 RTI 来实现的。

联邦成员内部对象关系 IR 从对象层次描述了联邦成员内部的逻辑关系，可以叫做联邦成员内部业务逻辑模型，这部分的集成，从 MDA 主题域划分的角度来看，主要是仿真业务域内部子域模型的集成问题。联邦成员关系 FR 说明了不同联邦成员中对象之间的关系，在HLA/RTI中联邦成员之间的交互关系是通过RTI实现的。因此，对于联邦成员之间的集成问题，就变成了联邦成员与RTI之间的集成问题，从MDA主题域划分的角度来看，这种集成主要是仿真业务域的模型与RTI服务域模型的集成问题。

5.5.4 主题域模型的集成

5.5.4.1 仿真业务域内部子域模型的集成

仿真业务域内部子域模型的集成属于同层次模型的集成，这样的桥模型比较简单，属于类操作之间的相互调用，桥相当于对可提供的操作进行二次封装，对需要服务的模型透明，保证了较高的模型无关性。

这里以作战仿真系统中，某实体接收某项命令，并执行命令的活动过程集成为例，分析仿真业务域内部模型的集成原理。图 5-37 显示了这种集成。

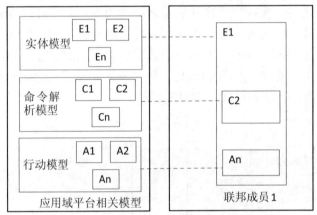

图 5-37　仿真应用域模型的集成

在应用域模型中，可以将模型按照功能细化为不同的子域模型，如图中所示的实体模型子域、命令解析模型子域和行动模型子域。E1，C2，An分别表示实体模型集合、命令解析模型集合和行动模型集合中的具体模型。对于模型E1本身在设计时本身具有解析命令的功能，因此具备命令解析函数比如CommandParse（），在集成时，C2表示机动命令解析类，E1 实例化一个C2 对象，同时在CommandParse（）中调用解析函数，以此达到E1 与C2 的集成目的。同样地，E1 中包含行动函数，比如Move（），E1 实例化了一个机动行动模型An的对象，Move（）中调用这个对象中相应的行动函数，又实现了E1 与An的集成。

值得说明的是，尽管数据库管理服务属于服务域，但涉及数据库的读写操作仍属于联邦成员内部对象的交互，集成过程和方法与仿真应用域子域模型的集成相同，这里不再赘述。

5.5.4.2 仿真业务域模型与RTI模型的集成

1.联邦成员桥集成的基本原理

在传统的联邦开发模式下，一个联邦成员通常就是一个仿真应用程序，而在新模式下的联邦成员可能是多个模块构成的一个仿真应用程序，也可能是由多个应用程序组成，主要分为可变部分和不变部分。与 SOM 信息相关的用户模型随着不同的仿真目的而不同，因为不同的仿真目的需要不同的用户模型参与联邦成员仿真活动过程。在参与之前这些模型都是独立存在的模块，相互没有直接的关联关系，只有在未来完成某一仿真目的情况下才需要组合在一起，这就必然要求模型不能硬编码在某一特定的联邦成员中。联邦成员的不变部分通过集成技术被封装。我们把实现仿真业务域模型与 RTI 服务域模型集成的桥称为联邦成员桥。联邦成员桥作为用户模型与 RTI 模型之间通信的桥梁，不同联邦成员的用户模型之间的数据通信必须通过由联邦成员桥协调完成。联邦成员桥使用户模型代码与 RTI 的接口服务相隔离，屏蔽了用户模型与 RTI 以及用户模型各自的实现细节，可以各自升级而不互相影响。图 5-38 中显示了联邦成员开发的新旧模式变更。

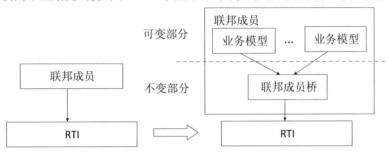

图 5-38　新旧模式下的联邦成员结构

图 5-39 中进一步说明了仿真业务域模型与 RTI 服务域模型集成的基本原理。也就是说，通过这种桥，将应用域的所需服务转化成服务域的可用服务，最后直接调用服务域的服务，实现集成，完成仿真系统功能。

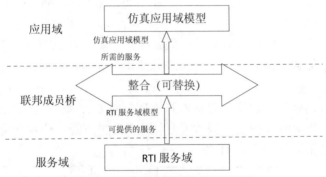

图 5-39　联邦成员桥集成基本原理

2.联邦成员桥的内部结构

联邦成员桥的内部结构如图 5-40 所示，桥的内部结构主要分成 4 个模块，包括整合管理模块、应用模型管理模块、RTI 服务管理模型和仿真处理过程管理模块。其中以整合模块为核心，仿真应用域模型必须通过整合模块创建唯一的成员实例，实现与 RTI 之间的通信。同时，整合模块协调其他的三个模块之间的逻辑以及与外部环境的通信。联邦成员桥中的各个模块的变化不会也不能够影响到外部业务模型，只有这样，才能确保联邦成员桥的重用性和内部模块的独立性。

应用模型管理模块实现对参与仿真的实体模型进行统一的管理，综合形成仿真对象模型所需的公布预定信息，以及对业务模型加入/退出联邦成员仿真等的管理。

RTI 服务管理模块封装所有的 RTI 接口服务，负责实现与 RTI 之间的互操作（如调用 RTI 的服务函数和监听 RTI 产生的回调消息等）。

仿真处理过程管理模块负责实现整个仿真过程的调用，并协调参与仿真的实体模型的模型处理过程和整个成员的仿真主过程的同步关系，完成所需的仿真功能。

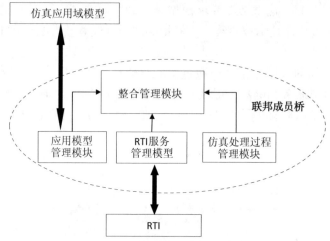

图 5-40　联邦成员桥的基本结构

3.整合管理模块的实现原理

如上一节所描述的，整合管理模块的首要任务是为集成后形成的联邦成员创建唯一的成员实例，实现与 RTI 之间的通信。由于我们在 PIM 设计时已经设计了一个 Federate 类，并讨论了该类的平台无关模型向平台相关模型的转换过程。因此，整合模块在实现所需功能时，只需对 Federate 类进行处理。在这里，我们对 Federate 类进行继承，生成 Federate 类的子类 subFederate 类。一方面，该类从 Federate 类继承了属性分别能够表明联邦成员名称，联邦成员的时间管理方式，联邦执行名称以及 FED 文件名称，开发人员通过相应参数可以获得联邦成员属性或者给联邦成员的相应特征属性赋值，其中联邦成员名称唯一标识了同一联邦执行中的某一个联邦成员。另一方面，subFederate 类作为与 RTI 服务管理模块结合的接口，提供了包括联邦管理、对象管理、时间管理在内的所有接口函数，subFederate 类中的这种接口函数通过调用 RTI 服务管理模块相应类中的服务函数实现功能。这一实现原理如图 5-41 所示。

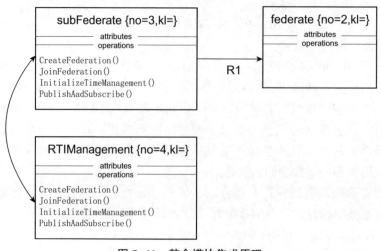

图 5-41　整合模块集成原理

4.应用模型管理模块的实现原理

应用模型管理模块主要作用就是为每个联邦成员区分各自所要公布预定的对象类和交互类。因此，在实现这个模块的功能之前，业务领域专家和仿真专家首先需要共同讨论整个仿真系统内外部交互的对象类和交互类，进而实现 FED 文件的集成。

（1）FED 文件的集成

首先需要说明的是，这一集成工作不是应用模型管理模块功能的一部分，而是应用模型管理模块工作的前提。通过 FED 文件能够明确应用模型中类的所属范围。即该类是联邦成员内部逻辑运行的类、是参与联邦运行的对象类还是参与联邦运行的交互类。在应用模型管理模块中集成的 FED 文件名称，通过与整合模块的关联，保存在 subFederate 类的 FedName 属性中。

对于 FED 文件的集成，应当在 HLA 仿真专家的指导下，依据联邦所有业务模型的全集再对照仿真联邦成员的配置关系，通过区分邦员内部交互与联邦交互而生成。由于生成的 FED 文件片断是所有类及其子类的文档片断，因此，首先根据仿真实际需要，划分出用于外部交互的类和内部交互的类。只有用于外部交互的类才是 FED 文件中包括的类。其次，将用于外部交互的各个平台相关模型划分为对象类和交互类。根据划分的不同，将属于对象类的 FED 文件片断整合在一起，将 FED 文件片断中的 Attrstring 进行修改，由 attributeorparameter 变为 attribute，同时在属性名称后，添加传输方式。将属于交互类的 FED 文件片断整合在一起，并在类名后添加交互类的传输方式。同时，将 FED 文件片断中的 Attrstring 进行修改，由 attributeorparameter 变为 parameter。

在对 FED 文件的集成过程中，我们可以获得联邦运行过程中全部的对象类和交互类。

（2）联邦成员对象类和交互类的公布预定

这部分的工作是应用模型管理模块的主要工作。这里，依据已生成的 FED 文件，将该联邦成员的所能公布的和所要预定的对象类交互类名称进行保存，而后在 RTI 服务管理模块中对这些类进行初始化和公布预定处理，从而完成对对象类和交互类的公布预定。公布预定过程的具体实现算法在 RTI 服务管理模块中予以说明。

5.RTI 服务管理模块的实现原理

RTI 服务管理模块主要包括一个 RTIManagement 类，负责封装 RTI 的联邦管理、时间管理、声明管理、对象管理、所有权管理和数据分发管理中 RTIAmbassador 的功能；同时还包括一个 FederateManagement 类，负责实现 FederateAmbassador 的功能。由于回调函数均为虚函数需要依据开发需求，进行进一步的完善，且在集成过程中与 RTIManagement 类相似，因此，在这里选取 RTIManagement 类有关联邦管理、时间管理和声明管理中的几个重要的功能进行说明。

CreateFederation（String Federationname,String Fedname）

CreateFederation（）函数封装了 RTIAmbassador 的关于创建联邦的函数,算法如下：

Public void CreateFederation（String Federationname,String Fedname）

{

try {

　_rtiAmbassador.createFederationExecution（Federationname, Fedname）;

　　　}

```
catch（FederationExecutionAlreadyExists ignored）
{}
}
```

这里需要结合整合模块的结构，说明整合模块中 CreateFederation（ ）与 RTI 服务管理模块中 CreateFederation（ ）的集成，算法的类代码如下：

…

subFederate 类中的函数

```
Public void CreateFederation（String Federationname）
{
Private RTIManagement _rti;
//FedName 是 subFederate 类的一个属性，表示 FED 文件的全路径名称
_rti. CreateFederation（ Federationname, FedName）;
}
```

…

由于，这种集成方式在整个整合模块与 RTI 服务管理模块的协调集成中是相似的。因此，在后续接口类的描述后，这里不再重复描述。

InitializeTimeManagement（String timemanagement）

InitializeTimeManagement（ ）对联邦成员的时间管理方式进行了封装。在整合模块中，subFederate 类提供了 timemanagement 属性，RTIManagement 类的 InitializeTimeManagement（ ）函数调用该值，通过判断设定联邦成员的时间管理方式。同时，subFederate 类也提供了联邦成员的时间前瞻量。算法的类代码如下：

```
Public void InitializeTimeManagement（String timemanagement）
{
If（timemanagement .equals（"TimeRegulating "））
{
try{
…
// theFederateTime 为联邦成员为时间控制状态时的最小逻辑时间，
// theLookahead 为联邦成员的时间前瞻量
        _rtiAmbassador.enableTimeRegulation（theFederateTime, theLookahead）;
    …
}
    catch（RTIexception e）
    {
}
}
…
}
```

InitObjandInt（）

InitObjandInt（）函数封装了对对象类、对象类属性、交互类、交互类参数句柄的获取和本地保存过程。算法的类代码如下：

Public void InitObjandInt（）

{

　　try{

…

//获取对象类句柄，字符串 str 保存了由应用管理模块提供的联邦成员需要公布或预定的某个对象类的名称

maintainGroupId=_rtiAmbassador.getInteractionClassHandle（str）;

//获取对象类属性句柄

personnumId = _rtiAmbassador.getParameterHandle（"personnum"，maintainGroupId）;

…

　　　　}

　　catch（RTIexception e）

　　　　{

}

}

PublishAndSubscribe（）

PublishAndSubscribe（）封装了对对象类、交互类的公布和预订。算法类代码如下：

Public void PublishAndSubscribe（）

{

AttributeHandleSetFactory _ahFactory = RTI.attributeHandleSetFactory（）;

　AttributeHandleSet _participantAttributes = _ahFactory.create（）;

　// 在 _participantAttributes 中保存属性集

　_participantAttributes.add (personnumId);

　…

　_rtiAmbassador.subscribeObjectClassAttributes (maintainGroupId,_participantAttributes);

　_rtiAmbassador.publishObjectClass (maintainGroupId,

　_participantAttributes);

　}

6. 仿真处理过程管理模块的实现原理

前面已经描述了仿真处理过程管理模块的功能，即实现整个仿真过程的调用，并协调参与仿真的实体模型的模型处理过程和整个成员的仿真主过程的同步关系，完成所需的仿真功能。

从程序开发的角度来讲，在整个仿真的过程中，除主进程外，还包括多个子线程用于处理不同的功能。因此，在分析这部分模块的实现原理时，首先分析一下 HLA/RTI 运行过程中进程、线程的关系。

（1）HLA/RTI 运行过程中的线程

这里以某作战仿真系统中的红方炮兵阵地联邦成员为例，详细分析系统的线程结构以及RTI的调用和回调关系[108]。

红炮兵阵地联邦成员的线程结构如图5-42所示。主线程在联邦成员开始运行时启动。用户界面线程由Swing代码启动并响应用户的输入。每次RTI回调联邦成员时回调线程启动。联邦设计假设用户界面线程和回调线程都不只一个。

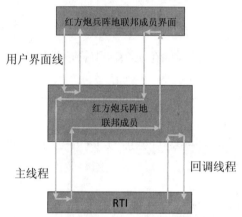

图5-42　红方炮兵阵地联邦成员控制线程

对于多线程的联邦成员，其内部运行需要注意2点：首先必须保证多线程使用的数据结构是同步的，以使它们的状态保持一致。在RedArtillery对象中需要同步的数据结构是实体状态表_positionTable和回调队列_callbackQueue，前者被用户界面线程和主线程访问，后者被主线程和回调线程访问。其次，要保证线程间行为的协调。尤其是主线程和回调线程的协调，主线程常常需要等待RTI回调联邦成员，其中的barrier类和queue类用于协调主线程和回调线程。

RedArtillery中的_positionTable和_callbackQueue经常有多个线程同时访问。_positionTable存储的数据用于在用户界面的列表中显示红方炮兵阵地状态信息，因此用户界面线程要对其进行访问；而主线程需要对_positionTable的数据进行更新，因此也要对其进行访问。这里对_positionTable中的所有方法都使用了java标识符synchronized，以确保同时只能有一个方法调用一个实例，从而保证了_positionTable内部数据的一致性。对于_callbackQueue而言，它保存了一个回调队列，每次来自于RTI的回调线程都要向_callbackQueue中加入一个RedPosition.Callback实例，同时，联邦成员的主线程从_callbackQueue中取出相应的实例进行处理。

主线程必须要与其他线程相协调，尤其是来自RTI的回调线程相协调，barrier和queue用来实现这些协调。barrier和queue通过使用Java的wait（）方法让主线程休眠，直到满足某个条件。barrier和queue以一种线程安全的形式封装了条件并存处于该条件相关的数据。

下面是主线程开始阶段使用阻塞实例的例子。主线程的代码在RedArtillery实例的mainThread（）中。主线程先获取配置数据，确保联邦执行已经创建，然后加入联邦，通过使用_rti.enableTimeConstrained（）调用EnableTimeConstrained服务设置为时间受限。之后主线程等待RTI使用TimeConstrainedEnabled+回调，该服务通过RTI对FedAmb中的方法timeConstrainedEnabled（）的调用来实现。主线程等待时，它可以不断循环等待一个变量状态的变化，该变量的值在回调线程中设置，但是这种方法浪费了计算机资源。所以在 RedArtillery 实例中，主线程在调用 EnableTimeConstrained（）之前创建了一个阻塞实例，并且该实例在 FedAmb 中进行设置。主线程通过执行 barrier.wait（）进入休眠状态，直到回调线程改变阻塞实例的状态，从而唤醒主线程。主线程在使用任何 RTI 服务之后，都可以使用阻塞实例来等待相应回调的到来。

_callbackQueue 允许主线程一次处理一个回调函数，并且同时协调主线程和回调线程。当红方炮兵阵地联邦成员处于时间推进状态时，将受到 RTI 对其调用的若干个不同的回调函数，这些回调函数的调用会对这个联邦成员所仿真的炮兵阵地行为产生影响。随着红方炮兵阵地状态的推进，主线程必须对回调函数逐一处理。_callbackQueue 是一个回调函数队列，各个回调线程能向其中加入回调函数以留待稍后处理，这些回调函数在进入队列时都设定了相应的顺序。_callbackQueue 按以下方式协调主线程和回调线程；它的 dequeue（）方法使主线程进入等待状态，直到取出一个 RedArtillery.Callback 实例。

使用队列机制的另一个结果是，在 RTI 回调线程中对于其产生的回调不需要做大量的处理。特别是，RTI 自己的线程不会再调用 RTI 提供的服务，这样就不需要 RTI 软件处理这种情况。

与线程相关的另一个问题是用于创建用户界面的 Swing 不是线程安全的。如果用户界面线程以外的线程访问它，Swing 的行为将变得不确定。主线程需要向文本显示区输出信息，这个功能是由 viewFrame.post（）实现的，它不是直接向文本显示区输出文字信息，而是创建一个对象，再由用户界面线程使用该对象来向文本显示区输出信息。

（2）仿真过程管理模块的仿真主线程设计

由上述分析，可以知道主线程在整个仿真过程中的作用至关重要。本章设计了仿真主线程的基本结构，通过主线程统一了联邦成员和联邦成员内部模型的运行一致性。仿真主线程的算法类代码片断如下：

```
…
//首先注册对象类
    _rti.RegisterObject（）;
            // 以下循环加入仿真过程
                    // 1）计算时戳值
                    // 2）计算对象实体的当前状态
                    // 3）产生仿真事件
                    // 4）时间推进
                    // 5）重复上述过程,直至满足仿真结束条件
            _rti.m_list=new EMSInterfaceEntityList（）;
            while（true）
            {
            //循环处理仿真实体的行为
                    for（int i=0;i<Fed.m_list->GetCount（）;i++）
                    {
                            EMSEntity cc=_rti.m_list.GetAt（i）;
```

```
if( cc.m_ClassName==" EMSEntityMove " )
                    {
        EMSEntityMove b=（EMSEntityMove）cc;
        b.Execute（c_realinsimu,SIMU_STEP）;
                    }
                    …
                }
```

//仿真时间推进，AdvanceTimeRequest 中包含阻塞线程barrier，并调用 barrier.wait（）;

```
        _rti.AdvanceTimeRequest（_rti.m_NextTime）;
                }
```

在算法中，我们标出了对仿真实体动作执行的代码位置，通过将仿真实体的运行加入到仿真时间推进的主进程中这部分，就能保证仿真模型按照时间的推进来进行来进行状态的更新，进而保证仿真运行过程中各个业务模型的时间。

5.6 基于 MDA 的联邦式战术级装备保障仿真系统开发

5.6.1 系统总体结构设计

装备保障指挥训练仿真平台包括装备保障指挥系统和战术级装备保障仿真系统，其物理结构如图 5-43 所示：

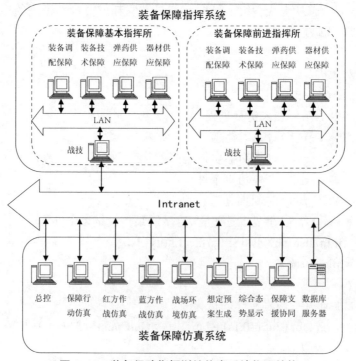

图 5-43 装备保障指挥训练仿真系统物理结构

装备保障指挥系统可按指挥所灵活设置,如基本指挥所和前进指挥所,各指挥所设一个战技指挥席位和若干个专业工作席位,如装备调配保障席、装备技术保障席、弹药供应保障席和器材供应保障席。战术级装备保障仿真系统由九个部分构成:总控、保障行动仿真、战场环境仿真、红方作战仿真、蓝方作战仿真、预案/想定生成、综合态势显示、保障支援与协同以及数据库服务器。

5.6.2　联邦式战术级装备保障仿真系统平台无关模型的建立

5.6.2.1　装备保障仿真实体的确定原则

实际作战系统包含着各种各样、千差万别的实体,大到一支作战部队(如集团军、舰队、飞行大队),小到一个士兵、一种装备、一种弹药、乃至一种零部件。作战仿真模型不可能像实际作战系统那样,由千千万万个活生生的士兵和装备构成。而是应该在一定的聚合级上有选择地构造若干实体信息模型,以实现特定的仿真应用。下面给出选取实体时应考虑的问题和遵循的原则:

实体分辨率适度原则。实体分辨率是指模型所描述的实体粒度。实体分辨率越高,仿真模型对作战单位描述越详细。然而,为了特定的仿真目的,并非分辨率越高效果越好。这是因为模型与实际的误差是必然存在的,当粗粒度的实体描述满足要求时,如果描述过细,则会产生积累误差,甚至冲淡主题,同时可能带来其他副作用,如占用大量的内存空间、计算量和通信量增加、时间延迟等。在平台级作战仿真中,实体的选择较为容易,一般都以单个武器系统平台为实体进行描述,如坦克营战术仿真模型,由许多单个坦克信息模型构成。在聚合级作战仿真中,需要在某一或某几个级别上确定作战实体。例如,在指挥训练仿真系统中,首先要确定训练哪些指挥员,其次则必须明确这些受训指挥员指挥的作战实体在模型中已经予以描述。

有状态向量原则。在决定模型中是否应包含某一实体时,应判定模型是否需要记录这个实体的某种信息,这些信息可能是仿真过程中所必需的中间数据,也可能是最终评价仿真应用的数据来源。如果回答是否定的,则该实体肯定不需要考虑。如果回答是肯定的,则该实体应予以保留,待后续的分析和优化后决定对它的取舍。假如某个实体只有一个或两个状态需要记忆,则该实体很可能应以状态变量的形式归为一个更大的实体。例如,在模型中如果只关心“士兵”(可能的实体)的人数,那么该信息可在“作战部队”实体中的士兵人数状态变量中描述。

有交互行为原则。在决定模型中是否应包含某一实体时,应判定模型是否需要描述这个实体与其他实体的交互信息,这些信息可能导致其他实体状态或行为的变化。如果回答是否定的,则该实体肯定不需要考虑。如果回答是肯定的,则该实体应予以保留,待后续的分析和优化后决定对它的取舍。

公共状态向量。实体是同一类事物的抽象,因此这一类事物应具有相同的状态向量。如果其中某个或某些事物(实例)的状态向量与其他实例的状态向量不完全相同,则该实体可能需要通过分类结构进一步分化为两个或多个实体。如作战保障分队可能需要进一步分化为工程保障分队、装备保障分队、后勤保障分队,而装备保障分队又可能分为弹药保障分队和维修保障分队。

公共交互行为。实体是对同一类事物的抽象，也表明它们具有相似的行为特征。如果其中某个或某些事物（实例）的行为与其他实例的行为不完全相同，则该实体可能需要通过分类结构进一步分化为两个或多个实体。

5.6.2.2 想定描述

这里以保障行动仿真、红方作战仿真、蓝方作战仿真三个邦员之间的一个简单想定过程为例，阐述基于MDA的联邦式装备保障建模仿真技术的应用过程。其他邦元、实体模型的开发可以参照此过程进行。

1.战术级装备保障仿真过程想定描述

下面选取了一个简单的想定过程，并对想定过程涉及的实体进行了PIM建模。想定描述如下：在红蓝对抗过程中，红军炮兵营以火力支持红军地面部队作战，蓝军则企图以各种火力摧毁红军炮兵阵地。由于受到火力的攻击，红军炮兵营不断提出保障需求。此时，红军装备保障分队需要采取相应的保障手段，以保障红军炮兵营保持最大的作战能力。

2.剧情分析

根据想定设计，仿真系统的PIM中必须表达的主要实体有：

（1）蓝军战术级作战力量，它的主要行为是探测红军炮兵营位置并对红军炮兵营进行火力打击。打击方式包括：航空火力打击、地面炮兵火力打击。

（2）红军炮兵营，它的主要行为包括组织现有火力对蓝军进行火力打击，支援红军进行地面作战；请求修理分队支援。

（3）战场抢修队，它是装备保障分队，主要负责组织战场修理人员和装备对战损装备进行修理。主要行为有：接收红军炮兵营提出的保障请求，对战场维修组和器材保障组下达保障命令；接收维修组支援请求，并作出相应的处理。

（4）战场维修组，它是装备保障分队的基层单位，在战场抢修队的指挥下完成战场抢修任务。主要行为有：接收战场抢险队的命令，按照命令要求完成火炮的修理任务，请求上级支援及随炮兵分队机动。

（5）器材供应组，它也是装备保障分队的基层单位，主要承担：在战场抢修队的指挥下完成装备保障器材的供给，支援战场维修组的行动。

按照上述分析，想定剧情的编制如表5-3所示。

表5-3　想定编制表

单位	编制	装备
红军炮兵营		24门火炮
战场抢修队	战场维修组（2个）	
器材供应组（1个）		
战场维修组	12人	维修工程车（1辆）及相关器材
器材供应组	12人	运输车（1辆）及相关器材

5.6.2.3 模型平台无关模型的建立

想定中平台无关模型实体及各实体之间的关系共包括九个类：战场抢修队类SupportTeam，保障组类SupportGroup（该类是维修组类、弹药器材供应组类的抽象父类），维修组类Maintaingroup，弹药器材供应组类EquipProvideGroup，工程车类EngineerVehicle，运输车类TransportVehicle，红方炮兵营类RedArtillery，火炮类ArtilleryPiece和蓝方战术级作战力量类Enemy，如图 5-44 想定实体类图所示。其中，战场抢修队类，保障组类，维修组类，弹药器材供应组类，工程车类，运输车类属于保障行动仿真邦员的内部实体模型、红方炮兵营类和火炮类属于红方作战仿真邦员的内部实体模型、蓝方战术级作战力量类属于蓝方作战仿真邦员的内部实体模型。

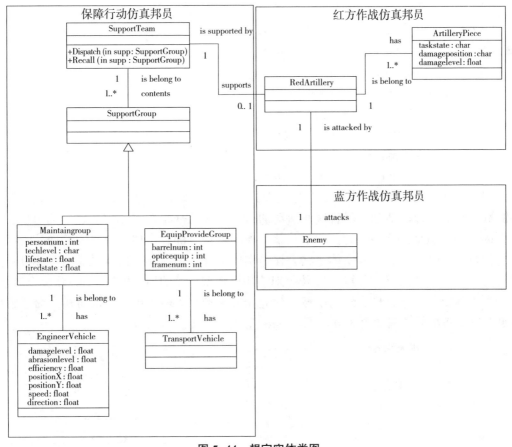

图 5-44　想定实体类图

SupportTeam类包括两个操作Dispatch（）和Recall（），这两个操作均以SupportGroup类或其子类为输入参数，表示战场抢修队对维修组或弹药器材供应组的派出和召回。也就是说，此处将装备机关的指挥职能放在SupportTeam类中处理，当红方炮兵营提出保障请求时，战场抢修队根据请求类别，对保障组进行下达派出命令。

MaintainGroup类的主要属性包括：

（1）人员数量personnum，类型为int；

（2）技术水平techlevel，为char，分为高，中，低三个等级；

（3）生命状态lifestate，类型为float，取值在［0，1］；

（4）疲劳程度tiredstate，类型为float，取值在［0，1］。

EquipProvideGroup类的主要属性包括：

（1）携带炮管数barrelnum，类型为int；

（2）带光学部件数opticequip，类型为int；

（3）携带炮架数framenum，类型为int。

EngineerVehicle类的主要属性包括：

（1）毁伤程度damagelevel，类型为float，取值在［0，1］；

（2）磨损程度abrasionlevel，类型为float，取值在［0，1］；

（3）维修工程车效率efficiency，类型为float，取值在［0，1］；

（4）X方向位置positionX，类型为float；

（5）Y方向位置positionY，类型为float；

（6）速率speed，类型为float；

（7）速度方向direction，类型为float。

ArtilleryPiece类的主要属性包括：

（1）任务状态taskstate，为char，包括：射击、机动、空闲、损坏和修理五种情况；

（2）损坏部件damageposition，为char，包括炮管、光学器件和炮架三种；

（3）损坏程度damagelevel，类型为float，取值在［0，1］。

同时，针对想定需求，仿真过程中需要进行指挥命令的解析以及机动、炮击、维修、装卸载等作战、保障活动。尽管这些活动的执行和触发都是在实体模型处于某一状态时发生的行为，但是，这些行为往往不是某个模型所特有的，比如红蓝双方的炮兵营都具有炮击行为，红蓝双方作战实体、红方保障实体（维修组或弹药器材供应组）都具有激动行为等等。这样，在模型设计时，依据对应用域模型子域的划分思想，可以将命令解析、行动等单独提取出来，形成新的子域，建立相应模型，以便于更广泛的重用。命令解析模型和行动模型的类图如图5-45，图5-46所示。

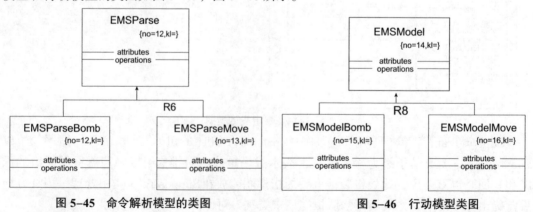

图5-45　命令解析模型的类图　　　　　　图5-46　行动模型类图

5.6.3　模型的转换

PIM向PSM转换主要包括xUML模型向面向对象语言平台的转换、xUML模型向关系数据库模型的转换，以及 xUML 模型向 FED 文件片断的转换。

　　装备保障仿真系统的开发采用 pitch 公司的 pRTI 软件。pRTI 是瑞典 Pitch 公司根据高层体系结构 1.3 版为基础开发的商业软件，目前该软件根据 IEEE1516 进行了升级改造，因此 pRTI 具有两个版本：pRTI1.3 和 pRTI1516，并且都通过了美国防部的商业性测试。我们的开发采用 pRTI1.3 版本且采用 Java 开发语言。对于数据的存储和管理系统采用 Oracle9i 数据库管理系统。下面针对这两种平台，对实体模型的转换进行详细分析。

5.6.3.1　面向对象语言平台转换

　　以火炮类为例，首先，对于每个公有属性进行属性转换。比如公用属性工作状态 taskstate，在 PSM 中将公有变为私有，同时增加读写函数：gettasktaskstate（）和 settasktaskstate（）。

　　接着，进行关联关系的转换。火炮类与红方炮兵营产生关联。对这种关联关系的转换使用隐式实现模式，即在火炮类中直接加入关联属性 redAritillery。

　　最后，按照类的转换规则进行转换。经上述规则变换后得到的类图如图 5-47 所示。

5.6.3.2　关系数据库的模型转换

　　这里以工程车类 EngineerVehicle 的 PIM 到关系数据库转换为例，描述 xUML 表示的 PIM 模型向 SQL 关系数据库平台转换的过程。

　　EngineerVehicle 类属性的数据类型包括 integer 和 Real 型。进行转换时，按照规则描述的映射关系：INTEGER< ~ >NUMBER（6），REAL < ~ >NUMBER（6,4），直接将 integer 型表示为 6 位的 Number 型，Real 型表示为整数部分 6 位，小数部分 4 位的 Number 型。这里，我们的转换没有设定参数，即所有的整型或实数类型都直接转换为默认的位数和精度。

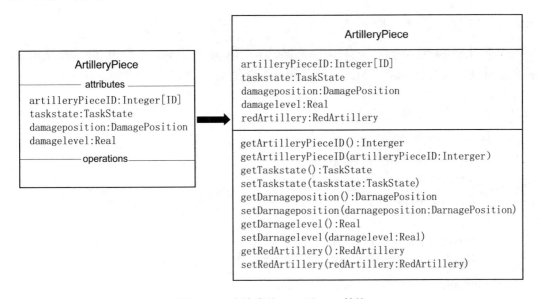

图 5-47　火炮类的 PIM 到 PSM 转换

对于 EngineerVehicle 中的属性向列的转换，由于各个属性均为基本数据类型，就可以直接建立关系数据库表，表名为 EngineerVehicle。同时，将各属性直接映射为表中的列。

EngineerVehicle 类到 EngineerVehicle 表的转换图如图 5-48 所示。

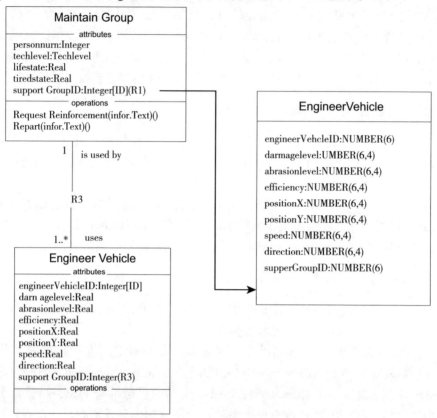

图 5-48　EngineerVehicle 类的转换图

5.6.3.3　FED 文件片段的转换

根据图 5-44 所示的想定实体类图，保障组类 SupportGroup，维修组类 Maintaingroup，弹药器材供应组类 EquipProvideGroup 之间具有泛化关系，根据变换规则，

可以生成如下 FED 文件片段：

（class SupportGroup

　　（attributeorparameter supportGroupID）

　　（attributeorparameter supportTeamID）

　class Maintaingroup

　（

　（attributeorparameter personnum）

　　（attributeorparameter techlevel）

　（attributeorparameter lifestate）

　　（attributeorparameter tiredstate）

　）

```
class EquipProvideGroup
(
( attributeorparameter barrelnum )
    ( attributeorparameter opticequip )
( attributeorparameter framenum )
    )
    )
```

这种文件片段并没有区分该类是联邦成员内部运行所需还是用于 HLA 仿真运行的对象类、交互类，并不能对 FED 文件片段进行简单组合即用于仿真初始化。在 FED 文件正式使用前，须进行二次整合修改。

5.6.4　模型集成

5.6.4.1　联邦成员的集成

形成 PSM 后，PSM 可以先进行集成然后在转换成代码，亦可进行代码的转换再集成代码最终形成可运行的系统。本章在仿真系统开发时，采用了后一种方法。值得说明的是，处于不同阶段的模型虽然形式有所不同，但集成方法和原理可以是相同的。

1.业务模型集成

在作战仿真，特别是大规模的作战仿真过程中，机动能力几乎是所有的作战实体都具有的特征。一般地，作战实体的机动过程如图 5-49 所示。首先，上级指挥实体向下级作战实体下达机动命令，实体获得命令后准备机动；然后，通过解析命令参数，获得如行进路线、目标位置等机动参数；之后，查询地理信息，判断路况，如果在首选道路上发现无法排出的障碍，则判断是否有备选路线：有，则选择新路线；没有，则上报情况，原地待命。如果未发现障碍，则根据地况信息，确定机动速度，开始机动。按照仿真的方式，机动一段判断是否到达目的地，是，则停止；否，则重新获得地理信息，进行新一轮的判断，最终执行完成命令。

实体模型是所有命令的接收点和行动的执行点。首先，实体模型接收上级实体模型发出的机动命令；机动命令解析模型读取机动参数并在内存保存，供机动行动模型采用；之后，机动行动模型根据相应的运动规则进行机动，完成机动命令。

这里就以弹药器材供应组模型、机动命令解析模型和机动行为模型的集成为例，说明这种业务模型的集成问题。这种集成算法的代码片段，如下所示：其中，EquipProvideGroup 表示弹药器材供应组模型，EMSParseMove 表示机动命令解析类，EMSModelMove 表示机动行动类。

```
//定义机动命令表示变量
Public EMSInterfaceCommand outCommand;
//接收命令，newCommand 为新接收的命令
Public  EMSInterfaceCommand CommandParse（newCommand）
{
outCommand=newCommand;
```

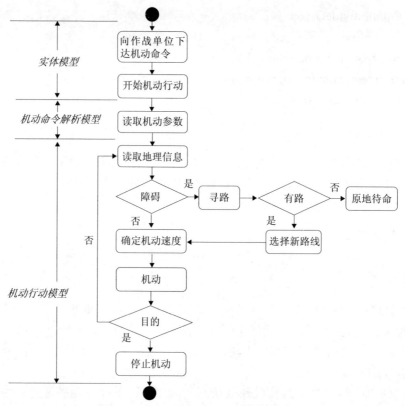

图 5-49 作战模型机动过程示意图

return outCommand;

}

// EquipProvideGroup 的命令解析函数

Public Void CommandParse（ ）

{

private EMSParseMove m_move;

// EMSParseMove 的解析函数在这里被调用，算法代码用斜体加下划线的表示标明了调用函//数的位置

m_move. Parse（outCommand）;

}

…

// EMSParseMove 的解析函数

EMSParseMove Void Parse（EMSInterfaceCommand outCommand）

{

//分析外部命令数据

//解析该条外部命令，生成内部命令列表

//内部命令列表

private EMSInterfaceAction theComm;

```
        theComm.m_sFedName=outCommand.m_sFedName;
        theComm.m_sGroupCode=outCommand.m_sGroupCode;
        theComm.m_nCommandOutID=outCommand.m_nCommandOutID;
        theComm.m_nState=outCommand.m_nState;
        theComm.m_beginTime=outCommand.m_beginTime;
        theComm.m_endTime=outCommand.m_endTime;
        theComm.m_execTime=outCommand.m_execTime;
        theComm.m_sCommandInCode="JD001";
        theComm.m_sActionCode=ACTION_MOVE;
//保存路线
private EMSInterfaceAction tComm=new EMSInterfaceAction（&theComm）;
        tComm.m_sPara[1]=outCommand.m_sPara[2];
        tComm.m_sPara[2]=outCommand.m_sPara[3];
        // m_CommandList 为内部命令保存列表
m_CommandList.AddTail（tComm）;
    }
// EquipProvideGroup 的命令执行函数
Public integer Move（）
{
    private integer cCount=0;
    if（m_CommandList.GetCount（）==0）
        return 0;
        //执行
    private POSITION pos=m_CommandList.GetHeadPosition（）;
    for（integer i=0;i<m_CommandList.GetCount（）;i++）
    {
    private EMSInterfaceAction  theCommand=m_CommandList.GetAt（pos）;

        //判断是否满足执行条件：开始时间等因素
//        if（theCommand.m_beginTime>simTime）
//        {
//            break;
//        }
        if（theCommand.m_sActionCode==ACTION_MOVE）
        {//机动
            float x,y;
    x=...;
y=...;
private EMSModelMove m_modelmove;
```

// EMSModelMove 的机动行为函数在这里被调用，算法代码用斜体加下画线//的表示标明了调用函数的位置

```
    integer hr= m_modelmove.Run（m_sGroupCode,x,y,rate,*iTime）;
        if（hr==0）
            {
                //该行动完成，从任务列表中删除
                …;
            }
            …
        m_CommandList.GetNext（pos）;
    }
    return cCount;
}


Public integer Run（String sGroupcode, double x, double y, double rate,int iTime）
{
    private EntMarkMeta cEntm;
    private String sLayerName;
    private String sMarkID;
    private float stepdis=（rate>1000?1000:rate）*1000/3600*（iTime）;
    //调用机动模型函数
    if（cEntm.IsMarked（atol（sGroupcode）,&sLayerName,&sMarkID））
    {
        private OperateJBMap opt;
        private FPOINT targetPoint;
        targetPoint.x=x;
        targetPoint.y=y;
        if（opt.MarkMoveToNextPoint（sLayerName,sMarkID, stepdis, targetPoint）==0）
            return 0;

        return 1;
    }
    else
    {
        TRACE（"--%s not be marked----------\n",sGroupcode）;
        return 1;
    }
    return 0;
}
```

2.联邦成员的实现

对于一个独立的联邦成员来说，它通过实例化一个 subFederate 类，就能实现与 RTI 所有功能的集成，同时 subFederate 类中设计了仿真联邦成员运行的主线程，对于业务模型集成后的代码运行就是放在这个仿真主线程中调用进行的。

5.6.4.2 FED 文件集成

对于 FED 文件的集成，应当在 HLA 仿真专家的指导下进行。由于生成的 FED 文件片段是所有类及其子类的文档片段，因此，首先根据仿真实际需要，划分出用于外部交互的类和内部交互的类。只有用于外部交互的类才是 FED 文件中包括的类。其次，将用于外部交互的各个平台相关模型划分为对象类和交互类。根据划分的不同，将属于对象类的 FED 文件片段整合在一起，将 FED 文件片段中的 Attrstring 进行修改，由 attributeorparameter 变为 attribute，同时在属性名称后，添加传输方式。将属于交互类的 FED 文件片段整合在一起，并在类名后添加交互类的传输方式。同时，将 FED 文件片段中的 Attrstring 进行修改，由 attributeorparameter 变为 parameter。依据上述规则，集成后的 FED 文件如下：

（FED
　　（Federation FederationName）
　　（FEDversion v1.3）
　　（objects
　　（class ObjectRoot
　　　　　　（attribute privilegeToDeleteObject reliable receive）
　；；对象类描述
（class Enemy
　　（attribute enemyID reliable timestamp）
　　　　）

　　（class RedArtillery
　　　　　　（attribute redArtilleryID reliable timestamp）
　　　　　　）
　　（class SupportGroup
　　　　　　（attribute supportGroupID reliable timestamp）
　　　　　　（attribute supportTeamID reliable timestamp）
class Maintaingroup
（
（attribute personnum reliable timestamp）
　　　　　　（attribute techlevel reliable timestamp）
（attribute lifestate reliable timestamp）
　　　　　　（attribute tiredstate reliable timestamp）
　　）

```
class EquipProvideGroup
(
（attribute barrelnum reliable timestamp）
                （attribute opticequip reliable timestamp）
（attribute framenum reliable timestamp）
    )
  )
    （class Manager
        )
  )
  )
（interactions
（class InteractionRoot reliable receive
；；交互类的描述
…
    )
  （class Manager reliable receive
      )
  )
  )
```

5.6.5　仿真过程及开发效率分析

5.6.5.1　仿真运行过程

下面对战术级装备保障仿真系统运行时，部分邦员的运行情况进行简要分析。

1. 态势显示邦员

态势显示邦员用来显示仿真全过程中红蓝双方作战、保障单元的位置变更和动作行为，该邦员可以分层显示红方态势和蓝方态势，以便于观察各方和整个战场的态势变化情况，为指挥系统提供指挥依据。仿真运行初始态势显示了作战区域和红、蓝双方的力量部署，如图5-50所示。使用导航窗口可以调节态势显示的范围。

2. 保障行动联邦成员

保障行动邦员是装备保障仿真系统的重要邦员，它负责执行所有保障行动模型，完成保障任务的仿真过程。图5-51显示了保障行动邦员的初始化界面。

该界面由保障力量编制窗口、保障力量编成窗口，当前时间步长仿真过程报告窗口和时间显示窗口组成。时间窗口显示的分别是当前的物理时间和仿真时间，左侧显示的是保障力量的编制窗口，下方显示的是保障力量战时编成窗口，同时可以显示保障单元的状态和位置信息。当前时间步长仿真过程报告窗口用于显示该联邦成员中，赋予任务的各保障单位当前时间步长的动作执行状态。仿真运行开始后，各军标表示的单位可按照想定执行相应的命令，完成指定任务。比如，机动过程就可以从态势图中显示出来。

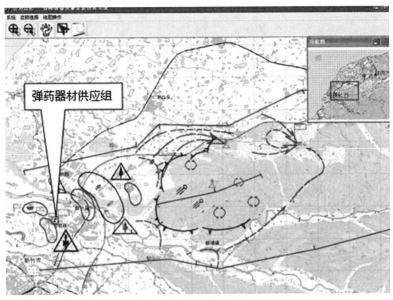

图 5-50　初始态势显示

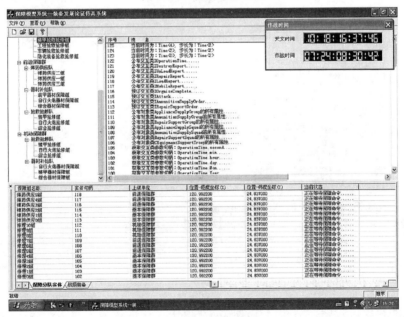

图 5-51　保障行动联邦成员初始界面

图标表示一个弹药器材供应组，图 5-50 标示了某弹药器材供应组的初始位置，图 5-52 标示了该小组机动后的位置。

同时，在当前时间步长仿真过程报告窗口中，也可以看到小组机动的消息报告，如图 5-53 所示。

图 5-52 弹药器材供应组机动态势显示

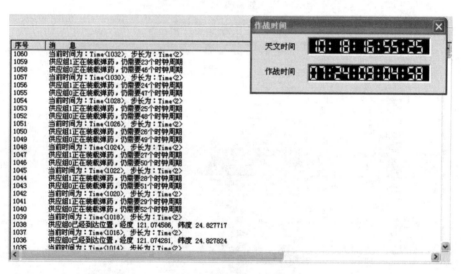

图 5-53 机动消息显示

5.6.5.2 开发效率分析

在系统的建模过程中，对比以往使用的建模仿真技术，基于MDA的联邦式装备保障建模仿真技术具有以下优势：

在PIM建模阶段，采用六元抽象技术，对模型进行了BNF范式表达。借助这种表达方式，能够明确表示出系统需求，形成业务领域模型抽象的共同标准，便于业务领域专家掌握。同时，BNF范式易于建模仿真人员理解，并直接采用基于六元抽象的xUML技术进行PIM建模。

以往的软件系统开发，一般在总体设计阶段就确定了系统的开发平台，于是在模型设计时或多或少地涉及到了平台的相关知识，不利于模型在其他不同平台上的重用。而基于MDA的联邦式装备保障建模仿真技术，将模型分为PIM和PSM，并采用统一的建模语言进行PIM开发，从概念模型阶段保证了模型的重用。在HLA开发中，RTI工具通常支持 Java 和 VC++ 两种面向对象语言平台的仿真开发。在建模时，开发人员可以选择自己熟悉的面向对象语言平台进行 PSM 设计及代码的编写，这样的优点是，建模人员能够采用自己熟悉的语言进行开发，从而提高模型、代码的开发质量，节约系统开发时间。以 3 个开发人员为例，其中 2 个熟悉 Java（1 号开发人员，2 号开发人员），1 个熟悉 VC++（3 号开发人员）。如果 3 个人技术都熟练，分工协作，完成开发需要 1 个月。按照以往的方法，首先培训 3 号人员，以他达到一般熟悉水平为准，至少需要 7 天（按 0.25 个月计），其开发速度较慢，完成预定任务需要 1.5 个月，这样完成整个任务需要 1.75 个月。本章所讨论技术与以往技术的开发效率比为 1/1.75=0.57。

　　子域概念的采用，将模型进一步细化，再次提高开发效率。如在本节系统开发中，机动行为是作战邦员（红蓝方）、保障邦员内部保障实体（维修组、弹药器材供应组）都具有的行为，因此作为一个行动模块进行开发，各个实体通过模型接口调用实现机动行为；如果不将其单独提取形成模型，就需要分别为不同实体开发机动模块（这里是四个模块），开发效率降低为 1/4。

　　采用 xUML 语言，保证了从概念模型阶段就可以对模型的建模正确与否进行校验。使用 xUML 进行 PIM 建模，使得 PIM 采用相关工具即可进行模型的 VV&A，从建模的最初阶段就保证了模型的正确性，可以有效降低模型的修改次数，节约模型校验的开销。

第6章 战术级装备保障CGF建模

6.1 引言

装备保障指挥模拟训练是平时进行装备保障指挥人员和参谋人员作业训练的有效途径，也是研究和探索多军兵种联合作战装备保障模式、保障手段和保障方法的重要手段。装备保障系统是整个作战体系的一个子系统，装备保障系统的仿真研究，离不开其所处的外部环境—作战系统的研究。本章面向战术级装备保障指挥模拟训练系统的开发和应用，分析战术级装备保障指挥模拟训练联邦的基本构成，阐述其中的战术级装备保障仿真模型—装备保障计算机生成兵力（Computer Generated Forces，CGF）的分析与设计。

用于作战（保障）指挥训练的CGF是一种典型的聚合级仿真模型。CGF建模与仿真技术的发展，一方面得到了广泛的军事应用需求的强力牵引，另一方面得益于计算技术、人工智能技术和网络技术的有力推动。兴起于20世纪70年代的Agent技术作为人工智能技术新的发展方向，已经成为研究复杂系统的重要手段。一般认为Agent是可以感知其所处环境，并且能根据自身的目标，作用于环境的计算实体。另一方面，单个智能Agent的能力受其知识、计算资源的限制，不能解决大型、复杂的分布仿真系统问题。因此，多个交互的Agent组成的系统成为解决复杂问题的重要手段。由于多Agent系统适合于模拟人类社会系统和社会活动的特点，在美国等西方国家的很多作战仿真系统中得到了广泛的应用，如IFOR[109]、WARSIM2000[110]、CFOR[111]、OneSAF[112]等。此外，Agent的移动性（通过网络迁移到另一台计算机上运行的特性）、学习性等特性也有助于更加逼真地模拟作战实体的战场行为。聚合级CGF建模与仿真中所涉及的智能行为建模、指挥控制建模等问题都在这些技术的推动下，不断地得以解决和延伸。由此可见，利用Agent技术实现聚合级CGF在技术上有相当的优势，它提供了一种统一的模型框架，从而为聚合级CGF的研究提供了一种统一的技术策略。

下面将按照FWS的技术体制，以HLA/RTI为运行支撑平台，探讨战术级装备保障CGF的建模及仿真应用[113]。

6.2 战术级装备保障CGF应用框架

6.2.1 战术级装备保障指挥模拟训练联邦应用需求

战术级装备保障指挥模拟训练联邦（以下简称训练联邦）的应用目的是为装备保障

指挥员提供逼真的战场仿真环境，从而训练装备保障指挥员的战时组织指挥能力和战场应变能力。因此，该训练联邦应包含战术级红蓝兵力对抗仿真联邦成员，以形成一种逼真的虚拟战场环境，产生动态的装备保障任务需求；在此基础上，再加入装备保障仿真联邦成员以及其他辅助联邦成员，从而构成一个完整的支持装备保障指挥训练的联邦应用系统。

战时装备保障系统，可分为指挥层和操作层。指挥层是指战术级装备保障指挥机构和指挥员，操作层是指装备保障分队。在战时，装备保障分队的工作就是根据装备保障指挥员的指令开展具体的装备保障活动，如派出装备保障小组执行命令赋予的保障任务，同时感知战场态势信息，并按军事规则及时向指挥员汇报各种情况等。装备保障指挥员在战时的主要任务包括：掌握敌我战场态势和所属分队的现实状况及活动进程，了解首长作战决心和作战方案，掌握所属保障分队、装备（器材）仓库的情况（人员伤亡、装备损坏、物资消耗、现有数质量情况等），根据首长决心和指示，拟制保障方案，指挥和控制所属装备保障分队的行动等。

从装备保障指挥机构战时的工作程序、工作内容和工作方式来看，其工作本质上是以信息获取、信息处理、信息传递为基础的，即通过接收上级的命令、指示、通报等明确自身任务，了解战场综合情况；通过获取下级的报告、请示等了解保障情况；根据上级的命令、指示和部队的实际情况拟制保障计划、提出保障建议、下达保障命令（或指示）。因此从外部看，装备保障指挥训练过程就是装备保障指挥员不断的信息输入和输出过程。输入，即从多方面获取支持装备保障指挥决策的各种信息；输出，即装备保障指挥员将决策的行动方案以保障命令（或指示）的形式下达给装备保障部（分）队。

6.2.2　战术级装备保障指挥模拟训练联邦结构框架

为了支持装备保障指挥员的模拟训练，就需要以装备保障指挥员为核心，构建一个能为装备保障指挥员提供逼真的输入和输出的虚拟战场环境。为此，按照 FWS 技术体制，以 HLA/RTI 为运行支撑平台，来构造战术级装备保障指挥模拟训练联邦，如图 6-1 所示。其中，由作战群队指挥邦员和作战群队 CGF 邦员模拟红蓝双方的作战部队行动，由装备保障指挥邦员和装备保障 CGF 邦员模拟装备保障力量的行动，由导调邦员模拟上级的支援行动，由战场环境邦员模拟作战（保障）部（分）队所处的自然环境，由总控邦员负责实现联邦的初始化和运行管理，由数据库邦员负责实现其他邦员共享数据的管理。

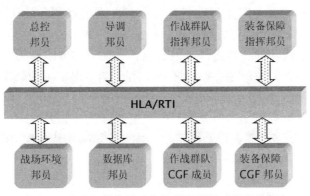

图 6-1　战术级装备保障指挥模拟训练联邦结构框架

6.3 战术级装备保障CGF建模需求分析

6.3.1 战术级装备保障力量

在战术级装备保障指挥模拟训练联邦结构框架中，装备保障活动的模拟由两部分构成：由真实的指挥员（受训者）借助指挥信息系统充当的装备保障指挥邦员和由模拟保障分队执行指挥员命令的计算机仿真模型，即装备保障CGF邦员。因此，战术级装备保障CGF仿真实体要素就是战术级装备保障分队，是指可以直接用于战术级装备保障的人力和物力的总和。人力要素，是指装备保障人员和机构；物力要素，包括人力要素在装备保障活动中自身所需要的物资和提供给装备保障对象（作战力量）的物资，如运输工具、维修车辆、维修设备、维修工具、维修备件、弹药等，是装备保障力量中的物的因素。

在装备保障建模与仿真过程中，由于装备保障力量要素种类繁多，不可能将每一类实体要素作为仿真实体，因此，确定仿真实体的粒度是装备保障CGF邦员设计的关键。通常在大规模作战仿真中，由于需要在较高的层次上、大粒度的关注各类作战实体，一般需要建立大粒度的聚合体仿真模型，而很少或很难使用高分辨率的小粒度实体仿真模型。一方面由于高分辨率仿真模型很少涉及对高层指挥、决策等信息的描述，因而不能满足高层模拟的需要；另一方面由于高分辨率作战模型对作战问题或现象描述太详细以致于对一些结果难于提供明确的、具有说服力的解释。高层次的仿真模型一般将单个人员和武器聚合成一个单元，一方面通过单元间联系和交互的模拟体现指挥及作战行动过程，另一方面也使仿真实体的数目降低到可管理的程度。因此，在作战指挥模拟训练系统开发中，为了训练指挥员，一般将仿真实体的粒度确定在直接接受、执行指挥员命令的级别上，并在该级别的内部进行适当的细化，以达到满足指挥训练所需的仿真精度。

在信息化的局部战争中，战术级作战分队一般都采用分群式作战编成和部署样式。与之相适应，装备保障力量也是分群式编成和部署的。装备保障分群部署，是指将装备保障机关、分队、上级加强和地方支援的装备保障力量，按照战斗群（攻击群）的作战部署和任务区分及对装备保障的要求，将装备保障力量编成若干个综合保障群分别对各战斗群（攻击群）实施保障的一种部署形式。通常情况下，分群部署时，其中一个装备保障群配置在纵深便于机动的地形上，作为装备保障的预备力量，完成装备保障指挥所临时赋予的装备保障任务；其余各装备保障群，分别配置在各战斗群（攻击群）附近，遂行伴随保障任务。采取分群部署的方式，既与战斗部署相适应，也增强了保障的针对性。同时，也有利于提高战斗群（攻击群）的独立作战能力和保障能力，是高技术条件下局部战争中组织实施装备保障的主要形式之一。图6-2给出了一个陆军师装备保障力量编组基本样式。

在战术级装备保障指挥模拟训练联邦中，按照群队式部署样式，装备保障CGF邦员所模拟的实体要素是装备保障群以及群下辖的装备保障队和装备保障组。

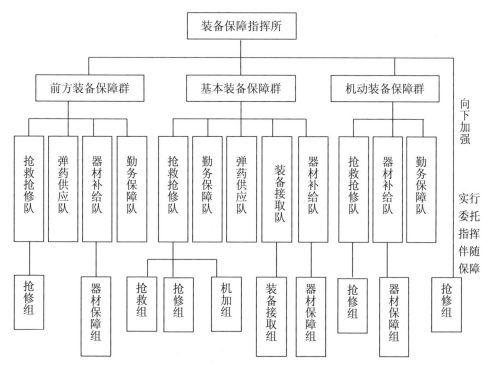

图 6-2　装备保障力量编组基本样式

6.3.2　战术级装备保障力量任务区分

战术级装备保障力量的编组，应根据部队的作战行动和保障任务的需要，将装备保障力量统一编成相应的保障机构来实施保障。当采取分群式编组样式编成装备保障机构时，通常是将现有装备保障力量编成若干个综合保障群，如前方（前进）保障群、机动保障群和基本保障群等，并使每个保障群都具有综合保障能力，其编成和任务分别是：

1. 前方保障群

前方保障群通常由修理分队的部分技术力量和弹药、器材及仓库的保管人员组成，配备维修工程车、牵引车和相应的运输车辆，由装备装备指挥员指定一名干部负责，与保障对象配置在同一地区，也可配置在侧后或之后。通常根据作战群队的编成情况可编二至三个前方保障群。

前方保障群主要任务：接受装备保障指挥员的命令，遂行伴随保障任务，负责对前方战斗群的弹药、器材等物资的补充；对淤陷、故障、战伤装备的抢救修理；及时将保障情况上报装备保障指挥员。

2. 机动保障群

机动保障群由修理分队的部分技术力量或上级加强的技术力量组成，配备维修工程车、牵引车和相应的运输车辆，由装备保障指挥员指定一名干部负责，通常配置在预备战斗群或纵深攻击群之后，便于隐蔽、便于机动的地形上。

机动保障群的主要任务：接受装备保障指挥员的命令，支援武器装备战伤较多的部队（分队）的抢救修理；接替失去保障能力的装备保障群的保障任务；遂行装备保障指挥员所临时赋予的保障任务等；及时将保障情况上报装备保障指挥员。

3. 基本保障群

基本保障群由修理分队、上级加强和地方支前的技术力量，以及弹药、器材和仓库保管人员组成，配备维修工程车、牵引车和相应的运输车辆，由装备保障指挥员指定一名干部负责，通常配置在第二梯队团（营）之后或附近，便于隐蔽，利于机动的地形上。

基本保障群的主要任务：接受装备保障指挥员的命令，派出技术力量实施现地抢救、抢修或接替前方（前进）保障群的保障任务；负责接取前方（前进）保障群移交的待修装备，并进行抢救抢修；对无力修复的装备负责移交上级处理；对所需弹药器材的单位给予前送补充，并接收上级送来的弹药与器材等物资；及时将保障情况上报装备保障指挥员。

4. 保障队、保障组

每个保障群里按照保障任务的性质编成若干个抢救抢修队、弹药保障队和器材保障队等。每队有一名干部负责组织指挥。同时，为便于实施保障任务，每个保障队内可按功能编成若干个不同类别的保障组，如：装甲修理组、自行火炮修理组、工程机械修理组、军械修理组、汽车修理组、弹药供应组、器材供应组等。

6.3.3 战术级装备保障力量外部关系

战术级装备保障CGF，作为战术级装备保障指挥模拟训练联邦一个邦员，其模型模拟的仿真实体就是战术级的装备保障力量，即按分群编组的装备保障群。以陆军师装备保障为例，师装备保障群就是师装备保障CGF的建模与仿真对象。在陆军师作战（保障）力量体系中，如图6-3所示，师装备保障群受师装备保障指挥所（简称师装指）的指挥控制，可能得到集团军装备保障群的力量支援，对师作战群队实施支援保障。

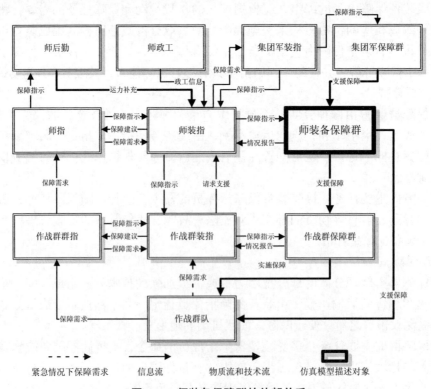

图 6-3 师装备保障群的外部关系

如果师装备保障指挥所设三个受训席位：战技参谋席、弹药助理席、维修助理席，则指挥所与保障群之间的信息交互成为装备保障 CGF 模型描述和处理的核心，它们之间的相互关系如图 6-4 所示。

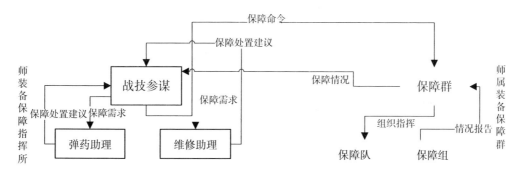

图 6-4　装备保障群内部结构及与指挥所的关系

6.3.4　战术级装备保障力量主要活动

在战时，无论是何种层次、何种类型的装备保障，其基本任务是组织实施装备保障指挥、装备技术保障、装备调配与物资保障，以质量良好的、齐全配套的装备，有计划并及时、准确地保障部队作战需要。

如上所述，战术级装备保障 CGF 仿真实体要素是装备保障群、保障队和保障组，三者的关系是装备保障群接受装备保障指挥员（受训者）的命令，然后组织指挥所辖的保障队和保障组执行指挥员的命令、完成所赋予的保障任务，如图 6-5 所示。

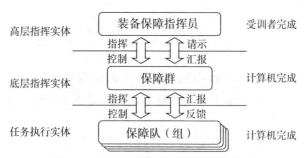

图 6-5　战术级装备保障指挥控制关系

装备保障群、保障队、保障组的主要活动如下：

1.保障群的指挥控制

相对于装备保障指挥员而言，保障群属于命令执行层的实体要素。但是，保障群及其下辖的保障队和保障组并非完全机械式执行命令，而是在一定程度上具有自主决策、自主执行的能力。保障群的主要活动或任务职能就是在接受装备保障指挥员的命令后，再组织、指挥、控制、协调所辖保障队和保障组完成指挥员所赋予的任务。从保障群与保障队（保障组）的关系来看，保障群是指挥控制实体，保障队（保障组）是任务执行实体。这两类实体的活动构成了执行装备保障指挥员命令的过程。

2.维修保障队、保障组的装备维修保障

装备维修保障，是为保持和恢复武器装备的良好技术性能而采取的各种技术措施及相关保障活动的统称，是战术装备保障的重要内容，是保持、恢复和提高战斗力的重要手段。主要包括：装备抢救、抢修、后送及维护保养等。

3.物资保障队、保障组的物资供应保障

装备物资保障，是指为保障部队作战需要而组织与实施武器、器材、弹药的筹措、储备、补给、管理的全部活动，主要包括装备供应、弹药供应、维修器材供应三个方面。在战时装备保障指挥模拟训练联邦的研究中，只关注了频繁发生的弹药供应保障和维修器材供应保障活动。

6.3.5 战术级装备保障CGF建模框架

6.3.5.1 战术级装备保障CGF逻辑建模框架

战术级装备保障系统由若干保障群构成，而每一个保障群又下辖的若干保障队和保障组。因此，战术级装备保障CGF由若干保障群模型构成，保障群模型中又嵌入了保障队和保障组模型。

根据上面的仿真实体要素活动分析，可以对保障群模型规划三类子模型：指挥实体模型、执行实体模型和辅助功能模型，如图6-6所示，图中的单向箭头表示模型调用关系，双向箭头表示数据交互关系。

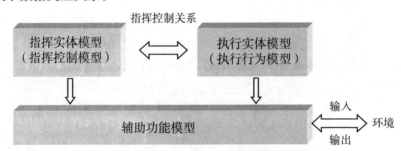

图6-6　战术级装备保障CGF逻辑模型结构

指挥实体模型，模拟保障群主任对所辖保障队和保障组的指挥控制过程，称之为指挥控制模型；

执行实体模型，模拟保障队和保障组执行保障群主任的指示，完成保障任务的过程，称之为执行行为模型；

辅助功能模型，主要包括接口通信模型、实体管理模型。接口通信模型用于实现保障群模型与外部环境（其他邦员）的输入和输出，实体管理模型用于实现仿真实体的创建、运行状态标记和删除等的管理机制。

6.3.5.2 战术级装备保障CGF智能体建模框架

战术级装备保障力量，即装备保障群、保障队和保障组，都是由人力要素和物力要素构成的聚合体，在战场上执行命令过程中都具有一定的智能行为。因此，不宜将这些仿真实体看成完全被动的、刚性的对象，进而采用标准的面向对象的软件工程方法建模；而应将这些仿真实体看作是具有目的性和主动性的智能主体，使其具有"自主性"、"会合作"、"能学习"的特征，通过实体及实体间的智能行为来尽可能逼真地模拟战术级装备保障分队在实际复杂战场上的真实行为，对这些仿真实体应采用面向智能体（Agent）的软件工程方法。所以，战术级装备保障 CGF 模型应是一个包含若干装备保障群智能体、保障队智能体和保障组智能体的多 Agent 系统。其中，保障群智能体模拟保障群在受领师装备保障指挥员做出的装备保障命令后，根据保障群状态和战场态势，做出完成任务的具体规划，进一步组织指挥所属保障队和保障组，完成上级赋予的任务，必要时还可根据上级的命令和战场情况进行重新规划。保障队（组）智能体模拟的是保障任务的具体执行者，在执行保障群智能体下达具体任务后，自主地执行具体的保障任务，包括机动、装备抢救抢修、弹药供应、撤收、展开、隐蔽等行为，并智能地与所保障的作战群队进行交互。另外，还需要辅助功能智能体为仿真模型系统的良好运行提供必要的运行条件和机制，包括通信管理、模型管理、数据库管理等。这三类智能体的关系，如图 6-7 所示。

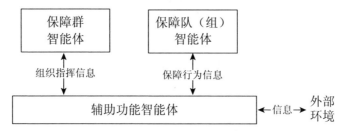

图 6-7　战术级装备保障 CGF 的智能体模型结构

6.3.5.3　战术级装备保障 CGF 的智能体行为建模需求分析

1.战术级装备保障 CGF 智能体行为建模用例分析

在战术级装备保障指挥模拟训练联邦中，直接触发战术级装备保障 CGF 运行的外部角色有三个：联邦总控人员、装备保障指挥员、训练导调人员。

（1）联邦总控人员

联邦总控人员通过装备保障 CGF 的"邦员管理功能"实现邦员的加入、退出，运行中暂停、重启，数据保存、加载等处理。

（2）装备保障指挥员

装备保障指挥员通过装备保障 CGF 的"命令执行功能"模拟装备保障部（分）队执行装备保障命令的活动过程和结果。战术级装备保障 CGF 仿真模型能够自主模拟的装备保障活动有两大类：

• 机动装备保障活动，简称机动保障。主要包括弹药的补充、调剂，战损装备的修理，装备的前接后送等。这类活动的特点是以前出、机动保障为主，受本级装备保障机构的指挥控制。

• 伴随装备保障活动，简称伴随保障。主要包括伴随弹药保障、伴随技术保障。这类活动的特点是由本级装备保障指挥机构在战前或战中根据上级命令和战场情况派出装备保障力量，携带作业工具或各种物资，伴随作战部队行动并适时实施保障。在作战过程中，本级装备保障机构不再对其活动进行直接干预，作战行动结束后，视情归建。

在上述两类活动中，保障部（分）队需要实施多种战术和技术动作，主要包括保障力量部署，保障小组派生、归建、展开、转移、机动、隐蔽等，这些是完成前面两类装备保障活动不可或缺的保障行为。

（3）训练导调人员

训练导调人员通过装备保障CGF的"导调响应功能"实现对上级保障力量的加强与调配行为效果的模拟。

根据以上关于装备保障CGF仿真模型的功能与相关角色的分析，可绘出战术级装备保障仿真模型的用例图，如图6-8所示。

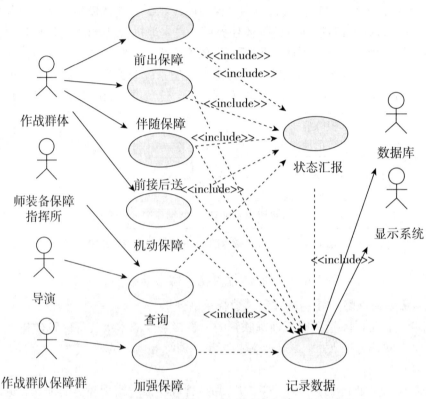

图6-8　装备保障CGF的智能体行为建模用例分析示意图

2.战术级装备保障CGF智能体行为建模实例分析

在战术级装备保障活动中，机动装备保障活动和伴随装备保障活动是两类基本的装备保障活动，下面就这两类保障活动过程进行实例分析，前出装备保障活动以弹药保障为例，伴随保障活动以伴随维修保障为例。

（1）弹药保障活动过程描述

弹药保障是指为保障作战部队完成作战任务而展开的弹药筹措、储备、补给及运输行动的统称。仿真模型所模拟的弹药保障活动包括保障群的指挥控制行为和隶属于保障群的弹药保障队的任务执行行为，主要分为以下几个基本行动：

·保障群接受装备保障指挥员的弹药补给命令，根据自身状态和战场态势作出派生出一个弹药保障队的具体规划并下达；

·后勤保障单位根据申请所需车辆派生运输分队，运输分队从配属地域机动到弹药保障队所在地域；

·装卸人员将弹药装车；

·弹药运输队向被保障单位所在地机动；

• 弹药保障队机动到目的地后组织卸车;

• 弹药保障队卸车完毕后运输车辆返回,视情归建。

弹药保障全过程的活动如图 6-9 所示,其中保障群的内部具体活动如图 6-10 所示。

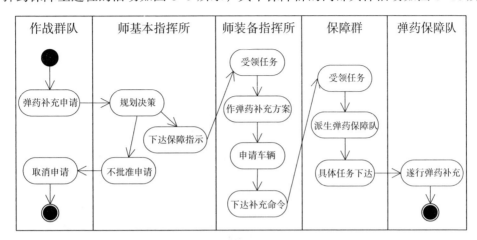

图 6-9　弹药保障全过程活动示意图

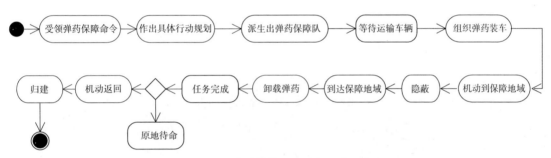

图 6-10　保障群弹药保障过程活动示意图

（2）伴随维修保障活动过程描述

伴随装备保障活动,主要包括伴随弹药保障、伴随维修保障等。这类活动的特点是由本级装备保障机构根据上级命令和战场情况派出装备保障小组,携带作业工具或各种物资,伴随作战部队机动,本级装备保障指挥机构不再对其活动进行干预,保障对象(作战部队)的作战行动结束后,视情归建。伴随维修装备过程如图 6-11 所示。

6.4　战术级装备保障 CGF 模型设计

如前所述,战术级装备保障 CGF 模型本质上是一个由若干模拟装备保障群、保障队和保障组的多 Agent 系统。由于多 Agent 系统适合于模拟复杂的人类社会系统和社会活动,也为战术级装备保障 CGF 模型设计提供了有效的技术手段。

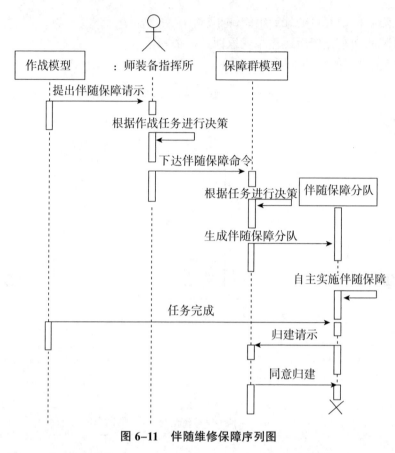

图 6-11　伴随维修保障序列图

6.4.1　多 Agent 系统理论 [114, 115]

6.4.1.1　Agent 概念

1.Agent 定义

　　Agent 在计算机领域的研究和应用起源于 20 世纪 70 年代美国麻省理工学院研究人员开展的一系列关于分布式人工智能的研究 [116]。Agent 的原意是"代理"，即一个人代表另一个人或另一个组织去完成某件（些）事情；在计算机领域，Agent 可以认为是被授权的"个人软件助理"，是一种在分布系统或者协作系统中能持续自主地发挥作用的计算实体，常简称为智能体。其最大特点是具有一定的智能性及良好的灵活性和分布性。特别适合对复杂、协同和难以预测的问题进行处理。

　　到目前为止，对 Agent 尚没有一个统一和权威的定义。不同的研究学者提出了不同的观点。Stan Franklin 对 Agent 的定义是这样的：Agent 是位于某一特定环境中并且其自身是该环境的组成部分之一的一种实体系统，它能够感知环境的变化并通过相应的行为作用于环境以达到其自身的目的，而且，它能够感知这种作用所带来的环境改变。M.Coen 认为：Agent 是可以进行对话、协商的软件。P. Maes 认为：Agent 是复杂动态环境中能自治地感知环境并能自治地通过动作作用于环境，从而实现其被赋予的任务或目标的计算系统。但其基本思想是"使软件实体能够模拟人类的社会行为和社会观，即人类社会的组织形式、协作关系、进化机制以及认知、思维和解决问题的方式"。

在 Agent 的众多定义中，比较通用的是 Wooldridge 和 Jennings 在 1995 年提出的定义：Agent 是处在某种环境中的计算机系统，该系统有能力在这个环境中自主行动以实现其设计目标。这个定义强调的是 Agent 的自主性。

关于 Agent 的另一个定义是这样的：软件 Agent 是一种计算机程序，它能采取自治的行为，通过与所处环境交互，以完成给定的目标。必要时，可以从一个环境迁移到另一个环境。这个定义强调了 Agent 的反应性、自治性和目标性，并且把社会性、学习性和移动性作为参考性质。

上述两个定义都是从广义的角度规定了 Agent 的特性，可看作 Agent 的弱概念。下面几条几乎涵盖了 Agent 所有可能具有的特点：

（1）自治性（autonomy）：Agent 不直接由人或其它东西控制，它对自己的行为和内部状态有一定的控制权。

（2）社会能力（social ability）/可通信性（communicability）/交互性（interaction）：Agent 能够通过某种主体通信语言（Agent Communication Language, ACL）与其它 Agent 交换信息，并协同工作。

（3）反应性（reactivity）：即对周围环境的感知和影响。Agent 能感知周围环境并对其间的变化产生实时响应，这些动作的执行基于知识库的规则或预定的执行计划；Agent 也能够主动地进行基于自身目标和信念的活动，以改变周围环境。

（4）推理性（reasoning）：Agent 可根据已有的知识和经验，以理性、可再生的方式进行推理。Agent 的智能由三个主要部件来完成，即内部知识库、自适应能力以及基于知识库的推理能力。

（5）学习和适应能力（learning and adaptability）：Agent 可以根据过去的经验积累知识，也可以修改其行为以适应新的环境。

（6）规划能力（planning）：根据目标、环境等的要求，Agent 应该至少对自己的短期行为做出规划。虽然程序设计人员可以提供一些常见情况的处理策略，但这些策略不可能覆盖 Agent 将遇到的所有情况。所以，Agent 需要具有生成规划的能力。

（7）时间连续性（longevity）：传统程序在用户需要时激活，不需要时或者运算结束后停止，Agent 与之不同，它应该至少在"相当长"的时间内连续运行。

（8）可移动性（mobility）：移动 Agent 可携带数据、指令和状态移动到其它环境中并在那里执行智能指令。

2.Agent 理论模型

对 Agent 理论模型的研究主要是从逻辑、行为、心理、社会等角度出发，对 Agent 的本质进行描述，为 MAS 的创建奠定基础。Agent 结构要解决的问题是 Agent 由哪些模块组成，这些模块之间是如何交换信息，Agent 感知到的信息如何影响它的行为和内部状态，以及如何把这些模块组合起来形成一个有机的整体。现在对 Agent 理论模型的研究可以划分为三种类型：

（1）慎思型 Agent（Deliberative Agent）：将 Agent 看作一个基于知识的系统，这主要是从符号人工智能直接沿袭过来的。Wooldridge 和 Jennings 将慎思 Agent 定义为："包含世界显式表示的、符号的模型，并且其决策（如执行什么动作）是通过逻辑（至少是伪逻辑）

推理、基于模式匹配和符号操作"。通常使用BDI（Belief-Desire-Intention，信念–愿望–意图）体系结构。

（2）反应型Agent（Reactive Agent）：不会推理，直接由感知触发动作。当在给定条件下有多于一个的适当的动作可以执行时，Agent可以并行执行，前提是这些动作相互之间没有干扰；如果这个前提不满足，Agent可以选择一个最佳的动作，也可以将多个动作组合为一个新的动作执行。反应型Agent的决策完全取决与当前状态，不考虑过去的状态。此外，反应型Agent也不包含用符号表示的世界模型，不使用复杂的推理。

（3）混合型Agent（Hybrid Agent）：慎思和反应的结合。前面讨论了Agent的慎思结构和反应结构，它们分别反映了传统人工智能和基于行为的人工智能的特点。无论是纯粹的慎思结构还是纯粹的反应结构都不是构造Agent的最佳方式。人们提出混合结构的Agent，使Agent既具有反应能力，又具有预动能力。因此，一般来讲，混合型Agent在结构上至少分两层，分别处理反应行为和预动行为。

3.BDI Agent

使用诸如信念、愿望等思维状态或意识属性来解释人类的行为一直是心理学界所采用的方法。心理学认为，人类的思维状态属性有以下几个方面:（1）认知，如信念意识等；（2）情感，如目标、愿望和偏好等；（3）意动，如意图、承诺和规划等。相应地，当前的Agent模型研究侧重于形式描述信念（Belief）、愿望（Desire）和意图（Intention），简称BDI。许多学者将Agent视为具有意图的智能系统，建立基于心智状态（mental state）的Agent模型。较有影响的是Cohen和Levesque的BDI模型以及Rao和Georgeff的BDI模型。在该模型中，Agent决策的制定过程是依赖于表达Agent的信念、愿望和意图的行为操作来实现的，因而更接近人类的思维方式。

这一模型的原型是哲学家Michael Bratman提出的人类实用理论推理模型，这一理论特别集中讨论了意图在实用推理中的作用问题，强调保持信念、愿望和意图的理性平衡，特别是在愿望与规划之间应有一个基于信念的意图存在。BDI理论认为，导致主体理性行为的关键不是愿望，也不是规划，而是信念与愿望结合产生的意图，处于愿望和规划之间的层次。

6.4.1.2 多Agent系统

多Agent系统是一些自主的Agent通过协作完成某些任务或达到某些目标而构成的系统。单个Agent的智能是有限的，但可以通过适当的体系结构把Agent组织起来，从而弥补各个Agent的不足，通过竞争、协作、协商等却显出智能化的系统行为，从而能够进行大规模的问题求解活动，使得整个系统的能力超过任何单个Agent的能力。这些Agent在物理上或逻辑上是分散的，其行为是自治的，他们为了共同完成某个任务，或达到某些目标遵守某种协议连接起来，通过交互与合作解决超出单个Agent能力或知识的问题。在多Agent系统中，人们所关心的是如何将已有的Agent组织起来，共同完成单个Agent无法胜任的工作，现实系统大多属于多Agent系统。

1.多Agent系统体系结构

系统中的Agent需要按照一定的结构组织起来，以相互通信和协作，这就需要为MAS选择合适的体系结构。MAS的体系结构主要分为以下几种类型：层次型

（Hierarchical），异构型（Heterarchical）和混合型（Hybrid）。

（1）层次体系结构（Hierarchical Architecture）

层次型认为在高级和低级控制层次间存在等级和主仆关系。高层控制器根据低层状态的简单模型进行调度和决策。如果执行时没有干扰，这种体系结构可以提供一个在全局上优化或近似优化的决策集合，因为高层控制者有全局观念。在层次性组织结构中，Agent 之间的协作更加容易，对协商过程中的通讯要求比较低，但是运行时传递的消息比较多。文献中使用的就是这种方法。

（2）异构体系结构（Heterarchical Architecture）

为了提高系统的健壮性，异构型框架被提了出来。在这种体系结构中，Agent 之间是平等的，它们通过相互协作做出自己的决策。由于 Agent 之间的协商是在同一层次进行的，因此问题的解决更加简单。异构体系结构提高了 Agent 的自治性，但却使协商变得更加困难。

（3）混合体系结构（Hybrid Architecture）

混和架构的开发者试图通过结合层次和异构两种框架来克服上面提到的一些问题。他们通过开发层次结构来提高全局性能，同时鼓励 Agent 之间的协调。文献中强调高层与低层控制单元的交互，用高层 Agent 的参与来提高系统的全局性，同时又有低层 Agent 保证系统的抗干扰能力。

2. 多 Agent 系统通信模式

多 Agent 中的 Agent 需要通过相互通信来进行协作。Agent 系统中常见的 Agent 与 Agent 通信的模式大致可划分为五种，分别是：无通信、消息传递、方案传递、黑板和 Agent 通信语言等。

（1）无通信（No Communication）模式

Agent 通过"理性"思考和推理而不以通信的方式，得到其它 Agent 的任务方案或计划。这种模式适用于 Agent 目标之间没有实质性的冲突的情形。显然，基于这种模式的 Agent 系统是一个紧密耦合系统，各 Agent 之间或者都是完全"透明可见"的，或者它们需要不断地思索和推理其它 Agent 所有的行动计划，而后者则可能带来并发理性推理的高计算复杂度。这往往会造成系统实现困难、性能降低、系统功能和规模不易扩展等限制和缺点。因此，这种系统基本上不具备 Agent 系统的优越性。

类似地，简单通信（Primitive Communication）模式企图使用数目有限的固定信号来完成通信，每个信号均有固定的含义和用途。该模式有利于避免 Agent 发生冲突，但它却限制 Agent 的协作，因为这些数目有限的固定信号不能表达 Agent 的请求、命令和复杂的意图等。

（2）消息传递（Message Passing）模式

这是目前软件系统（尤其是面向对象系统）中常用的传统方法，例如：（远程）过程调用、（远程）函数调用等。Agent 使用一组事先约定的格式和规则通过消息形式相互传递计算请求和处理结果。当特定状态出现或预先定义的事件发生（比如 Agent 收到其它 Agent 发来的消息，或者 Agent 感知到环境的某些变化）时，这些规则就会被激活，Agent 于是采取相应的行动。该模式通常都以某一方 Agent 为"服务中心"，其它 Agent 则向该"中心"请求服务。其优点是高效、可支持分布式计算和移动计算；但缺点却是不灵活、不便于扩展，以及不利于 Agent 合作等。

（3）方案传递（Plan Passing）模式

在相互协作的Agent之间，一方通过给对方传递其整个任务方案，相互取得对问题的一致理解和相应的解决方案。这种模式常见于分布式计算和DAI应用中。尽管它可使Agent的合作求解比较容易实现，但它却有许多缺点，比如：传递方案带来的时空开销较大；传输过程易出错；不灵活；无法在状态多变、不确定的现实环境下应用等。

（4）黑板（Blackboard）模式

黑板喻指一个可供Agent发布信息、公布处理结果和获取有用信息的共享区域。该模式也常用与分布式问题求解。和方案传递相比，它提供了一种比较灵活、迅速和高效的通信方式，但由于Agent的个性不同，知识库及计算处理能力有异，要求它提供灵活的公用信息表示机制；另外它的事件驱动性还要求集中控制机构，这使得其实现和运行代价较大。黑板系统是传统人工智能系统和专家系统的议事日程的扩充。在专家系统中，黑板主要通过数据库实现，是用于存放用户提供的初始事实、问题描述以及系统运行过程中得到的中间结果、最终结果、运行信息等的工作存储器。

以上四种模式具有一些共同的缺点，即它们都不能或很难明确表达问题空间的语义和Agent通信的语义；它们都需要与Agent自身的求解逻辑融合成一体才能实现通信任务。显然，这是不利于支持Agent系统的灵活性、可扩充性和异构性的。

（5）Agent通信语言（Agent Communication Languages）模式

Agent可以通过某种"高级"的通信语言来表达它关于其生存环境的认识、观念、态度、它的知识、解题能力、合作愿望和方式、情感和它对问题空间的理解和定义等。这种专门用于Agent通信的语言称为Agent通信语言（以下简称ACL）。这是该模式有别于上述其它模式的显著特征，它较好地满足了Agent通信的基本要求，其特点是灵活、通用、支持知识共享和Agent合作等。

KQML（Knowledge Query and Manipulation Language）和FIPA-ACL（FIPA Agent Communication Language）是目前流行的两个Agent通信语言标准。KQML提供了一种在MAS中交换知识与信息的语言，它首次出现于1993年，后来又进行了一些修订和完善，已经被应用在一些Agent系统中。

FIPA协会则于1997年提出另一个Agent通信语言标准：FIPA-ACL。和KQML一样，它也是基于Speech-Act理论，其消息本身表达通信动作，也就是说，Agent通过发送消息企图达到或完成某一特定目的或动作。

6.4.2 移动Agent技术 [117]

20世纪90年代初，General Magic公司在推出商业系统Telescript时提出了移动Agent的概念。移动Agent技术可以有效地简化分布式系统的设计、实现和维护，是具有跨地址空间持续运行机制的软件智能Agent。具体的说，移动Agent是指在复杂的网络系统中能够从一台计算机移动到另一台计算机持续运行的程序，它作为一个独立运行的计算机程序，可以代表用户完成特定的任务，具有自主性、移动性、协作性和智能性等特性，实际上它是Agent技术与分布式计算技术的结合。

1.移动Agent的技术优势

（1）降低网络负载：这一特征概括了基于移动Agent的分布式计算的特点，即将计算移往数据，而并非将数据移往计算，这样做可以减少网上原始数据的流量。

（2）克服网络延迟：在一些系统应用中，对环境做出实时反应是极为重要的。对此，移动 Agent 技术提供了一个很好的解决办法，可以由中央处理器将移动 Agent 派遣到系统局部，直接执行控制器的命令，从而消除网络延迟带来的隐患。

（3）异步和自主执行功能：移动设备通常依赖昂贵而脆弱的网络连接进行工作。而有的任务要求移动设备必须与网络之间保持持续的连接，但这可能既不经济，在技术上也不可行。解决这一问题，可将任务嵌入到移动 Agent 中，而后者可以被派遣到网络上。之后，移动 Agent 便可以独立创建它的进程，异步自主地完成所肩负的任务；移动设备则可以在这之后再连接上网络，收回移动 Agent，取得服务结果。其原理示意图如图 6-12所示。

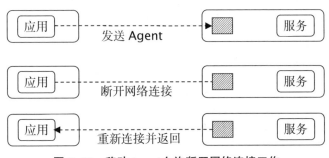

图 6-12　移动 Agent 允许断开网络连接工作

（4）动态适应环境：移动 Agent 具有感知运行环境和对其变化做出自主反应的能力。多个 Agent 可以拥有在网上个主句之间合理分布的能力，以维持解决某一特定问题的最优配置。

（5）健壮性和容错性：由于移动 Agent 具有对不利的情况和事件动态做出反应的能力，因而减小了建立健壮和容错的分布式系统的难度。在一台主机被关闭之前，可以给正在运行的移动 Agent 发出警告，他们可以在很短的时间内移动到网络上的其他主机中，且继续运行。

移动 Agent 迁移的内容既包括其代码也包括其运行状态。运行状态可分为执行状态和数据状态：执行状态主要指移动 Agent 当前运行的状态，如程序计数器、运行栈内容等；数据状态主要指与移动 Agent 运行有关的数据堆的内容。按所迁移的运行状态的内容，移动 Agent 的迁移可以分为强迁移和弱迁移。强迁移同时迁移移动 Agent 的执行状态和数据状态，但这种迁移的实现较为复杂；弱迁移只迁移移动 Agent 的数据状态，其速度较强迁移快，但不能保存移动 Agent 的完整运行状态。

2.移动 Agent 体系结构

移动 Agent 系统由移动 Agent 和移动 Agent 服务设施（或称移动 Agent 服务器）两部分组成。移动 Agent 服务设施基于 Agent 传输协议（Agent Transfer Protocol）实现 Agent 在主机间的转移，并为其分配执行环境和服务接口。Agent 在服务设施中执行，通过 Agent 通信语言 ACL 相互通信并访问服务设施提供的服务。

移动 Agent 体系结构可定义为以下相互关联的模块：安全代理、环境交互模块、任务求解模块、知识库、内部状态集、约束条件和路由策略，如图 6-13 所示。

服务设施为移动Agent提供基本服务（包括创建、传输、执行等），移动Agent的移动和任务求解能力很大程度上决定于服务设施所提供的服务。

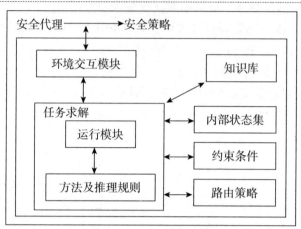

图 6-13　移动Agent体系结构

6.4.3　战术级装备保障CGF结构设计

6.4.3.1　CGF模型基本类设计

面向智能体（Agent）的软件工程方法是在面向对象的软件工程方法的基础上发展而来的。在面向对象的建模方法中，系统的静态模型集中关注系统中的对象类、属性、方法以及类之间的关系。在UML中，一般使用类图来表示，其中对象类图定义了类的名称、属性和方法，类之间的关系主要有关联、继承、聚合等，这些描述方法缺少对智能体心智状态和行为的建模机制。为了解决对智能体心智状态、环境感知、自主决策和自主行为的建模问题，可通过扩展UML类图的方式定义智能体类，以描述智能体的静态和动态机制，如图6-14所示。这里主要扩展了以下几个方面：

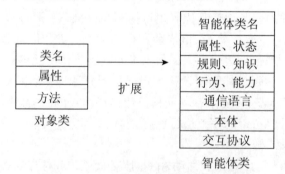

图 6-14　从对象类到智能体类的扩展

（1）在智能体类的表示中，增加了智能体的知识、规则等内容，使智能体具有经验和规则匹配能力；

（2）为了表示智能体能够在无论有或无外界直接控制操纵的情况下，根据其内部状态和感知的环境信息，决定和控制自身行为的能力，使用了状态、行为和能力这一组概念，来表示智能体所能呈现的状态值及改变状态的行为；

（3）智能体之间的交互采用的是智能体专用的通信语言，遵循一定的交互协议和本体，是真正的"消息"。为此，智能体类中还表示出了智能体和其它智能体进行交互所使用的通信语言、交互协议和本体。

根据图 6-7 所示的战术级装备保障 CGF 建模框架，对应建立实现该框架的 Agent 类图，如图 6-15 所示，其中定义了"智能体根类"和"行为根类"及其它们的子类。

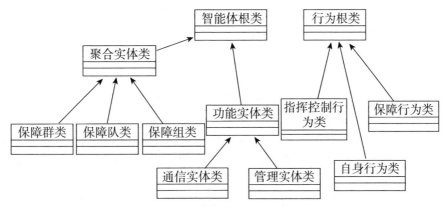

图 6-15　装备保障 CGF 中的智能体类图

6.4.3.2 CGF 功能单元分析

在面向智能体的作战系统建模与仿真中，CGF 模型按其所模拟实体自主性的不同可分为：

（1）半自主兵力模型，主要描述战场的底层实体，模型所描述的行为属于智能性较低的反应式行为；

（2）智能兵力模型，除了具有反应式行为外，同时具有高级的智能行为，能够独立的完成面向目标的规划、决策及相应的行动过程；

（3）指挥兵力模型，主要描述战场的指挥实体的指挥控制活动。

依据 CGF 所模拟实体的粒度和结构的不同，CGF 模型又可分为：平台级和聚合级两种。

（1）平台级 CGF，指的是每个仿真模型所描述的实体是单一的武器平台，主要用于小规模的战术演练。

（2）聚合级 CGF 是通过对一定规模作战单位的作战行为的建模，使它在虚拟环境中不需要人的控制也能模拟完成与真实的作战单元相同的任务。因此，聚合级 CGF 中既包含半自主兵力模型、自主兵力模型，还包含指挥兵力模型。所以，聚合级 CGF 比平台级 CGF 的模型复杂程度更高，设计和实现的难度更大。

在虚拟的战场环境中，聚合级 CGF 是能动的仿真实体，它可以在作战仿真环境中模拟高级别作战（保障）群队的各种状态和行为。按照功能单元划分，一个基本的聚合级 CGF 应由以下几类部分构成：

（1）指挥类单元。指挥类单元能够根据态势信息生成决策，并监督决策的执行，具有情报信息汇总处理、任务和态势分析、生成多个方案并进行优化决策、监督决策执行并对反馈信息进行响应和做出实时调整的能力。指挥类单元相当于聚合级 CGF 的"大脑"，并具有自主学习和记忆的能力。

（2）任务类单元。任务类单元是聚合级CGF执行决策，完成任务的主体。为了完成任务，它应当拥有任务规划和分解、情况汇报、遇到特殊情况进行有限决策的能力。此外，为了更加逼真地描述真实作战或保障群队的行为，任务类单元应具有重新组合、派生新的任务类单元的能力，并且生成的任务类单元还具有归建能力。

（3）信息类单元。信息类单元用以实现聚合级CGF内外部的信息沟通和信息共享，分为对外信息类单元和内部信息类单元。对外信息类单元用以接收外部指令和收集战场环境信息，并完成对外部环境的信息发送；内部信息类单元用于聚合级CGF内部的消息传输，包括指挥控制的指令、情况汇报、信息共享等。信息类单元中应有消息队列、通信地址簿、优先仲裁等组元。

（4）管理类单元。管理类单元专用于聚合级CGF中各级实体的动态管理，实现派生操作，具体功能包括：重新组合、派生或归建任务类单元，对其生成、注册与删除进行统一管理等。派生和重组的能力是聚合级CGF实现资源部署和反应灵活性的关键能力，而且一旦聚合级CGF进入仿真环境，必须自动处理自身结构的动态变化，以适应战场环境和所担负任务的变化。

（5）操作员界面。操作员界面用于聚合级CGF的初始化和在仿真过程中实现操作员对聚合级CGF行为的直接干预。

6.4.3.3 CGF功能单元设计

为了更加逼真地模拟仿真实体的状态和行为，聚合级CGF的结构和运行设计一般都仿照所模拟的仿真实体的内部结构和实际的信息交互关系。因此，战术级装备保障CGF就是一个典型的群、队、组结构的仿真单元，由作为上级的保障群Agent、作为下级的保障队（组）Agent和各种功能Agent互联而成，利用单个Agent的智能和多Agent之间的合作、协调和协商机制来模拟保障群的指挥控制以及保障队（组）的战场状态和行为。

需要注意的是，由于装备保障部（分）队所具有的军事属性，决定了装备保障智能体与一般非军事化的智能体具有明显的区别，其具体特点如下：

（1）组织性。参与装备保障的智能体都被编制在特定的保障单位中，具有严格的层次指挥结构。它强调命令、纪律和权威的重要性，追求每个保障命令的正确执行，从而实现作战整体效益的最大化。

（2）从属性。下级装备保障智能体一般要无条件的服从上级指挥智能体的命令，智能体的自主性有所削弱；

（3）弱协商性：上下级装备保障智能体之间主要是一种服从关系，平级装备保障智能体之间的协同也是受命而为，弱化了智能体的协商能力。

因此，装备保障CGF模型中的智能体的协调、协商需求没有其他社会系统复杂。

通过以上分析，基于多Agent的战术级装备保障CGF的功能单元，可作如下设计，如图6-16所示。

（1）界面Agent。是面向操作员的接口，用于接受操作员的初始化信息、向操作员报告CGF的状态和实现操作员对CGF的直接干预。

（2）保障群Agent。是指挥控制单元，能够根据态势信息和上级指示生成保障行动的决策，完成保障力量的临时编组，并监督决策的执行；针对特殊情况有自动实时调整的能力；根据态势和下级汇报生成保障需求，请示上级；控制整个CGF协调工作。

（3）信息Agent。是维持整个CGF正常运转的信息通道，负责保障群Agent与保障组Agent之间、保障组Agent与保障组Agent之间、通讯Agent与其它各种Agent之间、管理Agent与其它各种Agent之间的信息交互和共享。还能够对信息进行分类、管理和控制。

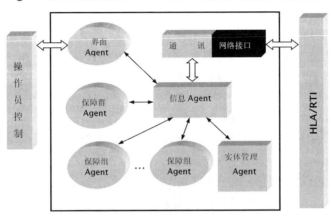

图 6-16 基于 Agent 的战术级装备保障 CGF 内部结构

（4）通讯Agent/网络接口。通讯Agent与网络接口单元配合完成统一管理和控制装备保障CGF邦员与外部环境（其他邦员）之间的信息交互。

（5）管理Agent。负责战术级装备保障CGF中各种Agent的动态管理，包括：保障群Agent和各保障组Agent的注册，在保障群Agent的控制下实现保障组Agent或保障分队Agent的生成、初始化，生成、注册、管理以及删除伴随保障Agent（移动Agent）等。

（6）保障组Agent。代表本级CGF的所属保障分队，是装备保障CGF的决策执行单元。保障组Agent自身封装了相应的属性和功能，并且还可根据情况自主产生相应的动作。保障组Agent既可以在CGF的初始化阶段确定，也可以在作战实施阶段由保障群Agent下达指令，在管理Agent的协调下重新组合生成新的保障组Agent。

6.4.4 战术级装备保障 CGF 运行机制设计

在实际作战中，装备保障指挥机关通常要根据作战态势和战场的实际情况，命令下属装备保障部（分）队采用机动保障或伴随保障方式为作战部队实施弹药供应、物资器材供应和战损装备修理。相应地，在战术级装备保障指挥模拟训练联邦中，装备保障CGF会根据指挥所下达的保障命令，采取派生相应保障组Agent，按照实际的保障过程和机制执行保障任务。例如，当装备保障CGF接收到机动保障命令后，会派生出相应的保障组Agent，保障组Agent模拟自身状态的变化过程，同时生成并发出与外部的交互，完成任务后执行归建行动的处理；当装备保障CGF接收到伴随保障命令后，生成伴随保障Agent，伴随保障Agent利用Agent的移动性迁移到作战群队CGF中与其进行本地交互，模拟实际伴随保障行动，任务完成后执行归建行动的处理。采用移动Agent技术模拟伴随保障，既符合保障实体的实际战场行为，又减少了网络的数据流量，为模拟复杂的伴随保障行动提供了可行的技术途径。此外，按照装备保障指挥员的命令，保障群Agent以及保障队（组）Agent还需要模拟一些较为简单的活动，如机动、隐蔽、展开、收拢、转移等。

下面以机动保障和伴随保障两种典型且复杂的装备保障活动为例，探讨装备保障CGF运行机制的设计问题。

6.4.4.1 机动保障活动运行设计

机动装备保障行动的模拟，包括保障组Agent根据保障群的命令后，实施机动、隐蔽（必要时）、到达保障地点、实施保障、归建的全过程，其运行设计的活动图如图6-17所示，保障群CGF内部信息交互序列图如图6-18所示。其具体实现步骤如下：

（1）在作战准备阶段，仿真联邦管理员通过界面Agent对CGF进行初始化。界面Agent将信息送入内部信息Agent，内部信息Agent对信息进行分类和管理，并相应地与各Agent交互，装入作战背景数据，明确保障群Agent和各保障组Agent的初始位置、状态、能力、分辨率、保障关系以及各Agent间的相互关系。

（2）在作战实施阶段，通讯Agent接收到上级的机动保障命令，将信息送入内部信息Agent进行处理，内部信息Agent通知保障群Agent取走该信息。

（3）保障群Agent综合战场环境信息和刚收到的命令信息，依据自身的知识库和推理系统进行分析、决策和规划，生成具体实施方案。

（4）保障群Agent将决策方案通过内部信息Agent与管理Agent进行交互，并通知相应的保障组Agent，与管理Agent一起完成机动保障Agent的登记和管理。

（5）机动保障Agent通过调用RTI的相关服务，依据自身的知识库和决策能力自主地与作战群队CGF进行实时的交互，模拟机动保障行动。

（6）机动保障任务完成后，机动保障Agent，在保障群Agent的协调下，同管理Agent一起进行消耗计算等后续处理。

（7）保障群Agent和保障组Agent协同完成归建处理，并等待进一步的指令。

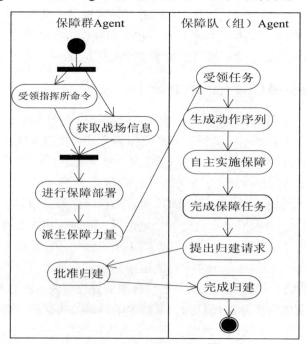

图6-17　机动保障活动图

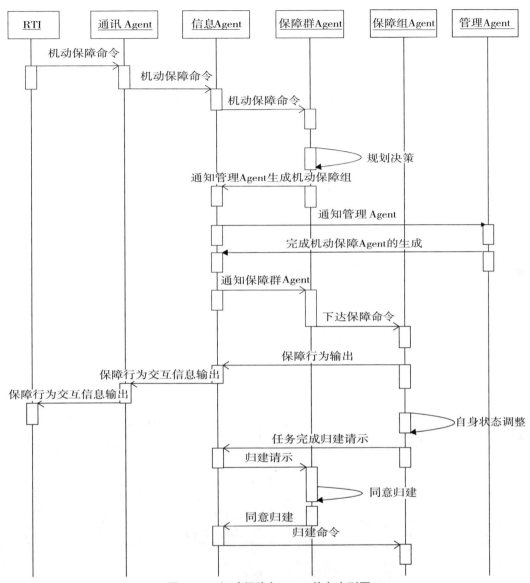

图 6-18　机动保障多 Agent 信息序列图

6.4.4.2 伴随保障活动运行设计

伴随保障活动的特点就是保障群对派出的伴随保障分队不再实施不间断的指挥控制，而是由其自主地与作战群队进行交互，当任务出现变更时，才与保障群联系。因此为了进一步减少由于频繁的指控信息传递和实体的状态更新信息所带来的网络数据流量增大等导致网络延迟增加的问题，利用 Agent 的移动性，使派出的智能 Agent 能够移动到保障对象的节点，使之能与保障对象在本地进行交互，这也真实地模拟了伴随保障分队的战场行为，其运行示意图如图 6-19 所示，其多 Agent 系统内部的信息交互如图 6-20 所示。在后面基于 Aglet 的管理 Agent 设计当中，详细阐述伴随保障 Agent 的生成以及相关技术原理。

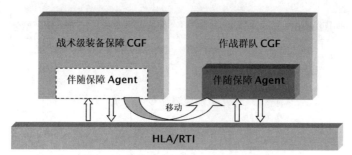

图 6-19 伴随保障 Agent 运行示意图

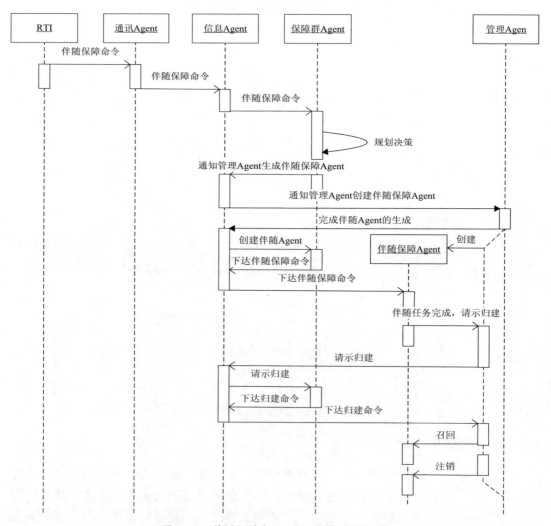

图 6-20 伴随保障多 Agent 系统信息序列图

（1）在作战准备阶段，仿真联邦管理员通过界面 Agent 对 CGF 进行初始化。界面 Agent 将信息送入内部信息 Agent，内部信息 Agent 对信息进行分类和管理，并相应地与各 Agent 交互，装入作战背景数据，明确保障群 Agent 和各保障组 Agent 的初始位置、状态、能力、分辨率、保障关系以及各 Agent 间的相互关系。

（2）在作战实施阶段，通讯 Agent 接收到上级的伴随保障指示或友邻部队的保障请求，将信息送入内部信息 Agent 进行处理，内部信息 Agent 通知保障群 Agent 取走该信息。

（3）保障群 Agent 综合战场环境信息和刚收到的指示信息，依据自身的知识库和推理系统进行分析、决策和规划，生成具体实施方案。

（4）保障群 Agent 将决策方案通过内部信息 Agent 与管理 Agent 进行交互，并通知相应的保障组 Agent，与管理 Agent 一起完成伴随保障 Agent 的创建。管理 Agent 对其进行注册，并暂时挂起其原有的若干保障组 Agent。

（5）伴随保障 Agent 通过 RTI 网络平台移动并驻留到所需保障的作战群队 CGF 中，依据自身的知识库和决策能力自主地与作战群队 CGF 进行实时的交互，模拟伴随保障行动。

（6）伴随保障任务完成后，伴随保障 Agent 通过 RTI 平台移动回装备保障 CGF，在保障群 Agent 的协调下，同管理 Agent 一起进行消耗计算和本地数据库的更新。此外，伴随保障 Agent 也可以在保障对象本地节点注销，将更新数据信息发送回装备保障 CGF，完成消耗计算和状态数据更新。

（7）管理 Agent 注销伴随保障 Agent，保障群 Agent 再根据消耗情况进行重新编组，并等待进一步的指令。

6.4.5　战术级装备保障 CGF 通信机制设计

通信机制负责在 Agent 之间传送通信语言，通过通信语言完成 Agent 协作功能。多 Agent 系统中的一个关键问题就是通信。良好的通信机制是多 Agent 系统中各 Agent 之间相互共享、传递信息，进行协调与合作，共同完成复杂任务的前提，也是具有良好学习能力的体现。

由于聚合级 CGF 内部通讯任务频繁，各种指令、请示等信息种类繁多，交互信息的管理控制难度大，因此，在 CGF 内部采用专门负责其内部信息交互的信息 Agent 来解决这个问题。每个 Agent 在启动时将自己的有关信息向该 Agent 登记，并在退出时删除自己的信息，同时，在需要和其它 Agent 进行合作和协调时也是通过该 Agent。也就是说，在聚合级 CGF 内部建立集中式的通信服务机制，信息 Agent 实际上就是一个通信服务器。这种通信服务器的设计，就是将消息传送的方式用于实现分布式多 Agent 仿真系统中的通信，并且采用一个集中的时间管理模块进行事件的同步控制，给出了一个可以扩展的实现框架。采用这种设计，既可以利用消息传递机制的灵活性，又可以保持事件消息之间的同步。

6.4.5.1　KQML 通信语言[118,119]

KQML（Knowledge Query and Manipulation Language）是一种用于信息和知识交换的语言和协议。KQML 既是一种 Agent 之间消息的表示格式，也是一种消息处理协议，它支持 Agent 之间的运行时（Run-time）知识共享。KQML 可作为应用程序与智能系统之间或智能系统相互之间进行交流的一种语言，以知识共享为基础，支持协同问题处理。KQML 是由 41 条所谓的通信原语（performative）所组成的一个可扩充的通信原语集合，它们定义了可作用于 Agent 彼此的知识库和目标库的各种许可的操作。基于 KQML 行为原语，可建立 Agent 之间交流的更高层模型。KQML 具有以下特点:（1）与传输协议无关；（2）与内容定义语言无关；（3）与 Agent 内部逻辑无关；（4）可有效降低 Agent 通信的复杂度；（5）在一定程度上支持Agent系统的扩展性和互操作性等。

KQML是一种层次结构型语言，可分为三层：内容层、通信层和消息层，其结构图如图6-21所示。内容层（Content Layer）：是消息所包含的真正内容，用程序自己的表示语言来表示。KQML可以采用任何形式的表示语言，以ASCII字符串或二进制形式都可以。值得指出的是，所有KQML语言的具体实现都不关心消息中的内容部分的具体含义。通信层（Communication Layer）：通信层描述了与通信双方有关的一组属性参数，例如发送方和接受方的身份，与此次通信相关的惟一的标识等。消息层（Message Layer）：消息层构成了KQML语言的核心。它确定了可以与使用KQML语言的Agent进行交流的类型。消息层的基本功能是确定传送消息所使用的协议，并由发送方提供一个与内涵相关的行为原语，用于指明消息中的内涵为确认、询问、命令或是其他已知的原语类型。因为内涵对于KQML是透明的，所以在消息层也包含对内涵进行描述的可选参数，例如所用的语言、采用的ontology等。这些属性参数可以让KQML语言的具体实现在内涵是透明的情况下，仍能够正确地分析和传送消息。

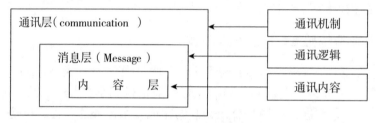

图6-21　KQML的三层结构图

KQML的语法非常简单，是基于平衡的括号表。表的开始为行为原语的名称，其余部分为一组以"：关键字值"形式出现的参数表。KQML中定义了一组含义明确的、预留的行为原语。这些预留的行为原语并非是KQML具体实现中必须实现的最小子集，它可以根据需要选择实现或添加新的原语。

一条KQML行为原语也称为一条消息，一条典型的KQML消息如下：

（ask-about
　　:sender Chongqing
　　:content（Type of goods? X）
　　:receiver Shanghai
　　:reply-with id1
　　:language KIF
　　:ontology NYSE-TICKS）

上例中，ask-about表示sender希望receiver对问题的所有相关答案。content为内容层，language，ontology为消息层，sender，receiver和reply-with则构成通讯层。KQML规范中定义了一部分常用执行原语参数及相关含义，这些参数称为保留参数。任何使用这些保留参数名的执行原语必须与规范的定义相一致。执行原语的保留参数是Agent通信中最基本最常用的关键字，对它们进行统一定义有助于保证Agent间通用参数语义上的一致性。部分保留执行原语参数含义如表6-1所示。

表 6–1　保留的执行原语参数

保留参数名	含义
:sender	执行原语的实际发送者
:receiver	执行原语的实际接收者
:content	有关执行原语表达内容的消息
:language	:content 内容的表示语言名
:in-reply-to	期望的应答标记
:reply-with	发送者是否期望应答，需要应答的标记
:ontology	:content 参数中使用的本体名称

常用预留行为原语通常可被分为以下几类：基本询问原语（如 evaluate，ask-if，ask-in，ask-one，ask-all，ask-about）；简单询问回答原语（如 reply，sorry）；多重询问回答原语（如 stream-in，stream-all）通用信息原语（如 tell，achieve，cancel，untell，unachieve）；发生器原语（如 standby，ready，next，rest，discard，generator）；能力定义原语（如 advertise，subscribe，monitor，import，export）；网络原语（如 register，unregister，forward，broadcast，route）等。

6.4.5.2　信息 Agent 设计

在聚合级 CGF 中，信息 Agent 是按照 KQML 规范设计的，充当多个 Agent 之间的媒介，事实上起到软总线的作用，同时，其它仿真 Agent 和信息 Agent 都有各自的通信模块。信息 Agent 的内部结构图如图 6–22 所示。

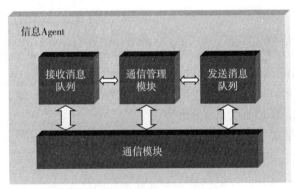

图 6–22　信息 Agent 结构图

在信息 Agent 中，各组成模块的功能如下：

（1）接收消息队列。用作消息接收的缓存，具有记录所接收的消息内容、消息序列以及消息优先级等的功能。

（2）发送消息队列。用作消息发送的缓存，具有记录所发送的消息内容、消息序列以及消息优先级等的功能。

（3）通信管理模块。其构成也包括自身的知识库和推理机，具有智能的消息收发管理、消息序列时间管理和消息优先级管理等功能，避免由于同步问题造成的因果错误。

（4）通信模块。处理和控制与其它 Agent 进行的消息传递。

在战术级装备保障 CGF 中，所有的消息都是通过一个通信服务器–信息 Agent 进行转发的。在信息 Agent 中嵌入一个时间管理模块以控制事件消息的发送，避免由于同步问题造成的因果错误。在设计通信框架时，借鉴多 Agent 系统的消息机制，将消息、通信服务器和仿真 Agent 分别定义为对象类的形式，并采用 TCP/IP 协议作为底层通信协议。通信框架中的对象类采用 C++ 语言描述。

1. 消息结构

消息的语义内容是分布式问题求解的核心部分。通过使用 KQML 消息，一个 Agent 可以向其它 Agent 查询信息，通知其它 Agent 事件发生，请求服务或者发布服务。消息类 CMsg 是依据 KQML 消息规范定义的用 C++ 语言描述的消息类结构。消息类 CMsg 的 C++ 语言定义如下：

```
class CMsg
{
public:
    CString m_strPerformative;//动作表达式或消息类型
    CString m_strSender;//发送者
    CString m_strReceiver;//接收者
CString m_strContent;//消息内容
    CString m_strInReplyTo;//前一消息的应答
    CString m_strReplyWith;//当前消息期望的应答
    CString m_strLanguage;//语言类型
    CString m_strOntology;//本体名称
};
```

2. 信息 Agent

实现 Agent 之间的通信，要求每一个 Agent 知道其它 Agent 的名称、通信地址、能力等等。设置一个专门的信息 Agent 来处理有关 Agent 通信的信息。其它每个 Agent 只要保存该信息 Agent 的地址。每个 Agent 在启动时在服务器登记，并在退出时删除自己的信息，在需要其它 Agent 的信息时向信息 Agent 询问。

信息 Agent 中包括接收消息队列、发送消息队列，二者分别用作消息接收和发送的缓存。对应消息发送操作和消息接收操作分别定义一个函数。服务器的侦听和感知连接分别由函数 Run 和 OnAccept 进行处理。函数 TimeManagement（const CMsg & msg）用于时间管理，在采用保守算法时，返回允许仿真 Agent 推进的时间戳。

信息 Agent 类定义如下：

```
class CFacilitator :public CSocket
{
protected:
    CObArray m_arrReceiveMsgQueue;//接收消息队列
    CObArray m_arrSendMsgQueue;//发送消息队列
protected:
//在采用保守算法时，返回允许仿真 Agent 推进的时间戳
    CTime TimeManagement(const CMsg & msg) const;
public:
```

//运行主程序，包括创建 socket，侦听，等待接收等等流程控制

    virtual void Run();//实例运行，进入侦听状态

    void OnAccept(int nErrorCode);//接收到客户端连接

    void SendMsg(CMsg* pMsg);//消息发送操作

    void ReceiveMsg(CMsg* pMsg);//消息接收操作

    void OnReceive(int nErrorCode);//消息到达

};

3. 信息 Agent 的工作流程

信息 Agent 启动之后，首先进行初始化操作，然后进入侦听状态，等待各个仿真 Agent 的连接请求。接收到一个请求之后，立即建立一个独立的工作线程，把连接事件交给它去处理。主程序继续保持侦听状态。在工作线程中，接收事件消息，保存到接收消息队列，然后调用时间管理模块，请求事件推进，如果允许推进，则从消息队列中提取消息传送给相应的 Agent。上述过程循环执行，直到服务结束。通信服务器的工作流程如图 6-23 所示。

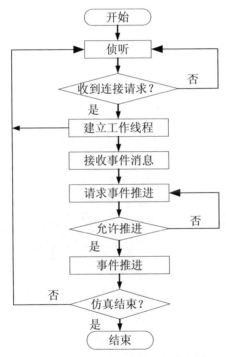

图 6-23　信息 Agent 的工作流程图

4. 仿真 Agent 通信模块设计

在聚合级装备保障 CGF 中，仿真 Agent 就是指除信息 Agent 之外的所有参与仿真运行的 Agent。它们均具有同信息 Agent 相似的通信模块，在这里给出通信模块的设计思路。仿真 Agent 中的通信模块包括：接收消息队列、发送消息队列、仿真过程等子模块。其中，接收消息队列、发送消息队列子模块分别用作接收和发送消息的缓存。对应消息发送操作和消息接收操作分别定义一个函数。与信息 Agent 不同，仿真 Agent 必须包含一个 Register 函数，用来跟通信服务器建立连接，并且将自己的信息在通信服务器上登记。仿

真 Agent 类的 C++ 定义是：

```
class CSimAgent :public CSocket {
public:
    void SendMsg(CMsg *pMsg);//发送消息操作
    void ReceiveMsg(CMsg *pMsg);//接收消息操作
    void OnReceive(int nErrorCode);//接收消息事件
protected:
    CObArray m_arrReceiveMsgQueue;//接收消息队列
    CObArray m_arrSendMsgQueue;//发送消息队列
protected:
//在通信服务器上注册
BOOL Register(LPCTSTR lpszHandle, LPCTSTR lpszAddress, UINT nPort);
//采用乐观算法，当冲突发生时，控制"反转"操作
    CTime TimeManagement(const CMsg & msg) const;
};
```

一个仿真 Agent 启动之后，调用 Register 函数连接通信服务器，连接成功之后，请求事件推进，如果获得允许，则进行消息的发送和接收操作。仿真结束时，断开连接，退出进程。具体工作流程如图 6-24 所示。

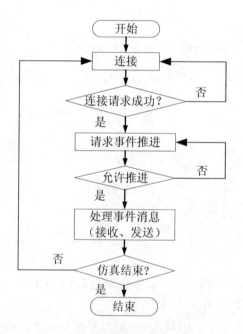

图 6-24 仿真 Agent 的工作流程图

6.4.5.3 基于 KQML 的 Agent 通信原语扩展

Agent 在利用 ACL 进行通信时，难免会出现一些误解，导致最终不能达到通信的目的。Agent 的个性化词汇表、知识库、经验和行为风格不尽相同甚至互不相容常常是造成这

样的误解的主要原因。另外，不同的问题/任务定义和描述也会导致 Agent 相互误解。在 KQML 中，一旦会话任何一方误解，它或者给出一个误导的回答，或者对对方说 error（听不懂）或 sorry（听懂了，但不会回答），并终止这次会话。

为了尽可能消除这种误解，引入了一个递进式 Agent 通信模型。Agent 通信一方可针对被问的问题，根据自己的知识库和经验消去其中可能存在的错误，向另一方提出一个建议问题；后者则根据这一建议，再次提出自己的问题请求。这样整个会话过程呈现递进式重复，直到通话双方消除误解，问题得到适当的答案为止。图 6-25 给出了这个通信模型示意图。基于该模型，以 KQML 为基础，给其通信原语集增加两条新的原语：suggest 和 re-ask。它们的语法定义和语义分别描述如下。

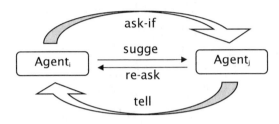

图 6-25 递进式 Agent 通信模型

1.语法定义

KQML 采用 LISP 列表的 ASCII 字符串表示法定义原语的语法。KQML 字符串的 BNF 表示可参见文献。这里仅给出两条新原语的语法定义。

（suggest   //定义开始，suggest 为保留的通信原语名

  :sender <word>   //原语参数

  :receiver <word>

:in-reply-to <word>

:reply-with <word>

:content <expression>

:language <word>

:ontology <word>） //定义结束

（re-ask

:sender <word>   //原语参数

  :receiver <word>

:in-reply-to <word>

:reply-with <word>

:content <expression>

:language <word>

:ontology <word>） //定义结束

注：其中 <word> 和 <expression> 均为 KQML 字符串类型，前者可由字母、数字和一些特殊符号组成，后者则由 <word> 和特殊标记符号构成的表达式。

2.语法描述

Labrou 提出一个通信原语语义描述框架，它用表达式指明控制每一条原语用法的最

小通信前、后的状态条件（precondition 和 postcondition）集和会话发起方在会话成功结束时预期要达到的状态条件（Completion）集。这些表达式通过一组特定谓词的逻辑组合来描述每个会话Agent的心智状态及其变化。该框架由 6 个部分组成：（1）原语意图的自然语言描述；（2）原语意图的形式化描述；（3）前条件集，包括指明发方Agent S在发送一条通信原语时的（部分）心智状态，即 Pre（S）和收方 Agent R 能够接受该原语并成功进行有关处理的（部分）心智状态，即 Pre（R）；（4）后条件集，包括会话双方分别在成功地发送和接受该原语并进行有关处理之后的（部分）心智状态，即 Post（S）和 Post（R）。除非收方回答 error 或 sorry，后条件集将成立；（5）结束状态集，指示一次会话结束，发起该会话的 Agent 意图达到之后的最后状态；（6）备注。

为了描述 Agent 的心智状态，采用以下四个特定的谓词，分别是：BEL（A，P），意即命题表达式P对 Agent A为真（或可证明为真）；KNOW（A，S），意即A知道有关状态S的知识；WANT（A，S），意即A期望S所代表的任知状态或动作将会达到或发生；INT（A，S），意即A意图使S发生，并承诺将致力于其实现。Labrou 等还规定 BEL 只能以 Agent 的本地语言的命题为参数而且命题也只能出现在 BEL 内，BEL，KNOW，WANT，INT 和动作（这里的动作被解释为已发生）可作为 KNOW 的参数，WANT，INT 只能用 KNOW 和动作（这里的动作被解释将要发生）作参数。

按照这一框架，两条新原语的语义可描述如下：

suggest(A,B,X1):

（1）A建议B说，B的上一个请求也许不是X，而是X1

（2）WANT(A,KNOW(B,WANT(B,KNOW(B,W1))))

（3）Pre(A):KNOW(A,WANT(B,KNOW(B,W)))BEL(A,X) BEL(A,X1)

　　　Pre(B):INT(B,KNOW(B,W))

（4）Post(A):INT(A,KNOW(B,WANT(B,KNOW(B,W1))))

　　　Post(B):KNOW(B,INT(A,KNOW(B,W1)))

（5）Completion:KNOW(A,WANT(B,KNOW(B,W1')))

其中W、W1 和W1'分别是BEL（A，X）或者¬（BEL（A，X））、BEL（A，X1）或者¬（BEL（A，X1））和BEL（A，X1）或者¬（BEL（A，X1））之一。

re-ask（B，A，X2）

（1）B重新向A询问X2 的真值。

（2）WANT(B,KNOW(B,W2))

（3）Pre(A):INT(A,KNOW(B,WANT(B,KNOW(B,W1))))

　　　Pre(B):WANT(B,KNOW(B,W2))

（4）Post(A):KNOW(A,WANT(B,KNOW(B,W2)))

　　　Post(B):INT(B,KNOW(B,W2))

（5）Completion:KNOW(B,W2')

其中W1、W2 和W2'分别是BEL（A，X1）或者¬（BEL（A，X1））、BEL（A，X2）或者¬（BEL（A，X2））和BEL（A，X2）或者¬（BEL（A，X2））之一。

此外，针对不同应用领域，KQML 还允许用户自己定义适用于本领域的新的行为原语，只要这些原语仍然符合KQML规范。为了使聚合级装备保障CGF中的Agent之间有更良好的"语言交流"环境，在原有保留字的基础上定义一些新的语句，如 Inform，Command，Demand，Report，Inquire 等，如表 6-2 所示。扩充后的 KQML 原语不仅能提供丰富的语言资源，而且能支持其他更高层次的目标协作问题求解。

表 6-2　保障活动中必用的语句含义

名称	含义
Inform	保障群向指定保障队（组）发布情况通报信息
Command	保障群向指定保障队（组）发布指令信息
Demand	保障群查询指定保障队（组）的状态信息
Report	保障队（组）向保障群汇报、反馈状态信息
Inquire	保障队（组）向保障群发送请示信息

下面给出扩充原语在装备保障活动中的应用。设保障群为 A，保障（队）组为 B。

（1）发布情况通报信息

（Inform　　　　//定义开始，Inform 为通信原语名

　　:sender A　　　//原语参数

　　:receiver B

:reply-with A-Inform //希望 B 回答收到与否

:content（敌火力覆盖（X，Y）地域）//消息内容

:language KIF

:ontology EQUIPMENT）//定义结束

（2）发布指令信息

（Command　　　　//定义开始，Command 为通信原语名

　　:sender A　　　//原语参数

　　:receiver B

:reply-with A-Command　//希望 B 回答收到与否

:content（于 X 时 X 分出发）//消息内容

:language KIF

:ontology EQUIPMENT）//定义结束

（3）发布查询信息

（Demand　　　　//定义开始，Demand 为通信原语名

　　:sender A　　　//原语参数

　　:receiver B

:reply-with A-Demand　//希望 B 回答是或否

:content（是否到达？）//消息内容

:language KIF

:ontology EQUIPMENT）//定义结束

（4）发布汇报信息

（Report　　　　//定义开始，Report 为通信原语名

　　:sender B　　　//原语参数

　　　　:receiver A

　　　　:reply-with B-Report　//希望A回答收到与否

　　　　:content（已到达）　//消息内容

　　　　:language KIF

　　　　:ontology EQUIPMENT）//定义结束

（5）发布请示信息

（Inquire　　　　　//定义开始，Inquire 为通信原语名

　　　:sender B　　//原语参数

　　　　:receiver A

　　:reply-with B-Command　//希望A下达指令信息

　　:content（返回？）　//消息内容

　　:language KIF

　　:ontology EQUIPMENT）//定义结束

6.4.6　基于 Aglet 的伴随保障运行

6.4.6.1　Aglet 概述 [120, 121]

Aglet是由日本IBM公司用纯Java开发的移动Agent技术，并提供着实用的平台——AgletWorkbench，让人们开发或执行移动agent系统。Aglet提供了一个简单而全面的移动Agent编程模型，为Agent间提供了动态和有效的通信机制；同时，它还提供了详细而易用的安全机制。Aglet 这个字是由"Agent"与"applet"两个字所合成的，简单的说就是具有Agent行为的Java applet对象。但Aglet同时传送代码及其状态而applet只传送代码。Aglet以线程的形式被产生于一台机器上，可随时暂停执行的工作，而后整个Aglet可被分派到另一台机器上，再重新启动执行任务。

　　1.Aglet系统框架

　　Aglet的执行分为若干阶段。首先，当一个正在执行的Aglet想要将自己送到远端主机时，会对Aglet Runtime层发出请求；接着，Aglet Runtime层把Aglet的状态信息与代码转成序列化的字节数组；若请求成功，系统会将字节数组传送至ATCI（Agent Transport and Communication Interface）层处理，此层提供可使用的ATP（Agent Transfer Protocol）等接口，ATP提供一个简单的应用层协议，如图 6-26 所示；之后，系统会将字节数组附上相关的系统信息，如系统名称以及 Aglet 的 ID 等，并以比特流方式通过网络传至远端机器。远端机器利用ATCI层提供的ATP接口接收传来的字节数组及系统信息；最后，Aglet Runtime层对字节数组进行反序列化操作，得到Aglet的状态信息与代码，至此，Aglet可在远端主机上运行。系统结构框架图如图 6-27 所示。

　　2.Aglet 的生命周期

　　Aglet系统首先提供一个上下文环境（context）来管理Aglet的基本行为，包括：创建行为：创建（create）Aglet、复制（clone）Aglet；清除行为：清除（dispose）Aglet；移动行为：分派（dispatch）Aglet到远端主机、召回（retract）远端的Aglet；持久性行为：暂停（deactive）Aglet、唤醒（active）Aglet。如图 6-28 所示。

图 6-26　ATP 协议

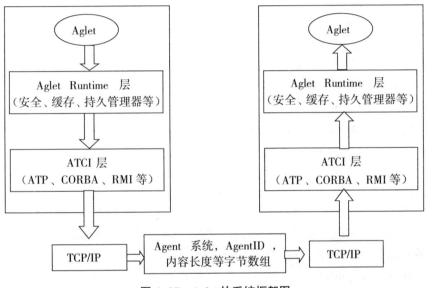

图 6-27　Aglet 的系统框架图

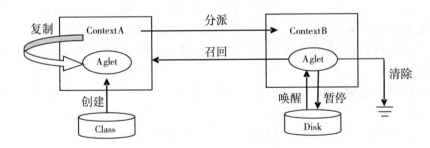

图 6-28　Aglet 的生命周期

3.Aglet 消息机制

Aglet 的一种重要的属性就是它们之间能够进行通信。Aglet 支持一种面向对象的体系框架机制，它具有位置独立性、广泛性、丰富性、同步异步性等特点。在这种机制中，Aglet 彼此可以不知道对方的位置而进行通信。这种机制就是消息机制，Aglet 可以通过传递消息来进行交互通信。此外，基于安全上的考虑，Aglet 并非让外界直接存取信息，而是透过一个代理（proxy）提供相应的接口与外界沟通，如图 6-29 所示。

图6-29　Aglet通信模型

这样做还有一个好处，即Aglet的所有位置会透明化，也就是Aglet想要与远端的Aglet沟通时，只在本地主机的上下文环境中产生对应的远端Aglet的代理，并与此代理沟通即可，不必直接处理网络连接与通讯的问题。换句话说，使用远端Aglet代理或使用本地Aglet代理发送消息并无区别，它们使用的是相同的接口。

代理的消息发送函数以一个Message对象类作为参数，返回远端主机回复结果，即：

Public Object AgletProxy.sendMessage(Message message)

Message对象类通过它的kind属性来彼此区分，kind的属性为字符串类型。Message类支持一系列的构造函数，如：

public Message(String kind);

public Message(String kind,Object arg);

public Message(String kind,int arg);

public Message(String kind,char arg);

public Message(String kind,boolean arg);

在这些构造函数中，arg表示了要传递消息的内容。同一条消息可以带若干个参数arg，并通过setArg(String key,Object value)来设定相应的参数值。如以下代码片断：

Message msg = new Message（"Location"）;

msg.setArg（"H",40）;

msg.setArg（"W",10）;

消息发出后，接收方接到消息进行处理，使用handleMessage()。在这个函数中，首先通过函数getKind()确定消息类，或使用sameMessage()来匹配消息类。然后，可通过调用函数getArg()获得参数值。最后，接收方调用函数sendReply()或sendException()来回复信息，返回结果。

在等待回复消息时，发送方可以采用同步的消息等待机制或异步的消息等待机制。在同步消息等待机制中，发送方在得到回复前会挂起自身的执行线程，如图6-30所示。而在异步消息等待机制中，发送方继续执行线程，等到回复到达时再收回并处理消息结果，如图6-31示。

4.Aglet中的设计样式

著名建筑学家Christopher Alexander提出了样式（pattern）的概念。样式就是从系统中抽象出来的一些具有共性的东西，以便重用。这一概念现在已经被许多行业在设计复杂系统时有效的采用。样式通常是用意图、动机、适当场合、参与者、合作性和结论等多个成分来描述的。对于Aglet系统，设计样式主要有三大类，每一类中又包括一些子类，如表6-3所示。

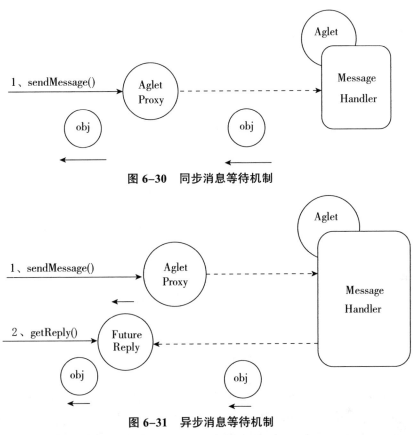

图 6-30　同步消息等待机制

图 6-31　异步消息等待机制

表 6-3　Aglet 设计样式分类

travelling			task		interaction				
itinerary	forwarding	ticket	master-slave	plan	meeting	locker	messenger	facilitator	organized group

（1）巡行样式（travelling）

巡行是移动 agent 的本性。巡行样式处理移动 agent 移动时各方面的问题，如路由服务和服务质量。其子类包括：

巡行路线（itinerary）样式：负责到达目的地的路由，它维护着所有目的地的列表，定义了路由策略，并且能够处理异常情况（如目的地不存在）。

发送（forwarding）样式：提供发送所有的或者特定的 Agent 到远端机器的机制。

标签（ticket）样式：这种样式充实了 URL 的定义，负责管理服务质量、权限等问题。例如：它可以包括将 Aglet 分派到某个远端主机超时的信息，这样 Aglet 就不会无休止地尝试连接一个已经断开的远端主机，而是利用相关信息作出恰当的判断。

（2）任务样式（task）

它主要负责任务的分解，以及怎样把任务分派给不同的 Aglet 去执行，其子类有：主从（master-slave）样式。这是一种基本样式，提供允许主 Aglet 把任务派给从 Aglet，从 Aglet 移动到指定的目的地，完成指定的任务后返回结果的机制，如图 6-32 所示。预谋（plan）样式。它是一种更为复杂的样式，用工作流的方式策划，来让多个任务顺序或者

317

并行地在多个Aglet上执行。

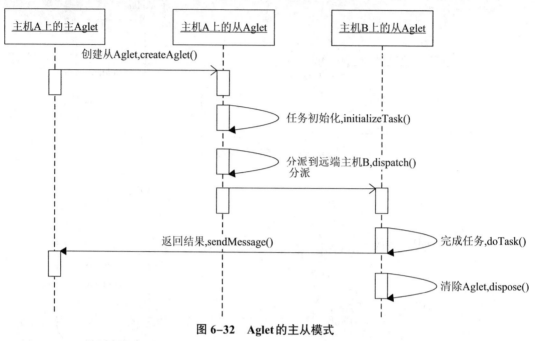

图 6-32　Aglet 的主从模式

（3）交互样式（interaction）

Aglet的交互能力非常重要，它提供定位Aglet的机制以及方便Aglet间交互的一些机制，其子类包括：会议（meeting）样式，它提供了一种方式来让两个或多个Aglet在指定的机器上进行交互。Aglet可以被委派到称之为会议地点的机器上来进行交互。寄存柜（locker）样式，它用于存储迁移时暂时不需要的数据，以节省带宽。在需要时，Aglet可返回主机，并从locker中提取数据。信使（messenger）样式，这种样式中设计了一个Aglet充当信使的角色，来为各个Aglet通信。当一个从Aglet需要与主Aglet通信时，从Aglet可以把要通信的信息通过信使传递给主Aglet，这时从Aglet可以继续做自己下面的工作。服务设施（facilitator）样式，提供了Aglet的命名和定位服务。组织化的群组（organized group）样式，它提供了有效的机制来组合不同的Aglet到同一个组中，在同一组中的所有Aglet一同移动。这种样式也称为漫游（tour）样式，它是多个Aglet间协调工作的基本元素。

6.4.6.2　基于Aglet的伴随保障运行设计与实现

1.设计思路

针对伴随保障方式，我们提出了智能移动Agent的思想，研究基于移动Agent的伴随保障Agent的设计。设计的基本思路：在聚合级装备保障CGF中，为每个保障分队，设计一个智能移动Agent，可以完成相关的任务；每个智能移动Agent包含自己的推理机、知识库，能够进行智能判断，按要求完成任务；当有任务要求保障分队进行伴随保障时，智能Agent转化为移动Agent，被管理Agent派往远端联邦成员，进行伴随保障，同时，本地保障分队Agent挂起；伴随保障Agent移动到目的地后，运行程序，与保障对象进行交互；移动Agent可根据需要同装备保障CGF通信，使装备保障群随时了解保障情况做出抉择；当任务完成，或所保障部队已不存在，则移动Agent被召回（或在本地注销）；召回的移动Agent变为本地保障分队Agent，等待进一步的任务指令。

保障Agent转化为伴随保障Agent的具体设计如下，如图 6-33 所示：

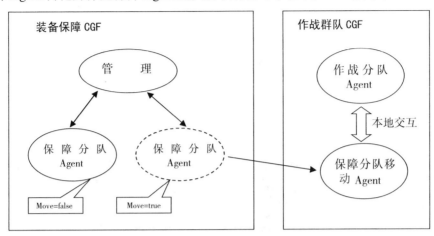

图 6-33　伴随保障移动Agent运行示意图

（1）Agent设计时，除了设定与保障有关的参数设定外，设计一个状态参数move，表征智能Agent是否派出执行伴随任务，move为"true"，表示智能Agent已转化为移动Agent派出，反之，move为"false"，则表示智能Agent在保障CGF中执行任务；（2）当智能Agent需要派出时，管理Agent对智能Agent实行挂起操作，进行保存，包括：智能Agent的现有状态及相关数据，修改move标志为"true"；（3）移动Agent派出后，移动到保障对象节点（联邦成员）处驻留，执行伴随任务，与保障对象进行交互；（4）保障任务完成，移动Agent向管理Agent发出归建请求，管理Agent接到请求后，发送命令消息，通知移动Agent执行相关操作；（5）移动Agent回到本地，管理Agent唤醒挂起的智能Agent修改move标志为false，依照移动Agent状态数据更新智能agent的状态，并注销移动Agent。

2. 管理Agent和伴随保障Agent的设计实现

在设计实现时，采用IBM公司的Aglet系统开发管理Agent和伴随保障Agent。在开发前，每个联邦成员都安装Aglet的Tahiti服务器。设计采用主从样式，通信Agent作为主Agent，移动Agent作为从Agent。前面已经提到，主从样式提供允许主Aglet把任务派给从Aglet，从Aglet移动到指定的目的地，完成指定的任务后返回结果的机制。基于Aglet的伴随保障活动设计原理图如图 6-34 所示。

3. 伴随保障Agent设计

伴随保障Agent在设计时作为从aglet设计，算法如下：

Slave类作为超类，每个伴随保障Agent为其子类

public abstract class Slave extends Aglet{　//设计从Aglet-Slave类

URL destination=null;

AgletProxy master=null;

//Slave类初始化，args为主Aglet传给它的参数

  public void OnCreation(Object args){

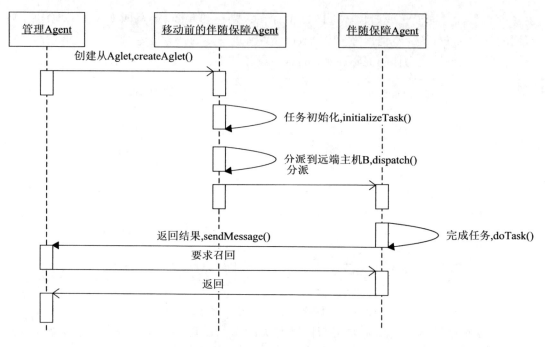

图6-34 基于Aglet的伴随保障设计原理图

```
try{
    destination=(URL)((Object[])args) [0];  //保障对象联邦成员UML地址
    master=(AgletProxy) ((Object[])args) [1];  //主Aglet代理
initializeTask(Object);
addMobilityListener(
    new mobilityAdapter(){
public void onArrival(MobilityEvent me){
 try{
//通知主Aglet已经到达需要伴随保障对象
 master.sendMessage（new Message("Result", "arrived"));
}catch(Exception e){}}}
public void onActivation(MobilityEvent me){
 try{
//每当从Aglet被唤醒后执行的操作
}catch(Exception e){}}}
);
//分派到需要伴随保障的保障对象联邦成员
dispatch(destination);
} catch(Exception e){}}
abstract void initializeTask(Object){};// Object包括移动伴随aglet的任务信息
abstract Object doTask(Object){};//Object包括保障任务信息，由管理Agent下达
public void run()
```

```
{
try{
deactivate(time) ; //time表示暂停时间
} catch(Exception e){}
If (battleover=true) // battleover 表示伴随保障 Agent 要求召回条件
master.sendMessage（new Message（"Result"，"back"））;}
catch(Exception e){}
}
```

4. 管理 Agent 设计

管理 Agent 作为主 aglet，设计算法如下：

Master 类作为超类，可以为聚合级装备保障 CGF 的管理 Agent 继承。

```
public abstract class Master extends Aglet{ //创建主 Aglet–Master 类
  public void run(){
   try{
   URL destination=getDestination();
   Object[] args=new Object[]{destination,getAgletProxy()};
//创建从 Aglet
AgletProxy proxy=getAgletContext().creatAglet(getCodebase()," Slave",args);
AgletID aid= proxy.getAgletID();
//等待接收要求召回消息，并召回从 aglet
Public boolean handleMessage(Message msg){
if( msg.sameKind("back"))
//召回
getAgletContext().retractAglet(destination,aid);}
}
catch(Exception e){}
}
//获得保障对象 URL
Public URL getDestination(){
//获得地址算法 }
}
Public String getSlavename(){
//获得从 aglet 类名称 }
}
}
```

6.5　战术级装备保障CGF执行行为建模

战术级装备保障CGF中的任务实体，即保障队（组），是具体装备保障任务的执行者，其行为的逼真度和行为结果的可信度，直接影响着仿真的应用效果。高逼真度的行为模型涉及仿真实体的感知、决策和学习等智能行为的模拟，是装备保障CGF建模的关键环节。

6.5.1　CGF行为建模方法[122-124]

行为建模涵盖的领域非常广泛，在不同的领域有不同的定义。军事仿真中的行为建模是表示人在战场中的行为，故也被称作人的行为表示（Human Behavioral Representation，HBR）。按照美国国防部的定义，行为建模是指"对在军事仿真中需要表示的人的行为或表现进行建模"。对于分布式虚拟战场环境中的CGF实体来说，行为建模技术就是要研究如何对人类作战行为（包括指战员个体行为，以及由参战人员操纵的武器平台和武器装备的行为）进行建模，使这些实体能够不需要人的交互而自动地对虚拟战场环境的状态和事件做出合理反应。军事仿真中的行为建模主要包括两个方面内容：一是建立单个人的行为，即表示人的内部思维活动，如感知、推理、决策、学习等，解释人的外在行为表现的内在产生机理。二是建立组、队和集团等层次的组织行为，即研究组织内的通信、交互、协作、协商等群体行为。其中组织行为是以个体行为为基础的。

行为建模与人工智能技术关系密切，行为建模理论的研究涉及到人工智能的许多领域。目前，建立行为模型常用的方法包括产生式系统、符号推理、有限状态自动机、模糊逻辑、人工神经网络、贝叶斯网络等。还有一些CGF系统则建立在各种综合认知体系结构（Integrative Cognitive Architectures）之上。例如，美国空军使用的空战CGF系统IFOR就是基于综合认知系统Soar构造的。由于人工智能技术在认知理论上尚未取得根本性进展，所以目前各种成熟的CGF系统大都是属于基于规则的系统。基于自主智能体技术的建模思想和综合应用多种人工智能方法的建模框架已成为当前行为建模的主要研究方向。

6.5.1.1　传统的人工智能方法[125]

传统的人工智能方法将CGF近似为一个专家系统（ES），因而构造CGF系统的主要工作变为获取知识、表示知识的过程。根据知识表示的不同，可分为基于逻辑的方法、基于规则的方法和基于框架的方法。这些方法多用于早期的武器装备CGF系统，如对空搜索CGF系统，因为这类系统行为的规则性较强且相对简单，因而可以在ES框架下建立CGF的行为模型。但这类系统存在很大的不足：（1）没有且难以考虑行为反应的不确定性；（2）存在知识获取的"瓶颈"，即知识的获取主要靠人工移植，不但费时，而且效率较低；（3）推理能力弱，由于推理方法简单，控制策略不灵活，容易出现"匹配冲突"、"组合爆炸"等问题；（4）智能化程度低，系统耦合紧，模型的逼真度不够，一般不具备自学习和联想记忆功能。

人工智能的发展为解决上述问题提供了契机，诸如模糊逻辑、神经网络、基于范例的推理和贝叶斯方法被迅速地应用到CGF行为建模中，一定程度上解决了不确定行为建模、行为学习和知识获取等问题。但这类方法的建模能力依然有限，如可以用一个神经网络模型表示一个 CGF 实体的学习行为，但很难表示系统的感知、决策等全部行为。目前通常将多种建模方法结合起来，充分利用每一种建模方法的长处，构造混合式的 CGF 行为模型。

6.5.1.2　基于有限状态机方法[126]

在 CGF 的建模过程中，一个十分重要的问题就是如何根据所处环境的变化以及自身的状态决定下一步所要采取的动作，以此达到自主推理的目的。从控制的角度看，CGF 系统是一个输入输出系统，它与有限状态机的机理有共同之处，因此在明确了行为模型的各个状态以及一些触发事件与不同状态转换之间关系的基础上，可以用有限状态机建立 CGF 实体的行为模型。

有限状态机（Finite State Machine）作为自动机理论的一个分支，它由五部分组成：一组状态的集合 S；一组输入集合 X；输出集合 Y；以及两种映射关系：状态迁移映射 λ、输出映射 μ，这两种映射关系的定义如下：

$$\lambda : S \times X \rightarrow S, \ \mu : S \times X \rightarrow Y$$

在运用有限状态机方法建立 CGF 的行为模型时，要求 CGF 的行为状态是有限的，并且各状态之间的转换关系及转换概率是明确的。由美国陆军 STRICOM 资助，由 Loral System 公司开发的 ModSAF，在美军的许多仿真系统中都得到了成功的应用，其行为模型就是采用有限状态机实现的。

6.5.1.3　基于 Agent 方法[127–129]

早期的 CGF 实体的行为模型集中在简单的反应式行为层次上，高级智能行为涉及不多，且多采用专家系统形式实现，主要问题是：（1）对于这样的系统，知识建立、维护难，工作量大，搜索时间长，难以满足实时性要求，重用性差；（2）行为并不是由实体自主控制，因而整过系统耦合紧，调度困难；（3）行为建模研究都是面向具体的应用背景，缺乏通用的行为建模框架。

军事行动过程一般都非常复杂，无法给出其明确的方程，难以通过高度形式化的方法建立确定的数学模型。随着军用仿真的发展，在 CGF 中引入人的行为表示已成为必然。越来越多的系统要求具有自寻优性和自适应性，要求具有学习和对结果的自解释功能。这些需要恰好与 AI（人工智能）领域中的 Agent 特性类似。这时通过 Agent 技术对其进行形式化的研究，是一种很有效的方法。由于 Agent 具有良好的自治性、自主性、反应性和社会性等特点，它已成为人工智能领域描述实体行为模型的通用技术框架，能够用来解决传统的人工智能所不能解决的环境适应性、信息不完全性等问题，它可以建立 CGF 系统的整体框架，建立行为的全过程模型。作为基于 Agent 的行为建模来说，主要工作集中在个体 Agent 层，即确定 Agent 的结构，建立 Agent 的行为模型。

Karen[130] 等运用 Agent 技术建立实时空战仿真模型：IHUT（Intelligent Hostile Urban Threat），该系统主要包括两部分：一是反应式智能 Agent，它主要用来表示人的一些认知处理活动，如视觉感知、时间监测、信息处理、态势评估等；二是徒步步兵的物理模型，主要用来模拟在作战环境下士兵的运动和相关动作。目前，IHUT 已经应用到了一些用于城市作战训练的仿真系统（MOUT）中。Peter[131]介绍了基于Agent的CGF在人在回路仿真中的应用，其中的飞行员Agent由dMARSTM的Agent软件实现。Sui Qing[132]运用Agent技术建立双机格斗的CGF行为模型，并提出一种学习算法。CRA公司开发一个用于表示人的行为的基于Agent的图形开发环境SAMPLE[133]，并已应用到美国国防部的一些项目中。此外有关基于Agent的建模框架也被提出来，Robert[134]从认知处理的角度，利用Agent建立CGF模型的一般框架，并对各组成部分的功能进行了描述。由密歇根大学开发的基于符号表示和规则推理的Agent建模环境Soar，利用这一环境，可以建立行为模型的规则库和推理引擎，从而有效地实现一些简单的行为建模。

6.5.2 基于反应式BDI的行为建模集成框架[135, 136]

任务实体的行为分为内在行为和外在行为。内在行为表示任务实体的内部思维活动。外在行为指仿真中能被其它实体观察到或对环境和其它实体有一定影响的动作，如机动、隐蔽、补充和修理等。重要的是，要能从真实的推理中获取外在行为背后的生成过程，如感知、推理、决策和学习等心智思维活动。可以说，实体的行为由实体的心智活动驱动，实体的心智活动为实体如何动作提供解释。

6.5.2.1 基于反应式BDI的行为机理分析

建立CGF的行为模型要面对大量不确定且难以形式化的因素，涉及行为的推理、决策和知识学习等方面的内容，实现难度很大。目前，CGF行为建模存在如下问题：一是手段比较简单，由于目前的行为建模研究大多针对CGF的静态行为建模，为了实现的方便，对系统作一定简化是可行的，但用来研究系统的动态行为就不可行了，只能表示一些简单的映射行为，对于复杂的行为，尤其是智能、自治行为则无能为力；二是建模的粒度过粗，一些系统把CGF的行为简化为一个专家系统，或一个有限状态机，不便于表现智能体内部处理信息的过程；三是CGF自主控制行为较少，与外界系统耦合较紧，不利于重用和开发，也不能真实反映系统的实际情况。

随着仿真规模的不断扩大，仿真对象的模型越来越复杂，需要描述的智能化的作战实体不断增多，而传统的面向对象技术很难表达作战实体的信念、愿望、意图等精神状态，难以满足仿真的需要。而Agent却是从模拟人的行为出发，对一个实体（如人或群体）的信念、承诺、意图、愿望等精神状态进行了描述。又由于Agent具有自主性、自治性和智能化等特征，因此基于Agent的建模技术，更能准确地表述和表达仿真模型中具有智能的实体（如士兵、部队等）。由此可见，采用Agent技术可以方便地构建出基于Agent的智能体模型模拟人的某种行为，进一步构建出具有更高逼真度的作战仿真模型和更实用的CGF系统。

目前提出了许多Agent模型，BDI模型比较适合于CGF的行为建模。因为它对单个Agent的心智状态（信念、愿望、意图）进行了明确地刻画，而CGF实体的行为由其心智状态决定，这样CGF实体的心智状态为其如何行动提供了一种直观的解释，较容易描述CGF的行为产生机制。同时，将CGF映射到MAS系统后，BDI还可以为多Agent群体的社会承诺和联合意图提供更方便的解释，在多Agent交互过程建模当中发挥作用。

战术级装备保障CGF的任务实体是具体装备保障任务的执行者，其行为的自主性和受控性同等存在，也就是说，保障队（组）的自主行为是在受领上级指挥实体的命令和指令后，遵循一定装备保障行动规范的前提下体现出来的。为了既体现任务实体受领任务随即展开行动的快速反应能力，又能够更好地描述任务实体为顺利完成保障任务所表现出的自主行为，以及以"例外规则"去处理"例外情况"的突发事件自主处理能力，完全有必要在反应式模型和 BDI 模型之间取长补短，建立一种既有慎思能力、又有较快反应能力的机制。以 BDI 模型为基础，适当扩展其反应行为的生成机制是较好体现任务实体保障行为的有效途径。因此，在 BDI 模型结构的基础之上，提出反应式 BDI 的结构模型，使任务实体的信念（B）与意图（I）之间建立匹配关系，这样既能体现任务实体行为的受控性和规范性，也能体现其保障行为的自主性，并且通过采用 BDI 结构模型能较好地体现其保障行为的生成机制，增强模型的可描述性和可计算性。

6.5.2.2　集成框架基本组成

为了研究的方便，我们定义任务实体的动作是实体发出的能被其他实体观察或感知到的，并产生一定影响的活动，是具体且不可再分的，如前进、后退和转向等活动。任务实体的行动是具有明确目的并有一定的预定步骤，需要较长时间完成的动作集，即行动是可进一步分解的，是一系列动作的有机序列，也就是说，行动是由一系列动作组成的。将动作称为元行为，将实体的行动称为任务。行为是实体对象内在规律和能力在外在影响下产生的内部思维活动，以及基于内部思维活动的外在表现。其中内部思维活动称为内在行为，它包括感知行为、推理行为、决策行为和学习行为等，外在表现是可观察到的行动输出，称为外在行为。

在 AI 领域，行为和知识是密不可分的，知识是完成行为的必要条件，同时作为完成行为的结果又获得新的知识。在这里，"知识"的概念是广义的，泛指实体的内部状态。基于 BDI 结构，实体的内部状态可用信念、愿望和意图等知识属性显性地表示。从面向行为的角度提出的一个基于反应式 BDI 结构的 CGF 任务实体内部结构模型，如图 6-35 所示。

从图 6-35 可以看出，任务实体的内部结构是由内在状态和内在行为组成。内在状态包括信念、愿望、意图以及支持状态更新和行为发生的知识；内在行为包括感知行为、推理行为、决策行为和学习行为等。

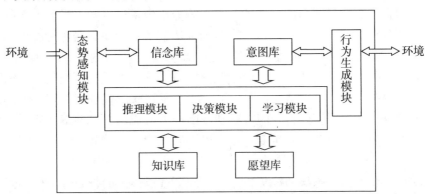

图 6-35　基于反应式 BDI 的任务实体结构模型

知识库存储实现问题求解所必需的各种知识，如装备保障条令、保障原则等。知识库的质量和完备程度决定着任务实体的智能程度。知识库包括：态势评估知识、情景—

愿望匹配规则、决策空间、成功案例、信念－意图匹配规则和意图分解知识。其中，态势评估知识用于对任务实体感知的信息进行解释、分类，形成任务实体的信念；情景—愿望匹配规则用于对感知的结果（信念）进行推理，形成任务实体的愿望；决策知识包括从愿望中形成意图的各种知识；成功案例可以加快任务实体的推理过程，即如果当前的态势是任务实体曾经成功经历过的，则直接从成功案例中提取案例，而不必重复推理；信念－意图匹配规则是将特定的信念（如上级指挥实体的命令和指令）与特定的意图进行直接匹配，省略形成愿望的环节，用于增强任务实体的快速反应能力；意图分解知识包括将意图如何分解为一系列元行为等知识，以及各种元行为的实现算法、调用条件等。另外，外部环境、相识者模型等事实信息也作为知识存储在知识库中，其中相识者是指系统中与己方相关的实体，一般是本方的上下级、所保障部（分）队、友邻保障部（分）队以及本方的当面之敌。相识者模型决定了任务实体感知的范围和交互的对象及方式。

信念库存储的是任务实体对外部环境和其它 CGF 实体的认识和判断信息。主要包括对自身状态的信念、战场环境各项属性的信念；对敌方态势属性的信念；对友邻状态属性的信念；对战场特定目标的信念等。由于信念被定义为对已有证据的积累，因而信念库中每一项属性的当前信念值是由前一时刻的信念值和当前时刻的感知值（或与其他 CGF 实体交互而获得的结果）共同决定的。

愿望集中对同一目标的各个愿望是并列的，最终任务实体只会执行其中一个。由于是基于局部信息得出的，并且不同的愿望是基于不同判别标准而产生的，因而，有的愿望是很容易实现的，有的愿望则需要很大的代价才能实现。任务实体最终要通过决策行为从愿望集中选择一个最优的原望作为意图，并通过执行该意图来实现目标。

意图库存储任务实体为实现期望目标而承诺执行的行为计划。由于感知是无时不刻地进行着，因而不断形成目标和实现该目标的意图。这些意图按目标形成的先后顺序或优先级存储在意图库中。意图库通过承诺，保证可实现的意图最终得到成功的执行，放弃因外界环境的变化而不能继续执行的意图。同时，由特定信念（如上级指挥实体的命令和指令）直接匹配的特定意图，以最高的优先级存入意图库。

愿望和意图都是关于一个实体希望发生的事件的状态，它们的区别在于：愿望是达成目标的可能路径，而意图是可能路径中的最优路径，意图将引导和控制实体未来的活动。对同一目标而言，愿望与意图的关系类似于决策分析中备选方案与最优方案的关系。意图可看作为部分行为计划，这些计划是实体为了达成其目标而承诺执行的计划。意图最明显的性质是它将导致行为，通过对意图的进一步分解可以形成执行动作序列。

除了上述知识、信念、愿望、意图四种状态外，任务实体的结构模型还包括感知、推理、决策、学习等内在行为：（1）感知行为。通过状态感知获取任务实体感兴趣的来自外部环境的相关信息，并根据实体自身的观察和判断能力形成信念，并案前后顺序更新信念库。（2）推理行为。当信念库发生变化后，触发知识库中的情景－愿望匹配规则，找出应对当前态势的最新行动（任务）备选方案集，并存入愿望库中。（3）决策行为。根据任务实体的目标和当前的态势，按某种最优化准则选择最优的行动方案作为意图存入意图库中，并通过承诺保证可实现的意图最终得到成功的执行，同时放弃因外界环境变化而不能继续执行的意图。其中，还包括直接将信念映射为意图的反应式快速决策行为。（4）学习行为。任务实体在执行任务过程中自主适应环境，保存"例外"行为知识的活动。

6.5.2.3　智能行为生成分析

Shoham 在充分研究以往方法的基础上提出了一种集成知识、行为的新框架[137]，并提出时间线（TimeLine）的概念，将行为定义为在时间线集合上进行特定选择的能力。本节在 Shoham 逻辑框架基础上提出一个任务实体心智活动模型[138]，用以描述一个内在行为的产生过程和产生机理，如图 6-36 所示。

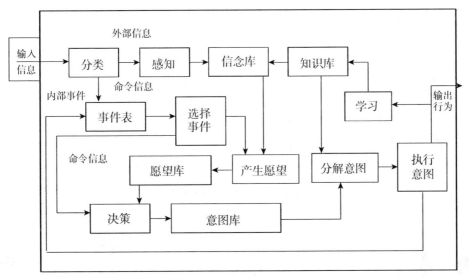

图 6-36　任务实体行为生成机理模型

根图中所示，任务实体的内在行为的产生过程表示如下：任务实体接收来自环境的刺激或其他实体的信息，对其进行解释和分类，并将其存放在信念库中。由于环境中的信息繁多，不可能接受每一种信息，并进行处理，可以根据相识者模型，只接受与自己目标相关的环境和其它实体的信息。

外部信息包括环境信息和实体状态信息。由于感知是无时不刻在进行着，从而形成一个感知序列，当前感知到的信息可能与以前的感知信息不同，这时就要更新信念库，上述思维活动即为感知行为，其详细行为过程如图 6-37 所示。来自其它实体的信息称为外部信息，它包括上级的命令信息，环境信息，其它实体信息等。在知识库中存储着情景－愿望匹配规则，不停地对感知输入和知识库中的知识进行检索、匹配和推理，当有匹配的情景，触发匹配规则，产生愿望集。愿望描述任务实体的感情偏好，愿望可以是与当前（或初始）意图不相容的，也容许存在不可达的愿望。这时需要不断地考虑和承诺当前的意图，得到与当前任务（应付外部威胁或响应相应请求）相容且可达的愿望子集（即目标集），并存入愿望库中，上述思维活动即为推理行为，其详细行为过程如图 6-38 所示。愿望集中的各愿望尽管都能与当前任务相关，但由于资源的有限性，任务实体不可能一次追求所有的目标。这时需要根据目标实现的代价或难易程度不同、任务实体自身的能力和偏好等原则进行筛选，得出能完成任务的最优愿望作为该时刻的意图，并存入意图库中。上述思维过程称为决策行为，其详细行为过程如图 6-39 所示。其中，如果外部信息经过分类为命令指示类信息，就直接进入事件表，经过事件选择，进行信念－意图匹配，直接生成立即要执行的意图，这就是任务实体反应式快速决策行为，其详细形成过程如

图 6-40 所示。意图库是一个堆栈，待执行的意图按产生顺序或执行优先级存放。由于外部世界的变化，使得原先选择的意图可能无法执行下去，这时意图执行单元会产生内部事件，对原先的意图进行修改，使其能成功执行或放弃执行。这样，当事件为内部事件时，所产生的意图将不顺序存放，而插入到对应意图的头部。下一步就是要把待执行的意图（最优方案）分解为具体的行动计划。计划是一个结构体，它包括目标、任务、触发条件、成功条件和失效条件。

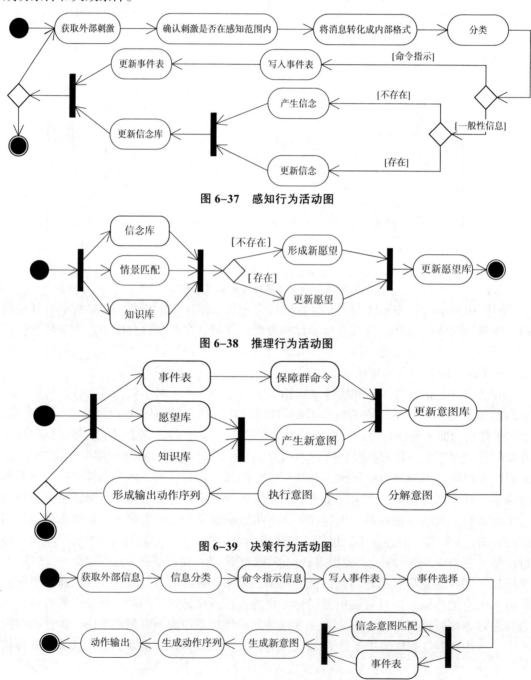

图 6-37　感知行为活动图

图 6-38　推理行为活动图

图 6-39　决策行为活动图

图 6-40　快速决策行为活动图

在知识库中存在许多成功的事例（案例），在产生计划时可从中选取，或对已有案例根据情况作必要修改形成新的案例；如不能提供预定义计划，则需要构造计划。计划是完成意图到元行为集的映射，即将意图分解为知识库行为空间中的元行为，并把这些元行为按其时空和逻辑关系进行组装，形成动作序列。执行意图单元负责按顺序调度、执行元行为，实现最终的外在行为输出。图 6-41 直观地表示从感知输入到行为输出的完整过程。

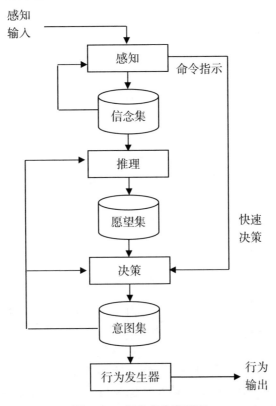

图 6-41　行为产生流程图

从以往的经历中获得经验是智能体必不可少的一项功能。任何智能系统都不会重复相同的错误而不加修正，也不会自始至终用同一方法解决同一问题。CGF 中实体的智能水平不仅体现在解决问题的能力上，还体现在不断学习、完善自我的能力，以便更好地适应动态变化的环境。美国建模与仿真办公室（Defense Modeling & Simulation Office，DMSO）认为引入学习和内在可变性到人的行为表示中是非常重要的，学习不仅使人的行为表示真实地适应变化的环境，而不必在事先预料环境中每种可能的变化，同时它使得模型更真实地反映人的智能行为。

目前绝大部分 CGF 中实体的行为模型还不具备学习能力，这主要是由于人的学习过程极其复杂，并且相对于实体的推理、决策等智能行为，学习行为也并不是智能行为建模首先要解决的问题。但是，随着仿真应用的不断深入，军事战略分析与军事作战训练对军事仿真的依赖性日益加强，对军事仿真建模的真实性和适应性提出了更高的要求，迫切需要在 CGF 实体的行为表示中加入学习模型，同时随着行为科学、认知科学和计算机技术的不断发展，使得在仿真系统中加入学习模型是可能的。尽管人的学习过程十分复杂，要在 CGF 实体的行为模型中建立与人完全相同的学习过程是极其困难的，甚至是不可能的，但是针对特定任务进行某种层次的学习是可能的。这种考虑问题的角度为在人的行为表示模型中引入学习行为提供了可能。同时 DMSO 认为 CGF 仿真系统的学习过程没必要与人的学习过程保持一致，但是有关人的学习过程的研究成果可为 CGF 仿真系统的学习行为研究提供较高的起点。

CGF 实体的学习行为是指通过练习而使行为发生改变的活动。也就是说，行为改变是学习的结果。同时这种行为的改变完全是由于在客观环境中所获得的知识或技能而引起的，而不是个体内部的自然成熟而引起的。学习的基本机制是设法把在一种情况下成功的表现转移到另一种类似的新情况中。学习是获取知识、积累经验、改进性能、发现规律、适应环境的过程，该过程示意图如图 6-42 所示，模型中包含学习系统的四个基本环节。环境提供外界信息，学习单元处理环境提供的信息，即学习算法，这是学习模型的核心所在，决定学习模型的能力和性能。知识库中以某种知识表示形式存储学习的结果，知识库要能够允许修改或扩充。执行单元利用知识库中的知识来指导行为，完成任务，并把执行中的情况反馈到学习单元。决策单元利用知识库中的知识来进行决策，指导执行单元，并把决策中的情况反馈到学习单元。学习单元使 CGF 实体自动获取知识，使自身的能力得到提高。

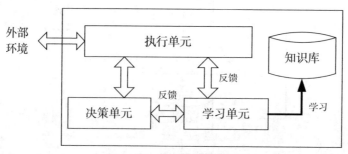

图 6-42 学习过程示意图

战术级装备保障 CGF 中的任务实体，其保障行为是在保障群的指挥控制下，具体完成上级赋予的各种装备保障任务，所以其行为模型中的学习能力，更多体现为底层战场反应式动作和简单的决策行为学习，进而更好的适应环境的变化，适应其它实体的行为，从而增强求解问题的能力。因此，任务实体主要有二个方面的学习：（1）底层战场反应式动作学习，即不断积累、改进战场情景—战术动作匹配规则。（2）决策方法学习，即学习不同的态势下最优方案的选择方法，提高任务实体的决策技能。

学习过程分为离线学习和在线学习。离线学习又称为被动学习，指 CGF 实体在非工作状态下的学习活动。对于每一种态势 s，CGF 实体都可通过领域专家获得最佳应对方案 a，即系统中存在态势—方案对 ⟨s，a⟩。这时学习的主要过程是检索知识库，匹配案例、存储态势—方案对的过程。在线学习又称为主动学习，指 CGF 实体在工作条件下进行学习。它与离线学习不同的是：在离线学习中一组训练例子是通过领域专家预先选择好的，这些例子都是以态势—方案对形式存在。而在线学习时，系统中没有领域专家存在，即不存在态势—方案对 ⟨s，a⟩。CGF 实体只能以它当前的知识为基础选择一种应对方案，作用于环境，导致某种"正向反馈"，CGF 实体进而根据各种方案的"正向反馈"大小调整知识库的内容，从而实现自主学习（自适应）。任务实体学习行为活动图如图 6-43 所示。

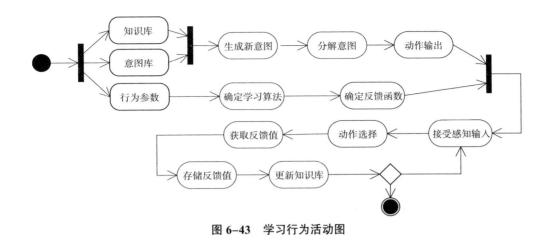

图 6-43　学习行为活动图

6.5.2.4　智能行为输出框架

一个完整的行为输出过程必然经过感知、推理、决策等内部思维活动，以及将选定的意图分解为元行为执行序列的行为输出过程。实体行为输出框架就是如何将意图分解为元行为，形成动作序列。

任务实体在动态的环境下，不断响应环境变化，自主决策，将会产生大量不可预知的行为，不可能对每一种行为逐一建模，并存入任务实体的知识库中。由于各种具体的装备保障行为都有非常明确的定义，并且保障队（组）所能够采取的动作也是有限的，因此，一种可行的方法就是定义一组元行为（即基本保障动作），并在元行为上定义一组行为运算和一个行为合成框架，也就是说，可以用保障队（组）有限的动作序列来体现其高层的保障行为。这样不仅大大提高了行为输出的灵活性，而且降低了系统实现的难度。

任务实体的一个保障行为就是一个保障任务，而任务可细分为完成任务的方法或过程，方法和过程又可以分解为一组有限动作序列。这样针对任务实体保障行为就形成一个三层的行为输出层次结构。（1）任务层（Task）。指要达到目的所要实施的高层行为，如对 X 作战群队实施 X 弹种 X 弹类补充。（2）方法层（Method）。指要完成的任务的具体过程描述，如机动到达指定地点、实施保障。（3）元行为层（Meta-behavior）。条令和规则规定的基本动作，如前进、后退、到达等。元行为动作不需高层思维行为的介入就可在环境中直接执行。元行为层可直接与外部环境模型交互，以产生各种逼真的战场效果和行为。任务实体行为输出层次结构图如图 6-44 所示。

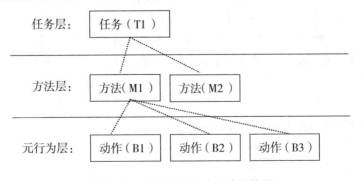

图 6-44　实体行为输出层次结构图

6.5.3 战术级装备保障CGF行为模型

本节基于反应式BDI行为建模框架探讨聚合级装备保障CGF任务实体的保障行为模型，包括任务实体的行为模型定义、类结构设计，感知、决策、推理和学习等内在行为模型的构建与表达，以及外在行为的表达和元行为输出，并以弹药保障队的弹药补充行为建模为例说明。

6.5.3.1 行为模型定义

1.任务实体内在行为模型定义

定义4-1：任务实体A可表示为如下八元组

Agenti=<B, D, I, K, Perception, Decision, Learning, Reasoning>

其中，B，D，I，K分别表示任务实体的信念库，愿望库，意图库和知识库。它们共同组成其内部心智状态，构成行为输出的心智状态基础。Perception, Decision, Learning, Reasoning分别表示其内部四种基本的智能活动：感知行为，决策行为，学习行为和推理行为。

基于定义4-1，任务实体的行为产生及输出过程可形式化地表示如下：

设Bel为所有可能信念的集合，Des为所有可能愿望的集合，Int为所有可能意图的集合，Kn为支持内部思维活动的知识库。

在任意给定的时刻，任务实体的状态可表示为四元组：$<B, D, I, K>$，这里$B \subseteq Bel$，$D \subseteq Des$，$I \subseteq Int$，$K \subseteq Kn$。

定义4-2：信念求精函数（brf）是一个映射：

$$\rho(Bel) \times P \rightarrow \rho(Bel)$$

式中，P表示当前感知的集合。

当实体感知了一个输入时，实体根据输入的信息和主体当前的信念确定新的信念集。该函数实现任务实体的感知行为。

定义4-3：愿望产生函数（reasoning）是一个映射：

$$\rho(Bel) \times \rho(Int) \rightarrow \rho(Des)$$

该函数根据当前环境和目前意图的当前信念确定一个可能的愿望（或目标）集。该函数实现任务实体的推理行为。

该函数起着如下作用：（1）愿望产生过程是对一个层次计划结构的循环求精过程，不断地考虑和承诺意图，直到最后获得目标。（2）愿望产生函数驱动情景—愿望推理，同时它还满足其它几个约束：所产生的愿望必须与任务实体当前的信念和当前的意图相一致；其次，应当能识别出环境变化的优势，提供任务实体获得意图的新方法或新的可能性。

定义4-4：决策函数（decision）是一个满足特定条件的映射：

$$\rho(Bel) \times \rho(Des) \times \rho(Int) \rightarrow \rho(Int)$$

并且，decision满足下列约束：

$\forall B \in \rho(Bel)$，$\forall D \in \rho(Des)$，$\forall I \in \rho(Int)$，$decision(B,D,I) \subseteq I \cup D$

decision函数依据任务实体当前的信念和愿望刷新实体的意图。通过decision函数任务实体可以丢弃无法完成或已无意义的意图，或为无法实现的意图选择新的实现方法或选择新的意图。

定义 4-5：快速决策函数（fast-decision）是一个满足特定条件的映射：

ρ (Bel)$\rightarrow \rho$ (Int)

该函数根据当前信念确定一个可行意图。该函数实现任务实体的快速决策行为。

定义 4-6：行为生成函数（prod）是一个映射，返回相应于可行意图的可执行的行动集（计划）：

ρ (Int)$\rightarrow \rho$ (Beh)

定义 4-7：行为输出函数（exec）是执行行动集到元行为（动作）序列的映射：

ρ (Beh)$\rightarrow \rho$ (Act)

定义 4-8：学习函数（learning）是一个从输出行为和决策行为到知识的映射：

ρ (Beh)$\times$ P$\rightarrow \rho$ (Kn)

ρ (Bel)$\times \rho$ (Des)$\times \rho$ (Int)$\times$ P$\rightarrow \rho$ (Kn)

通过学习函数，使任务实体适应不断变化的动态环境，变得越来越有经验。

以上行为产生及输出过程可用伪代码表示：

```
function Action(p:P): acts
begin
//根据感知更新信念
B:=brf(B,K,p);
//根据当前的信念、意图、知识库确定愿望
D:=reasoning(B,K);
//根据信念、愿望和知识库确定意图
I:=decision(B,D,K);
//将意图规划为行动方案
Beh_plan:=exec(I);
acts:=prod(Beh_plan);
Kn:=Leaning(p, Beh_plan);
return acts;
end;
```

2.任务实体外在行为模型定义

基于实体行为输出框架，同时结合任务表示语言（TRL），以及其它规划系统的动作语言提出一种实体外在行为模型。美国 Texas A & M University 的 Thomas R. Ioerger, Richard A. Volz 和 John Yen 开发出一种任务表示语言（Task Representation Language, TRL），将其他几种人工智能语言结合起来，类似于层次规划和任务分解语言。它的语法主要由人工智能程序语言 LISP 规则上衍生出来，但又增加了一些更为灵活的表示方法，如序列、平行、条件和循环等。

定义 4-9：行为运算 Beh_Cal 是定义在行为输出层次结构上的一组操作符集合。

SEQUENCE<p1,...,pn>：串行运算符，p1,...,pn 按顺序执行。p1,...,pn 可以是行为输出结构中任意层次上的元素（下同）。如当行为运算定义在方法层，那么 p1,...,pn 表示各种

元行为；当行为运算定义在任务层，那么 p1,...,pn 表示各种方法及元行为。

PARALLEL<p1,...,pn>：并行运算符，同时执行 p1,...,pn。

BRANCH<con1,...,conn><p1,...,pn>：分支运算符，当con1 为真，执行p1；当conn为真时，执行pn；当所有条件con1,...,conn都不满足时，p1,...,pn都不执行。

WHILE<con0><p>：循环运算符，循环执行p直至con0 为假。

FORALL<n><p>：循环运算符，将p执行n次。

这样行为运算按 BNF 文法形式可表示为：

Beh_Cal[<con>]< p1,...,pn>:=(SEQUENCE<p1,...,pn>)

|(PARALLEL<p1,...,pn>)

|(BRANCH<con1,...,conn><p1,...,pn>)

|(WHILE<con0><p>)

|(FORALL<n><p>)

<con>表示条件，在分支、循环运算时分别为<con1,...,conn>，<con0>或<n>。条件<con>通过包含关键字:COND的列表来指定，在:COND后紧接着一个谓词列表，谓词列表由谓词名和参数值组成。另外在谓词前面加上:NOT关键词表示取反。

谓词列表可通过and或or联结词连接；常量TRUE和FALSE分别表示条件值为真或假。

<con>::=[<TRUE|FALSE|<predicate>|:NOT<predicate>>]

<predicate>::=(<name><value>)

定义 4-10：设 Beh 为行为空间，meta_Beh ∈ Beh，且不可再分，则meta_Beh 为元行为。元行为以算法的形式存在知识库。

在元行为和行为运算的基础上，就可以定义行为输出层次结构的其他各层：方法层、任务层。

定义 4-11：方法层：

<METHOD>::=

(:METHOD<name><variables>)

[(:PRE-CON<condition1>)]

[(:TREM-CON <condition2>)]

(:Beh_Cal[(condition3)](meta_Beh1,..., meta_Behn,))

在方法层的描述中，包括如下几项：方法的名称（name）、对应的参数（variables）、前提条件（condition1）、结束条件（condition2）、以及一个元行为运算（Beh_Cal）。当前提条件不满足时，元行为序列不执行；当结束条件满足时，将中止元行为序列的执行，而不考虑执行到什么位置。

定义 4-12：任务层：

<TASK>::=

(:TASK<name><variables>)

[(:PRE-CON<condition1>)]

(:TERM-COND<condition1>)

[(:Beh_Cal[(condition2)](METHOD1,..., METHODn))

[(:PRIORITY<int>)])]

在任务层上行为运算的操作对象是方法（METHOD），为了增加任务执行的灵活性，每个任务可有多种方法来完成，通过为方法设置优先级（PRIORTY），由系统在运行时（RUNTIME）选择须执行的方法。

6.5.3.2 保障实体类设计

BDI结构采用信念、愿望、意图来表示Agent。从实现的角度看，Agent可看作抽象类，信念可看作是世界的状态；愿望相当于决策树上的决策点，给每个愿望赋予一个效用值，通过期望效用公式来评估与之相连的各条路径；意图是决策树中的最优路径；Agent 的输出行为是决策树中沿着最优路径需要执行的步骤。基于以上认识，引入了上述建模部件来建立基于反应式BDI的任务Agent结构模型和行为模型。另外，根据前面的论述，CGF实体是四种状态和四种行为的集合，四种状态对应于类的状态变量，四种行为对应于类的方法。同时，由于这几种状态的结构非常复杂，并具有特定的操作，因此在实现时将四种状态分别作为独立的类实现，这样既可简化CGF实体的类结构，同时也方便这四种状态的实现。由于不同用途CGF实体的感知、决策、学习等行为的实现细节并不相同，因此将 Belief、Desire、Intension 作为抽象类实现，供具体类重载。感知行为、决策行为、学习行为分别是这三个抽象类中的虚函数实现。

Agent、Belief、Desire、Intention、Knowledge 作为抽象类实现，Agent 是基本的建模部件，表示为一个抽象类，它包括 Belief、Desire、Intention、Knowledge 四个抽象类。这五个抽象类结构的相互关系及感知、决策、学习行为的产生机理如上节所述。各种任务Agent类通过定义为抽象类Agent的派生类的方式来间接定义，子类对应的Belief、Desire、Intention、Knowledge类也从对应的抽象类中派生。这样，它们继承了父类的结构和行为特征，及其相互关系。因此，该框架不仅遵循了BDI结构规范，而且可灵活实现应用系统的具体行为，重用现有的设计和实现。保障实体的类结构如图 6-45 所示。

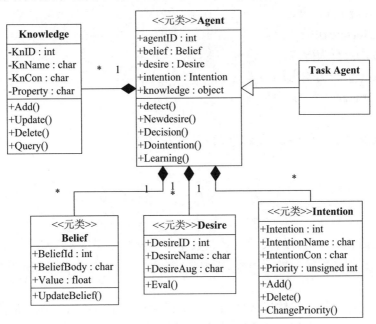

图 6-45　保障实体的类结构

335

下面给出基于反应式BDI的基本Agent类定义：

```
class AGENT
{
private:
    RULESET ruleSet;//知识库
    IntentionMultiStack intention;//意图
    DesireMultiStack desire;//愿望
    Task task;//任务
    char agentTYPE; //Agent类型
public:
    char *Name; //Agent的名字
    char *Url; //Agent的地址
    //信念
    SELF self; //有关自身的信念
    OTHERAIRCRAFTS OtherAgents;//其它实体的信念
    WEATHER weather; //有关气候的信念
    GEOGRAPHY geography; //有关地理环境的信念，含地面目标
    ……
//其余信念，在扩展类中定义
    Communicator communicator;//通信类，用于Agent间通信
    void Perception();//感知
    void Brf(); //信念求精
    void Fast-Decision ();//快速决策
void Reasoning (); //推理
void Decision();//决策
    void Prod();//行为生成
    void Exec();//行为输出
    void Learning();//学习
    ……
//下面定义各类功能函数，在扩展类中定义
    ……
};
```

6.5.3.3 信念库和知识库

信念库和知识库的设计均采用关系型数据库，这样便于维护和修改，也便于互操作和可重用。

1. 信念库

信念库主要记录任务实体形成意图、生成行为过程中所拥有的各种信念，包括关于对所处环境的信念、对友邻的信念、对敌人的信念以及对自身状态的信念。每一类信念

又可逻辑地分为不同的子类,形成一个树状结构。具体到每一子项,如敌情,它与一个数据表关联,里面存储任务实体获取的有关该项的最新信息。每一个表至少包括项目、项目值、项目值的可信度、获取信息的时间等项,以此表示 CGF 实体对外部信息的感知结果。主要信息及表样如表 6-4 信念库设计样表所示。

表 6-4　信念库设计样表

项目	子项目	项目值	项目值可信度	获取时间
环境	高程、河流、道路等地理信息			
	气象信息			
	状态信息			
敌情	属性信息			
	威胁信息			
	状态信息			
友邻	属性信息			
	能力信息			
	状态信息			
自我	属性信息			
	能力信息			
	状态信息			
保障对象	属性信息			
	状态信息			

任务实体关于这些属性的信念来自两个方面:(1)初始信念。初始信念按照仿真脚本根据实体在系统中所扮演的具体角色的职能、职权和个性来进行初始化;(2)过程信念。仿真运行过程中通过感知行为获取的信念。

给出信念库数据结构设计举例:

```
struct BELIEF
{
//自身信念
struct SELF
char *status;//状态
POSITION position;//位置
float speed;//速度
char agentID;　//agent 标示符,例如保障组 B5
char agentNAME;//agent 名称,例如第 X 抢修组
char agentTYPE;//agent 类型,例如类型为抢修组
boolean agentMOVE;//agent 是否为伴随保障状态,取值为 true 或 false
……
};
//其它 Agent 信念
struct OTHERAFENTS
{
```

```
    char *agent; //agent名称
    char *url;//地址
    struct OTHERAIRCRAFTS *next;
……
};
//气候
struct WEATHER
int temperature;//温度
int windpower;//风力
int winddirection;//风向
int visibility;//天晴/多云/阴天/雨/雪
char *weatherstatus;//天气状态
int humidity;//湿度
int fog-level;  //level of fog: 0-no, 1-1ight,2-middle,3-heavy
unsigned char Weather; //0-clean，1-cloudy，2-middle
……
};
struct GEOGRAPHY
{
char *ObjectName;//物体名称
char *ObjectType;//类型，如机场、防空阵地等等
char *red or blue;//隶属红方或蓝方
POSITION position;//地理坐标
……
struct GEOGRAPHY *next;
};
```

2.知识库

知识库是指储存在计算机中的格式化和结构化的知识的集合，主要应用在专家系统或具有某种人工智能的领域。它与数据库最大的不同之处，在于数据库的主要功能是数据的储存和检索，而知识库则有推理、演绎功能，即具有知识的延伸。

知识库的组织方式与信念库相同，由于相同类型的CGF实体的知识库内容有很大一部分是相同的，为了解决占用空间过大问题，同时方便知识库的一致性维护，将CGF实体的知识分为公共知识和私有知识。同时考虑到个人能力和训练程度等行为因素的不同，公共知识库中的每条知识都有一个属性项，用以指定具备该知识的CGF实体应具有的行为因素特征。

CGF实体具有如下类型的知识：（1）态势评估知识：用于对CGF实体感知的信息进行解释、分类，形成CGF实体的信念。主要包括环境以及各种装备的属性、数量等知识。（2）问题求解知识：用于支持CGF实体完成推理、生成愿望、形成意图以及维护意图方面的知识。这些知识主要来自于战术装备保障实际规则。例如：情景-愿望匹配规则用于对感知的结果（信念）进行推理，形成CGF实体的愿望；决策空间包括从愿望中形成

意图的各种知识。（3）相识者知识：用于确定感知的范围。主要包括当面之敌、本方的上级、下级和友邻。每个相识者的信息包括：相识者名称、关心地域、主要技能、信息资源。当相识者是敌方，可能没有足够的情报支持 CGF 实体获取上述各项，因此允许某些项为空。相识者模型需要根据仿真想定脚本确定。（4）成功案例：成功案例可以加快 CGF 实体的推理过程，即如果当前的态势是 CGF 实体曾经成功经历过的，则直接从成功案例中提取案例，而不必重复推理。成功案例来自两个方面：根据 CGF 实体的经验、能力等属性在系统初始化时加入；通过学习行为获取。（5）行为空间知识。包括将高层目标如何分解为一系列元行为等知识，以及各种元行为的实现算法、调用条件等。

给出知识库数据结构设计举例：

```
//规则表
struct RULESET
{
  char RuleName[10];//规则名
  struct RuleWhen *pwhen;//规则头的触发事件
  struct RuleIf  *pif;//规则头的上下文
  struct RuleThen *pthen;//规则体
  int  Priority;//优先权
  int  Active;//激活标志
  int  Mark;//使用标志
  struct RuleSet *next;
};
//触发条件
struct RuleWhen
char EventNumber[10];//触发事件的编号
struct Event *pw;//触发事件的内容
struct RuleWhen *next;
};
//规则体(body)
struct RuleThen
char BodyNumber[10];//规则体的编号
struct BodyContent *pa;//规则体的内容
struct RuleThen *next;
};
```

其中 BodyContent 是具体的执行内容，它的数据结构如下：

```
struct BodyContent
{
char *contentType;//两种类型 :goal/action
char *contentExpr;//具体动作或目标表达式
};
```

6.5.3.4 保障行为建模举例

下面以弹药保障队实体为例，综合运用上述对状态和行为的建模方法，阐明战术级装备保障CGF任务实体的保障行为建模。

实例描述：保障群接到装备保障指挥所的弹药保障命令，该命令为"×时×分到达×地点对×作战群队补充×种×类×发弹药"；保障群根据弹药储备情况和战场态势进行规划，命令×弹药保障队完成此次弹药保障任务；×弹药保障队接到保障群命令后，立即执行；在保障过程中，依据自身的判断和决策产生行为，自主地机动到指定地点，实施保障。

突发事件：完成弹药补充任务，返回机动到2号路段时，该路段被毁。

弹药保障队实体保障行为生成过程描述：

（1）弹药保障队实体接收来自保障群实体的命令，对其进行解释和分类，确认是上级命令类信息，将其存放在事件表中，并优先处理。

（2）通过知识库中存储的信念-意图匹配规则，触发匹配规则，产生弹药保障行动意图。上述行为反应式快速决策行为。

（3）根据行动意图更新意图库。意图库是一个堆栈，待执行的意图按产生顺序或执行优先级存放。最新上级命令类信息产生的意图按优先级最高存放。

（4）把优先级最高的意图，分解为具体的行动计划。计划是一个结构体，它包括任务、触发条件、成功条件和失效条件。由于在知识库中存在该类命令的成功事例（案例），可直接从中选取。构建意图到元行为集的映射，即将意图分解为知识库行为空间中的元行为，并把这些元行为按其时空和逻辑关系进行组装，形成动作序列。执行意图单元负责按顺序调度、执行元行为，实现最终的外在行为输出。弹药保障行为的行动计划为：等待车辆、装载、机动（出发）、途中隐蔽、到达、卸载、机动（返回）、途中隐蔽、归建。

弹药保障队行为生成过程如图6-46所示，从中可以看出弹药保障队是如何受领任务，通过反应式快速决策行为，确定意图，构建行动计划，按照元行为序列展开行动的。

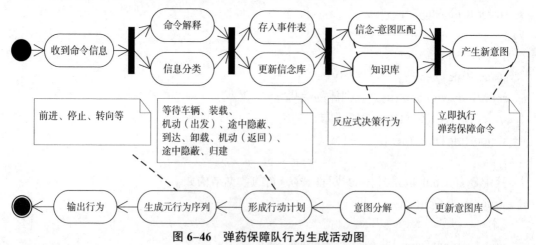

图6-46 弹药保障队行为生成活动图

图6-47表示任务实体由内在行为产生外在行为输出的过程中，在Agent内部信念、愿望、意图、知识库等之间的信息交互关系。

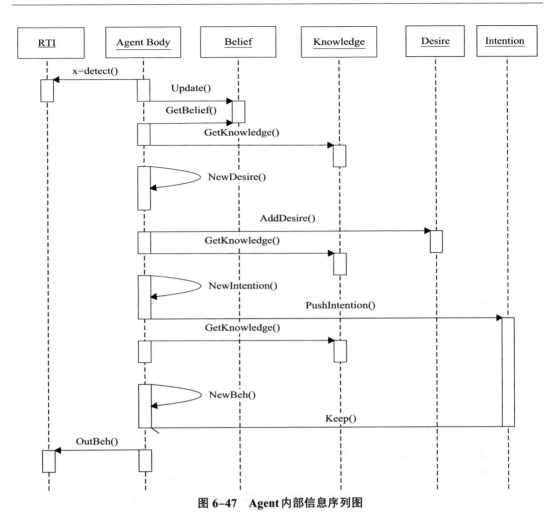

图 6-47　Agent 内部信息序列图

弹药保障队在返回途中应对突发事件，自主行为产生过程描述，如图 6-48 所示：

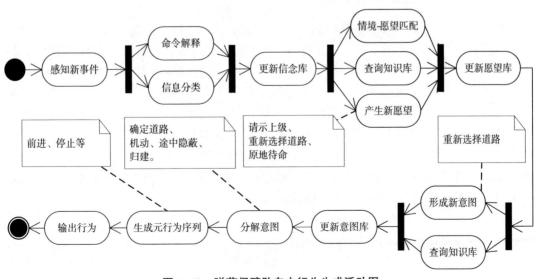

图 6-48　弹药保障队自主行为生成活动图

（1）接收到来自环境的信息，该信息为"2 号道路被毁"，对此信息进行解释和分类，经过确认后，更新信念库。

（2）通过知识库中存储的情景－愿望匹配规则，触发匹配规则，产生对该突发事件的愿望集，包括：请示上级、重新选择道路、原地待命等，并将此愿望子集存入愿望库。

（3）根据目标实现的代价或难易程度以及实体自身的能力等原则进行筛选，得出能完成任务的最优愿望作为该时刻的意图，即重新选择道路，并存入意图库中。

（4）把待执行的意图（最优方案），即重新选择道路，分解为具体的行动计划。重新选择道路的元行为序列为：确定道路、机动、途中隐蔽、归建。

（5）将此次输出的行为方案，存储到知识库中，实现案例学习。

6.6　战术级装备保障CGF指挥控制建模

战术级装备保障力量体系是由具有一定组织结构层次的装备保障单元构成的。在分群编组模式下，每个保障单元是一个保障群，每个保障群下辖若干保障队和保障组，保障群在接受装备保障指挥员的保障命令后，组织指挥保障队和保障组展开具体的执行过程。这里的保障群是保障队和保障组的指挥控制实体，其主要行为包括：接受装备保障指挥员的命令、规划决策、监控执行实体的活动过程、对装备指挥员及时汇报情况等。为了实现战术级装备保障指挥模拟训练的功能，就需要逼真的模拟保障群的这些指挥控制行为。

指挥控制（Command and Control，C2）建模是聚合级作战模型中的关键部分，它面对的是一个动态的、复杂的战场环境，涉及到战场信息的收集、形势的分析、作战任务的制定与分配、实时决策与规划等战场行为。因此，C2建模不同于一般的CGF行为建模，它要求指挥实体的行为模型具有规划、协同、合作等能力，体现出其行为的社会性。目前，关于指挥控制建模的主要方法是采用面向对象、多Agent及基于知识的系统技术。

6.6.1 保障群指挥控制建模需求分析

战术级装备保障，从指挥控制的角度看，是由装备保障指挥员指挥保障群，再由保障群指挥保障队和指挥组的过程，如图6-49所示。在战术级装备保障指挥模拟训练中，所训练的对象通常是装备保障指挥员，因此，所谓的装备保障CGF指的是保障群及其下辖的保障队和保障组的计算机仿真模型，装备保障指挥员指挥的是装备保障CGF，它们二者是一种"人机结合"，在仿真系统中也称作是"人在回路的仿真"；而在装备保障CGF内部，还存在保障群对保障队和保障组的指挥控制行为的模拟，即"人不在回路的仿真"。本章探讨的战术级装备保障指挥模拟训练联邦就属这两种类型仿真的综合应用，即高层的指挥控制行为由受训者来完成，底层的指挥控制行为由计算机自动完成。因此，下面只探讨保障群指挥实体的自主指挥控制行为。

1.指挥控制模型功能

战术级装备保障CGF的指挥控制模型，应当具有以下几个功能：

（1）具有自主规划决策能力。受领上级指挥所所赋予的任务，根据战场态势进行智能分析和实时的任务规划与战场决策；

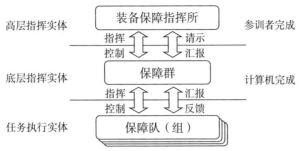

图 6-49　战术级装备保障指挥控制层次图

（2）具有良好的合作能力。与同级指挥实体之间有良好的合作机制，具有合作解决战场复杂问题的能力；

（3）具有实时监控能力。对下级任务实体的实际行动具有实时的指导和监控能力；

（4）具有重新规划决策的能力。根据战场态势的变化，要能重新分析战场态势，对原有的规划和决策重新调整，以确保任务完成的能力；

（5）具有对未知环境的反应能力。对未知态势和缺乏准确战场信息的情况下，要有较强的反应能力，能自主地处理战场上的突变情况等。

2.指挥实体的指挥控制过程

根据战术级装备保障CGF指挥控制模型的功能描述，指挥实体（保障群 Agent）的一般指挥控制过程描述如下：

（1）任务分析：主要是明确上级意图、本级任务、友邻任务及完成任务的时间等；

（2）态势判断：主要是判断敌我双方战况、进行地形分析及作战地区天气情况等环境信息；

（3）规划生成：综合战场态势及任务属性，形成初步实施规划；

（4）任务分配：确定完成计划所涉及下级任务实体，明确下级任务分工；

（5）监控执行：严密监视执行情况及效果；

（6）重新决策：根据下级实体和战场反馈信息进行重新决策，形成新的保障命令；

（7）任务取消：解除本次任务执行组合，等待新的任务；

（8）请示及情况汇报：根据态势及任务，自动向上级指挥实体发出请示，对任务完成情况和自身状态向上级指挥实体自动汇报。

3.指挥控制模型的基本结构

作为战术级装备保障CGF的指挥实体，保障群Agent通过与本级后勤、所保障部队和友邻保障部（分）队的协同、合作，并以一定的指挥控制关系，指挥控制保障队（组）完成上级赋予的装备保障任务，并根据任务完成情况和战场态势，进行战场的实时决策和规划，其指挥控制模型的基本结构如图6-50所示。

从上面的分析可以看出，指挥控制模型应具有一定的适应性（Adaptability）。这是由于指挥控制建模所面对的是一个不断变化的战场环境。因此，指挥实体应该适应这种动态变化的特点，进行实时地指挥决策，一旦战场环境发生了改变，就需要及时地对行动方案进行调整。

此外，指挥控制模型还应具备协调、协同等社会行为（Social Behavior）。解决如何在一组自主的Agent之间协调它们的智能行为，以及如何协调它们的知识、目标及任务等，以便联合起来求解问题或采取行动，即行为的社会性。因此，指挥Agent在建模时不仅应建立起自己的行为模型，同时也必须能够对其它Agent的意愿（Intention）等进行推理，以便使自己的行为更为合理，在这方面，多Agent系统Teamwork理论的提出，为建立组织级的指挥控制建模提供了一条有效的技术途径。

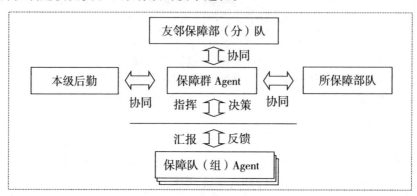

图 6-50　指挥控制模型的基本结构

6.6.2　保障群Agent协同规划模型

在军事作战仿真系统中，对CGF模拟复杂行为关系的真实有效性提出了很高的要求。早期军事作战仿真系统中的半自主兵力仅能模拟简单的反应式行为和低级的智能行为。而实际的作战行为规则是复杂的，一个实体行动可能要等到其他实体完成某些行动任务之后才能开始执行，或者一个行动的执行要依赖于另一个或几个行动是否已经完成，军事指挥员必须对各种军事行动进行协调。因此，在"人不在回路的仿真"中，需要合理地表达和表现指挥实体的协同规划能力，以保证执行实体行为之间依赖关系的逻辑性。

在现有的协同规划多Agent仿真模型中，有些模型所实现的协调行为基本上都是事先规划好的，而且是与具体领域相关的，这样当系统遇到一些新的情况或不确定因素时，原有的知识就无法应用；同时，由于系统中的协调规划是与领域相关的，因此它们在其它领域不能被重用，即对于每一个新的领域，都要重新设计行为的协调模型。另外，许多其他应用领域，如虚拟训练、基于Internet的信息集成、机器人足球赛以及交互式娱乐等都对这一技术提出了需求。复杂、动态环境下的协同工作不同于一般简单的行为协调，它包含一个共同的团队目标，而且在团队中的各Agent间存在着协同与合作。

基于Teamwork的多Agent系统[139]的提出，为解决传统的多Agent系统中存在的上述问题提供了有效的技术途径。基于协同工作的多Agent系统为其中的所有Agent提供了一个协同工作通用模型，通过这一模型，各Agent可以自动地对相互间的协调和通讯进行推理，同时，这一模型还能够实现不同领域间协同工作功能的重用。现有的协同工作理论主要包括联合意愿（Joint Intentions）、共享计划（Shared Plan）以及联合责任（Joint Responsibility）等，已经实现的协同工作通用模型有Jennings在GRATE系统中提出的基于联合责任的框架，Rich和Sidner基于共享计划理论建立的COLLAGEN系统，以及Tambe所建立的STEAM系统。下面，综合联合意愿理论和共享计划理论的特点，以Tambe的STEAM框架为基础，介绍Teamwork通用模型的设计原理。

6.6.2.1　协同工作理论

基于 Teamwork 的多 Agent 系统是建立在联合意愿的理论之上的，其中建立联合意愿的方式与共享计划理论中的思想类似。下面首先介绍这两种理论的特点，进而分析基于这两种理论来建立的 Teamwork 模型。

1. 联合意愿理论（Joint Intention Theory）

联合意愿理论是由 Cohen 与 Levesque 提出的[140, 141]，在一个多 Agent 系统 Θ 中，如果其中所有的 Agent 都承诺要完成一团队行为，那么团队 Θ 就形成了联合意愿（Joint Intention），Θ 中所有成员的联合承诺定义为联合一致目标 JPG（Joint Persistent Goal），令 p 代表完成某一团队行为，q 为无关性判决条件（q 为假代表 Θ 与 JPG 无关），则可将联合一致目标记为 JPG（Θ, p, q）。当且仅当以下三个条件满足时，JPG（Θ, p, q）成立：

a. Θ 中所有的成员都认为 P 为假；

b. Θ 中的所有成员都将 P 作为它们共同的目标；

c. Θ 中的所有成员都认为，在 p 被确认为完成、无法完成或无关之前，它们每一个都将 P 作为自己的弱目标 WAG（Weak Achievement Goal），记为 WAG（μ, p, Θ, q），其中 p 为团队 Θ 中的一个成员，这一定义意味着下面两个条件满足其一：

a. μ 认为目前 p 为假，并最终希望其为真；

b. 当 μ 发现 p 完成、无法完成或无关（q 为假）时，它承诺将使自己的这一个人信念成为团队 Θ 的共同信念。

由于联合意愿理论中，JPG 是建立在团队任务 p 的基础之上的，因此，它能够保证：在 p 未被团队 Θ 中所有成员都认为达到结束条件（完成、无法完成或无关）前，任何一个成员都不能够取消承诺。而且，Θ 中的每一个成员都将 p 作为自己的目标，并单独判断 p 是否满足结束条件，当某一成员 μ 判断 p 已经满足结束条件时，它将与团队 Θ 中的其它队友建立通讯，来通知它们团队任务 p 的状态，并相应地建立起团队的共同信念。JPG 的这一机制可以确保团队中的每一成员都能够及时地获取团队行为的状态，从而避免出现任务协调、协同等方面的问题。

在建立联合一致目标 JPG 时，最重要的是在所有的团队成员中建立起正确的共同信念和承诺，这里，我们采用文献中所提出的 request 和 confirm 方法作为建立承诺的协议，这一协议的关键是一致弱完成目标 PWAG（Persistent Weak Achievement Goal），其中 PWAG（vi, p, Θ）定义了在团队建立起 JPG 之前，成员 vi 对其团队任务 p 的承诺。假定 p 为发起者，团队 Θ 中的其它成员 vi 进行响应，则该过程可描述如下：

（1）μ 执行请求 Request（μ, Θ, p），触发动作 Attempt（μ, ϕ, ψ），即 μ 的最终目标 ϕ 既包括完成团队任务 p，同时也包括让所有的团队成员 vi 都接受 PWAG（vi, p, Θ）。其中，μ 的承诺至少是 ψ。利用这一请求 Request，μ 就采用了 PWAG；

（2）团队 Θ 中的其它成员 vi 通过 Confirm 或 Refuse 进行响应，其中 Confirm 也是一动作 Attempt，利用它来让其它成员了解 vi 使用 PWAG 完成团队任务 p 这一信息；

（3）如果 $\forall i$，vi 都执行了 Confirm，则 JPG（Θ, p）即完成建立。

使用所建立的联合一致目标 JPG，Θ 中的所有 Agent 就同时加入了一联合承诺，这一承诺的目标就是完成团队的行为 p。尽管 JPG 是上述建立承诺协议的结果，但是一些重要的行为约束则是通过PWAGs施加到每一个Agent上的，在上述第一步中，μ接纳PWAG即意味着在完成请求后，一旦μ自己认为p满足结束条件（完成、无法完成或无关），那么它必须通知团队中的其它Agent，第二步采用相同的方法来约束团队中的其它Agent vi，第三步指出必须通过所有的Agent的确认Confirm来建立JPG，如果其中有一个拒绝，那么该JPG就无法建立。

2. 共享计划理论(Shared Plans Theory)

同联合意愿理论相比，共享计划（SP：Shared Plans）所采用的是完全不同的意愿态度：Intention that，它同单个Agent的一般意愿类似，但是，这里每个Agent的意愿Intention that都是趋向于其协作者的行为或一个团队的联合行为，其中单个Agent的Intention that是定义在一组定理的基础上的，利用这些定理来指导单个Agent完成一些行为，其中包括通讯行为等。

共享计划SP分为两种，即：完全共享计划（Full SP）和不完全共享计划（Partial SP）。完全共享计划FSP代表的是一联合行为α的一种状态，在这种状态下，行为α的各个方面都完全被确定了，其中包括团队的共同信念以及就完成行为α的完整的方法Rα达成一致，这里，Rα是对一组动作βi的定义，当在规定的约束条件下执行时，这些动作就构成了行为α的执行过程。给定完全共享计划FSP（P，GR，α，Tp，Tα，Rα），它定义了一组Agent GR在时刻Tp的计划P，这一计划的目的是在时刻Tα采用方法Rα来完成行为α。当且仅当有以下条件成立时，完全共享计划FSP（P，GR，α，Tp，Tα，Rα）成立：

（1）GR中的所有Agent都认为命题Do（GR，α，Tα）成立，即GR在时刻Tα开始执行行为α；

（2）GR中的所有Agent共同认为Rα是完成行为α的方法；

（3）对于Rα中的每一步βi，有：

a. 存在一子集GRK ⊆ GR，它采用方法Rβi定义了行为βi的完全共享计划FSP，这里GRK可以是一个Agent，在这种情况下，FSP就完全是一个个体Agent的计划；

b. GR中的其它Agent都认为在GR中存在一GRK能够执行βi，并且为βi定义了完全共享计划FSP；

c. GR中的其它Agent都认为该Agent子集GRK可以采用某一方法来完成行为βi。

当在Teamwork模型中使用共享计划理论时，所希望的是能够描述整个团队的意愿和信念，根据这一目的，FSP就只代表了一种有限的情况，通常，在一个团队的行为中，只有不完全共享计划PSP，它是团队在协同工作中某一特定状态下的共享计划，常常需要进一步的通讯和规划来形成完全共享计划FSP。

在三种条件下可能存在不完全共享计划PSP：

（1）动作序列Rα只是部分进行了定义。这是由于在一个动态的环境下，团队需要根据当前的环境和状态来决定下一步的行为，依据共享计划理论，团队中的每一个Agent都应在其下一步动作βi中建立起共同的信念，因此，对于动作序列Rα中的每一步βi，都有一相关的Agent子集来形成一共享计划；

（2）团队的任务分配可能还没有完成，例如用以执行某一特定任务的Agent或Agent集合尚未确定。在这种情况下，团队中的Agent都认为存在某一Agent或Agent集合来完成这一任务，这样，就可能存在一些 Agent 主动要求来执行这一任务，或者劝说/命令其它的 Agent 来执行；

（3）单个 Agent 或 Agent 子集可能尚未达成合适的共同信念来形成 FSP，这样就需要在不完全共享计划 PSP 的基础上进行团队内部的通讯。

6.6.2.2　基于联合意愿和共享计划的 Teamwork 模型

这里以 Tambe 所提出的 STEAM 框架[142]为基础，介绍基于联合意愿和共享计划的层次化 Teamwork 模型。

在 STEAM 模型框架中，使用联合意愿作为实现协同工作的基本构件，团队中的每个 Agent 都建立起一复杂的层次化机构，其中包含了联合意愿、个体意愿以及关于其它 Agent 的信念等，团队内部的通讯是由联合意愿理论中的承诺机制来驱动的，即团队中的 Agent 在建立和解除联合意愿时，为达到一共同信念而进行通讯。这样，联合意愿就在该框架中实现了对通讯的灵活推理，同时，模型中使用团队目标和计划的表示来实现对团队性能的监视，如果负责某一子任务的 Agent 未能完成其应履行的职责，或者发现新的任务但还没有指定具体的 Agent 来完成，此时就需要进行团队的重组织，这一过程也是由团队的共享意愿来驱动的。

该模型与一般多 Agent 系统的区别在于，它包含了团队算子（Team Operators），团队算子所表示的是团队的联合行为，而不像一般的个体算子，它所表示的仅仅是该 Agent 的个体行为。团队算子和个体算子一样，它也包括三种规则：（1）前提条件规则；（2）应用规则；（3）终止规则。判断一个算子是团队算子还是个体算子，主要是看该算子是由个体 Agent 执行，还是由团队 Agent 来执行，因此，是在执行过程中由执行体来动态确定的。

在模型中，各 Agent 都包括两种状态：个体的私有状态和团队状态（Team State）。其中团队状态通常是由该团队的信息进行初始化的，它包含的是有关团队共同信念的知识，为了保证团队状态的一致性，模型中包括一关键的约束条件：即只能由表示联合意愿的团队算子才能对团队状态进行修改。下面，我们将首先介绍模型中团队算子的执行过程，然后再介绍基于联合意愿和共享计划的协同工作模型所实现的模型监视和行为的重规划等。

1.团队算子（Team Operator）执行

在执行一团队算子之前，Agent 必须首先建立起联合意愿，即当一个 Agent 选择一团队算子执行时，它必须先执行下面给出的建立承诺协议的过程：

（1）团队领导向团队 Θ 广播一消息以建立算子 OP 的 PWAG，此时，团队领导建立了 PWAG，如果联合意愿[OP]Θ 在给定的时间内未建立起来，那么团队领导就需要重新进行广播；

（2）团队中的其它下属 Agent vi 处于等待状态，直到接收到团队领导的消息，然后依次向团队 Θ 进行广播，以建立算子 OP 的 PWAG；

（3）对于 ∀vi，如果 vi 建立了用于算子 OP 的 PWAG，那么就建立了联合意愿[OP]Θ。

在多 Agent 系统中建立起承诺协议后，就可以避免系统内各 Agent 间的协调出现问题，即提高了系统在通讯和协同方面的灵活性。同时，在建立承诺协议的执行过程中，一致弱完成协议 PWAGs 还处理了几种可能情况：（1）如果算子 OP 被认为在建立起联合意愿[OP]Θ 前已经达到了结束条件（完成、无法完成或无关），那么该 Agent 需要通知团队中的其它队友；（2）如果团队中有的下级 Agent 在开始时与团队领导意愿不一致，那么它必须服从团队领导所选择的算子。

当建立起联合意愿[OP] Θ 后,团队算子OP的执行只能由团队状态(共同信念)来终止,这一限制就避免了可能由于缺乏通讯所带来的问题。当Agent需要终止团队算子时,它必须通知其队友,而且,由于每个团队算子都包括三个终止条件,如果在某一Agent的私有状态中包含了与团队算子终止条件相匹配的信念,那么它就会创建一通讯请求,将这一信念通知团队中的其它Agent,更新团队的状态,然后结束该团队算子。

在Teamwork模型中,一个Agent可以加入到不同的联合意愿中,其中既可以包括团队的,也可以有属于团队子集的联合意愿,当其中某一团队算子的终止条件满足时,它只在相关的团队或团队子集 Ω 中达成共同信念,所引起的通讯问题也是限制在相关的Agent集合 Ω 中。

在多Agent系统进行消息广播的过程中,协同工作模型需要检查与后续任务间的信息依赖关系,如果存在这种关系,那么就需要从外界环境的状态中抽取相关的信息,并进行广播。这一信息依赖关系可以针对算子的每一个终止条件来进行单独定义。

2.团队算子执行过程的监视(Monitoring)和重规划(Replanning)

基于Teamwork的多Agent系统的一个重要特点就是,它能够利用团队算子的表示机制来监视团队行为的执行过程。具体实现时,是通过在模型中对终止团队算子的结束条件进行明确的定义来完成的,同时,也对团队算子和所属的个体算子或团队子集的算子间的关系进行了明确的定义,在系统运行的过程中,根据这些定义好的关系来判断团队算子的执行过程是否满足终止条件。这些关系的定义是建立在角色(Role)这一概念的基础之上的,角色是对单个Agent或Agent子集在整个团队的任务中所承担的行为集合的抽象描述。这样,团队中的一个Agent vi(或团队子集 Ω)的角色就将其行为限制在团队算子OP的一些子算子OPvi上。

基于角色的概念,在Teamwork模型中定义了三个基本的角色关系:(1)与操作:AND-combination。AND-combination: $[OP] \Theta \Leftrightarrow \wedge_{i=1}^{n} op_{vi}$ (2)或操作:OR-combination。OR-combination: $[OP] \Theta \Leftrightarrow \vee_{i=1}^{n} op_{vi}$;(3)角色依赖关系:Role-dependency。Role-dependency: $op_{vi} \Rightarrow op_{vj}$ (op_{vi} 依赖于 op_{vj})。这三种基本角色关系就确定了团队算子[OP]和其子算子间的关系。

这些基本的角色关系可以进行进一步的复合运算,来构成更为复杂的关系,例如给定三个Agent vi, vj和vk,以及对应的角色 op_{vi} , op_{vj} ,和 op_{vk} ,则可定义一AND-OR角色关系:(($op_{vi} \vee op_{vj}$) $\wedge op_{vk}$)如果其中Agent vk的角色没有完成(即 $\neg op_{vk}$),那么团队算子[OP] Θ 就无法完成。因此,在多Agent系统中,依据这三种基本的角色关系,就可以建立团队算子[OP] Θ 和其子算子间的角色监视约束条件(Role Monitoring Constrains)。

如果根据上面所定义的角色监视约束条件和团队中其它Agent的角色完成信息,协同工作模型判断出团队的算子[OP] Θ 无法完成,那么,它将激活[Repair] Θ 算子来对团队的行为进行重规划(Replanning)。由于[Repair] Θ 是一团队算子,因此它能够保证整个团队对重规划这一任务的联合承诺,而且,在执行团队算子[Repair] Θ 后,Agent不仅需要向它的队友通知重规划的可能结果,而且也可能通知该重规划无法完成或无关等信息。团队算子[Repair] Θ 中的行为动作取决于具体的应用背景,如果它是由与领域相关的条件来触发的,那么就激活与具体领域知识相关的重规划方法,反之,如果它是由角色监视约束条件无法满足所引起的，那么协同工作模型将分析其中的原因，如果是由于某一关键的角色失败（Critical Role Failure）而导致角色监视约束条件不能够满足，则通过团队的重配置（Team Reconfiguration）来实现重规划的行为，即决定团队中的某一 Agent 或 Agent 子集来取代这一关键的任务，具体过程如下：

（1）确定进行角色替换的 Agent 或 Agent 子集：即团队中的每一 Agent 首先根据具体的领域知识，将自己的、其它 Agent 或 Agent 子集的能力与这一关键角色的需求进行匹配，来确定由谁来进行角色替换；

（2）检查关键的承诺间的冲突问题：一旦某一 Agent 确定了可以进行角色替换的候选者，那么它将检查该候选者的这一角色和它目前对团队所做的承诺间的冲突问题，如果这些承诺已经非常重要，那么该候选者将被放弃；

（3）向团队中的其它 Agent 通知角色替换的消息：在上述第二步中没有被放弃的候选者就可以实现角色的替换，它既可以是进行主动请求的 Agent，也可以是由团队领导来确定的某一 Agent 子集。由于 [Repair] Θ 是一团队算子，当角色替换完成后，它将向团队中的其它 Agent 来通知这一消息；

（4）删除原有的不必要的承诺：单个 Agent 或 Agent 子集在完成角色替换以后，它将删除其原有的角色和承诺。

如果造成角色约束条件无法满足的原因是所有的角色都没有实现，即没有一个 Agent 去执行其角色，那么，这一状态就是不可修复的，另外，在上述团队的重配置过程中，如果没有可以用来替换关键角色的 Agent 或 Agent 子集，那么算子 [Repair] Θ 自身也是无法完成的，这样，这两种情况都会导致算子 [OP] Θ。无法完成，从而将激活团队算子 [complete − failure] Θ，通过该算子，Teamwork 模型能够避免团队中的 Agent 在没有同其它 Agent 协商之前而执行错误的动作。

6.6.2.3　基于 Teamwork 的保障群 Agent 协同规划模型

复杂、动态、不确定性的战场环境要求保障群 Agent 为了能够完成任务必须采取联合行动，通过 Teamwork 建立起保障群与本级后勤、所保障部（分）队和友邻保障部（分）队等实体之间的协作、协调、通信等机制来提高整个仿真系统的性能。这里所说的 Teamwork 是指协作、联合行动以确保团队以一致性（coherence）方式运作的过程。一致性意味着团队中的成员是作为一个整体而行动，即团队行为显现的不是某个 Agent 的行为，而是整个团队在运作。同时需要指出的是，Teamwork 不仅包括协作（cooperation & collaboration），而且包括协调（coordination），构建 Teamwork 模型的关键是协作机制的建立。

Teamwork 模型主要是为了实现两个目标：（1）通过定义团队结构和团队运作过程来构建有效的 Teamwork。团队结构预先描述了团队成员的角色；团队运作过程（Teamwork Process）描述不同角色的职责以及完成团队目标所需制定的子目标、策略和规划等。（2）要求团队中的 Agent 能够灵活地适应不断变化的环境。但是，这两个目标是互相排斥的，如果重点放在预定义的团队结构和团队运作过程上就会降低团队的灵活性，如果太强调团队灵活性就需要定义共享的、冗余的、甚至是模糊的角色分配，会大大增加系统的计算复杂度。战术装备保障活动属于具有严格组织结构关系和协同关系的军事活动，其 Teamwork 模型的构建应更多实现第一个目标。

下面简要描述基于 Teamwork 的保障群 Agent 协同行为。假定保障群 Agent、本级后勤 Agent、所保障部队 Agent 3 个主体，它们能力各异，需形成团队方能共同完成弹药保障任务。保障群 Agent 的任务是弹药准备、运输分队的派生、弹药装载；本级后勤 Agent 的任务是组织车辆、派生车辆小组、机动到指定地域；所保障部队 Agent 的任务组织力量卸载弹药，完成补充。

首先，任务发起主体保障群 Agent 向参与此次弹药保障行动的本级后勤 Agent、所保障部队 Agent，发送联合请求（joint-request）消息，当收到"joint-request"后，本级后勤 Agent、所保障部队 Agent 根据自身意愿作出响应（截至某时刻以前有效）。此时，本级后勤 Agent、所保障部队 Agent 可能因不理解消息的内容（如内容中的本体），回复"not-understand"消息；或者本级后勤 Agent、所保障部队 Agent 根据自身状态拒绝（refuse）联合请求；或者本级后勤 Agent、所保障部队 Agent 同意（agree）任务发起主体保障群 Agent 的联合请求。前两种情况都使协议终止。当任务发起主体保障群 Agent 收到本级后勤 Agent、所保障部队 Agent 的"agree"消息后，此时保障群 Agent 与本级后勤 Agent、所保障部队 Agent 之间形成联合持续目标（JPG），即联合承诺执行动作 α。其间若保障群 Agent 与本级后勤 Agent、所保障部队 Agent 任何一方意识到联合动作 α 已完成（done），或者已不可完成（unachievable），或者已无关（irrelevant），都有责任通知（inform）对方，作为接收方则回复相应的确认（confirm）消息，以使团队对联合动作的状态形成共同信念。另外，在团队交互过程中，任务发起者保障群 Agent 视情况可以撤销（cancel）已发出的 joint-request 请求，此时协议终止。联合持续目标（JPG）形成过程序列图如图 6-51 所示。

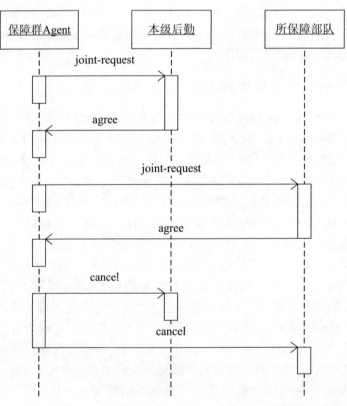

图 6-51　联合持续目标（JPG）形成过程序列图

对于协同规划模型中规划的监督和修复，也是建立在承诺－执行－协同的机制之上的，当某一成员在执行的过程中，由于某种原因而导致自己所承担的角色无法完成，那么它就通过这种承诺机制来通知其上级指挥实体，上级指挥实体通过重新规划来对原有的计划进行修改，以便适应环境中动态变化的情况。下面，仍以弹药保障行动为例，来阐明基于 Teamwork 的协同规划模型是如何实现对规划的监督和修复过程的。

团队算子 [弹药保障] 是由三个子算子 [弹药准备]、[运力准备] 和 [机动卸载] 构成的，它们之间的关系是：[运力准备] 算子依赖于 [弹药准备] 算子，而 [机动卸载] 算子又依赖于 [运力准备] 算子，如下所示：

[弹药保障] = [弹药准备] $\land$ [运力准备] $\land$ [机动卸载]

[运力准备] $\Rightarrow$ [弹药准备]

[机动卸载] $\Rightarrow$ [运力准备]

当本级后勤因运力不足，而无法完成这一角色时，[运力准备] 算子无法完成，那么，根据上面所给出的关系，[机动卸载] 算子必须依赖于它，因此，最后的结果是 [弹药保障] 算子必须进行重规划，例如，在实际系统中，可以请求运力支援或改变运载方式。

6.6.3　保障群 Agent 指挥决策模型

在实际的装备保障活动中，保障群受领装备保障指挥所下达的各种装备保障命令（如机动保障、伴随保障、后送战损装备等），针对复杂多变的战场环境，保障群指挥者将依据敌情、地形、我情等因素进行推理和决策，形成最终实施方法和具体实施步骤，并依据此结果进一步指挥所属保障队（组）完成上级赋予的装备保障任务。可以说，保障群高效、灵活、准确、实时的组织指挥是战时装备保障任务得以顺利完成的关键。

6.6.3.1　保障群组织指挥行为分析

装备保障编组，是战时为便于组织指挥，便于执行保障任务而对装备保障力量进行的临时组合。它是装备保障部署的重要内容。通常情况下，装备保障指挥员应将建制内的、上级加强的、地方支援的以及加强部队、分队的装备保障力量进行统一的优化组合，以充分发挥这些装备保障力量的整体效能。

依据群队式编组和任务区分，保障群所担负的主要任务：（1）遂行伴随保障任务，负责对前方（前进）战斗群的弹药、器材等物资的补充；对淤陷、故障、战伤装备的抢救修理，并及时将保障情况上报装备保障指挥所。（2）支援武器装备战伤较多的部队（分队）的抢救修理；接替失去保障能力的装备保障群的保障任务；遂行装备保障指挥所临时赋予的保障任务等。（3）派出技术力量实施现地抢救、抢修或接替前方（前进）保障群的保障任务；负责接取前方（前进）保障群移交的待修装备，并进行抢救抢修；对无力修复的装备负责移交上级处理；对所需弹药器材的单位给予前送补充，并接收上级送来的弹药与器材等物资。

保障群所担负的具体装备保障任务，是由装备保障指挥员通过命令的下达赋予的。对于装备保障指挥员下达的每一个命令，都对应着保障群对保障队（组）的一组指挥行为，以完成对应的保障任务。因此，分析保障群受领装备指挥员下达的各种命令以及相应的组织指挥行为，是建立保障群 Agent 指挥决策行为模型的主要依据。下面以装备指挥员给保障群下达的战技命令、弹药保障命令和维修保障命令这三类装备保障命令为例，分析保障群组织指挥行为。分析结果如表 6-5 所示。

表 6-5 保障群组织指挥行为分析

命令类别	名称	内容	保障群组织指挥行为
战技命令	力量部署	（×）保障群于（×）时间前，沿（×）路线，在（×）地域展开，担负对 × 作战群队的保障任务	确定具体实施步骤；组织机动；组织防护；组织展开
	调整部署	（×）保障群于（×）时间撤收，于（×）时间前，沿（×）路线转移至（×）地域(展开 / 待命 / 休整)	确定具体实施步骤；组织收拢；组织机动；组织防护；适时展开
	敌情通报	在（×）地域发现敌小分队或（×）地域遭敌空袭	及时通知正在该地域执行保障任务的下级保障分队；视情修改原任务计划
	原地待命	原地待命，组织隐蔽防护	确定隐蔽方式、队形
	撤收转移	（×）时间开始沿（×）路线于（×）时间前到达（×）地点，（展开 / 待命）	确定具体实施步骤；组织收拢；组织机动；适时展开 / 待命
	归建	（×）时间开始沿（×）路线于（×）时间前到达（×）地点归建	确定具体实施步骤；组织收拢；确定时间；组织机动
弹药保障命令	阵地补充	（×）时间开始，（×）时间前向（×）地点的（×）部队补充（×）弹种（×）弹类（×）发	确定具体实施步骤；组织弹药；派生分队；选择路线
	库间补充	（×）时间开始，（×）时间前向（×）地点的（×）弹药库补充（×）弹种（×）类（×）发	确定具体实施步骤；组织弹药；派生分队；选择路线
	途中调整	（×）时间前向（×）地点的（×）部队补充（×）弹种（×）弹类（×）发	确定具体实施步骤；组织保障
	上级补充	上级补充（×）弹种（×）弹类（×）发	修改弹药储备；重新进行弹药保障编组
	同级调剂	同级调剂（×）弹种（×）弹类（×）发	修改弹药储备；重新进行弹药保障编组
	向下补充	向下补充（×）弹种（×）弹类（×）发	修改弹药储备；重新进行弹药保障编组
维修保障命令	支援修理	（×）时间出发，沿（×）路线，于（×）时间前到达（×）地点，对（×）部队实施维修保障	确定具体实施步骤；组织力量；派生分队；组织保障
	后送修理	损坏装备于（×）时间到达配置地域，进行修理	确定具体实施步骤；组织力量；派生分队；组织保障
	接取修理	（×）时间出发，沿（×）路线，于（×）时间前到达（×）地点，接收损坏装备，沿（×）路线返回，实施修理	确定具体实施步骤；组织力量；派生分队；组织保障
	伴随修理	（×）时间出发，沿（×）路线，于（×）时间前到达（×）地点，对（×）部队实施伴随维修保障	确定具体实施步骤；组织力量；派生分队

（续表）

命令类别	名称	内容	保障群组织指挥行为
	战损装备后送	（×）时间出发，沿（×）路线，于（×）时间前到达（×）地点，送修损坏装备，沿（×）路线返回	确定具体实施步骤；组织力量；派生分队；组织保障
	修竣装备接取	（×）时间出发，沿（×）路线，于（×）时间前到达（×）地点，接取修竣装备，沿（×）路线返回	确定具体实施步骤；组织力量；派生分队；组织保障
	加强支援	（×）时间出发，沿（×）路线，于（×）时间前到达（×）地点，对（×）部队进行加强	确定具体实施步骤；组织力量；派生分队；组织保障
	器材补充	（×）时间开始，（×）时间前向（×）地点的（×）部队补充（×）器材	确定具体实施步骤；组织力量；派生分队；组织保障
	途中调整	（×）时间前向（×）地点的(×)，对(×)部队(实施伴随修理/完成任务后返回)，机动路线：（×）号路	确定具体实施步骤；组织保障

6.6.3.2 基于 BDI 的保障群 Agent 指挥决策模型

基于前面对战术级装备保障 CGF 指挥控制建模的功能和过程描述，以及对保障群组织指挥行为的分析，给出保障群 Agent 模型结构，如图 6-52 所示。

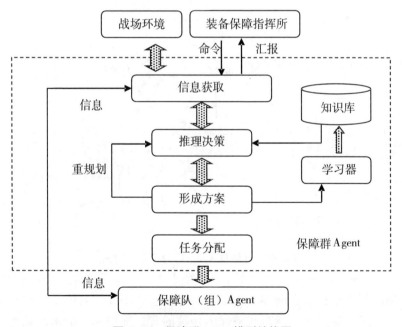

图 6-52 保障群 Agent 模型结构图

多 Agent 系统的 BDI 结构，提供了智能体心智状态和行为的建模机制，较好的契合了装备保障 CGF 指挥实体行为建模需求。因为它对单个 Agent 的心智状态（信念、愿望、意图）进行了明确地刻画，而几乎所有的 CGF 实体的行为由其心智状态决定，这样 CGF 实体的心智状态为其如何行动提供了一种直观的解释，较容易描述 CGF 的行为产生机制。因此，可以将Agent作为一种分析问题的方法和建模的基本单位，采用信念—愿望—意图（BDI）的行为建模框架来构建保障群Agent行为模型。保障群Agent的行为结果不是直接产生保障效果的物理交互，而是组织指挥、任务监控等指挥决策，即信息交互。

3.保障群Agent能力描述

保障群指挥实体应当具备的主要能力，包括：（1）信息获取能力。作为保障群的指挥实体，应具备较强的信息获取能力，信息只要包括：装备保障指挥所命令、指示信息，外部情报信息，作战环境信息，保障队（组）请示、反馈信息等。（2）态势分析能力。能运用自身拥有的战术装备保障指挥的知识，对当前战场态势信息作出正确的判断和分析，能对信息进行解释、分类处理，进一步形成信念。（3）规划决策能力。能够模拟指挥员的决策思维过程，充分利用态势评估结论、情报信息和领域知识对当前的保障行动做出决策。保障群Agent还应能根据指挥经验和知识，对于紧急情况采取果断措施，应付突发事件和不利局面。（4）任务监控能力。具备决策执行的监控能力和根据情况变化对决策进行修正的能力。（5）自学习能力。对没有储备的指挥决策数据和行动方案进行保存，实现案例学习。

4.保障群Agent行为模型结构

保障群Agent的行为模型结构，如图6-53所示。

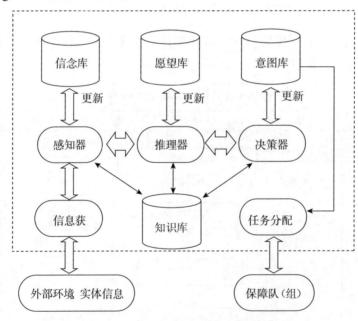

图6-53 保障群Agent行为模型结构图

知识库、信念库、愿望库和意图库就其本质来说就是保障群Agent实现其功能的存储器，其中知识库相当于长效存储器，而信念、愿望、意图库则相当于工作存储器。具体来说：（1）知识库。知识库是指与装备保障相关的背景知识库、战术规则库等。背景知识库中存放有关战术装备保障编制、武器装备情况以及具体武器系统的作战性能等知识，主要反映的是一些基本的概念；战术规则库则包括了保障群Agent掌握的在不同的情况下如何进行战斗的一般准则。战术规则库中的知识表示为包含若干条件属性和一个决策属性的规则。（2）信念。保障群Agent的信念主要是指与具体保障行动相关的战场情况。战场态势是由所获得的信息情报经过感知行为而最终形成的一个关于整个战场环境的态势图，包括敌我双方的作战兵力状况、地理分布情况、下级保障分队状况等。（3）愿望。愿望指的是保障群 Agent 在感知战场情况后，经过推理行为，形成的完成任务、达到目标的意愿（备选方案集），它是保障群 Agent 一切行为的起始点。（4）意图。意图是保障群 Agent 为完成任务，经过决策行为，所采取的具体行动计划。

感知器、推理器和决策器分别发挥着感知行为、推理行为和决策行为。具体来说：（1）感知器。获取保障群 Agent 感兴趣的外部环境相关信息，并根据自身的观察和判断能力形成信念，并更新信念库。（2）推理器。对更新的信念，进行情景－愿望匹配，经过推理行为，决定是否有必要进行新的决策，或者对现有计划进行微调，或是维持现有规划，继续观察战况的发展，并将此转化为保障群 Agent 的愿望，驱动决策器进行下一步的决策。（3）决策器。决策器是保障群 Agent 指挥控制装备保障过程中最重要的部分，针对敌情与任务在备选行动计划中，决策出最优方案，力争以最小的代价获取最好的效果，并完成由愿望到意图的转化。

5. 保障群 Agent 指挥决策过程

保障群 Agent 的决策行为包括基于感知信息构造决策任务，运用合适的决策准则和机制从方案集中选出最优的方案，作为主体下一步执行的任务。通过上述保障群 Agent 结构的各功能模块的分析，指挥决策的过程也就是各功能块之间相互作用的过程，保障群 Agent 的各具体功能用行为对象分别加以实现，例如感知行为，分析行为，决策行为等；而其所具有的知识、规则、战场态势则存于知识库中，并通过感知、分析的结果来及时更新。具体的运作过程可以归纳如下：

（1）保障群 Agent 通过平台的通信服务与外部环境交互，收集相关的情报、信息，并将其存入消息队列；

（2）逐条处理消息队列中消息，根据消息内容选择不同的行为对象加入行为队列由他们进行后续的动作，可能是态势分析，也可能是规划决策，或是直接进行简单的知识库更新；

（3）行为队列中的行为，包括常驻的消息处理行为，经过统一调度选择，再由执行器执行；

（4）各行为在执行过程中再根据当前的情况决定是否需要向行为队列添加其他后续行为，以进一步处理相关的态势变化，通过各行为自身执行、添加其他行为这样的链条体现信念－愿望－意图的心智驱动过程，同时完成感知－分析－规划－决策－分派执行的循环过程；

（5）决策的结果再通过通信服务传达给相应的下属；用 Agent 的信念－愿望－意图模型来对指挥实体进行功能化分，使得各个模块相互独立、作用明确，可以分别实现，容易扩展以模拟不同类型的指挥员；同时有平台支持的消息服务，实体间的交互也很清晰，可以方便的组织层次的指挥体系，进行大规模的仿真演练。

这里特别还要说明保障群 Agent 任务分配模块的作用与实现。保障群 Agent 通过决策行为确定了保障计划后，需要下达到相应的保障队（组）Agent，以便其理解上级的意图，使其建立起各自的目标、愿望，实施具体的行动过程。

例如保障群 Agent 命令 X 弹药保障队 ASX 对 Y 作战部队 WFY 实施弹药补充，KQML 消息格式如下：

（command

:sender <保障群 Agent>

:receiver <ASX>

:content <achieve goal: 作战部队 WFY>

:team<red>   //red，表示红方部队都能接收此消息

:messagetype <private>）

command 的优先权比 achieve 等参数高，在系统中只有等级（rank）高的才能使用。向同等级或上级 Agent 发送请求，只能使用 achieve，ask-if，ask-all 等执行原语。

下面以弹药保障命令类阵地补充命令为例，简要阐明保障群的指挥决策过程。

实例描述：保障群接到装备保障指挥所的阵地补充命令，该命令为"×时×分到达×地点对×作战群队补充×种×类×发弹药"；保障群根据弹药储备情况和战场态势进行规划，确定具体的实施步骤，命令×弹药保障队完成此次弹药保障任务。

保障群 Agent 指挥决策行为描述：

（1）保障群接收来自装备指挥所弹药阵地补充命令，对其进行解释和分类，确认是上级命令类信息，将其存放在事件表中，并优先处理。

（2）通过知识库中存储的情景-愿望匹配规则，触发匹配规则，产生具体弹药保障愿望集，在没有外部威胁和与当前（或初始）意图不相容的情况，该愿望集只有立即执行该命令这一条愿望，将此愿望子集（即目标集）存入愿望库。上述思维过程成为推理过程。

（3）根据目标实现的代价或难易程度以及自身的能力等原则进行筛选，得出能完成任务的最优化愿望作为该时刻的意图，即立即执行弹药保障命令，并存入意图库中。上述思维过程称为决策行为。意图库是一个堆栈，待执行的意图按产生顺序或执行优先级存放。

（4）把待执行的意图（最优方案），即立即执行弹药保障命令，分解为具体的行动计划，确定行动计划参数。计划是一个结构体，它包括目标、任务、触发条件、成功条件和失效条件。由于在知识库中存在该类命令的成功事例（案例），可直接从中选取。此次弹药阵地任务的行动参数为：×弹药保障队、于×时×分装载、于×时×分出发、携带×种×类×发弹药、经过×路线、到达×地点、保障×作战群队等。然后，将此行动计划通过任务分配模块下达给相应的弹药保障队。

保障群 Agent 自主指挥决策行为的产生过程如图 6-54 所示。

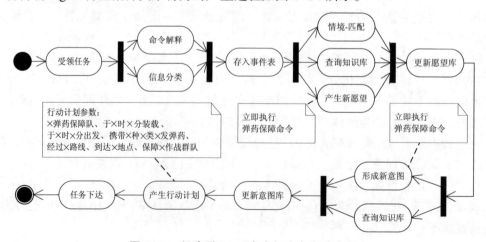

图 6-54   保障群 Agent 自主行为产生活动图

6.保障群Agent推理决策模型

当保障群Agent感知到有关外部世界新的信息或事件（导调控制信息或其他主体的发出信息），存入信念库（B）。保障群Agent推理机中态势－目标分析器利用知识库中的知识开始"理解"感知到的这些信息或事件。当保障群Agent可以理解这些信息或事件，即保障群Agent知道是否对该信息或事件做出反应（即目标），及如何做出反应（即方案集），并存入愿望集（D）中。通过决策器，运用合适的决策准则和机制从方案集中选出最优的方案，结果存入意图库（I），作为某保障队（组）下一步执行的任务，并通过任务分配模块将任务通知该保障队（组）。保障群Agent的内部推理决策行为框架如图 6-55 所示。

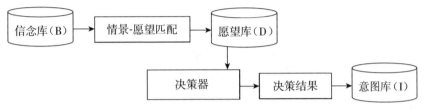

图 6-55　保障群 Agent 推理决策行为框架

决策从狭义上讲，是从若干可能的方案中，按某种标准（准则）选择一个方案，而这种标准可以是最优、满意或合理；广义上讲是为了达到某个目标，从一些可能的方案（途径）中进行选择的分析过程，是对影响决策的诸因素做逻辑判断与权衡。当存在多个方案时，则需要做出决策从中选出最可行的方案。除此之外，更重要的是要收集与决策方案有关的环境信息。如果决策所需的信息都能得到，并且是确定的，那么决策的结果总是最优的。决策的基础信息来自于决策者对当前态势的感知信息，按决策时所掌握信息的完备程度，可把决策问题分为确定型决策、随机型决策和不确定型决策。确定型决策，是指决策者完全掌握了将出现的客观情况，从而在该情况下，从多个备选行动方案中，选择一个最有利的方案。在完全不掌握客观情况的概率规律性条件下作出决策，叫做不确定型决策。如果不完全掌握客观情况出现的规律，但掌握了它们的概率分布，这时的决策叫风险型决策，或叫做随机型决策。外部环境是不断变化的，一些信息在决策时很难得到，因而决策者更多的时候面临的是风险型或不确定型决策。

在军事行动中，对敌情变化趋势可能完全不了解，甚至对情况发生与否的可能性大小都一无所知的情况下，而又必须作出行动的决策，是常有的事。发生此种情况，我们不能指望决策不会产生失误，但是，决策者可以遵照某种准则，在现有的条件下，争取最大效益，有时则要力争避免最大损失。这些准则，通常有下列几种：

（1）等可能准则。这一准则是法国数学家拉普拉斯首先提出，因此，又称拉普拉斯准则。他认为，决策人既然无法确定各个自然状态出现的概率,那么就应该对这些状态"一视同仁"，认为它们出现的可能性（概率）是相等的。如果有n个状态，就认为每一个状态出现的概率为 1/n，然后按期望值大小进行决策。

（2）悲观准则。这一准则又称华尔德准则。它就是对策论中的最大最小准则（当取效益最大时）或最小最大准则（当取风险最小时）。这种方法的思路是，对客观情况的估计持悲观、保守的态度，从最不利的情况中找出一个最有利的方案。按悲观准则求效益最大的最优决策，要在效益矩阵的每行中取小，然后再取其中的最大值，得到的元素对应的行动方案是最优方案。按悲观准则求风险最小的最优决策，要在风险矩阵的每行中取大，然后再取其中的最小值，得到的元素对应的行动方案是最优方案。

（3）乐观准则。这种准则又称最大最大准则（当决策目标是使效益最大时），或最小最小准则（当决策目标是使风险最小时）。使用这种准则时，决策人对客观状态的出现总持乐观态度，认为最有利的情况会出现。

（4）后悔值决策准则。这个准则又称萨万奇准则。这种决策的想法是，当决策者选择某方案后，若结果未能符合理想情况，势必有后悔的感觉。当决策目标是使效益最大时，将每种客观状态下效益的最大值（即效益矩阵中各列的最大值）定为该状态的理想目标；当决策目标是使风险最小时，将每种客观状态下损失的最小值（即风险矩阵中各列的最小值）定为该状态理想目标。并将该状态中其它值与理想值之差的绝对值，称为未达到理想的后悔值，这样便由益损矩阵导出了一个后悔矩阵。最优决策的选取，是先找出每个行动方案的最大后悔值（即后悔矩阵每行中最大元素），再求出使这些最大后悔值最小的行动方案，作为最优方案。因此，后悔值决策的思想是选一个行动方案，使决策人在后悔时的后悔程度最小。

装备保障行动是一项纪律性非常严密的军事行动，对什么样的态势作出什么样反应行动（决策），不是完全随心所欲的，作战思想、作战原则、作战条令对此都有明确的规定，同时，保障群所感知的大部分战场状态信息均来自于装备保障指挥所，其功能是完成上级赋予的具体装备保障任务，从而在很大程度上减轻了决策行为的复杂性。此外，保障群对决策所需的战场自然状态尽管不能获取足够的信息，但是依据装备保障指挥所提供的各种情报，可以估算其发生的概率。因此，在实际问题当中，完全了解情况与完全不了解情况是两个极端的情形，而绝大多数的情形是能够获取一些客观情况发生概率的信息，即所谓"主观概率"。所以风险型决策是我们讨论的主要内容。正确的决策过程，就在于如何充分利用各种情报提供的信息，使"主观概率"不断得到修正，使之益发接近实际情况，从而导致正确的决策。

风险型决策又称随机型决策。这种决策的前提是决策者已知道了各种状态的概率分布。风险型决策的决策模型见表6-6所示。其中，$P(\theta_j)$表示第j种状态出现的概率，假定n种状态中必定出现且只出现一种，因此θ_1，θ_2，$\cdots\theta_n$，构成互不相容的完备事件组，有$\sum_{j=1}^{n}P(\theta_j)=1$。

表6-6　风险型决策的决策模型

状态\方案	θ_1	θ_2	$\cdots$	θ_n
A_1	a_{11}	a_{12}		a_{1n}
A_2	a_{21}	a_{22}	$\cdots$	a_{2n}
$\cdots$	$\cdots$	$\cdots$	$\cdots$	$\cdots$
A_m	a_{m1}	a_{m2}	$\cdots$	a_{mn}

（1）最大可能原则。当决策者面临的各种状态中，某一状态的概率明显大于其它状态的概率，并且效益值不明显低于其它状态时，可以按这种最大可能的状态决定行动方案。在这种状态下，效益最大的元素所对应的方案，就是行动方案。当然，如果各种状态概率相差不大，或各种状态下效益值变化很大时，利用这一准则，就会冒很大风险。

（2）期望值准则。这是风险型决策问题最普遍使用的准则。由于对任一方案A_i，在各种状态下效益值的数学期望为 $E(A_i) = \sum_{j=1}^{n} a_j P(\theta_j)$，比较不同方案，其中最大效益期望值是 $\max\{E(A_1), E(A_2), \ldots E(A_m)\} = E(A_k^*)$ 则是 A_k^* 就是在概率意义下的最优决策方案。应当指出，这样确定的方案，在多次执行中效益会最大，但是在一次执行下，由于并不能肯定出现那种状态，所以效益不见得是最大的。

利用最大期望值进行决策时，如果出现某两个方案收益期望值相等的情况，可以取方差最小的方案。

设 $E(A_i) = E(A_j) = a$，则

$$\sigma_i^2 = \sum_{k=1}^{n} (a_k - a)^2 , \quad \sigma_j^2 = \sum_{k=1}^{n} (a_k - a)^2$$

若 $\sigma_i^2 < \sigma_j^2$，则以 A_i 为行动方案。

当效益矩阵元素是损失值的时候，显然应当用最小损失期望值代替上面的最大期望值。所以，在建立决策矩阵时，首先应当明确效益值是收益还是损失。

（3）决策树法。人们把决策问题的自然状态或条件出现的概率、行动方案、益损值预测结果等，用一个树状图表示出来。并利用该图反映出人们思考、预测、决策的全过程。既直观，又条理清楚，这就是决策树法。决策树方法利用树形结构描述备选方案、风险状态和损益值之间的关系。这种方法直观形象、层次清楚，不但适合于较简单的单目标决策问题，也适用于较复杂的多目标决策问题。

决策树的结构是以方块、圆圈和三角为节点，并由直线连接而成，形状像一棵树，如图 6-56 所示。

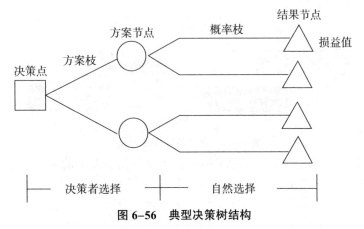

图 6-56　典型决策树结构

图中符号说明：

决策点：从它引出的分支叫方案枝，每枝代表一个方案。决策点上标注的数字，是所选方案的期望值。

方案节点：从它引出的分支叫概率分支。分支数反映可能的自然状态数。分支上注明的数字为该自然状态的概率。

结果节点：它旁边标注的数字为方案在某种自然状态下的收益值。

应用树状图进行决策的过程，是由右向左逐步前进。计算右端的期望收益值（或期望损失值），然后对不同方案的期望收益值的大小进行选择。方案的舍弃称剪枝。舍弃的

方案只需在枝干上附以"≠"符号，即表示剪枝意思。最后决策节点只留下唯一的一个，就是决策的最优方案。

6.7 战术级装备保障CGF联邦成员设计

本节按FWS的技术体制，以HLA/RTI为运行支撑平台，探讨战术级装备保障CGF联邦成员的分析、设计与开发问题。

6.7.1 基于HLA/RTI的战术级装备保障指挥模拟训练联邦设计

6.7.1.1 高层体系结构

高层体系结构（High Level Architecture，HLA）是实现互连、互通和互操作的仿真标准，它采用的是统一的支撑平台、服务机制，联邦同步和时间管理服务，能够保证所有的联邦成员能够以协调的方式进行时间控制和推进，数据传输和信息传递通过与网络协议的内部连接，基于标准的TCP/IP和UDP网络协议，实现了联邦成员的开发与仿真运行平台的完全分离。这种分离是通过一个标准接口RTI（Run Time Infrastructure）实现的，如图6-57所示。联邦中任意两个联邦成员之间没有直接交互，由RTI负责成员间的通信以实现互操作，RTI提供一个C++库libRTI，联邦开发者通过它使用HLA接口规范提供的服务。在libRTI中，类RTIAmbassador由RTI提供，联邦成员对RTI的所有请求都以RTIAmbassador调用实现，类FederateAmbassador由联邦成员提供给RTI，由RTI调用它完成对请求应答的反馈处理。

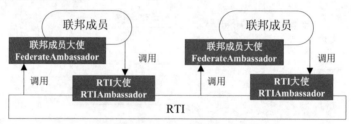

图6-57 RTI与联邦成员接口

高层体系结构（HLA）相对于早期的标准，解决了仿真系统的灵活性和可扩充性问题，减少了网络冗余数据，并且可以将多种时间管理机制的真实仿真、虚拟仿真和构造仿真集成到一个综合的仿真环境中，以满足复杂大系统的仿真需要。HLA已经成为美军建模和仿真的标准体系结构，自提出以来也得到了世界上许多国家的跟踪和广泛应用。仿真系统采用层次化的体系结构，明确把仿真支撑功能、仿真应用模型和数据传输服务三方面分离开来，相邻层次之间只能通过接口函数实现相互的通信，每一层对它上一层提供服务，同时接受下一层的调用请求，形成了"即插即用"的软件体系结构。HLA"即插即用"的软件体系结构具有三大特性：（1）仿真应用间的互操作性强；（2）仿真软件的可重用性强；（3）仿真系统的可扩展性强。

6.7.1.3　战术级装备保障指挥模拟训练联邦

战术级装备保障指挥训练联邦，是以装备保障指挥员训练为目的，由多个联邦成员组成的仿真应用系统。根据"6.2 战术级装备保障 CGF 应用框架"的分析，战术级装备保障指挥模拟训练联邦由 8 个联邦成员构成，如图 6-58 所示。

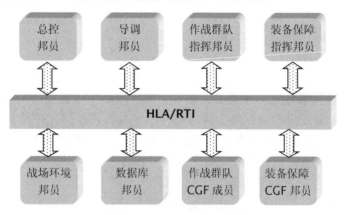

图 6-58　装备保障训练联邦体系结构

总控邦员：用于仿真条件的设定、仿真运行过程控制；

导调邦员：由施训人员充当训练联邦所模拟的本级红蓝双方的作战和保障部（分）的上级角色，通过本级和上级的交互作用为受训人员设定训练条件；

战场环境邦员：由战场环境仿真模型模拟战场环境信息及其动态变化，为其他邦员适时提供战场环境数据；

作战群队指挥邦员：由施训人员充当本级红蓝双方作战部（分）指挥员角色；

装备保障指挥邦员：由受训人员充当本级红蓝双方装备保障部（分）指挥员角色，充当该角色的人员是训练的对象，可按装备保障指挥的席位设多个邦员；

作战群队 CGF 邦员：由作战群队的仿真模型（CGF）模拟红蓝双方作战部（分）队的战场行为过程；

装备保障 CGF 邦员：由装备保障的仿真模型（CGF）模拟红方装备保障部（分）队的战场行为过程；

数据库邦员：负责作战（保障）想定数据、基础数据、联邦运行共享数据和仿真结果数据的管理。

6.7.2　战术级装备保障 CGF 邦员 SOM 设计

基于 HLA/RTI 的仿真联邦的运行过程，本质上是各邦员不断的产生交互和对交互做出响应的过程。因此，在仿真联邦开发过程中，必须清晰的定义和描述每个邦员的外部交互，即建立仿真对象模型（Simulation Object Model，SOM），进而清晰的定义和描述整个邦员的交互关系，即建立联邦对象模型（Federation Object Model，FOM）。

6.7.2.1　SOM 的设计原则与开发过程

高层体系结构（High Level Architecture，HLA）是一个开放的体系结构，其主要目的是促进仿真系统间的互操作，提高仿真系统及其部件的重用能力。为了达到这一目的，HLA要求采用对象模型（Object Model，OM）来描述联邦及联邦中的每一个联邦成员的各种交互数据。在HLA中，定义了两类对象模型：一类是描述仿真联邦的联邦对象模型（FOM）；另一类是描述联邦成员的仿真对象模型（SOM）。HLA规定必须用对象模型模板（Object Model Template，OMT）来规范对象模型的描述，OMT是HLA实现互操作和可重用的重要机制之一。仿真对象模型SOM就是按照OMT格式来描述在联邦运行过程中单一联邦成员可以对外公布和定购的信息的特性，这些特性反映了联邦成员在参与联邦运行时所具有的能力。

1.SOM的设计原则

SOM作为一种标准化的对象模型，描述了联邦成员可以对外公布或需要订购的对象类、对象类属性、交互类和交互类参数等特性，这些特性反映了成员在参与联邦运行时所具有的能力，是内部功能的抽象。建立SOM的目标在于使它成为一个通用的、独立于具体的联邦应用的模型，实现联邦成员之间的互操作和可重用。显然，SOM的建立将大大方便于FOM的建立，在特定情况下，FOM的构成甚至可以是由各SOM合并而成，或者是在此基础上根据联邦开发的具体目标适当进行修改而成。但是在具体设计SOM时，要把握以下几点设计原则：

（1）SOM对象类的设计应尽量与联邦成员中客观存在的实体相对应。对象类的选取应根据该联邦成员是否能够公布和需要订购该对象类的属性来确定。对象类属性的选取应根据该属性是否需要对外公布或被其它联邦成员订购来确定，所有能被某个联邦成员更新或反射的属性都应记入该联邦成员的SOM中。

（2）SOM的对象类结构表的设计应根据联邦成员如何支持联邦范围内对对象类公布与订购来确定。当几个具体对象类的对象都具有共同的属性时,抽取共同属性创建抽象类，抽象类有助于简化对对象的公布和订购，使属性管理变得简单。

（3）SOM交互类的设计应尽量与一定条件或时刻下发生的某个瞬间事件相对应。交互类的选取应根据该联邦成员在参与联邦执行中，能够初始化或感知、响应该交互类的实例来确定。交互类参数的选取应根据该参数能够记录或反映该交互类实例的特点来确定。交互类的参数也可以通过交互类的层次结构向下继承。交互类能提供的，对交互类订购者有用的所有信息，都应记录在参数表中。设计时需要特别注意的是，应确定哪些信息应包含在交互类中，以便所订购的联邦成员计算相关的影响。

（4）SOM的交互类结构表的设计应根据联邦成员如何支持联邦范围内对交互类公布与订购来确定。SOM的交互类结构表用来描述交互实例的类与子类的关系。交互类的结构主要用来支持对有继承关系的交互类的公布或订购，当一个联邦成员公布或订购了某个交互类，那么在联邦执行过程中，它将发布或接收到所有属于该交互类及其子类的交互实例。对于以复杂交互参与联邦运行的联邦成员来说,抽取共同的交互特点创建抽象类，有利于简化对交互实例的公布和订购。

2.SOM的开发过程

SOM描述了联邦成员在参与联邦运行时所具有的能力，所以SOM的开发应该在仿真应用的详细设计开始之前完成。SOM开发过程如图6-59所示。

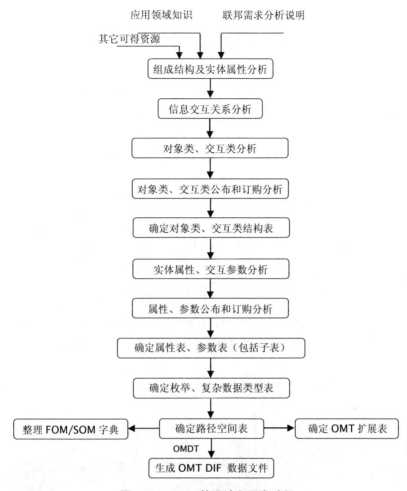

图 6-59　SOM 的设计和开发过程

3.OMT 的组成

OMT 作为对象模型的模板规定了记录这些对象模型内容的标准格式和语法。HLA 中 OM 的完整描述包括两个部分：OMT 和 OMT 扩展。OMT 记录联邦或成员的一些关键信息，如对象、交互、属性等。OMT 扩展提供描述对象间关系的补充机制，记录某些有用的、能帮助理解仿真应用但又不能记录在 OMT 中的信息，联邦运行时，RTI 需要 OMT 中的信息，但一般不需要 OMT 扩展中的信息。

1998 年 4 月 20 日公布的 HLA OMT1.3 版本由以下几个表格组成：①对象模型标识表。用来记录鉴别 HLA 对象模型的重要信息，包括对象模型的名称、创建日期、版本、主办人等信息；②对象类结构表。用来记录联邦或成员中的对象类及其继承关系；③交互类结构表。用来记录联邦或成员中的交互类及其继承关系；④属性表。用来说明联邦或成员中对象属性的特性。对象类结构表中的每一个对象类都有一个固定的属性集，属性表用来描述这个属性集；⑤参数表。用来说明联邦或成员中交互参数的特性；⑥枚举结构数据类型表。用来对出现在属性表/参数表中的枚举数据类型进行说明；⑦复杂数据类型表。用来对出现在属性表/参数表中的复杂数据类型进行说明；⑧路径空间表。用来说明一个联邦中对象属性和交互的路径空间；⑨FOM/SOM 词典。该表提供一种结构化形式来记录OM中所有术语的定义或含义。详见第2章相关内容。

6.7.2.2 战术级保障保障CGF邦员SOM

在战术级装备保障指挥模拟训练联邦中，装备保障CGF邦员依靠自身具有的知识与智能自主的模拟装备保障力量的行动，形成一支高逼真度的"虚拟装备保障部（分）队"。装备保障CGF联邦成员所模拟的保障实体为若干保障群，保障群的组成结构如图6-60所示。

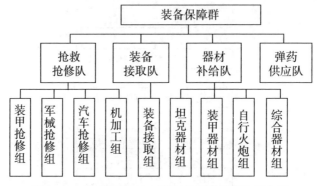

图 6-60 装备保障CGF联邦成员模拟实体示意图

装备保障CGF邦员与其他邦员的信息交互关系，如图6-61所示。

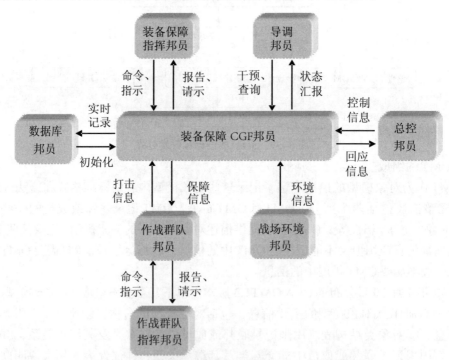

图 6-61 装备保障CGF联邦成员的信息交互关系示意图

下面，给出装备保障CGF邦员SOM的描述框架。

1.装备保障CGF邦员SOM的对象类及其属性

装备保障CGF邦员SOM的对象类有可公布的保障群、保障队、保障组、弹药、器材、车辆及保障装备，其对象类结构表见表6-7，其中P表示该对象类是可公布的。对象类属性见表 6-8，以保障装备为例。

表 6-7　对象类结构表

保障群（P）	弹药供应队（P）	
	抢救抢修队（P）	抢修组（P）
		抢救组（P）
		机加工组（P）
	器材补给队（P）	器材保障组（P）
弹药（P）	枪弹（P）	
	炮弹（P）	
器材（P）	备件（P）	…
	工具（P）	
车辆（P）	牵引车（P）	
	运输车（P）	
保障装备（P）		

表 6-8　对象类属性表

对象类	属性	数据类型	基数	单位	粒度	精度	精度条件	更新类型	更新条件	T/A	U/R	路径空间
保障装备	编码	Char	1	N/A	N/A	N/A	N/A	周期	N/A	T/A	U/R	N/A
	名称	String	1	N/A	N/A	N/A	N/A	周期	N/A	T/A	U/R	N/A
	可靠性	BFData	1	N/A	N/A	N/A	N/A	周期	N/A	T/A	U/R	N/A
	可维修性	TRData	1	N/A	N/A	N/A	N/A	周期	N/A	T/A	U/R	N/A
	可保障性	SDData	1	N/A	N/A	N/A	N/A	周期	N/A	T/A	U/R	N/A
	保障能力	NLData	1	N/A	N/A	N/A	N/A	周期	N/A	T/A	U/R	N/A
	展开时间	TMData	1	N/A	N/A	N/A	N/A	周期	N/A	T/A	U/R	N/A
	操作人数	Short	1	个	1	N/A	N/A	周期	N/A	T/A	U/R	N/A
	维修类型	Type	1	N/A	N/A	N/A	N/A	周期	N/A	T/A	U/R	N/A

其中，BFData，TRData，SDData，NLData，TMData 为复杂数据类型，Type 为枚举数据类型。

2. 装备保障 CGF 邦员 SOM 的交互类及其参数

装备保障 CGF 邦员要接受指挥平台下达的指挥命令和导演下达的干预命令、情况通报和状态查询指令，还要向指挥平台发送任务报告和特殊情况报告，向导演发送状态报告，向数据库实时发送状态记录，其对象类结构表见表 6-9，其中 I，R 分别表示了初始化、响应交互的能力。以战技命令中的力量部署命令参数为例，SOM 的交互类参数表见表 6-10。

表 6-9　交互类结构表

指挥命令（R）	战技命令（R）	力量部署命令（R）
	弹药保障命令（R）	阵地补充命令（R）
	维修保障命令（R）	支援修理命令（R）

（续表）

干预命令（R）	总导演干预命令（R）	
	红方导演干预命令（R）	
	兰方导演干预命令（R）	
报告（I）	状态报告（I）	
	任务完成报告（I）	
	特殊情况报告（I）	
情况通报（R）	道路情况（R）	
	打击情况（R）	
实时记录（I）	实时状态记录（I）	

表 6-10　交互类参数表

交互类	参数	数据类型	基数	单位	粒度	精度	精度条件	路径空间
力量部署命令	保障目标	Target	1	N/A	N/A	N/A	N/A	N/A
	部署时间	Time	1	N/A	N/A	N/A	N/A	N/A
	部署路线	Route	1	N/A	N/A	N/A	N/A	N/A
	部署地域	Zone	1	N/A	N/A	N/A	N/A	N/A

其中，Target 为枚举数据类型，Time，Route，Zone 为复杂数据类型。

3.装备保障 CGF 邦员 SOM 的复杂数据类型表

以表 6-10 中部署地域的数据类型 Zone 为例，说明仿真模型联邦成员 SOM 中的复杂数据类型表，见表 6-11。

表 6-11　复杂数据类型表

复杂数据类型	域名	数据类型	基数	单位	粒度	精度	精度条件
Zone	坐标1	Coordinate	1	N/A	N/A	N/A	N/A
	坐标2	Coordinate	1	N/A	N/A	N/A	N/A
	坐标3	Coordinate	1	N/A	N/A	N/A	N/A
Coordinate	X	Double	1	1度	1度	perfect	always
	Y	Double	1	1度	1度	perfect	always

4.装备保障 CGF 邦员 SOM 的枚举数据类型表

以表 6-10 中保障目标的数据类型 Target 为例，说明仿真模型联邦成员 SOM 中的枚举数据类型表，见表 6-12。

表 6-12　枚举数据类型表

标示符	枚举值	说明
Target	作战群队1	0
	作战群队2	1
	作战群队3	2

6.7.3 装备保障CGF邦员仿真程序设计

6.7.3.1 仿真联邦执行过程

联邦执行是指在联邦（仿真系统）运行过程中，RTI根据联邦成员的请求用一个制定的FOM及相关的联邦细节数据，为实现联邦成员之间的互操作而创建的一个虚拟世界。联邦的生命周期，如图 6-62 所示，可以分为三个阶段:联邦的创建、联邦的执行和联邦的撤销。

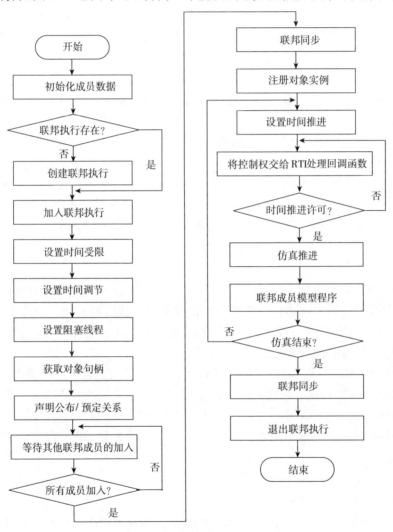

图 6-62 联邦运行流程图

1.创建联邦

创建联邦是联邦生命周期的第一个阶段，联邦的管理和维护由RTI来完成。在联邦创建前，RTI已启动，但联邦执行并不存在，即联邦成员间进行交互的虚拟世界还没有建立。成员代码的启动仅表示仿真应用已经开始运行,但联邦成员和RTI之间并未产生联系。

联邦的创建是由联邦成员向RTI发出请求（通过激活RTI服务）来完成的，RTI接收到请求后，首先判断需要创建的联邦是否存在。如果不存在，则RTI创建该联邦；否则

RTI报告异常。因此，在正常情况下，联邦总是由第一个提出"创建联邦"请求的联邦成员创建。这一阶段，在RTI创建联邦时，RTI将根据系统配置在制定路径中搜索RTI初始化数据文件，既RID文件。如果该文件存在，则使用该文件中的配置参数初始化RTI；否则使用默认值初始化RTI。

2.执行联邦

联邦创建之后即进入联邦执行阶段。联邦执行阶段可以进一步分为三个阶段，即第一个成员加入、仿真逻辑执行和最后一个成员退出这三个阶段。

第一阶段：第一个成员加入。联邦创建后，联邦成员将通过激活RTI服务，向RTI申请加入联邦，RTI根据联邦成员提出的申请在相应的联邦中注册一个联邦成员的实例，并向联邦成员返回该成员实例的句柄。

第二阶段：仿真逻辑执行。仿真逻辑执行阶段的最主要的任务是参与联邦的联邦成员，根据仿真模型更新自身状态参与联邦交互。第一个成员加入后，根据联邦设计所确定的仿真逻辑，联邦中会不断有联邦成员加入，而且加入联邦的联邦成员将通过RTI服务完成公布对象类、注册对象类的实例、订购对象类等交互操作。RTI内部维护这一系列数据结构以管理和协调联邦执行中各成员间的交互。

第三个阶段：最后一个成员退出。在联邦生存期内，当某个联邦成员满足退出联邦的条件时，比如达到预定的仿真目的和/或在仿真对抗中被其他成员"消灭"，该联邦成员将申请退出联邦，RTI将在联邦中撤销该联邦成员的成员实例，并根据联邦当前的状态删除部分或全部与该成员实例相关的数据结构。

3.撤销联邦

撤销联邦是联邦生命周期的最后一个阶段，当联邦成员退出联邦后它将激活RTI服务，请求撤销联邦。如果联邦执行中仍有其他联邦成员的成员实例，则RTI将报告异常，否则RTI将执行"撤销联邦"操作，并删除相应的联邦。由此可见，在正常情况下，联邦最终是由最后一个退出联邦的联邦成员来撤销。

从程序执行角度进行联邦执行过程分析，给出联邦执行过程C++语言部分代码：

```
//定义RTI代理类和成员代理类的对象
RTI::RTIambassadorrtiAmb;
MyFederateAmbassadorfedAmb;
//创建联邦
rtiAmb.createFederationExecution(fedExecName,fed-filename);
//成员加入联邦,返回成员句柄
federateHandle=rtiAmb.joinFederationExecution(federate-name,federation-name,&fedAmb);
//公布、订购交互信息
rtiAmb.subscribeObjectClassAttributes(obj-Handle,AttributeHandleSet*param);
rtiAmb.publishObjectClass(obj-Handle,AtttributeHandleSel*param);
rtiAmb.subscribeInteractionClass(Interaction-Handle);
rtiAmb.publishInteractionClass(Interaction-Handle);
//设定时间推进方式
```

rtiAmb.enableTimeConstrained();

rtiAmb.enableTimeRegulation(grantTime,Lookhead);

//仿真模型计算

（根据不同系统的要求进行实现）

//请求时间推进

rtiAmb.timeAdvanceRequest(requestTime);

//调用 RTI 的 tick() 函数

rtiAmb.tick(minTime,maxTime);

//判断仿真结束否,若否,返回到仿真模型计算

//退出联邦

rtiAmb.resignFederationExecution();

//最后退出的成员删除联邦

rtiAmb.destroyFederationExecution(fedExecName);

6.7.3.2　装备保障 CGF 邦员仿真程序

1.运行平台及开发工具

（1）HLA 应用系统运行平台（操作系统）

HLA 的目标是建立一个通用的高层仿真体系结构，以实现各种模型和仿真应用自身之间以及与 C⁴I 系统间的互操作，同时实现模型和仿真组件的重用。HLA 时间运行体系结构（Runtime infrastructure，RTI）是 HLA 的软件组件，它在技术上使仿真的互操作成为可能。RTI 为仿真提供了所需的共同服务，通过这些服务协调 HLA 联邦运行中的操作和数据交换。

Pitch AIS 公司始建于 1991 年，是一家瑞典公司，它主要致力于决策支持系统、知识网络系统和仿真训练系统。它开发的 pRTI，是第一个通过美国防部建模仿真办公室（DMSO）测试并认证的符合 HLA 标准的商业 RTI。

pRTITM 1.3 是一个平台无关、实现了 HLA v1.3 规范中的所有服务功能的 RTI，其主要优点：①可靠、稳定。pRTITM 1.3 特别适合于长时间运行的联邦应用。它能正确处理那些不稳定的联邦成员，包括自动退出、所有权、和时间管理恢复等。②高性能操作和低配置要求。pRTITM 1.3 能够提供最好的性能，是许多大型联邦应用的最好选择。对于属性更新和交互，pRTITM 1.3 具有发射方过滤的特色，这样能够将大大降低大型联邦中网络和 CPU 的负载。而且 pRTITM 1.3 对 CPU 和存储要求很低。③易于安装和运行。pRTITM 1.3 的安装和配置非常简单，可以轻松地将各种平台和语言在相同的联邦中一起使用。网络的配置也非常简单，它能很好地运行于 WAN 上，如在 Internet 上运行。④功能强大的图形用户界面和调试。在产品基础配置中包含功能强大的图形用户界面。它可以显示联邦成员、声明、对象、所有权和联邦成员时间等等。调试工具之一是日志工具，通过它可以检查联邦成员与 pRTI 间的通讯。⑤功能完整，经过认证，符合 HLA 标准。pRTITM 1.3 是一个完全实现 HLA 规范、通过 DMSO 的认证的 RTI。

（2）HLA 仿真建模工具 Labworks

HLA Labworks 是用于支持 HLA 全生命周期的软件工具集，主要包括：OMDT Pro（对

象模型开发工具），是目前最先进的HLA对象建模工具；FedProxy（联邦成员代理），可以由对象模型直接生成可运行的HLA联邦成员；FedDirector（联邦监控器），用于控制HLA联邦成员的管理控制台，可以在联邦成员视图中回顾每个联邦成员的详细活动细节，用执行统计和图表回顾联邦流量。

2.装备保障CGF邦员仿真程序框架

采用VC++ 6.0编程语言，后台数据库为Microsoft SQL Server 2000数据库，数据库的访问通过ODBC来实行。

（1）对象类Agent定义，CAgent.h文件部分代码

```
/* File Generated by OMDT Pro version 1.1.6 */
// CAgent.h : Header File
#ifndef __CAgent__
#define __CAgent__
class Agent
{
// Construction
public:
    class AGENT{
//连接知识库
//信念初始化
};
private:
  RULESET ruleSet;//知识库
  IntentionMultiStack intention;//意图
  DesireMultiStack desire;//愿望
  Task task;//任务
  char agentTYPE；//Agent类型
  char *Name; //Agent的名字
  char *Url; //Agent的地址
  //信念
  SELF self; //有关自身的信念
  OTHERAIRCRAFTS OtherAgents;//其它实体的信念
  WEATHER weather; //有关气候的信念
  GEOGRAPHY geography; //有关地理环境的信念，含地面目标
  ……
//其余信念，在扩展类中定义
  Communicator ccommunicator;//通信类，用于Agent间通信
  void Perception();//感知
  void Brf(); //信念求精
  void Fast-Decision ();//快速决策
```

```cpp
void Reasoning(); //推理
void Decision();//决策
void Prod();//行为生成
void Exec();//行为输出
void Learning();//学习
……
//下面定义各类功能函数，在扩展类中定义
……
};// Cagent
```

（2）任务 TAgent 类定义，CTAgent.h 文件部分代码

```cpp
/* File Generated by OMDT Pro version 1.1.6 */
// CTAgent.h : Header File
#ifndef __CTAgent__
#define __CTAgent__
#include "DataTypes.h"
#include "CAgent.h"
class CTAgent : public CAgent
{
// Construction
public:
    void Team_Mobile();//保障队机动
void Team_Load();//保障队装载
……
}; // CTAgent
```

（3）指挥 CAgent 类定义，CCAgent.h 文件部分代码

```cpp
/* File Generated by OMDT Pro version 1.1.6 */
// CCAgent.h : Header File
#ifndef __CCAgent__
#define __CCAgent__
#include "DataTypes.h"
#include "CAgent.h"
class CCAgent : public CAgent
{
// Construction
public:
    void Command();//保障群向指定保障队（组）发布指令信息
void Demand();//保障群查询指定保障队（组）的状态信息
void Inform();//保障群向指定保障队（组）发布情况通报信息
```

```
}; // CCAgent
```
（4）CGF 联邦成员仿真程序实例

①创建 RTIambassador 对象 rtiAmb，创建 FederateAmbassador 对象 fedAmb；

```
RTI::RTIambassador rtiAmb;
FederateAmbassador fedAmb;
```

②创建联邦

```
//创建联邦
rtiAmb.createFederationExecution("战术装备保障仿真指挥训练系统", "CGFfed.fed");
// "战术装备保障仿真指挥训练系统" 为创建的联邦名称
// "CGFfed.fed" 是 OMDT 产生的 fed 文件
```

③加入联邦，并获取联邦成员的句柄值

```
federateHandle=rtiAmb.joinFederationExecution("CGF", "战术装备保障仿真指挥训练
系统", &fedAmb);
// federateHandle 为联邦成员的句柄值
//CGF 为加入的联邦成员名称
```

④获取 Fed 文件定义的对象类及其属性、交互类及其参数的句柄值

```
//定义公布订购的对象类保障群及其属性的句柄
RTI：：ObjectClassHandle Equipment_TroopHandle；//保障群句柄
RTI：：AttributeHandle  Troop_NameHandle;//保障群的名称
RTI：：AttributeHandle  Troop_CodeHandle;//保障群的代字
RTI：：AttributeHandle  Troop_TypeHandle;//保障群的类型
……
//定义公布订购的对象类保障队及其属性的句柄
……
//定义公布订购的对象类保障组及其属性的句柄
……
……


//获取公布订购的对象类保障群及其属性句柄
Equipment_TroopHandle=rtiAmb.getObjectClassHandle
（"objectRoot. Equipment_Troop"）;
//获取对象类 Equipment_Troop 的句柄值
Troop_NameHandle =rtiAmb.getAttributeHandle
（"Troop_Name", Equipment_TroopHandle);
//获取属性 Troop_Name 的句柄值
Troop_CodeHandle =rtiAmb.getAttributeHandle
（"Troop_Code", Equipment_TroopHandle);
//获取属性 Troop_Code 的句柄值
Troop_TypeHandle =rtiAmb.getAttributeHandle
```

（"Troop_Type"，Equipment_TroopHandle）；

//获取属性 Troop_Type 的句柄值

……

//获取公布订购的对象类保障队及其属性的句柄

……

//获取公布订购的对象类保障组及其属性的句柄

……

……

//定义公布订购交互类指挥命令及其参数句柄

RTI：：InteractionClassHandle Command_OrderHandle；

//交互类指挥命令句柄

RTI：：InteractionClassHandle Froce_DeployHandle;

//子类力量部署命令句柄

RTI：：ParameterHandle Support_TargetHandle;//参数保障目标的句柄

RTI：：ParameterHandle Deploy_TimeHandle;//参数部署时间的句柄

RTI：：ParameterHandle Deploy_RouteHandle；//参数部署路线的句柄

RTI：：ParameterHandle Deploy_ZoneHandle;//参数部署地域的句柄

//定义交互类战技命令及其参数句柄

……

//定义交互类弹药保障命令及其参数句柄

……

//定义交互类干预命令及其参数句柄

……

……

//获取公布订购的交互类力量部署命令及其属性句柄值

Froce_DeployHandle=rti.Amb.getInteractionClassHandle（"Froce_Deploy"）;

//获取交互类 Froce_Deploy 的句柄值

Support_TargetHandle=rti.Amb.getParameterHandle（"Support_Targe"，Froce_DeployHandle);//获取交互类参数 Support_Targe 的句柄值

Deploy_TimeHandle=rti.Amb.getParameterHandle（"Deploy_Time"，Froce_DeployHandle);//获取交互类参数 Deploy_Time 的句柄值

Deploy_RoutetHandle=rti.Amb.getParameterHandle（"Deploy_Route"，Froce_DeployHandle);//获取交互类参数 Deploy_Route 的句柄值

Deploy_ZoneHandle=rti.Amb.getParameterHandle（"Deploy_Zone"，Froce_DeployHandle);//获取交互类参数 Deploy_Zone 的句柄值

//获取公布订购的交互类战技命令及其参数句柄值

……

//获取公布订购的交互类弹药保障命令及其参数句柄值

……

//获取公布订购的交互类维修保障命令及其参数句柄值

……

//获取公布订购的交互类干预命令及其参数句柄值

……

……

⑤声明公布订购关系

//对象类保障群公布和订购

RTI：：AttributeHandleSet*attrs=NULL；

Try｛

Attrs=RTI::AttributeHandleSetFactory::Create(13)

    Attrs->add(Troop_Name);

    Attrs->add(Troop_PeopleNum);

    Attrs->add(Troop_Type);

……

｝

Catch｛

……

｝

Try｛

    rtiAmb.PublishObjectClass(Equipment_TroopHandle,*attrs);

    //公布对象类Equipment_Troop及其属性

    rtiAmb.subscribeObjectClassAttribute(Equipment_TroopHandle,*attrs);

    //订购对象类Equipment_Troop及其属性

rti.Amb.requestClassAttributeValueUpdate(Equipment_TroopHandle,*attrs);

    //更形对象类Equipment_Troop及其属性

｝

//公布订购的对象类保障队

……

//公布订购的对象类保障组

……

……

//交互类力量部署命令的公布和预订

Try｛

    rtiAbm.publishInteractionClass(Froce_DeployHandle);

    //公布交互类力量部署命令Froce_Deploy

rtiAbm.suscribeInteractionClass(Froce_DeployHandle);

//订购交互类力量部署命令 Froce_Deploy

}

//公布订购的交互类战技命令

......

//公布订购的交互类弹药保障命令

......

//公布订购的交互类维修保障命令

......

//公布订购的交互类干预命令

......

......

⑥设置时间推进策略

rtiAmb.enableTimeRegulation(grantTime,ms_Lookahead)

rtiAmb.timeConstrainedEnable(grantTime,ms_Lookahead)

//grantTime 是成员开始推进时间的最小逻辑时间

//ma_Lookahead 是成员的前瞻时间值

setTimeConstrained(true);

setTimeRegulation(true);

⑦注册对象实例

//注册对象保障群 Equipment_Troop 实例

CEquipment_Troop *cEquipment_Troop = new CEquipment_Troop ();//创建 ship 类型实例

//注册对象保障队实例

......

//注册对象保障组实例

......

......

m_Equipment_TroopId=rtiAmb.rejestobjectInstance(ms_Equipment_TroopId)

IFroce_Deploy *iFroce_Deploy = new IFroce_Deploy ();//创建交互类力量部署命令实例

//创建交互类战技命令实例

......

//创建交互类弹药保障命令实例

......

//创建交互类维修保障命令实例

......

//创建交互类干预命令实例

......

......

⑧进入仿真主循环

```
BOOL wasTimeAdvanceGrant;
while (!m_bSimulationEndReceived)
{
    try
    {
    _targetTime=m_EssModels.m_currTime+m_EssModels.m_timeStep;
    char curtime_c[12],timestep_c[12];
    m_EssModels.m_currTime.getPrintableString(curtime_c);
    m_EssModels.m_timeStep.getPrintableString(timestep_c);
    CString curTime=curtime_c;
    CString timestep=timestep_c;
    m_GuiMessage.message="当前时间为："+curTime+"，步长为："+timestep;
    UpdateGUIMessage();
    _rtiAmbassador.timeAdvanceRequest(_targetTime);// 提出时间推进请求
    m_GuiMessage.message.Format("提出时间推进请求，目标时间：%f......",_targetTime);
    wasTimeAdvanceGrant=FALSE;
    do
    {
    CCallback* pCallback=DeliverCallback();//提交回调
    if(pCallback!=NULL)
    {
            wasTimeAdvanceGrant=pCallback->dispatch();
//调用模型中的 ReceiveMessage();
    delete pCallback;
                }
                if(m_bSimulationEndReceived)
                        break;
                }
                while(!wasTimeAdvanceGrant);
                if(m_bSimulationEndReceived)
    break;
                updateInternalStateAtNewTime();
//在新的时间更新内部状态，并发送消息
        }
⑨退出和销毁联邦
rtiAmb.resignFederationExecution(
                RTI::DELETE_OBJECTS_AND_RELEASE_ATTRIBUTES);
rtiAmb.destroyFederationExecution("战术级装备保障指挥模拟训练系统")
```

第7章 联邦式仿真运行支撑环境 RTI

7.1 引言

如第一章的联邦式作战仿真（FWS）系统体系结构、开发过程和第二章的FWS建模框架所述，FWS的开发主要包括为四个阶段：（1）从实际作战系统到仿真概念模型的抽象；（2）从仿真概念模型到仿真对象模型（或称之为逻辑模型、智能体模型）的抽象；（3）从仿真对象模型到仿真执行模型（或称之为物理模型、代码）的抽象；（4）基于联邦式仿真运行支撑环境(RTI)对仿真执行模型进行集成，形成满足特定应用的联邦式仿真系统。

仿真执行模型是在基于特定软硬件环境下实现的RTI的基础上开发的，它们之间的关系相当于计算机硬件系统的"主板"和"插件"之间的关系。因此，将RTI称之为"软主板"，仿真执行模型称之为"软插件"。"软插件"必须按照"软主板"的接口规范进行设计，从而实现不同"软插件"的互联互操作。可以说，RTI是FWS系统的技术内核，开发一个通用的、标准化的RTI是实现FWS的基础和关键。下面，依据美军HLA/RTI1.3版本的内容对RTI的基本概念[21, 22]、结构原理和接口服务等进行简要介绍，更详细的了解和高级应用开发可参考IEEE1516系列标准[23-27]。

7.2 RTI 的基本概念

运行时基础支撑构件RTI是美军的高层体系结构HLA所采用的一个概念，RTI是联邦成员进行数据交换的标准接口软件，具有联邦管理、对象管理、声明管理、所有权管理、时间管理和数据分发管理六类服务功能，其具体服务函数可通过面向对象的高级编程语言予以实现，构成标准的RTI应用编程接口（Application Programmer's Interface，API）。RTI API定义的接口由一组对象实现，这些对象的方法提供RTI服务。API编译后可与联邦成员连接在一起，实现联邦成员与RTI的连接和联邦成员之间的数据交换。RTI的工作方式类似于分布式操作系统，它提供联邦成员赖以运行的软件环境和可供调用的服务函数。

FWS系统的开发和运行也需要这样一个RTI软件的支持。FWS要求RTI具有下列特性：

（1）通用性——RTI必须能够实现不同类别的仿真模型和仿真器的互连和互操作，支持各种各样的仿真应用。

（2）标准化——RTI应作为构建FWS的标准化接口部件，各联邦成员的EM必须严格按照RTI的规定设计相应的接口函数。

（3）对等性——RTI支持对等模式的信息处理。在逻辑上，各联邦成员直接与RTI相连，构成一种星型结构；在物理上，RTI是分布式配置在不同工作站上的服务程序，在联邦执行时，各联邦成员只与本地的RTI进行数据交换，各工作站间的数据交换由RTI自动完成。

（4）多用户——在对等模式的体系结构中，各工作站都处于多用户的工作环境，它们既是客户机又是服务器，要求RTI必须具有相应的处理能力。

7.3 RTI的基本构架

RTI软件由四部分构成：

超联邦管理器（SFedMgr）：一个超联邦可以由一个或多个联邦执行构成，SFedMgr用于实现联邦执行的创建和删除操作，同时对超联邦的运行情况进行必要的监控。

联邦管理器（FedMgr）：一个联邦执行由多个联邦成员组成，FedMgr用于实现联邦成员加入和退出某个联邦执行的操作，同时对联邦执行进行必要的监控。

接口函数库（LibRTI）：给联邦成员的执行模型（EM）开发者提供RTI服务函数和RTI回调虚拟函数。

本地RTI处理器（LRC）：LRC（Local RTI Component）是构成RTI的核心部件，用于完成本地和异地工作站上的联邦成员的各种服务请求。包括本工作站上的RTI内部处理和与其他工作站上的RTI进行的数据通信。

它们与联邦成员之间的相互关系如图 7-1 所示。

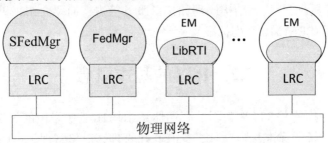

图 7-1　RTI组件与联邦成员EM的关系

RTI软件的各个组成部分既可以在一台独立的工作站上执行，也可以分布在网络的多个工作站上执行。其中LibRTI作为联邦成员与RTI的接口函数由联邦成员调用，通过编译和连接使之与联邦成员的执行模型（EM）融为一体。一个工作站上可以驻留一个或多个联邦成员，一个联邦成员可以参与多个联邦执行。

7.3.1 超联邦管理器

超联邦管理器SFedMgr 是一个全局进程，每个联邦成员都与SFedMgr通信以初始化本地的RTI组件LRC（Local RTI Component）。SFedMgr的主要功能是创建和删除联邦管理器FedMgr，并引导新联邦成员加入指定的联邦执行。SFedMgr为每个FedMgr分配一个唯一的标识符。

7.3.2　联邦管理器

每个 FedMgr 管理一个联邦执行，FedMgr 进程由第一个加入联邦执行的联邦成员通过 SFedMgr 创建，联邦执行的名称由第一个联邦成员指定。每个联邦成员有一个唯一的句柄。

7.3.3　接口函数库

RTI 接口函数库 LibRTI 是一个 C++ 类库，它提供联邦成员与 RTI 相互调用的各种服务，进而实现联邦成员与 SFedMgr、FedMgr 和不同联邦成员 EM 之间的信息交换。图 7-2 给出了 LibRTI 与联邦成员的 EM 之间的关系。

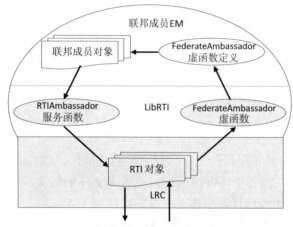

图 7-2　联邦成员的 EM 与 LibRTI 的关系

LibRTI 包括两类服务：

（1）RTI 提供的各种服务，这些服务在类 RTIAmbassador 中定义，它们由联邦成员调用，完成联邦成员的相应请求。

（2）联邦成员提供的的各种服务，这些服务在抽象类 FederateAmbassador 中声明函数原形，函数功能的定义则属联邦成员 EM 设计的内容。这些服务由 RTI 调用，称之为回调函数，用于应答联邦成员的服务请求。

上述两类函数提供了联邦成员向 RTI 发送服务请求，RTI 完成相应的服务请求后正确应答各联邦成员的机制。

7.3.4　本地 RTI 处理器

本地 RTI 处理器（Local RTI Componant，LRC）用于完成本地 RTI 的数据处理和通信两类功能。处理功能包括对象管理、交互管理、数据管理、时间管理、消息管理、配置管理、异常处理等。通信功能包括向其他联邦成员的 LRC 发送事件消息和接收来自其他联邦成员发送给本地 LRC 的事件消息。通信功能的实现将依托于通用的网络协议，例如在基于 TCP/IP 协议网络中，在 Windows 环境下可通过 Windows Sockets 网络编程接口规范实现对 TCP/IP 核心协议的调用，进而实现物理层的网络通信。

7.4　RTI接口设计规范

RTI给联邦成员提供各种服务，其方式类似于分布式操作系统给应用程序提供服务。这些接口功能分为以下六类服务：

（1）联邦管理（Federation Management）

（2）声明管理（Declaration Management）

（3）对象管理（Object Management）

（4）所有权管理（Ownership Management）

（5）时间管理（Time Management）

（6）数据分发管理（Data Distribution Management）

上述每一类服务都包含两个部分：一部分是由联邦成员EM调用的接口函数集，即EM提出服务请求，LRC完成相应的处理；另一部分是由LRC调用的接口函数，用于将LRC的处理结果通知EM。表7-1、表7-2、表7-3、表7-4、表7-5、表7-6分别给出了每一类服务中的主要服务函数和相应的回调函数。

7.4.1　联邦管理

联邦管理功能包括联邦执行的创建、删除、监控等操作。联邦成员加入联邦执行之前，该联邦执行必须存在；如果联邦执行不存在，则需要首先创建一个联邦执行。联邦执行一旦存在，联邦成员即可按照联邦应用有意义的次序加入或退出联邦执行，如表7-1所示。

表7-1　联邦管理接口函数

RTI 服务函数	RTI 回调函数
创建联邦执行 createFederationExecution	创建联邦执行成功 createFederationExecutionAchieved
删除联邦执行 destroyFederationExecution	删除联邦执行成功 destroyFederationExecutionAchieved
加入联邦执行 joinFederationExecution	加入联邦执行成功 joinFederationExecutionAchieved
退出联邦执行 resignFederationExecution	退出联邦执行成功 resignFederationExecutionAchieved
请求暂停 requestPause	暂停处理开始 initiatePause
	暂停处理成功 pauseAchieved
请求恢复 requestResume	恢复处理开始 initiateResume
	恢复成功 resumeAchieved
请求联邦保存 requestSave	联邦保存开始 federateSaveBegun
	联邦保存成功 federateSaveAchieved
请求重载 requestRestore	联邦重载开始 restoreBegun
	重载成功 restoreAchieved

7.4.2　声明管理

RTI的声明管理机制要求各联邦成员向RTI声明它们欲发送或接收的对象状态信息和交互信息。这种声明过程将使用下列服务函数对FOM定义的对象和交互进行公布和预定处理，如表7-2所示。

表 7-2　声明管理接口函数

RTI 服务函数	RTI 回调函数
公布对象类 publishObjectClass	
停止公布对象类 unpublishObjectClass	
公布交互类 publishInteractionClass	
停止公布交互类 unpublishInteractionClass	
预定对象类属性 subscribeObjectClassAttribute	
停止预定对象类属性 unsubscribeObjectClassAttribute	
预定交互类 subscribeInteractionClass	
停止预定交互类 unsubscribeInteractionClass	
匹配公布和预定对象类　matchObjectClass	匹配公布和预定对象结束 matchObjectClassAchieved
匹配公布和预定交互类 matchInteractionClass	匹配公布和预定交互结束 matchInteractionClassAchieved

7.4.3　对象管理

这一组 RTI 服务处理对象的生成、修改和删除以及它们产生的交互，如表 7-3 所示。

表 7-3　对象管理接口函数

RTI 服务函数	RTI 回调函数
请求标示符 requestID	
注册对象 registerObject	发现对象 discoverObject
更新属性值 updateAttributeValues	回应属性值 reflectAttributeValues
发送交互　　sendInteraction	接收交互 receiveInteraction
删除对象 deleteObject	删除对象 removeObject
改变属性传输类型 changeAttributeTransportationType	
改变属性排序类型　changeAttributeOrderType	
改变交互传输类型 changeInteractionTransportationType	
改变交互排序类型 changeInteractionOrderType	
请求属性值更新 requestAttributeValueUpdate	提供属性值更新 provideAttributeValueUpdate

7.4.4　所有权管理

所有权管理允许联邦成员转移对象属性的所有权。属性定义为对象状态中的一个独特的、可辨识的部分。拥有一个属性，则使得联邦成员有权向联邦提供该属性的更新值。另外，拥有预先确定的 privilegeToDeleteObject 属性，使得联邦成员有权从联邦执行中删除对象。RTI 能为所有的对象实例自动定义 privilegeToDeleteObject 属性。对于可能删除其实例的对象类，联邦成员必须公布 privilegeToDeleteObject 属性。如果联邦成员欲意获取其他联邦成员注册的删除对象的权力，它必须公布同时预定这些对象类的 privilegeToDeleteObject 属性，如表 7-4 所示。

表7-4 所有权管理接口函数

RTI 服务函数	RTI 回调函数
请求放弃属性所有权 requestAttributeOwnershipDivestiture	请求获取属性所有权 requestAttributeOwnershipAssumption
请求获取属性所有权 requestAttributeOwnershipAcquisition	通知放弃属性所有权 attributeOwnershipDivestitureNotification
	通知获取属性所有权 attributeOwnershipAcquisitionNotification
查询属性所有权 queryAttributeOwnership	回应属性所有权 informAttributeOwnership
确认属性所有权 isAttributeOwnedByFederate	

7.4.5 时间管理

在联邦执行中，时间管理涉及联邦成员沿联邦时间轴往前推进的控制机制。通常，时间推进必须与对象管理协调一致，以便适时地按预定的方式将信息发送给联邦成员（如状态更新和交互），从而使联邦执行复现实际作战系统中的因果行为关系。例如，某些联邦成员按时间图章的顺序发送事件消息时，不能发送这些联邦成员过去（时间图章小于联邦成员当前时间）的事件消息。时间管理服务必须支持使用不同时间管理机制的联邦成员组成的联邦，如表7-5所示。

表7-5 时间管理接口函数

RTI 服务函数	RTI 回调函数
请求联邦时间 requestFederationTime	
请求最小时间图章 requestLBTS	
请求联邦成员时间 requestFederateTime	
请求最小下一事件时间 requestMinimumNextEventTime	
设置时间提前量 setLookahead	
请求时间提前量 requestLookahead	
时间推进请求 timeAdvanceRequest	
下一事件请求 nextEventRequest	
刷新队列请求 flushQueueRequest	
	时间推进准许 timeAdvanceGrant

7.4.6 数据分发管理

在声明管理服务中，每个联邦成员用类、属性和交互类描述了各自发送和接收的数据。然而，这些数据的发送和接收通常是在特定的条件下进行的。当条件满足时才允许进行数据传输，否则禁止数据传输。因此，在联邦执行过程中，为支持有效的数据分发，RTI应提供一组用于外部数据分发管理的服务功能。

路由空间（routing spaces）是数据分发管理功能中的一个核心概念。一个路由空间是一个多维坐标系统，用于定义联邦成员发送和接收数据的分发条件。每个联邦可定义若干路由空间，包括路由空间的名称和维数（变量数）。联邦中所有路由空间的描述是在联邦执行数据（Federation Execution Data，FED）文件给定的。每个联邦成员决定哪一个联邦路由空间对自己有用，并通过对选择的路由空间的维数设定范围，定义这些路由空间的子集（subsets）这些子集为特定的联邦成员描述了感兴趣的逻辑区域（regions）。

联邦成员需要定义和使用两种逻辑区域：

预订区域：描述数据接收条件，这些数据是联邦成员使用声明管理服务（Subscribe Object Class Attribute 和 Subscribe Interaction Class）预订的对象状态数据和交互数据。联邦成员定义一个预订区域，则是告诉 RTI 只有与之相应的路由空间的点落入该预订区域时，与该区域相关联的对象状态数据和交互数据才能传送给该联邦成员。

公布区域：描述数据发送条件，这些数据是联邦成员使用声明管理服务（Publish Object Class Attribute 和 Publish Interaction Class）公布的对象状态数据和交互数据。联邦成员定义一个发送区域，意味着只有其相应路由空间的点落入该发送区域时，与该区域相关联的对象状态数据和交互才能传送给 RTI。

联邦成员定义一个接收或发送区域，并将该区域与一个特定的对象实例相关联，意味着在属性更新数据或交互数据的传输之前，RTI 或联邦成员将检测这些数据的某些特征，即接收或发送区域所包含的各维量值的范围，确保传输映射到相关区域有效范围之内的对象实例数据或交互数据。然而，随着对象状态的改变，联邦成员可以调整相关区域的有效范围（Modify Region），或者改变关联关系，即将一个对象类或交互类的实例与另一个区域相关联（Associate Update Region）。

RTI 使用路由空间和区域的方法对联邦成员之间的数据传输进行控制。只有当一个联邦成员的公布区域与另一个联邦成员的预订定区域重叠时，才能确保与公布区域相关的属性更新数据或交互数据能够通过 RTI 传输到其预订区域覆盖发送者公布区域的联邦成员。

如图 7-3 所示，在一个 2 维的路由空间中，有一个公布区域（P1）和两个预定区域（S1，S2）。本例中，P1 和 S1 有重叠，所以，与 P1 相关的属性和交互将由 RTI 传输给创建 S1 的联邦成员。相反，P1 和 S2 没有重叠，与 P1 相关的属性和交互将不会由 P1 传输给创建 S2 的联邦成员。

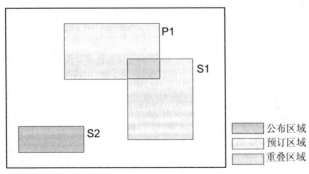

图 7-3　路由空间举例

需要注意的是，路由空间的各维变量不一定与 FED 描述的对象属性相对应，它们可能是一个或多个对象属性的函数。通过指定路由空间和运用在 FED 定义的属性的区域，数据分发管理服务提供了一种基于属性值控制数据分发的机制，如表 7-6 所示。

表 7-6　数据分发管理接口函数

RTI 服务函数	RTI 回调函数
创建更新区域 createUpdateRegion	
创建预约区域 createSubscriptionRegion	
关联更新区域 associateUpdateRegion	
改变阀值 changeThresholds	
修改区域 modifyRegion	
删除区域 deleteRegion	

7.5　RTI 消息传输机制

7.5.1　事件与消息

在联邦执行过程中，联邦成员之间的交互和影响是通过消息的传输和处理实现的。所谓消息（Message）就是事件发生的通知，它提供了与该事件相关的一组参数，供感兴趣的联邦成员据此计算事件所产生的影响。所谓事件（Event）是指对象状态的某个变化或对象的某个行为，它包括对象属性更新、对象间的交互、对象实例化和对象删除等操作。在现实世界中，一个事件的产生和发生是同一个概念。而在仿真模型中，需要用"产生事件"和"处理事件"这样两步来模拟现实世界的事件。例如，在基于时间步长的 FWS 中，于当前时间步产生的外部事件，其他联邦成员只能在后续的时间步中进行接收和处理。在仿真模型中，把"产生事件"——计划或安排未来事件的过程称之为事件调度（Scheduling Event）；把"发生事件"——一个联邦成员接收到其他联邦成员调度的事件后所做出的响应称之为事件处理。在事件消息中，通常需要给出一个描述事件发生时间的信息参数，这里把该时间信息参数称之为时间图章（Time Stamp，TS），它代表了仿真模型处理相应事件消息的逻辑时间。

7.5.2　消息排序方式

在一个联邦执行中，不同类型的信息具有不同的重要性和及时性要求，对此联邦成员可以使用不同的消息排序方法和消息传输模式。前者决定了消息传输的顺序和内容，后者决定了消息传输的形式。例如，对于某个实体的位置更新事件消息，可采用按接收排序、快速传输服务；对于某个实体的毁伤事件消息，可采用按照时间图章排序、可靠传输服务。本节首先分析了最为常见的三种消息排序方式，下一节将对消息传输模式进行探讨。

1.接收排序

接收排序（Receive Order，RO）是一种最直接和能够获得最低延时的排序机制，它按照消息接收的顺序将消息传送给联邦成员。逻辑上，输入的消息被放在先进先出（First-In-First-Out，FIFO）队列的末端，输出时在队列的前端取出发送给联邦成员。在某些应用中，为了减小通信延时，在能够保证正确的因果关系的前提下，可采用这种接收排序机制。实时仿真通常使用这种排序，如使用DIS协议的联邦成员。

2.时间图章排序

时间图章排序（Time Stamp Order，TSO）就是按照TS的大小进行排序，将TS最小的事件消息传送给联邦成员，它是一种能保证严格按照事件发生顺序进行事件处理的排序机制。为实现这种消息传输方式，RTI将把输入的消息保留在它的内部队列中，直到确保以后不会收到具有更小TS的消息。然而，仿真并非按照时间图章顺序进行事件调度（产生事件消息），很难保证后续所接收消息的TS不大于现有队列中的某个消息的TS。因此，使用这种排序方法需要有相应的控制策略予以保证，如使用保守（不基于回滚）或乐观（基于回滚）同步仿真协议。RTI不仅按时间图章传递消息，而且保证不会将TS小于联邦成员当前逻辑时间的消息发送给该联邦成员。这是靠强迫联邦成员请求逻辑时间推进来实现的，RTI在确保不会接收到小于当前时间的事件后，将提供一个准许时间推进的服务。

按时间图章排序进行事件消息的传输和处理是离散事件仿真（如结构仿真）典型的或标准的处理方式。在构建FWS系统时，对于以往没有使用按TSO处理事件的联邦成员，如DIS仿真，如果使用这种严格的事件排序方法处理某种信息能改善联邦成员的性能，则应按TSO处理事件消息。然而，对于与处理顺序无关紧要的事件消息，可以继续使用那些低开销的事件排序方法，如RO。

TSO的一个重要特征是能够确保所有的联邦成员都能按照相同的顺序接收同一组事件消息，这样不同的联邦成员所感知的事件顺序是下相同的，可以保证事件处理逻辑的正确性。

3.优先级排序

优先级排序（Priority Order，PO）是一种在性能上介于RO和TSO之间的排序机制。其方法是将事件消息的TS作为事件传输和处理的优先级，输入的消息置于优先级队列，给联邦成员发送消息的策略是按照最小时间图章优先的规则进行的。即RTI将在当前现有可发送的事件消息中，按照TSO给联邦成员发送消息。由于PO排序机制并不检测事件的逻辑关系，使得优先级排序队列中可能出现所接收的消息的TS小于已发出消息的TS的现象。

优先级排序传输服务并不阻止TS小于接收方联邦成员当前时间的消息的发送，尽管这时不能保证按严格的时间图章的顺序传输消息，然而却有利于减小延时和保持同步。当事件消息的时间图章顺序对联邦成员的正确运行至关重要时，则必须采用按TSO的方式发送。当消息序列有排序要求，而可靠传输或保证排序要求导致增加的延时不能容忍时，则应采用优先级排序、快速传输模式。例如，语音信息包的传输可采用这种服务。

优先级排序是一种不完整的时间图章排序，它同接收排序一样，只要消息被接收，则可立即进行排序，并能用于向联邦成员发送；相比之下，使用时间图章排序时，需要RTI对接收的消息进行缓冲，直到获得所需的排序特征，才能进行排序和发送。

7.5.3 消息传输模式

采用某种消息排序方式可以决定欲传输消息的内容，那么消息应如何传输呢？这取决于消息传输模式。消息传输模式主要考虑两个因素：可靠性和及时性。由此给出两种满足不同使用要求的传输模式：

可靠传输（Reliable Delivery，RD）：可靠传输服务意味着RTI使用某种机制（如重传）增加消息被最终传递给目的联邦成员的概率，这将导致延时的增加。例如，采用传输控制协议TCP实现可靠传输。TCP是一种提供给用户进程的可靠的全双工字节流面向连接的协议，它为用户进程提供虚拟电路服务，并数据可靠传输建立检查。

快速传输（Fast Delivery，FD）：快速传输服务试图使延时最小化，同时也会降低传输成功概率。例如，采用用户数据报协议UDP实现快速传输，UDP给用户进程提供无连接协议，用于传输数据而不执行正确性检查。

这两种传输模式在保证消息传输的可靠性和及时性方面是相互矛盾的，一种性能的获取将以牺牲另一种性能为代价。

根据上述的三种消息排序方式和两种消息传输模式，要求RTI提供下列六种消息传输服务：

（1）接收排序、可靠传输（RORD）服务；

（2）接收排序、快速传输（ROFD）服务；

（3）时间图章排序、可靠传输（TSORD）服务；

（4）时间图章排序、快速传输（TSOFD）服务；

（5）优先级排序、可靠传输（PORD）服务；

（6）优先级排序、快速传输（POFD）服务。

在联邦设计时，对于具有不同性能要求的事件消息可选用不同的传输服务模式。

7.5.4 消息管理队列

RTI为每个联邦成员提供一个消息发送队列和三个消息接收队列。

7.5.4.1 消息发送队列

联邦成员的消息发送队列用于存放该联邦成员产生的事件消息。该队列可用表 7-7 进行管理。

表 7-7　消息发送队列表

事件消息	排序方式	传输模式	接收者句柄

事件消息：Message =“消息串”，描述FOM定义的对象状态更新、对象实例化、对象删除和交互操作。

排序方式：OrderStyle = RO、TSO、PO，分别表示接收排序、时间图章排序和优先级排序。

传输模式：DeliveryStyle = RD、FD，分别表示可靠传输和快速传输。

接收者句柄：ReceiverHandle =“联邦成员句柄字符串”，如“1”或“1，2，3”字符串，其中的数字表示接收消息的联邦成员的句柄。当字符串含有一个数值时，实现点到点的“点播式”消息传输；当字符串含有多个数值时，实现一点到多点的“选播式”消息传输；当字符串含有所有其他联邦成员的句柄时，实现一点到整个联邦的“广播式”消息传输。

联邦成员和LRC共享该消息发送队列，对它的操作过程如下：

（1）联邦成员将新的事件消息的写入消息队列；

（2）联邦成员请求LRC发送消息队列中的所有消息；

（3）LRC对要发送的消息进行打包处理；

（4）LRC进行远程过程调用，将消息发送到异地LRC的接收对列。

7.5.4.2 消息接收队列

每个联邦成员的LRC为该联邦成员提供三个消息接收队列，它们分别是：RO消息接收队列、TSO消息接收队列和PO消息接收队列。联邦成员的消息接收和处理过程如下：

（1）LRC执行消息接收函数接收其他联邦成员发送来的消息；

（2）LRC对原始消息进行拆包处理，将事件消息分类置于相应的接收队列。

当本地联邦成员发出下一次（批）事件请求时，将上述三个队列中满足条件的消息提交给联邦成员进行处理。

7.6　RTI时间管理机制

7.6.1　时间管理的基本问题

联邦是由多个联邦成员组成的统一体，其中各联邦成员可能采用不同的时间管理机制。因此，解决不同时间管理机制的相互融合问题是实现不同类型的联邦成员互连和互操作的基础，是保证整个联邦运行过程中逻辑和时空一致性的关键。一个联邦可能包括以下几种联邦成员：

（1）使用不同事件排序方法和传输策略的仿真　如DIS仿真按照接收事件的顺序处理事件，ALSP仿真按时间图章顺序处理事件。而在FWS中可能采用混合的事件排序和传输策略，有些事件要求按照一定的顺序进行处理，其相关信息的传输要求具有很高的可靠性，如装备毁伤事件；而有些事件的处理没有先后顺序要求，且其传输可靠性要求也较低，如实体位置更新事件，其位置信息可根据相应的静态推算（dead-reckoning）算法进行估计。

（2）使用不同内部时间流机制的仿真　如按时间步长推进的仿真、基于事件驱动的仿真和独立时间推进的仿真。

（3）使用不同时钟推进速率的仿真　如实时仿真（real-time simulatuion）、比例化实时仿真（scaled real-time simulation）、尽快仿真（as-fast-as-possible simulation）。

（4）使用保守同步协议（不基于回滚）和乐观（基于回滚）同步协议的仿真　前者是基于时间提前量（Lookahead）概念的并行仿真，不需要回滚操作；后者则需要回滚机制的支持。

为解决基于不同时间管理机制联邦成员的融合问题，需要开发一个统一的时间管理方法，其基本思想是：

①在RTI中，为各种联邦成员提供一致的时间管理数据结构，提供一套适于各种联邦成员的时间管理服务集。

②不同类型的联邦成员不需要显式地向RTI说明其所用的内部时间管理机制，而是只使用上述时间管理服务集中的部分服务来维护自己的时间管理数据。

③每个联邦执行全局性地说明一个实时模数因子（real-time scale factor）以表明每个联邦成员相对于日历时钟时间（wallclock time）的推进比率。

这种时间管理方法意味着用于每种仿真的内部时间管理机制对其他仿真而言是看不见的，这使得各联邦成员可自由选择适合自己的内部时间管理机制。这种时间管理方法主要特性是：

不存在通用的、全局性的时钟。在联邦执行的任一时刻，不同的联邦成员有不同的当前时间。既便是实时仿真联邦成员，尽管它们不使用逻辑时间，由于不同时钟之间的差异，也会导致不同的联邦成员有不同的日历时间。所以，"联邦现在时刻是X"的说法通常是无意义的，因为在任何时刻，在联邦时间轴上不存在一个所有联邦成员都认为是它们的当前时间的点。相反，一个当前时间为X的联邦成员认为整个联邦处于时间X点上。实际上，在联邦执行过程中的任何时刻，不同联邦成员一般处于不同的时间点上。

联邦成员只产生含有未来时间图章的事件消息，即事件消息的时间图章大于联邦成员的当前时间。每一事件消息被赋予一个时间图章，时间图章的值由联邦成员进行事件调度时确定。

使用逻辑时间的联邦成员不能调度含有过去时间图章的事件，即事件消息的TS小于联邦成员的当前时间。

联邦成员不需要按时间图章的顺序产生事件。例如，联邦成员可以先调度一个具有时间图章为10的事件，然后再调度一个时间图章为8的事件。这两个事件的消息即可以发送给不同的联邦成员，也可以发送给相同的联邦成员，接收消息的联邦成员负责消息的排序和处理。

7.6.2 时间推进的控制与受控

在一个联邦中，时间总是不停地往前推进。然而，不同的联邦成员具有不同的时间管理机制和不同的当前时间。通常，一个联邦成员的时间推进依赖于其他相关联邦成员的当前时间。因此，时间管理服务必须能够协调地控制所有联邦成员的时间推进。为此，引入两个控制时间推进的特征量：

（1）控制特征量Time Regulating：取值为TRUE或FALSE，表示联邦成员参与或不参与确定其他联邦成员的逻辑时间，即该联邦成员向其他联邦成员发送或不发送TSO消息。

（2）受控特征量Time Constrained：取值为TRUE或FALSE，表示该联邦成员的逻辑时间受或不受其他联邦成员的影响，即该联邦成员可以接收或不接收其他联邦成员发送的TSO消息。

根据这两个特征量可以组合出四种类型的联邦成员：

①逻辑时间同步联邦成员：这种联邦成员不仅控制其他联邦成员的逻辑时间推进，而且其自身的逻辑时间又受控于其他联邦成员，即与其他联邦成员保持时间上的同步关系。其特征量Time Regulating为TRUE，Time Constrained为TRUE，故称之为Regulating或Constrained联邦成员。例如，基于ALSP的仿真则属于此类。

②外部时间同步联邦成员：这种联邦成员在时间管理上既不控制其他联邦成员，也不受其他联邦成员的控制。其特征量 Time Regulating 为 FALSE，Time Constrained 为 FALSE。它的时间推进是以某种比例关系与日历时钟保持同步，因此称之为独立时间推进的联邦成员。例如，基于 DIS 的仿真多属此类。

③逻辑时间被动联邦成员：这种联邦成员的逻辑时间只是被动地受控于其他联邦成员，但不主动地控制其他联邦成员的逻辑时间。其特征量 Time Regulating 为 FALSE，Time Constrained 为 TRUE，故称之为 Constrained 联邦成员。例如，只具有联邦监视或状态显示功能的联邦成员。

④逻辑时间主动联邦成员：这种联邦成员只主动地控制其他联邦成员的时间推进，但其自身的逻辑时间不受其他联邦成员的影响。其特征量 Time Regulating 为 TRUE，Time Constrained 为 FALSE，故称之为 Regulating 联邦成员。例如，想定播放器、人工导调机、作战指挥平台、环境（如气象、海况）发生器等。

RTI 将每个联邦成员都看作上述四种中的一种，默认情况下联邦成员既非"控制"也非"受控"。一个联邦所包含的多个联邦成员可以是具有不同的时间管理模式的组合，即有些是 Regulating 联邦成员、有些是 Constrained 联邦成员、有些既是 Regulating 联邦成员又是 Constrained 联邦成员。Regulating 联邦成员通过对外发送含有 TS 的事件消息影响 Constrained 联邦成员的时间推进；Constrained 联邦成员则在联邦范围内按照 TSO 接收和处理这些事件消息。

7.7.3 时间提前量

FWS 是一种多机并行运算的仿真系统。目前，实现并行仿真的控制方法主要有以下两种：

（1）使用时间提前量（Lookahead）概念定义保守通信协议，避免产生无序消息的传输。

（2）运用回滚机制（rollback mechanism）定义乐观通信协议，它允许不严格按 TSO 传输消息，但是当出现由于消息的无序传输导致逻辑错误时，需要通过回滚技术予以恢复。

下面对前一种控制方法进行详细地分析和探讨。

离散事件仿真是一个不断产生事件和不断处理事件的过程。产生事件就是安排或计划一个未来将要发生的事件，这个过程称之为事件调度（Scheduling Event）。处理事件就是计算和记录事件发生时所产生的效果，即对内部和外部的各种影响，并产生新的未来事件。这里把处理事件的时刻称之为当前时间 Tnow，所产生的一个未来事件的发生时刻为 Tevent，显然有 Tevent >= Tnow，令 L = Tevent − Tnow，则 L 称之为事件调度的时间提前量。

运行于单机上的仿真，由于事件调度和事件处理等操作都是串行进行的，即便是 L=0，也可以保证按照严格的时间顺序处理所有事件。然而，在运行于多机上的并行仿真中，事件的调度和处理可能分布在不同的计算机上，为了实现多机并行计算，要求 L 是一个大于 0 的数值。当 L=0 时，多机并行仿真将蜕变为串行处理。为说明其中的道理，考虑下面的例子。假如（1）有一个联邦，它包含多个联邦成员，（2）在联邦执行的某一时刻，联邦成员 A 具有最小逻辑时间 Ta，（3）所有事件消息均按 TSO 传输。对于这样一个联邦执行，如果 L=0，则意味着联邦成员 A 可能调度 TS=Ta 的事件。为保证事件处理的逻辑关系，此时RTI将禁止向其他任何联邦成员发送TS >Ta的事件消息（相对于Ta的所有未来事件消息），任何一个联邦成员也就不能将其逻辑时间推进到大于Ta的某一时刻。相反，此时如果某个联邦成员B推进自己的逻辑时间 Tb，且Tb >Ta，那么联邦成员B可能会接收到TS<Tb的事件消息，这种事件已经称为联邦成员B的过去事件，这将导致事件逻辑关系的混乱。如果任何一个联邦成员I所调度的未来事件的时间图章有 $Tsi > Ti + L$，则RTI允许在时间区间［Min（Ti），Min（Ti）+ L］内同时发送和处理多条事件消息。由此可见，在基于保守通信协议的FWS中，用于事件调度的时间提前量L>0 是实现并行仿真的基本前提。

时间提前量与仿真模型的实现细节密切相关，因此不能由RTI统一给出，而应由各联邦成员分别确定。下面给出了确定联邦成员的时间提前量时应考虑的一些问题或参考：

（1）联邦成员响应外部事件快慢的物理限制：假如有一台坦克操纵训练仿真器，它响应各种操作指令的最小时间长度为 Δt，那么该仿真器在以后的 Δt 时间内不应产生响应任何新指令的行为结果。据此，可将时间提前量定为 Δt。

（2）一个联邦成员对另一个联邦成员影响快慢的物理限制：假如有相距一定距离的两辆战车仿真器进行相互射击，如果弹丸飞行的最小估计时间为 Δt，那么所产生的弹丸爆炸事件必然应在 Δt 时间之后。这个 Δt 也是确定时间提前量时需要考虑的。

（3）时间误差：假如某联邦成员在时间T产生一个事件，但接收该事件消息的联邦成员分辨不出事件发生的时间是T还是T+Δt，那么该事件应安排在 Δt 时间之后。Δt 可作为事件调度的时间提前量。

（4）时间步长：在按时间步长推进的仿真中，时间提前量通常为时间步长。因为，联邦成员只能为下一个或多个时间步调度事件，而不能为当前时间步调度事件。

预先计算的仿真活动的提前量 Δt，也是确定事件调度的时间提前量应考虑的因素。

RTI要求产生和发送TSO消息的每个联邦成员在声明为Regulating类型的联邦成员时，明确一个大于 0 的Lookahead。在满足事件处理逻辑关系的前提下，应尽量增大Lookahead的值，以加快系统的运行效率。在联邦执行过程中，允许动态调整Lookahead的大小。增大Lookahead 时，不会产生任何问题，故这种操作可根据联邦成员的需要随意、随时进行；当减小Lookahead时，在这种变化生效之前，还需要相应地调整当前逻辑时间C，即如果Lookahead减小K个时间单位，联邦成员必须将当前逻辑时间推进K个时间单位到C=C+K，以保证随后不会产生TS<C+L的事件消息。

7.6.4 时间图章下限

时间图章下限（Lower bound time stamp，LBTS）是所有受控（Constrained）联邦成员需要定义的一个时间参量，LBTS 表明了某一联邦成员的RTI接收来自其他联邦成员TSO消息的最小时间图章值。为实现按时间图章排序的传输服务，RTI必须计算每个联邦成员的LBTS。不考虑正在传输中的消息，一个联邦成员F当前LBTS的计算式为：

LBTS=Min（Ti+Li）

其中 i 为第 i 个向F发送TSO消息的联邦成员，Ti 和 Li 分别为联邦成员 i 相应的当前逻辑时间和时间提前量。显然，在联邦执行中，LBTS随着控制（Regulating）联邦成员的时间推进不断更新。

LBTS的作用是限制Constrained联邦成员的时间推进，即任何一个Constrained联邦成员的逻辑时间的推进不能超过它的LBTS。另外，RTI只能向联邦成员发送TS小于LBTS的事件消息，因为具有较大时间图章的消息有可能晚于尚未接收的另一个消息的时间图章，因此不能将大于LBTS的事件消息提交给联邦成员处理。

7.6.5　时间管理数据结构

RTI的时间管理是通过对含有时间信息的数据传输和处理来实现的。图 7-4 给出了一个事件消息从联邦成员 A 经由 RTI 流向联邦成员 B 的过程。在这一过程中联邦成员和RTI都要进行与时间相关的处理。

图 7-4　联邦成之间的逻辑信息流

RTI为每个联邦成员保留的与时间管理相关的状态变量有：

（1）时间控制（Time Regulating）：决定联邦成员是否参与确定其他联邦成员的逻辑时间；

（2）时间受控（Time Constrained）：决定联邦成员是否接收其他联邦成员确定其逻辑时间的输入；

（3）局域时间（Local Time）：联邦成员时间；

（4）时间图章下限（LBTS）：未来 TSO 消息的时间图章下限；

（5）先进先出队列（FIFO Queue）：等待向联邦成员传输消息的先进先出消息队列；

（6）时间图章排序队列（TSO Queue）：等待向联邦成员传输消息的时间图章排序消息队列；

（7）优先级排序队列（PO Queue）:等待向联邦成员传输消息的优先级排序消息队列；

图 7-5 用两个联邦成员描述了上述个时间参量之间的关系。

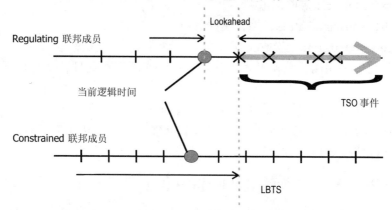

图 7-5　两个联邦成员间的时间参量关系图

图中有两个联邦成员，一个是能够产生 TSO 事件的 Regulating 联邦成员，一个是能够接收 TSO 事件的 Constrained 联邦成员（非 Constrained 联邦成员也能接收 TSO 事件消息，但忽略TS信息），图中的实心园点表示联邦成员的当前时间。假定Regulating联邦成员的当前时间为tcurrent，时间提前量为tlookahead，它保证所产生的TSO事件不早于"tcurrent + tlookahead"。然而，Regulating联邦成员不需要按TS顺序产生事件，例如它可能首先产生一个TS= tcurrent + tlookahead + 5 的事件，随后再产生一个TS= tcurrent + tlookahead + 2 的事件。RTI负责将这些事件发送给Constrained联邦成员，由Constrained联邦成员的LRC负责排序。Constrained联邦成员有一个最小时间图章下限LBTS，LBTS决定于所有Regulating联邦成员当前已产生事件的最小TS值。

7.6.6 时间推进服务

在RTI接口设计规范中给出了用于时间管理的接口函数，本节将阐述联邦成员时间推进服务的工作原理。时间推进服务为联邦成员提供了推进逻辑时间的手段，这些服务同时也用于控制从RTI到联邦成员的消息发送。实现逻辑时间推进的服务函数有两个：Time Advance Request 和 Next Event Request。前者 由基于时间步长的联邦成员调用，后者由基于事件驱动的联邦成员调用。这里需要注意的是，这些服务只影响联邦成员的逻辑时间，而日历时钟时间的推进独立于任何仿真活动。

7.6.6.1 时间推进请求（Time Advance Request (t)）

请求推进仿真逻辑时间到 t 。当联邦成员完成当前步的处理后，将调用该服务请求将当前逻辑时间推进到下一时间步 t 时刻。参数 t 表明该联邦成员将不会调度TS<t+Lookahead的未来事件。进行本服务调用意味着告诉LRC应立即将下列消息提交给联邦成员进行处理：

（1）所有RO消息；

（2）所有TS<=t的TSO和PO消息。

上述消息提交联邦成员处理的过程由LRC回调下列事件处理服务函数实现：

（1）Instantiate Discovered Object，创建新对象；

（2）Remove Object，删除对象；

（3）Reflect Attribute Values，接收属性更新；

（4）Receive Interaction，接收交互。

联邦成员可以采用两种策略处理上述消息：①先缓存再处理；②直接逐个模拟事件影响。

当LRC将所有满足条件的消息提交给联邦成员后，再回调联邦成员提供的Time Advance Grant服务，该调用表示LRC准许该联邦成员将当前逻辑时间推进到t，LRC将不再向该联邦成员提交TS<=t的事件消息。

7.6.6.2 下次事件请求（Next Event Request (t)）

当联邦成员完成当前事件的处理后，将调用该服务向LRC请求下次TSO消息。进行本服务调用意味着告诉LRC应立即将下列消息提交给联邦成员进行处理：

（1）所有RO消息，

（2）一个或多个TS<=t，且当前具有最小TS的TSO消息，

（3）所有 TS<=t 的 PO 消息。

上述消息提交联邦成员处理的过程由 LRC 回调下列事件处理服务函数实现：

（1）Instantiate Discovered Object，创建新对象；

（2）Remove Object，删除对象；

（3）Reflect Attribute Values，接收属性更新；

（4）Receive Interaction，接收交互。

当 LRC 将所有满足条件的消息提交给联邦成员后，再回调联邦成员提供的 Time Advance Grant 服务，该函数的成功调用表示 LRC 准许该联邦成员将当前逻辑时间推进到（1）刚发送的 TSO 消息（如果有）的 TS 处，或（2）Next Event Request (t) 调用的参数 t 处，如果刚发送的消息不含 TSO 消息。

Next Event Request (t) 服务请求中的参数 t 表明该联邦成员不能再接收 TS<t 的 TSO 消息，该联邦成员也不会调度 TS<t+Lookahead 的未来事件。

7.6.7.3　时间推进准许（Time Advance Grant）

本服务的调用表明在此之前的推进逻辑时间的请求已经获得准许。具体说，它表明：

（1）该联邦成员的逻辑时间已经完成了时间推进操作；

（2）RTI 已经将所有满足条件的消息提交给了联邦成员。

该调用保证联邦成员对所有内部和外部事件都按照 TSO（如果需要）进行处理。

Time Advance Grant 调用的前提条件是 RTI 确保不存在 TS 小于或等于联邦成员当前时间的未来事件消息。在满足此前提条件之前，RTI 将进行等待，直至满足该条件时才能进行 Time Advance Grant 调用。因此，在联邦成员发出 Time Advance Request (t) 或 Next Event Request (t) 调用后，消息的提交也可能同样地被延时。这种延时可能相当可观的，其大小取决于发送 TSO 消息的同步协议以及时间提前量的取值。这种现象在并行仿真中称之为人为阻塞（Artificial Blocking）

7.6.6.4　事件处理函数

事件处理函数有以下四个：

（1）Instantiate Discovered Object，创建新对象；

（2）Remove Object，删除对象；

（3）Reflect Attribute Values，接收属性更新；

（4）Receive Interaction，接收交互。

它们属于对象管理服务，用于向联邦成员提交和处理事件消息。

缩略词表

缩写	英文	中文
ADS	Advanced Distributed Simulation	先进分布仿真
AM	Agent Model	智能体模型
AOM	Administration Object Model	管理对象模型
AOSVMM	Agent-oriented Six-view Modeling Method	面向智能体的六元抽象建模方法
API	Application Programmer's Interface	应用编程接口
ASL	Action Specification Language	动作规约语言
BOM	Base Object Model	基本对象模型
CGF	computer generated forces	计算机生成兵力
CIM	Computation Independent Model	计算无关模型
CM	Conceptual Model	概念模型
CMMS	Conceptual Models of the Mission Space	任务空间概念模型
CMT	Conceptual Model Template	概念模型模板
DOT	distributed object technology	分布式对象技术
DS	Data Standard	数据标准
DWS	Distributed Warfare Simulation	分布式作战仿真
EATI	Entity, Action, Task, Interaction	实体、行为、任务与交互
EM	Executable Model	执行模型
FCM	Federate Component Model	联邦成员组件模型
FDMS	Functional Description of Mission Space	使命空间任务描述
FED	Federation Execution Data	联邦执行数据
FEDEP	Federation Development and Execution Process	联邦开发与执行过程
FOM	Federation Object Model	联邦对象模型
FWS	Federal Warfare Simulation	联邦式作战仿真
FWS-CM	Federal Warfare Simulation- Conceptual Model	联邦式作战仿真概念模型
HBR	Human Behavioral Representation	人的行为表示

（续表）

缩写	英文	中文
HLA	High Level Architecture	高层体系结构
JTLS	Joint Theater Level Simulation	联合战区层仿真系统
MDA	Model Driven Architecture	模型驱动架构
MOF	Meta Object Facility	元对象设施
MOM	Member Object Model	成员对象模型
MOM	message-oriented middleware	面向消息的中间件
MSMP	Modeling and Simulation Master Plan	建模与仿真主计划
NSS	Naval Simulation System	海军仿真系统
OOM	Object-Oriented Object Models	面向对象技术建立的对象模型
OOP	Object-Oriented Programming	面向对象的程序设计
PDU	Protocol Data Unit	协议数据单元
PIM	Platform Independent Model	平台无关模型
PSM	Platform Specific Model	平台相关模型
RTI	Run Time Infrastructure	运行时间基础支撑构件
SCM	Simulation Component Model	仿真组件模型
SIMNET	SIMulation NETwork	仿真器联网
SOM	Simulation Object Model	仿真对象模型
TPM	transaction processing monitor	事务处理监控器
UML	United Model Language	统一建模语言
xUML	eXecute UML	可执行 UML

参考文献

［1］符绍芝，韩金滕等.分布交互式仿真及其军事应用前景［R］.中国国防科技信息中心，1997.

［2］IEEE Std 1278.1-1995.IEEE Standard for Distributed Interactive Simulation-Application Protocols.

［3］IEEE Std 1278.2-1995.IEEE Standard for Distributed Interactive Simulation-Communication Services and Profiles.

［4］IEEE Std 1278.3-1996. Recommended Practice for Distributed Interactive Simulation-Exercise and Feedback.

［5］IEEE Std 1278.4-1997. Recommended Practice for Distributed Interactive Simulation-Verification, Validation , And Accreditation.

［6］U.S. Department of Defense. Aggregate Level Simulation Protocol (ALSP) Project. 1994 ANNUAL REPORT.

［7］Annette L.Wilson, Richard M.Weatherly. The Aggregate Level Simulation Protocol: An Evolving System. 1994 Winter Simulation Conference, December 1994.

［8］柏彦奇.联邦式作战仿真［M］.北京：国防大学出版社，2001.

［9］U.S. Department of Defense. Modeling and Simulation（M&S）Glossary.

［10］涂序彦.大系统控制论［M］.国防工业出版社，1994.

［11］柏彦奇，龚信传.新一代作战仿真面临的技术挑战［J］.系统仿真学报，第3期，2000.

［12］柏彦奇，龚信传.未来集成化作战仿真的一种解决方案：联邦式作战仿真［J］.系统仿真学报，第4期，2000.

［13］Distributed Interactive Simulation, https://en.wikipedia.org/wiki/Distributed_Interactive_Simulation#The_DIS_family_of_standards

［14］U.S. Department of Defense Directive 5000.59.Modeling and Simulation (M&S) Master Plan. October 1995.

［15］U.S. Defense Modeling and Simulation Office.Conceptual Models of the Mission Space (CMMS) Technical Framework.FEB 1997.

［16］U.S. Defense Modeling and Simulation Office. M&S Data Engineering Technical Framework (M&S DE-TF).FEB 1997.

［17］U.S. Defense Modeling and Simulation Office.Conceptual Models of the Mission Space (CMMS) Technical Framework. FEB 1997.

［18］U.S. Department of Defense. HLA Time Management Design Document, Version 1.0, August 1996.

［19］U.S. Department of Defense. High Level Architecture Rules, Version 1.2, August 1997.

［20］U.S. Department of Defense. High Level Architecture Object Model Template, Version 1.3, April 1998.

［21］U.S. Department of Defense. High Level Architecture Interface Specification, Version 1.3, April 1998.

［22］U.S. Department of Defense. High Level Architecture Run-Time Infrastructure Programmer's Guide.1.3 Version 5, December 1998.

［23］IEEE Std 1516-2000. Standard for Modeling and Simulation (M&S) High Level Architecture (HLA) — Frame and Rules.

［24］IEEE Std 1516.1-2000. Standard for Modeling and Simulation (M&S) High Level Architecture (HLA) — Federate Interface Specification.

［25］IEEE Std 1516.2-2000. Standard for Modeling and Simulation(M&S) High Level Architecture (HLA) — Object Model Template (OMT) Specification.

［26］IEEE Std 1516.3-2003. Recommended Practice for Modeling and Simulation(M&S) High Level Architecture (HLA) — Federation Development and Execution Process(FEDEP).

［27］IEEE Std 1516.4-2007. Recommended Practice for Modeling and Simulation(M&S) High Level Architecture (HLA) —Verification, Validation, and Accreditation of a Federation.

［28］柏彦奇，龚信传. 系统抽象思维与联邦式作战仿真概念模型［J］. 系统工程理论与实践，2001，21（1）.

［29］翟怀宇.基于系统六元抽象的作战系统仿真建模方法研究［D］.军械工程学院，2011.

［30］张祥林.面向智能体的系统六元抽象建模方法研究［D］.军械工程学院，2008.

［31］周美立.相似性科学［M］.科学出版社.2004.4.

［32］J.M. Spivey. Understanding Z: A Specification Language and its Formal Semantics［M］. Cambridge University Press.2008.

［33］Good D, Young W. Mathematical methods for digital systems development［A］. VDM '91 Proceedings of the 4th International Symposium of VDM Europe on Formal Software Development-Volume 2, 406-430.

［34］Jones C B. Systematic Software Development Using VDM［M］.Prentice Hall International.1990.

［35］Dirk Brade, Ingo Cegla. Conceptual Modeling Meets Formal Specification. Paper 03S-S1W-138 in Proceedings of the 2003 Spring Simulation lnteroperability Workshop, 2003.

［36］Dale K.Pace, Development and Documentation of a Simulation Conceptual Model.Paper 99F-SIW-017 in Proceedings of the 1999 Fall Simulation Interoperability Workshop, 1999.

［37］Dale K.Pace. Conceptual Model Description. Paper 99S-S1W-025 in Proceedings of the 1999 Spring Simulation Interoperability Workshop, 1999.

［38］Rao A S, Georgeff M P. An abstract architecture for rational agents. In Proc.2nd Int.Conf.on Principles of Knowledge Representation and Reasoning, 1992, 439-449.

［39］Rao A.S, Georgeff M.p. A model-Theoretic Approach to the Verification of situated Reasoning Systems. IJCAI-93,1993.

［40］Rao A.S, Georgeff M.p. Formal Models and Decision Procedures for Multi-Agent systems.

Technical Note 61, Australian Artificial Intelligence Institute, 1995.

［41］康小强，石纯一.一种理性Agent的BDI模型［J］.软件学报，1999.12:1268－1274.

［42］康小强，石纯一.基于BDI的多Agent交互［J］.计算机学报，1999.11:1166－1171.

［43］陈中祥.基于BDI Agent的CGF主体行为建模理论与技术研究［D］.华中科技大学博士学位论文，2004:11～12.

［44］范玉顺，王刚，高展.企业建模理论与方法学导论［M］.北京:清华大学出版社，2001.

［45］张家重，徐家福.需求工程研究新进展［J］.计算机研究与发展，1998，35（1）:1～5.

［46］张维明，肖卫东，杨强等.信息系统工程［M］.北京：电子工业出版社，2003.

［47］MDA Guide V1.0.1.Object Management Group (OMG).［2003－06－01］.http://www.omg.org/cgi-bin/doc/omg.03－06－01.

［48］刘洁.基于MDA的联邦式建模仿真技术研究［D］.军械工程学院，2009.

［49］邵维忠等译.面向对象的分析［M］.北京：北京大学出版社，1992.

［50］邵维忠等译.面向对象的设计［M］.北京：北京大学出版社，1994.

［51］杨芙清等编译.面向对象程序设计［M］.北京：清华大学出版社，1992.

［52］尤克滨.UML应用建模实践过程［M］.北京：机械工业出版社，2003.

［53］3rd revised submission to OMG RFP ad/00－09－01,Unified Modeling Language infrastructure version 2.0.2003.3［S］.

［54］Stephen Mellor Balcerj．eXecute UML技术内幕［M］.北京：科学出版社，2002.

［55］Chris Raistrick, Paul Francis, John Wright, Colin Carter, Ian Wilkie.赵建华，张天等，译．MDA与可执行UML［M］.北京：机械工业出版社，2006.

［56］朱奎.基于xUML模型驱动架构的应用研究［D］.大连海事大学硕士学位论文，2004.

［57］王金军.模型驱动架构MDA开发模式研究及实践［D］.华东师范大学硕士学位论文，2006.

［58］侯燕.模型驱动体系结构的应用研究［D］.东南大学硕士学位论文，2005.

［59］Calytrix Technologies.Welcome to SIMplicity.［2005］. http://www.simplicity.calytrix.com.

［60］Don Brutzman, Andreas Tolk.JSB Composability and Web Services Interoperability via Extensible Modeling & Simulation Framework (XMSF), Model Driven Architecture (MDA), Component Repositories,and Web-based Visualization, Study Report［R］.2003.

［61］Curtis Blais, John Ruck, Connecting Simkit.CombatXXI and Naval Simulation System (NSS) via XMSF Web Services［EB/OL］.2004.

［62］A.J.J.Lemmers, P.J.Kuiper and F.R.Verhage, Performance of a component－based flight simulator architecture using the HLA paradigm［R］.ID:NLR-TP-2002-470.National Aerospace Laboratory(NLR) Report,2002.

［63］TNO_FEL, TNO_FEL Component Based Federate Development［R］,TNO_FEL Technology Report, 2002.

［64］Radeski,A.,Parr,S.Towards a Simulation Component Model for HLA［A］.Paper 02f-SIW-079. Proceedings of the 2002 Fall Simulation Interoperability Workshop［C］, 2002.

［65］谢卫平，邓苏，沙基昌，刘忠.基于构件技术的HLA仿真［J］.计算机工程与应用，2002，03: 114－116.

［66］桑景瑞.基于构件的HLA装备保障仿真研究［D］.军械工程学院博士学位论文.2006.

［67］European Space Agency, SMP 2.0 Handbook, EGOS-SIM-GEN-TN-0099, Issue 1.0, Revision 2, 2005.

［68］Andreas Tolk. Avoiding another Green Elephant—A Proposal for the Next Generation HLA based on the Model Driven Architecture ［A］.Paper ID: 02F-SIW-004Proceedings of the 2002 Fall Simulation Interoperability Workshop ［C］, 2002:413～417.

［69］刘秀罗，马亚平，黄亦工.MDA 与先进分布仿真技术［J］.系统仿真学报，2004，16（10）：2357～2358.

［70］Paul L.Gustavson, John P.Hancock, The Base Object Model (BOM) Primer : A Distiller Look at a Component Reuse Methodology for Simulation Interoperability ［A］.Paper ID:00s-SIW-86.Proceedings of the 2003 Spring Simulation Interoperability Workshop ［C］, 2003.

［71］Simulation Interoperability Standards Organization.Guide for Base Object Model (BOM) Use and Implementation. SISO-STD-003.0-DRAFT-V0.12.26-Oct- 2005.

［72］刘恒.模型驱动架构在HLA仿真中的应用研究［D］.华中科技大学硕士论文，2005.

［73］Shawn Parr, Russell Keith-Magee.The Next Step – Applying the Model Driven Architecture to HLA ［A］.Paper ID: 03S-SIW-123.Proceedings of the 2003 Spring Workshop ［C］, 2003:111～114.

［74］沈宇军，柏彦奇，王向飞.基于MDA 的联邦开发和执行过程研究［J］.计算机测量与控制，2005，13(10):1137～1139.

［75］沈宇军,柏彦奇,王向飞.基于 MDA 的联邦开发和执行过程分析与改进[J].计算机工程与设计，2006，20(8):1405～1407.

［76］沈宇军，柏彦奇，王向飞.基于 MDA 的 HLA 仿真系统开发研究［J］.计算机工程，2006，32(9):67～69.

［77］李 群,王 超,朱一凡,王维平.基于MDA的仿真模型开发与集成方法研究［J］.系统仿真学报，2007，19(2):272～276.

［78］Chris Raistrick,Paul Francis,John Wright,Colin Carter,Ian Wilkie.赵建华，张天等，译.MDA 与可执行UML［M］.北京：机械工业出版社，2006.

［79］Anneke Kleppe, Jos Warmer, Wim Bast，鲍志云，译.解析MDA［M］.北京:人民邮电出版社，2004.

［80］刘洁，柏彦奇，孙海涛.MDA中平台无关模型的抽象表达方法研究［J］.兵工自动化，2008，27(1):49～51.

［81］Liu Jie,Bai Yanqi,Sun Haitao.The Research on the Ontology-based six-element Conceptual Modeling ［A］.The Eighth International Conference on Electronic Measurement and Instruments ［C］, 2007，4:323-326.

［82］李晓春，刘淑芬，沈文旭，杨永波，秦亭亭.面向方面的两极建模技术研究与应用［J］.吉林大学学报(理学版)，2008.

［83］International Telecommunications Union. ITU Recommendation Z.100: Specification andDescription Language (SDL), (08/02), ITU-T, 2002.

［84］Sally Shlaer , Stephen J.Mellor. The Shlaer-Mellor Method. http://www.project.com/.

［85］Ian Wilkie,Adrian King, Mike Clarke. UML ASL Reference Guide ASL Language Level 2.5. Kennedy Carter,2003.

［86］OMG RFP ad/98-11-01.［1998-01-01］.http://www.omg.org/.

［87］Michael Wahler. Formalizing Relational Model Transformation Approaches. http ://www.zurich.

ibm.com/wah/doc/research_plan_wahler.pdf.

［88］Matthias M.Muller, Alexander Christoph. GREAT: UML Transformation Tool for Porting Middleware Applications［J］. Science of Computer Programming,2008,73(1) :18～30.

［89］Anneke Kleppe,Jos Warmer,Wim Bast,鲍志云，译.解析MDA［M］.北京：人民邮电出版社，2004.

［90］王黎明，柴玉梅.UML 中的关联关系及其实现模式［J］.郑州大学学报(理学版)，2002，34(3): 25-28.

［91］张友生，徐锋.系统分析师技术指南［M］.北京：清华大学出版社，2004.

［92］雷永林.仿真模型重用理论、方法与异构集成技术研究［D］.国防科学技术大学博士学位论文，2006.

［93］Zeigler,B.P., T.G.Kim and H.Praehofer.Theory of Modeling and Simulation:Integrating Discrete Event and Continuous Complex Dynamic Systems［M］.Academic Press, 2000.

［94］Bernard P.Zeigler. Embedding DEV&DESS in DEVS［EB/OL］.［2006］. http://www.acims.arizona.edu/UTH.

［95］Bernard P.Zeigler. Continuity and change (activity) are fundamentally related in devs simulation of continuous systems［A］. AI, Simulation, and Planning 2004(AIS'04) Keynote speech［C］, 2004:1～13.

［96］Paul A.Fishwick. Multimodeling as a Unified Modeling Framework［A］.Proceedings of the 1993 Winter Simulation Conference［C］, 1993:580～581.

［97］Paul A.Fishwick.Simulation Model Design and Execution: Building Digital Worlds［M］.Prentice Hall Press.1995.

［98］Hans Vangheluwe. Multi-Formalism Modelling and Simulation［D］.PhD thesis.Gent University,2000.

［99］Hans Vangheluwe, Juan de Lara, Pieter J.Mosterman. An Introduction to Multi-Paradigm Modelling and Simulation［A］.Proceedings of AI, Simulation and Planning［C］, 2002.

［100］Juan de Lara, Hans Vangheluwe. Computer automated multi-paradigm modelling: meta-modelling and graph transformation［A］.Proceedings of the 2003 Winter Simulation Conference［C］, 2003: 595～603.

［101］John P.Hancock and the Volunteers of the RFOM SG.Reference FOM Study Group Final Report Version 1.0［EB/OL］.［1998］.HTUhttp://www.sisostds.org/UTH.

［102］Graham Shanks.Real-time Platform Reference Federation Object Model (RPR FOM) Version 2.0D17［EB/OL］.Uhttp://www.sisostds.org/UTH.2003.

［103］熊光楞，郭斌，陈晓波.协同仿真与虚拟样机技术［M］.北京：清华大学出版社，2004.

［104］赵会平，周坚刚，徐心和.MATRIXx 软件在离散事件仿真中的应用研究［J］.系统仿真学报，2003，15(4):85～87.

［105］陈晓波，熊光楞，郭斌，张和明.基于HLA 的协同仿真运行研究［J］.系统仿真学报，2003，15(12):1707～1711.

［106］Chandra Prasad. Distributed Simulation in the Engineering Design Domain pLUG&SIM update［EB/OL］.OMG Distributed Simulation SIG.HTU. http ://www.omg.org/docs/simsig/UTH.1999.

［107］冀荣华，王建辉，徐宇.基于Plug&sim 环境的协同仿真［J］.系统仿真学报，2003，

15(1):59～62.

［108］Frederick kuhl, Richard Weatherly, Judith Dahmann, 付正军，王永红，译.计算机仿真中的HLA技术［M］.北京：国防工业出版社，2003.

［109］Soar/IFOR Documentation. http://ai.eecs.umich.edu/ifor/

［110］Clark R Karr.Modeling Command and Control in WARSIM2000［A］.Proceedings of the Eighth Conference on Computer Generated Forces and Behavioral Representation［C］, Orlando, FL, 1999(5):221～227.

［111］Susie M.Hartzog, Marnie R.Salisbury. Command Forces (CFOR) Program Status Report. Proceeding of the 6th Conference on Computer Generated Forces and Behavioral Representation.Orlando, Florida, July, 1996:23～25.

［112］Anthony Courtemanche, Rob Wittman. OneSAF:A Product Line Approach for a Next－Generation CGF.Proceeding of the 11th Conference on Computer Generated Forces and Behavioral Representation. Orlando, Florida, May, 2002:380～386.

［113］沈宇军.聚合级装备保障CGF建模研究［D］.军械工程学院，2006.

［114］何炎祥，陈莘萌.Agent和多Agent系统的设计与应用［M］.武汉:武汉大学出版社，2001:3～5.

［115］Michael Wooldridge著，石纯一，张伟等译.多Agent系统引论［M］.北京:电子工业出版社，2003:6～7.

［116］Bond A, Gasser L. Reading in Distributed Artificial Intelligence. Morgan KaufMann Publishers. San Mateo.CA.1988:454～460.

［117］张云勇，刘锦德.移动agent技术［M］.北京：清华大学出版社，2003: 9～10.

［118］DARPA Knowledge Sharing Initiative External Interfaces Working Group.Specification of the KQML Agent communication Language.Http://www.cs.umbc.edu/kqml/kqmlspec.ps, 1993.

［119］Y Labrou, T Finin.A proposal for a new KQML specification.Tech.Report CS－97－03, Computer Science and Electrical Engineering Dept, Univ of Maryland, Baltimore County, 1997:23～25.

［120］刘锦德，张云勇.一个实用的移动agent系统（Aglet）的综述［J］.计算机应用.2001，21(8):1～3.

［121］Danny B.Lange,Mitsuru Oshima. Programming and Deploying Java Mobile Agents with Aglets. Addison Wesley Professional,1998:36～39.

［122］Richard W.Pew, Anne S.Mavor. Modelling human and organization behavior: Application to Military Simulations.National Academic Press, Washington, D.C.1998:335～341.

［123］Richard W.Pew and Anne S.Mavor. Representation Human Behavior in Military Simulations: Iterim Report,1997:298～305.

［124］Tom Hughes. Human Behavioral Representation Requirements for Integrated Air Defense System. Proceeding of the 11th Conference on Computer Generated Forces and Behavioral Representation.Orlando, Florida, May, 2002:321～327.

［125］Edward D, Taylor C, Sneld D J. Artificial Intelligence in Command and control.Signal, 1998.

［126］刘秀罗，黄柯逮.有限状态机在CGF行为建模中的应用［J］.系统仿真学报，2001，13(5):663～665

［127］N.R.Jennings, K.Sycara, M.Wooldridge. A Roadmap of Agent Research and Development.Int. Journal of Autonomous Agents and Multi—Agent Systems.1998,1(1): 337～338.

［128］C.A.Iglesias, M.Garijo, J.C.Gonzalez. A survey of agent—Oriented methodologies.In: Intelligent Agents V, Springer—Verlag, Berlin.1999:288～292.

［129］贺建民，王元元，闵锐.作战智能体模型研究［J］.系统仿真学报，2004，16(10):2140～2145.

［130］Karen A.Harper, Stephen S.Ho, Greg L.Zacharias, Marc Raibert. Intelligent Hostile Urban Threat Agents for MOUT Operations.Proceeding of the 9th Conference on Computer Generated Forces and Behavioral Representation.Orlando, Florida, May, 2000:312～318.

［131］Peter Clark, Helen Pongracic, Arvind Chandran. Researching the Use of Agent—Based CGF in Human—in—the—Loop Simulation.Proceeding of the 9th Conference on Computer Generated Forces and Behavioral Representation.Orlando, Florida, May, 2000:518～526.

［132］Sui Qing, How Khee Yin, Darren Ong Wee Sze. An Intelligent Agent in an Air Combat Domain. Proceeding of the 9th Conference on Computer Generated Forces and Behavioral Representation.Orlando, Florida, May, 2000:418～424.

［133］Karen A.Harper, Nick Ton, Kirby Jacobs, Jonathan Hess and Greg L.Zacharias. Graphical Agent Development Environment for Human Behavior Representation.Proceeding of the 10th Conference on Computer Generated Forces and Behavioral Representation.Orlando, Florida, May, 2001:218～225.

［134］Robert B.Calder, John Drummey. Definition of a Military Intelligent Agent Architecture. Proceeding of the 8th Conference on Computer Generated Forces and Behavioral Representation.Orlando, Florida, May, 1999:339～345.

［135］Rao, Georgeff. Modeling agents within a BDI architecture.In Fikes and Sandewall eds., Proc.Of the 2nd Int.Conf.on Principles of Knowledge Representation and Reasoning, 1991:461～464.

［136］Rao, Geogeff. BDI agents: From Theory to Practice.In: Proc.Of the 1st International Conf.on Multi—agent Systems.San Francisco.AAAI Press, 1995:471～475.

［137］Karen Harper, Stephen Ho, Greg Zacharias. Intelligent Hostile Urban Threat Agents for MOUT Operations. http://www.charlesriveranalytics.com/publications/papers/IHUT%20Manuscript.pdf

［138］陈中祥.基于BDI Agent 的CGF 主体行为建模理论与技术研究［D］.华中科技大学博士学位论文，2004:11～12.

［139］李静，陈兆乾，陈世福等.多Agent Teamwork研究综述［J］.计算机研究与发展.2003，40(3):422～429.

［140］Cohen P.R., Levesque, H.J. Confirmation and Joint Action.In Proceeding of the International Joint Conference on Artificial Intelligence.1991:511～518.

［141］Cohen P.R., Levesque, H.J. Teamwork, Nous,35.1991.

［142］Tambe,M. Towards Flexible Teamwork. Journal of Artificial Intelligence Research Vol.7,1997:98～104.